हिंदू-एकता बनाम ज्ञान की राजनीति

भारतीय भाषा कार्यक्रम

CSDS

विकासशील
समाज अध्ययन
पीठ

वाणी प्रकाशन

हिंदू-एकता
बनाम
ज्ञान की राजनीति

अभय कुमार दुबे

वाणी प्रकाशन

वाणी प्रकाशन

4695, 21-ए, दरियागंज, नयी दिल्ली 110 002

फ़ोन : +91 11 23273167 फ़ैक्स : +91 11 23275710

शाखाएँ

अशोक राजपथ, पटना 800 004, बिहार

कॉफ़ी हाउस कैम्पस, महात्मा गांधी मार्ग, इलाहाबाद 211 001, उत्तर प्रदेश

महात्मा गांधी अन्तरराष्ट्रीय हिन्दी विश्वविद्यालय, वर्धा 442 001, महाराष्ट्र

सुल्तानिया रोड, मोतिया पार्क, भोपाल 462 001, मध्य प्रदेश

www.vaniprakashan.com
marketing@vaniprakashan.in
sales@vaniprakashan.in

Hindu-Ekta Banam Jnan Kee Rajneeti
by Abhay Kumar Dubey

ISBN : 978-93-89012-45-3
Social Science

प्रथम संस्करण 2019
द्वितीय संस्करण 2021

मूल्य : ₹ 550

आर. टेक ऑफ़सेट प्रिंटर्स, दिल्ली-110032 में मुद्रित

वाणी प्रकाशन का लोगो मक़बूल फ़िदा हुसेन की कूची से

न ख़त्म होने वाली उस बहस के
नाम जिससे यह किताब निकली

अनुक्रम

दो शब्द

इस पुस्तक के लिए अनुसंधान और लेखन की शुरुआत 2017 में की गयी थी। उस समय उत्तर प्रदेश विधानसभा के चुनाव-नतीजे आ चुके थे। यह स्पष्ट हो चुका था कि संघ परिवार ने हिंदुओं की राजनीतिक एकता बनाने की प्रौद्योगिकी पर एक बड़ी हद तक महारत हासिल कर ली है। 2019 के मार्च तक पुस्तक पूरी हो गयी, लेकिन मैंने लोकसभा का चुनाव ख़त्म होने तक इसका प्रकाशन रोकना मुनासिब समझा।

चुनाव-परिणामों ने मेरे विश्लेषण को सही साबित किया है। लेकिन, अगर नतीजे भारतीय जनता पार्टी के अधिक अनुकूल नहीं निकलते, तो क्या यह ग़लत साबित हो जाता? नहीं, क्योंकि हिंदू-एकता बनने की यह प्रक्रिया भाजपा के चुनाव जीतने-हारने पर एक सीमा तक ही निर्भर करती है। यह पुस्तक बताती है कि संघ परिवार की वैचारिक प्रयोगशाला में हिंदू-एकता बनाने का फ़ारमूला 1974 में तैयार कर लिया गया था। तीन दशक तक व्यवहार संबंधी उलझनों से गुज़र कर लागू किये गये इस फ़ारमूले के कारण ऐसी स्थिति बनी कि 2004 में जब भाजपा को चुनावी पराजय मिली, उस समय भी कांग्रेस से ज़्यादा हिंदू वोट उसके हिस्से में आये। इसके बाद चले दस साल के कांग्रेस शासन में संघ परिवार के कामकाज का विस्तार तो हुआ ही, उसमें गहराई भी आयी। केंद्र और कई राज्यों में ग़ैर-भाजपा सरकार बनी रही, लेकिन राजनीतिक विमर्श उत्तरोत्तर बहुसंख्यकवादी होता चला गया। ग़ैर-भाजपा दलों की राजनीति और बहुसंख्यकवाद के आलोचक बुद्धिजीवियों के विमर्शी हस्तक्षेप इस सिलसिले को रोक पाने में नाकाम रहे।

मेरी यह रचना न केवल सेकुलर-वामपंथी-उदारतावादी विमर्श (जिसे मैंने

मध्यमार्गी विमर्श की संज्ञा दी है) की आंतरिक आलोचना करती है, बल्कि लम्बे अरसे से चली आ रही मेरे जैसे बुद्धिजीवियों की कई धारणाओं को भी चुनौती देती है। इससे संबंधित शुरुआती लेखन के एक बड़े हिस्से पर विकासशील समाज अध्ययन पीठ (सीएसडीएस) के वार्षिक सेमिनार में बहस हो चुकी है। मुझे अपेक्षा थी कि पूरी पाण्डुलिपि पर आलोचनात्मक टिप्पणियाँ करके सहयोगी विद्वान मेरी मदद करेंगे, लेकिन उनमें से कुछ शायद रुचि और समय के अभाव के कारण ऐसा नहीं कर पाए। इस रवैये से अलग हटते हुए सतीश देशपाण्डे, अवधेंद्र शरण, विजय बहादुर सिंह, राकेश पाण्डेय, कमल नयन चौबे और नंदकिशोर आचार्य ने पाण्डुलिपि के कई हिस्सों को पढ़ कर अपनी क़ीमती राय दी जिसके आलोक में मुझे अपने अनुसंधान और विश्लेषण का पुनरीक्षण करने का मौक़ा मिला। पुस्तक को शुद्ध रूप से छापने में मनोज मोहन और अनुक्रमणिका बनाने में मंजू खन्ना की सहायता मिली। मैं इन सभी विद्वानों और साथियों का तहेदिल से शुक्रिया अदा करता हूँ।

पुस्तक की शैली विमर्श-नवीसी (डिस्कोर्स-मैपिंग) की है, और उसका मुख्य अंदाज़ विवादात्मक (पॉलिमिकल) है। इसका मक़सद उन मुद्दों पर बहस दोबारा खोलना है, जिनके बारे में निकाले जा चुके निष्कर्षों को प्रश्नांकित करना हम लोग पिछले कई दशकों से छोड़ चुके हैं। पिछले दो सालों में दोपहर के भोजन के बाद होने वाली चर्चाओं के दौरान मैंने अध्ययन पीठ के अपने दोस्तों के बीच संबंधित विवादों पर न जाने कितनी बार तीखी बहसें करके उनके धैर्य की परीक्षा ली है। एक तरह से यह विमर्श-रचना उन्हीं बहसों की देन है। जो भी हो, पुस्तक की सभी ख़ामियों की ज़िम्मेदारी केवल मेरी है।

— अभय कुमार दुबे

पावस, 2019

प्राक्कथन

राजनीतिक सहीपन और मध्यमार्गी विमर्श की संरचना

विमर्श-नवीसी (डिस्कोर्स मैपिंग) की शैली में लिखे गये इस लम्बे निबंध का मक़सद बहुसंख्यकवाद विरोधी विमर्श के भीतर चलने वाली ज्ञान की राजनीति को सामने लाना है। साथ ही यह निबंध इस विमर्श के उस हिस्से को मंचस्थ और मुखर भी करना चाहता है जिसे इस राजनीति के दबाव में पिछले चालीस साल से कमोबेश पृष्ठभूमि में रखा गया है। दरअसल, बहुसंख्यकवाद विरोधी राजनीति का वैचारिक अभिलेखागार दो हिस्सों में बँटा हुआ है। सार्वजनिक जीवन में आम तौर पर इसके एक हिस्से की आवाज़ ही सुनाई देती है। दूसरा हिस्सा ठण्डे बस्ते में उपेक्षित पड़ा रहता है। नतीजे के तौर पर हिंदुत्व के ख़िलाफ़ होने वाले संघर्ष में केवल आधी ताक़त का ही इस्तेमाल हो पा रहा है। सिंहावलोकन करने पर यह भी दिखता है कि विमर्श के जिस हिस्से की उपेक्षा हुई है वह समाज, संस्कृति और राजनीति की ज़मीन के कहीं अधिक निकट है। दरअसल, विमर्श का मुखर हिस्सा अत्यधिक विचारधारात्मक होने के नाते तक़रीबन एक आस्था का रूप ले चुका है, जबकि उपेक्षित हिस्सा अधिक शोधपरक और तर्कसंगत समाज-वैज्ञानिकता से सम्पन्न है।

बहुसंख्यकवाद विरोधी विमर्श के मुखर हिस्से से ही सार्वजनिक जीवन में प्रचलित संघ परिवार संबंधी आम समझ बनी है। यह समझ हिंदुत्ववादी परियोजना के उन हिस्सों की आलोचना तक सीमित रहती है जिन्हें संघ परिवार ने सत्तर के दशक से ही धीरे-धीरे छोड़ना शुरू कर दिया था। इसके विपरीत मौन कर दिया

गया हिस्सा वह है जो इस प्रचलित समझ से हट कर कुछ कहना चाहता है। उसके पास संघ परिवार की नयी समझ और उसके आधार पर बने बहुआयामी व्यावहारिक विन्यास को उसके समग्र यथार्थ में ग्रहण करने और पीछे धकेलने की क्षमता है। लेकिन इस दौर के 'राजनीतिक सहीपन' (पॉलिटिकल करेक्टनेस) के दबाव में उसकी बातों को अँधेरे कोनों में डाल दिया जाता है। न केवल बौद्धिक बहसों में उसके शामिल होने पर रोक लगा दी जाती है, बल्कि उसके ऊपर कम रैडिकल होने या संघ परिवार के प्रति प्रच्छन्न सहानुभूति रखने के कटाक्ष तक किये जाते हैं।

यह राजनीतिक सहीपन क्या है? पूरी बीसवीं सदी में विभिन्न विचार-श्रेणियों द्वारा अपने विरोधियों से बहस करने में पॉलिटिकल करेक्टनेस की अभिव्यक्ति का तरह-तरह से इस्तेमाल हुआ है। कुछ लोग इसे वक़्त के बौद्धिक फ़ैशन के रूप में देखना पसंद करते हैं, और कुछ लोग इसे ऐसी भाषा के इस्तेमाल पर लगी रोक की तरह देखते हैं जिससे किसी समुदाय, लिंग या प्रजाति का अपमान होता हो।[1] लेकिन पॉलिटिकल करेक्टनेस को इतने भर में सीमित करके मैं उसके दीर्घकालीन और गहन प्रभाव को कम करके नहीं आँकना चाहता। मेरे विचार से राजनीतिक सहीपन एक ऐसा वर्चस्वी आग्रह है जिसके तहत सार्वजनिक और बौद्धिक जीवन में सक्रिय लोग स्वयं को अपनी पहलक़दमी पर सेंसर करते हैं। इस ख़ास तरह के सेंसर के तहत लोग ऐसे सभी विचारों और तर्कों को ग्रहण करने से स्वयं को रोकते हैं जो उस राजनीतिक सहीपन के दायरे में फ़िट न होते हों। जैसे-जैसे यह वर्चस्व सघन होता है, वैसे-वैसे सहीपन के अनुकूल न बैठने वाली या उसके लिए थोड़ी भी दिक़्क़ततलब प्रत्येक वैचारिक संरचना अपनी तार्किकता, सुसंगति और तथ्यात्मकता के बावजूद या तो ख़ारिज कर दी जाती है या अगर ख़ारिज करना मुश्किल हो तो उसे एक चालाक ख़ामोशी के तहत पृष्ठभूमि में धकेल दिया जाता है। ख़ास बात यह है कि यह सब करते हुए

---

[1] पॉलिटिकल करेक्टनेस या राजनीतिक सहीपन एक ऐसा पद है जिसका इस्तेमाल उदारतावादी और परम्परानिष्ठ (लिबरल और कंज़रवेटिव) एक-दूसरे को आड़े हाथों लेने के लिए करते रहे हैं. दिलचस्प बात यह है कि यह पद वैचारिक विपक्षी की आलोचना के लिए प्रयुक्त किया जाता है (मैंने भी इसका इस्तेमाल इसी तर्ज़ पर किया है). कोई ख़ुद पहलक़दमी ले कर नहीं करता कि वह पॉलिटिकल करेक्ट है. इस विषय पर पुस्तकों और लेखों समेत विपुल साहित्य उपलब्ध है. एक दिलचस्प नमूने के लिए पढ़ें, एलिज़ाबेथ फ़ॉक्स-जेनोवेस और लैरी स्कैनलॅन (1995), 'टू व्यूज़ : डिबेटिंग पॉलिटिकल करेक्टनेस', *ऐकेडमी,* खण्ड 81, अंक 3 : 8-15.

राजनीतिक सहीपन के शिकार लोग मानते हैं कि वे किसी उच्चतर और बृहत्तर उद्देश्य की पूर्ति के लिए यह सब कर रहे हैं। लेकिन अंततः इसके ज़रिये की गयी ज्ञान की यह राजनीति उन उद्देश्यों के ही विपरीत चली जाती है जिन्हें साधना उसका मक़सद होता है।

बहुसंख्यकवादी विमर्श के संदर्भ में राजनीतिक सहीपन की संरचना कुछ इस प्रकार है। यह मुख्यतः छह आस्थाओं पर टिकी हुई है।

पहली आस्था इस प्रकार है : *भारत में हिंदू बहुसंख्यक हैं, लेकिन यह केवल एक आबादीमूलक संख्यात्मक तथ्य भर है। भारतीय सभ्यता को इसके मुताबिक़ परिभाषित नहीं किया जा सकता। भारतीय सभ्यता तो एक मिली-जुली या सामासिक सभ्यता है, और इसका यह मिला-जुलापन इतना अधिक है कि इसे प्रमुख रूप से हिंदू सभ्यता कहना भी उचित नहीं होगा। दूसरे, स्वयं हिंदू अनगिनत भिन्न-भिन्न अस्मिताओं से मिल कर बने हैं। उनके बीच के अंतर्विरोध और विरोधाभास उन्हें किसी भी ऐसी संज्ञा या पहचान से सम्बोधित करने से रोकते हैं जिससे उनके भीतर कोई समरूप चेतना रेखांकित हो सकती हो। इस विविधता-बहुलता के बावजूद भारतीय सभ्यता को हिंदू कहना एक तरह की बौद्धिक दुष्टता है जिसका परिणाम बहुसंख्यकवादी साम्प्रदायिकता में निकल सकता है।* इस बौद्धिक दुष्टता के विरोध में की जाने वाली सतर्क विमर्शी गोलबंदी ऐसे किसी भी शोध और तथ्य को ओझल करने या मुँह बिचका कर महत्त्वहीन क़रार देने की रणनीतियों को जन्म देती है जिससे भारतीय सभ्यता को हिंदू सभ्यता बताने का आग्रह निकलता हो या ऐसे किसी भी निष्कर्ष की सम्भावनाओं की तरफ़ इशारा किया हो। यह अलग बात है कि भारतीय सभ्यता को मुख्य रूप से हिंदू सभ्यता क़रार देने का दावा केवल हिंदुत्ववादी शक्तियों की तरफ़ से ही नहीं आता। सेकुलर और उदारतावादी नज़रिये से कौशलपूर्वक सम्पन्न किये गये कई अनुसंधानों और प्रेक्षणों में भी ऐसे निष्कर्ष निकाले गये हैं जिनसे समय के दीर्घकालीन धरातल पर हिंदुओं की विविध अस्मिताओं के बीच पहले से मौजूद और विभिन्न कारणों से धीरे-धीरे बढ़ते हुए एकरूप पहलुओं को स्पष्ट करते हैं। लेकिन बहुसंख्यकवाद विरोधी विमर्श के दायरे में ऐसे अनुसंधानों पर एक अघोषित मौन आरोपित कर दिया गया है।

दूसरी आस्था का सूत्रीकरण इस प्रकार किया जा सकता है : *भारतीय समाज अनगिनत छोटे-बड़े समुदायों का समुच्चय है। यह बहुलता इस समाज की नैसर्गिक*

स्थिति है। ऐसे समाज को किसी भी तरह की समरूप और एकाश्म संरचना में नहीं बाँधा जा सकता। इसी आधार पर भारतीय बहुलतावाद हिंदुत्ववादी एकता की परियोजना को निरस्त करता रहा है और करता रहेगा। चूँकि यह आस्था विशाल राजनीतिक एकताओं की सम्भावनाओं को नकारती है, इसलिए इसे न तो बड़े पैमाने की हिंदू एकता बनती हुई दिखाई पड़ती है, और न ही मुसलमान एकता। यह थीसिस बहुसंख्यकवाद के अंदेशों से कतरा जाने की सुविधा प्रदान कर देती है। एक तरह से यह थीसिस लोकतंत्र का स्वघोषित कवच-कुण्डल बन गयी है। इसके तहत बहुलतावाद के राजनीतिक और सामाजिक पहलुओं के बीच एक बेपरवाह क़िस्म का घालमेल किया जाता है। इसके प्रभाव में बहुसंख्यकवाद के आलोचक इस सम्भावना पर ध्यान नहीं देते कि सामाजिक बहुलतावाद बना रह सकता है, लेकिन उस पर विभिन्न राजनीतिक प्रौद्योगिकियों का इस्तेमाल करके एक राजनीतिक एकरूपता आरोपित की जा सकती है।

तीसरी आस्था भारतीय सेकुलरवाद पर दो ज़िम्मेदारियाँ डालती है : *पहली, भारतीय सेकुलरवाद का मुख्य दायित्व अल्पसंख्यक अधिकारों की रक्षा करना है; और दूसरा, भारतीय सेकुलरवाद को बहुलतावाद की हिफ़ाज़त करना है।* इसके मुताबिक़ हमारा सेकुलरवाद अल्पसंख्यक अधिकारों और बहुलतावाद का पर्याय बन जाता है। इस आस्था की दोहरी संरचना के दबाव में बहुसंख्यकवाद के आलोचक अल्पसंख्यक समुदायों, ख़ासकर मुसलमान समुदायों के भीतर मौजूद विकृतियों पर चर्चा करने से कतराते हैं। नतीजतन जो संबंधित मुद्दे सेकुलर ख़ेमे की तरफ़ से उठने चाहिए, वे हिंदुत्ववादी ख़ेमे की तरफ़ से उठाए जा कर बहुसंख्यकवादी राजनीति को ही पुष्ट कर देते हैं। दूसरे, यह आस्था संविधान में उल्लिखित सर्वधर्मसमभाव को सुविधापूर्वक भारतीय सेकुलरवाद की परिभाषा मान लेती है। वह इस महत्त्वपूर्ण तथ्य को नज़रअंदाज़ कर देती है कि संविधान-निर्माताओं ने एक बहुधार्मिक समाज में राज्य को धर्मों से दूर रहने के लिए सर्वधर्म-समभाव को एक पद्धतिमूलक निर्देश के रूप में तजवीज़ किया है, न कि सेकुलरवाद की विशिष्ट भारतीय परिभाषा के रूप में। भारतीय सेकुलरवाद को बहुलतावाद का पर्याय मानने का यह रवैया मुसलमान, सिख, ईसाई जैसे धार्मिक समुदायों को लोकतांत्रिक व्यवस्था की एकाश्म इकाइयों में बदल कर लोकतंत्र को व्यावहारिक रूप से समुदायों के लोकतंत्र में बदल देता है। ऐसा होते ही राजनीतिक गोलबंदी के धरातल पर सेकुलरवाद और साम्प्रदायिकता की

समुदायगत परिभाषा शुरू हो जाती है। विश्लेषण करते समय वोटिंग-पैटर्न के आधार पर कुछ समुदायों को सेकुलर और कुछ को साम्प्रदायिक मानने की प्रवृत्ति जड़ पकड़ती चली जाती है। नतीजतन समुदाय सेकुलर और साम्प्रदायिक की जन्मना संरचनाओं की नुमाइंदगी करने लगते हैं। मसलन, अगर पिछले तीन दशकों में द्विज समुदायों ने भाजपा को वोट दिया है तो उन्हें नैसर्गिक रूप से साम्प्रदायिकता का वाहक क़रार दे दिया जाता है, और पिछड़े व दलित समुदाय सेकुलरवाद के वाहक समझ लिए जाते हैं। दरअसल, यह नज़रिया इस बात से बेपरवाह रहता है कि बहुलतावाद समुदायों और सांस्कृतिक विविधताओं का सिद्धांत है, और सेकुलरवाद राज्य की समुदायगत और धर्मगत तटस्थता का सिद्धांत है। इस अत्यंत नुक़सानदेह घालमेल के कारण इन आलोचकों का सेकुलरवाद एक तरफ़ तो धार्मिक और जातिगत समुदायों के प्रति भारतीय राज्य की दृढ़ सेकुलर तटस्थता का पैरोकार नहीं रह जाता, और दूसरी तरफ़ वह हिंदुत्ववादियों की ओर से अल्पसंख्यकों के तुष्टीकरण के आरोप का शिकार बनता है।

चौथी आस्था के केंद्र में ब्राह्मणवाद और उसकी दुष्टता का विचार है : *इसके आधार पर मान्यता बनाई गयी है कि परम्परागत रूप से उपेक्षित, वंचित और शोषित-दमित रहीं ग़ैर-द्विज जातियाँ ब्राह्मणवाद के विरोध में एक क्रांतिकारी संघर्ष में जुटी हुई हैं।* चूँकि ब्राह्मणवाद की कोई एक समेकित परिभाषा उपलब्ध नहीं है और कमज़ोर जातियों और तबक़ों के लिए काम करने वाले नेता, सुधारक और बुद्धिजीवियों में भी इस विषय पर तीखे मतभेद हैं, इसलिए यह आस्था इन सभी ऐतिहासिक हस्तियों के नामों में हाइफ़न लगा कर एक बौद्धिक परम्परा कल्पित कर डालती है। इस आस्था के तहत हिंदू और द्विज होने को एक-दूसरे का पर्याय मान लिया गया है। यह धारणा कुछ इस अंदाज़ में प्रचलित कर दी गयी है जैसे कि शूद्र (पिछड़ी) जातियाँ चातुर्वर्ण्य का हिस्सा न हो कर तीन सवर्ण जातियों के मुक़ाबले अवर्ण समाज का अंग हों। यह आस्था अपने विमर्श में पश्चिम के नस्लवाद विरोधी प्रत्यय की मदद ले कर कई मनगढ़ंत द्विभाजनों की रचना करती है। उनके आधार पर दावा किया जाता है कि कमज़ोर जातियाँ (विशेषकर पूर्व-अछूत अनुसूचित जातियाँ) अधिकांशतः हिंदू पहचान से बाहर जाने के लिए तत्पर हैं। आज नहीं तो कल, इन्हें संगठित हो कर द्विजों के विरोध में बग़ावत का झण्डा बुलंद करना ही है। यह 'क्रांतिकारी संघर्ष' हिंदुत्ववादी

राजनीति का प्रतिकार करेगा। हिंदुत्व के आलोचकों के बीच दुष्ट ब्राह्मणवाद का यह विचार इतना प्रभावशाली है कि वे अपनी इस आस्था को दूसरी आस्थाओं (जैसे कोई बड़ी एकता नहीं बन सकती) पर हावी हो जाने देते हैं, और कमज़ोर जातियों और अल्पसंख्यकों की विशाल बहुसंख्यक (इसे बहुजन का नाम दिया जाता है) एकता कल्पित कर डालते हैं जो उनके लिहाज़ से हिंदू बहुसंख्यकवाद को परास्त करने के लिए आवश्यक है।

पाँचवीं आस्था का ताल्लुक़ उदारतावाद के भारतीय संस्करण से है : *इसके मुताबि.क भारत के उदारतावाद ने एक ऐसा सांविधिक चुनावी लोकतंत्र स्थापित किया है जिसमें राजनीतिक प्रतियोगिता लाज़िमी तौर पर अतिवादी विचारधाराओं को मध्यमार्ग अपनाने के लिए मजबूर कर देगी। साम्यवादी विचारधाराओं के साथ ऐसा हो चुका है। 'इनको मारो जूते चार' जैसी जातिवादी उग्रताओं का शमन भी हुआ है। हिंदू राष्ट्रवाद की गति भी यही होगी।* हिंदुत्व के आलोचक इस आस्था के साथ जैसे ही भारतीय बहुलतावाद को जोड़ते हैं, उन्हें हमारे लोकतंत्र की शमनकारी शक्तियों पर अगाध विश्वास हो जाता है। यह आस्था हिंदुत्व के आलोचकों को इस बात को मज़बूती से रेखांकित करने से रोकती है कि पिछले पैंतीस साल से बहुसंख्यकवाद केवल संघ परिवार की ठेकेदारी ही नहीं रह गया है, बल्कि चुनावी राजनीति में सक्रिय लगभग सभी शक्तियाँ अपने-अपने तरीक़े से बहुसंख्यकवादी राजनीति कर रही हैं, और सांविधिक चुनावी लोकतंत्र के पास प्रबल होती जा रही इस प्रवृत्ति को रोकने का कोई तरीक़ा नहीं है। इसी आस्था के कारण बहुसंख्यकवाद के ज़्यादातर आलोचक भाजपा के चुनाव हारते ही लम्बी तान कर सो जाते हैं, और इस पर ध्यान नहीं देते कि ग़ैर-भाजपाई सरकारों के तहत भी हिंदुत्ववादी विकृतियाँ पहले से ज़्यादा मज़बूत हो रही हैं।

छठी आस्था के मुताबिक़ *वामपंथी, सेकुलर और उदारतावादी बौद्धिकता को एक उच्चतर और श्रेष्ठ संरचना मान लिया गया है। और, इसके मु.काबले आम तौर पर हिंदुत्ववादियों की और ख़ास तौर पर संघ परिवार की बौद्धिकता को निम्नतर और ध्यान न देने योग्य .क़रार दे दिया गया है।* ऐसा मान लेने के पीछे दो कारण प्रतीत होते हैं। पहली मान्यता यह है कि धर्म और उसकी सामग्री से बनी सांस्कृतिक निर्मितियों के दायरे में नया समाज बनाने के लिए कोई सामाजिक-राजनीतिक कार्रवाई या परियोजना न कल्पित की जा सकती है, और

न की जानी चाहिए। नये समाज का प्रोजेक्ट तो केवल विशुद्ध ग़ैर-धार्मिक या धर्मेतर (जैसे, प्रगतिशील, आधुनिक, उदारतावादी, सेकुलर, समतामूलक) दायरे में ही चल सकता है। यह मान्यता इतनी प्रभावशाली है कि इसके तहत ऐसी कोई भी बौद्धिकता भारतीय समाज के लिए बेकार मान ली गयी है जो किसी धर्म के मूल्यों के प्रभुत्व में उदारता, सेकुलरवाद और समता के विचार का उपकरण के तौर पर इस्तेमाल करती हो। इस मान्यता का नतीजा यह निकला है कि बुहसंख्यकवाद विरोधी विमर्श के मुखर रूपों ने हिंदू एकता के संघ-पूर्व विमर्श (जैसे, दयानंद, विवेकानंद वगैरह) की या तो उपेक्षा की है या उन्हें पश्चिम द्वारा थमाए गये इन मूल्यों के आईने में देख कर अपना काम चला लिया है। परिणामस्वरूप ऐसे चिंतकों की वह बौद्धिक कारीगरी रेखांकित नहीं की जा सकी है जिसमें उन्होंने धर्म और उसके सामाजिक ढाँचे को क़ायम रखते हुए सामाजिक संरचनाओं में रैडिकल संशोधन की प्रस्तावना की थी। दूसरी मान्यता के तहत मध्यमार्गी विमर्श के मुखर पैरोकारों ने सत्तर के दशक के बाद से हिंदुत्ववादी सिद्धांतकारों के सूत्रीकरणों का गम्भीर अध्ययन करना न केवल बंद कर दिया है, बल्कि अपने इस रवैये की एक थियरी भी गढ़ डाली है। प्रतिष्ठित वामपंथी विद्वान ऐजाज़ अहमद कहते हैं : 'उनके (संघ के) दस्तावेज़ों में ज़्यादा से ज़्यादा शब्दस्फीति है और वे अपनी सामग्री की विवेकहीनता के कारण अपठनीय हैं। इसके विपरीत उनकी सांगठनिक गतिविधियों में अकसर भयभीत कर देने वाली प्रतिभा दिखती है।'[2] ज़ाहिरा तौर पर वे कहना चाहते हैं कि हिंदुत्ववादी राजनीति का अध्ययन केवल कार्यनीतिक-रणनीतिक पहलू से करना ही काफ़ी है, उसके विमर्श में दिमाग़ खपाना समय की बरबादी है। इस संस्तुति के उलट मैंने इस रचना में दिखाया है कि बुद्धिजीवी होने की वामपंथी अहंमन्यता और संघ परिवार की बौद्धिक क्षमता को कमतर मानने के मुग़ालते ने भी सेकुलर-वामपंथी और उदारतावादी विमर्श को निष्प्रभावी बनाने में योगदान दिया है।

---

[2] देखें, ऐजाज़ अहमद (2015), 'इण्डिया : लिबरल डेमॉक्रैसी ऐंड द एक्स्ट्रीम राइट', लियो पैनिट्श और ग्रेग ऐल्बो (सं.), *द पॉलिटिक्स ऑफ़ द राइट*, सोशलिस्ट रजिस्टर 2016, लेफ़्टवर्ड बुक्स, नयी दिल्ली. ऐजाज़ अहमद का यह लेख वैसे तो हिंदुत्ववादी राजनीति की कई ज़रूरी बातों पर उँगली रखता है, लेकिन यह कहीं न कहीं अंग्रेज़ीदाँ बुद्धिजीवियों की उस समस्या की चुगली भी खाता है जो हिंदी और ख़ासकर संस्कृतनिष्ठ हिंदी में छपे विपुल दस्तावेज़ों में दिमाग़ खपाने के लिए तैयार नहीं है. संघ परिवार ने अपने बहुत कम दस्तावेज़ अंग्रेज़ी अनुवाद में उपलब्ध कराए हैं, और इन विद्वानों का हाथ हिंदी में या किसी भी भारतीय भाषा में तंग होता है.

ये छह सैद्धांतिक आस्थाएँ एक-दूसरे से गुँथी हुई हैं। हिंदुत्व के आलोचकों का ज़ोर परिस्थिति के मुताबिक़ इस या उस पर बदलता रहता है। इस राजनीतिक सहीपन की एक ख़ास बात और है। यह बहुसंख्यकवाद विरोधी विमर्श के जिस हिस्से की उपेक्षा करता है, उसके प्रति ज़ुबानी जमा-ख़र्च करने के लिए हमेशा तत्पर रहता है। मसलन, हिंदुत्व के मुखर आलोचक यह मानने में बिल्कुल देर नहीं लगाएँगे कि भारत के सभी समुदाय आंतरिक बहुलता और विविधता से सम्पन्न हैं। लेकिन सार्वजनिक जीवन में होने वाली बहस कुछ इस तरह से विन्यस्त होती है कि भारतीय बहुलतावाद का आईना हमेशा केवल हिंदू बहुलतावाद की छवियाँ ही दिखाता रह जाता है। अल्पसंख्यक समुदाय इस चर्चा में हमेशा एकाश्म रूप से ही उभरते हैं। अगर अल्पसंख्यकों के बीच उनकी बहुलता और विविधता की दावेदारी करने वाली कोई राजनीतिक-सामाजिक प्रवृत्ति उभरती है (जैसे मुसलमानों के बीच पसमांदा आंदोलन) तो उसकी पीठ तत्परता से थपथपाई जाती है, लेकिन मुसलमानों के सांस्कृतिक-राजनीतिक अधिकारों पर बहस करते समय पसमांदा विचार पर होशियारी से ख़ामोशी अख़्तियार कर ली जाती है, और मुसलमान समुदाय कुल मिला कर एकाश्म ही रह जाता है।

दरअसल, अपने ही एक अधिक बेहतर अंश को निष्क्रिय कर देने वाली ज्ञान की यह राजनीति बेहद जटिल है। इसे स्पष्ट करने के लिए मैंने जो तरीक़ा अपनाया है, वह मेरे बुद्धिजीवी मित्रों को अटपटा लग सकता है। लेकिन, वामपंथी, सेकुलर और उदारतावादी दायरों की बँधी-बँधाई अपेक्षाओं के विपरीत यह निबंध हिंदुत्ववादी राजनीति की प्रचलित आलोचनाओं को दोहराने में अपनी ऊर्जा ख़र्च नहीं करता। ये आलोचनाएँ स्वयंसिद्ध हैं— जैसे, हिंदुत्ववादियों द्वारा नियोजित हिंसा की हद तक जाने वाला अल्पसंख्यक विरोध, चुनावी गोलबंदी का इस्तेमाल करके लोकतंत्र के नाम पर बहुसंख्यकवादी राज्य की स्थापना का लक्ष्य, आधुनिकतावादी दावेदारियों का प्रतिकार करने के लिए दक़ियानूसी रवैया अपनाना, पश्चिमी ज्ञान के वर्चस्व को संतुलित करने के लिए पौराणिक और मिथकीय प्रकरणों को भारतीय ज्ञान की तरह पेश करना, समाज और राज्य के फ़ौजीकरण की कोशिशों के तहत सेना और सुरक्षाबलों की अतिशय विरुदावलि गाना, देशभक्ति जैसे स्वस्थ मनोभाव को हड़प कर उग्र-राष्ट्रवाद के मातहत कर देना, अफ़वाह और प्रोपेगण्डे की राजनीतिक प्रौद्योगिकी का इस्तेमाल करके सामाजिक टकराव का माहौल पैदा करना, बहुसंख्यक समुदाय को एक असुरक्षित मानसिकता में रखने के लिए आबादीमूलक आँकड़ों का बेजा इस्तेमाल

करना, बड़े पैमाने की साम्प्रदायिक हिंसा से लेकर साम्प्रदायिक कढ़ाह को धीमी आँच में उफान लाए बिना खदबदाते रखने की रणनीतियाँ अपनाना आदि। हिंदुत्ववादी राजनीति के इन पहलुओं पर काफ़ी कुछ लिखा जा चुका है। उसकी मौजूदा कामयाबियों के पीछे निश्चित रूप से इन बातों की भूमिका है। लेकिन इन्हें दी जाने वाली अतिशय प्रमुखता उन बुनियादी संरचनाओं को पृष्ठभूमि में धकेल देती है जिन्हें सामने लाए बिना हमें पता नहीं चल सकता कि हमेशा से इस्तेमाल की जाने वाली ये युक्तियाँ पहले की अपेक्षा आज क्यों अधिक कामयाब होते दिख रही हैं।

मैंने इस निबंध में अपना बुनियादी तर्क केवल विमर्श के धरातल पर ही केंद्रित रखने का हर सम्भव प्रयास किया है। मैं हिंदू बहुसंख्यकवाद की रणनीतिक और कार्यनीतिक चपलताओं से सूचित तो हूँ, पर सिर्फ़ उनके ही आईने में उसके विमर्श को पढ़ने की कोशिश से परहेज़ करता हूँ। मैंने यह रवैया ख़ास तौर से अपनाया है। हिंदू बहुसंख्यकवाद का प्रतिनिधित्व करने वाली राजनीतिक शक्तियों की हालिया कामयाबियों को रणनीतिक-कार्यनीतिक दायरे में विश्लेषित करने के प्रचलित रवैये से बचते हुए मैं उन्हें हिंदुत्व के विमर्शी विकास के संचित परिणाम के तौर पर दिखाना चाहता हूँ। इसीलिए मेरा यह निबंध इनके बजाय हिंदू राजनीतिक एकता की परियोजना के कुछ भिन्न पहलुओं को रेखांकित करता है। कुछ ऐसे पहलुओं को, जिनकी वजह से ही संघ परिवार सत्तर के दशक से लगातार एक के बाद एक सफलताओं के नये पायदान चढ़ता जा रहा है। लेकिन संघ परिवार के आलोचकों द्वारा पिछले चालीस साल में इन पहलुओं को बड़ी हद तक नज़रअंदाज़ किया गया है।

इस उपेक्षा के कारण होता यह है कि हिंदुत्व के आलोचक उसकी अल्पसंख्यकविरोधी ग्रंथि पर तो ज़ोर देते हैं, पर हिंदुत्व के चिंतकों और सिद्धांतकारों के बीच जातियों में बँटे हिंदू समाज को एकजुट करने के लिए शुरू से ही चल रहे बौद्धिक ऊहापोह और वैचारिक संघर्ष पर रोशनी नहीं डालते। परिणामस्वरूप हिंदुत्व और जाति की अन्योन्यक्रिया उनकी दृष्टि से ओझल बनी रहती है। निश्चित रूप से हिंदुत्व के इतिहास में अल्पसंख्यक विरोधी ग्रंथि एक स्थिरांक की तरह है, लेकिन अगर इस ग्रंथि को हिंदुत्व की चालक-शक्ति मान लिया जाएगा तो हिंदू एकता की परियोजना एक जगह रुकी हुई लगने लगेगी। इसके उलट हिंदुत्व और जाति की अन्योन्यक्रिया इस ग्रंथि के होने या न होने से न केवल स्वतंत्र है, बल्कि उसकी एक गतिशीलता है जो हिंदू एकता के उद्यम

को लगातार सांगठनिक और वैचारिक परिवर्तनों से गुज़ार रही है। यह दिक़्क़त उस समय और बढ़ जाती है जब आलोचकगण वर्णाश्रम और *मनुस्मृति* की संस्तुति करने वाले अनगिनत हिंदुत्ववादी आग्रहों के उद्धरण तो देते हैं, लेकिन वर्णाश्रम और *मनुस्मृति* से जुड़े आग्रहों को धीरे-धीरे छोड़ते हुए अपने भीतर विचारधारात्मक और सांगठनिक परिवर्तनों को अंजाम देने की हिंदुत्ववादी प्रक्रिया उनकी निगाह से पूरी तरह छूट जाती है।

आलोचकों को यह देखने में तो दिक़्क़त नहीं होती कि हिंदुत्ववादियों को भारत के संविधान से किस तरह की दिक़्क़तें हैं और लोकतांत्रिक मानस किस तरह से उनके लिए विजातीय रहा है, लेकिन वे यह नहीं देख पाते कि पिछले दो दशकों से हिंदुत्ववादियों ने संविधान, लोकतंत्र और चुनावी गोलबंदी के भीतर मौजूद बहुसंख्यकवादी गुंजाइशों को पहचान कर उनका दोहन करने की रणनीति का किस प्रकार उपयोग करना शुरू कर दिया है। आरक्षण के प्रति हिंदुत्ववादियों की दुविधा तो आलोचकों को आसानी से दिख जाती है, पर सामाजिक न्याय की समतामूलक राजनीति और सैद्धांतिकता के मुक़ाबले समरसता के सिद्धांत और उस पर आधारित राजनीति के प्रवर्तन सरीखे हिंदुत्ववादी पहलू उनकी समीक्षा से बच जाते हैं। हिंदुत्वविरोधी आलोचक भारतीय समाज के नैसर्गिक बहुलतावाद का अतिशय मूल्यवर्धन करते हुए इस आस्था को बुलंद करते हैं कि यह सामाजिक बहुलता बहुसंख्यकवादी एकता की सम्भावनाओं को निरस्त करती रहेगी, पर वे उन ऐतिहासिक और सामाजिक प्रक्रियाओं को रेखांकित करने से इंकार करते हैं जिनकी वजह से इस बहुलता से कोई विशेष छेड़छाड़ किये बिना हिंदुत्ववादी धीरे-धीरे पूरे समाज पर ऊपर से राजनीतिक एकजुटता की ग्रिड आरोपित करते चले जा रहे हैं।

यह निबंध हिंदुत्व के इन छूटे हुए आयामों पर कुछ विस्तार के साथ रोशनी डालता है। साथ ही यह विवादात्मकता (पॉलिमिक्स) के ज़रिये बहुसंख्यकवाद विरोधी विमर्श के भीतर पहले से मौजूद कुछ ऐसे बौद्धिक संसाधनों की शिनाख़्त भी करता चलता है जिनके इस्तेमाल से हिंदुत्ववादी राजनीति के विकासक्रम की सही और सम्भावित दिशा का पता लगाना आसान था। यह शिनाख़्त साफ़ कर देती है कि विमर्श के केवल एक हिस्से का इस्तेमाल करने वाले आलोचकों ने अपनी प्राथमिकताएँ किन आधारों पर बनाई हैं, और किन सामाजिक-राजनीतिक शक्तियों से वे हिंदुत्ववादी बहुसंख्यकवाद को पराजित करने की उम्मीद करते रहे हैं। साथ ही यह भी स्पष्ट होने लगता है कि समाज और राजनीति की

गतिशीलता की कहीं अधिक यथार्थपरक समझ रखने के बावजूद पृष्ठभूमि में धकेल दिये गये ये बौद्धिक संसाधन भी वामपंथी, उदारतावादी और सेकुलर विमर्शकारों के ही एक हिस्से ने तैयार किये हैं। मसलन, कई इतिहासकारों और समाजशास्त्रियों की जाँच-पड़ताल ने हिंदू पहचान की निर्मिति के उन आयामों को उभारा है जो महज़ उन्नीसवीं सदी की कारिस्तानी होने के बजाय अतीत में शुरुआती मध्ययुग तक जाते हैं। इसी तरह इन विद्वानों ने मुस्लिम राजनीतिक पहचान की निर्मितियों और मध्य युग से ही उसके विपरीत बन रही हिंदू पहचान पर भी अपनी उँगली रखी है।

इस प्रक्रिया में ये विद्वान मैत्रीपूर्ण सामासिकता की मौजूदगी से सहमत होते हुए भी हिंदू-मुसलमान संबंधों का यथार्थ बन चुके शत्रुतापूर्ण अंतर्विरोधों को भी उभारते हैं। अगर इस पूरे विमर्श को ताक पर रख कर केवल मैत्रीपूर्ण सामासिकता के बढ़े-चढ़े गीत ही न गाये गये होते और मुस्लिम राजनीतिक पहचान के प्रतिकारस्वरूप सदियों से बनती हुई हिंदू पहचान की प्रबल शक्ति को कम करके न आँका गया होता, तो हिंदुत्व के आलोचकों को यह दिखाई पड़ सकता था कि इन अंतर्विरोधों की दरारों में हिंदुत्ववादी बहुसंख्यकवाद धीरे-धीरे किस तरह से अपना काम करता रहा है। इसी तरह बनती हुई हिंदू पहचान की रोशनी में अगर हिंदुत्व के आलोचक दलित, बहुजन और दलित-बहुजन जैसे राजनीतिक-कम-सेमिनारीय प्रत्ययों पर अतिशय भरोसा करने से बच गये होते, और उन्होंने विभिन्न जाति-समुदायों के ज़मीनी अंतर्विरोधों पर अधिक ध्यान दिया होता तो सामाजिक न्याय की राजनीति से अनावश्यक अपेक्षाएँ करने से बचा जा सकता था।

यद्यपि एक विमर्श के ये दो भीतरी आयाम अकसर दो समांतर चलती धाराओं की तरह हैं, लेकिन कभी-कभी आश्चर्यजनक रूप से मौन और मुखर अभिव्यक्तियाँ एक ही विमर्शकार के भीतर भी दिखाई पड़ती हैं। वस्तुतः ज्ञान की राजनीति का दबाव इस क़दर काम करता है कि एक विमर्शकार किसी स्वयं-विकसित अत्यंत मूल्यवान अंतर्दृष्टि को आगे नहीं बढ़ाता, और किसी दूसरे 'राजनीतिक रूप से सही' पहलू पर ज़ोर देने में ही अपनी सारी ऊर्जा ख़र्च कर देता है। इससे समझा जा सकता है कि संघ विरोधी विमर्श द्वारा ख़ुद को अपनी ही क्षमताओं से बेपरवाह रखने की प्रक्रियाएँ कितनी जटिल हैं। जो भी हो, हर हालत में यह ग़लती न हो कर एक जानी-बूझी प्राथमिकता ही लगती है।

वामपंथी, सेकुलर और उदारतावादी दायरों में लम्बे अरसे तक चली इस प्रक्रिया के परिणामस्वरूप बहुसंख्यकवाद राजनीति, समाज और संस्कृति के दायरे में कमज़ोर होने के बजाय उत्तरोत्तर मज़बूत होता चला गया है। इसीलिए, किसी ज़माने में जिस बहुसंख्यकवाद का वजूद हाशिये पर था, आज वही हमारे लोकतंत्र को उत्तरोत्तर परिभाषित करने की स्थिति में आता जा रहा है। यह निबंध बताता है कि बहुसंख्यकवाद में आया यह उत्तरोत्तर उछाल केवल राष्ट्रीय स्वयंसेवक संघ के अहर्निश प्रयासों या सेकुलर विचार की कमज़ोरियों का परिणाम नहीं है, बल्कि यह भारतीय समाज की उन संरचनागत स्थितियों का भी परिणाम है जिसके तहत हिंदू पहचान सदियों से धीरे-धीरे विकसित हो कर अब अपनी पूरी राजनीतिक अभिव्यक्तियों में सुनाई-दिखाई दे रही है।

मौन पड़े विमर्श को मुखर करके केंद्रस्थ करने की ज़मीन दो शर्तों पर बन सकती है। पहले तो हिंदुत्ववादी प्रोजेक्ट के सातवें दशक के बाद विकसित हुए आयामों की ठीक से शिनाख़्त करनी होगी। दूसरी शर्त यह है कि उन बुनियादी सूत्रों का भी संधान करना होगा जो प्रारम्भ से ही संघ परिवार की विचारधारा का अंग होने के कारण उसके भीतर आत्म-संघर्ष कर रहे थे। कहने का तात्पर्य यह है कि सत्तर के बाद संघ परिवार का नवीकरण उन विचार-स्रोतों के कारण ही मुमकिन हो पाया है जो उसकी शुरुआती विचारधारा के कोनों में कहीं अनचीन्हे पड़े हुए थे। इन्हीं स्रोतों के आधार पर संघ परिवार अपने भीतर यह विचार-परिवर्तन कर पाया, लेकिन उसके आलोचकों के संसार पर वही राजनीतिक सहीपन हावी रहा जिसे साठ और सत्तर के दशक में वामपंथी, सेकुलर और उदारतावादी चिंतकों और एक्टिविस्टों ने गढ़ा था।

यह बौद्धिक क़वायद मुख्यतः आत्मालोचनात्मक है। मुझे इसमें निहित जोखिम का अंदाज़ा है। चूँकि इस प्रक्रिया में स्वाभाविक तौर पर संघ-विरोधी विमर्श की स्थापित संरचनाओं की बुनियादी ख़ामियाँ उभर कर आएँगी, इसलिए ज्ञान की विवादात्मक राजनीति के तहत मुझ पर हिंदुत्ववादी परियोजना के एक नये प्रच्छन्न समर्थक होने का आरोप लगाया जा सकता है। अगर ऐसा हुआ तो मैं इसे सार्वजनिक जीवन में सेकुलरवाद और उदारतावाद की निरंतर पराजय के कारण पैदा हुई निराशा का परिणाम मान कर नज़रअंदाज़ कर दूँगा। दरअसल, मेरी इन शुरुआती बातों का मक़सद ऐसी बौद्धिक ग़लतफ़हमियों के अंदेशे को न्यूनतम रखना ही है।

लोकतंत्र, बहुमत और बहुसंख्यकवाद

लोकतंत्र के केंद्र में बहुमत होना चाहिए, बहुसंख्यकवाद नहीं। लोकतांत्रिक बहुमत अपने चरित्र में अस्थायी होता है। जो आज बहुमत है, वह कल अल्पमत बन सकता है। इस बनते-बिगड़ते बहुमत के अलावा लोकतंत्र के दायरे में अल्पसंख्यक अधिकारों, सामुदायिक अधिकारों और व्यक्तिगत स्तर पर नागरिक अधिकारों की दावेदारियाँ भी अहम होती हैं। इन्हें राजनीतिक समतामूलकता के परिप्रेक्ष्य में सकारात्मक पहलुओं की भाँति ग्रहण किया जाता है। आदर्श लोकतंत्र बहुमत आधारित निर्णय-प्रक्रिया के आधार पर चलता ज़रूर है, पर यह प्रक्रिया उसका एकमात्र सार नहीं होती। बल्कि, लोकतंत्र बहुमत आधारित निर्णय के उपकरण को समतामूलक आधार पर सभी राजनीतिक-सामाजिक-सांस्कृतिक हितों की सहभागिता प्रोत्साहित करने के लिए इस्तेमाल करता है। लोकतंत्र में बहुमत द्वारा किया गया फ़ैसला अल्पमत पर थोपने के बजाय उसे अल्पमत की सक्रिय और सकारात्मक भागीदारी से लागू किया जाता है।[3]

इसके विपरीत बहुसंख्यकवाद एक स्थायी संरचना है जो लोकतंत्र को संख्याओं के गणनाशास्त्र में बदल कर संख्याबल में दुर्बल संरचनाओं को हमेशा के लिए हाशिये पर धकेल देना चाहती है।[4] इसीलिए उसमें अल्पमत को कमतर और अल्पसंख्यक अधिकारों को अनधिकार चेष्टा की तरह देखने की प्रवृत्ति होती है। बहुसंख्यकवादी राजनीतिक समुदाय अकसर जन्म आधारित या धार्मिक-जातीयतावादी या जातिवादी-नस्लवादी आधार पर तैयार किया जाता है। ऐसा राजनीतिक समुदाय गढ़ने के लिए वास्तविक या काल्पनिक इतिहास का चुनिंदा इस्तेमाल करना एक आम रणनीति है। अतीत में हुए उत्पीड़न की राजनीतिक, सामाजिक और सांस्कृतिक घटनाओं का सहारा ले कर यह गढ़ंत बहुसंख्यकों में में एक सताई हुई और प्रतिशोधमूलक मानसिकता उकसाने की परियोजना चलाती है। छिपा या खुला हुआ आह्वान यही होता है कि चूँकि हमारे साथ बुरा किया

---

[3] लोकतंत्र को बहुमत आधारित निर्णय में सीमित करने की सैद्धांतिक आलोचना के लिए देखें, स्टीफ़न मैकेडो (2010), 'अगेंस्ट मैजोरिटेरियनिज़म : डेमॉक्रैटिक वेल्यूज़ ऐंड इंस्टीट्यूशनल डिज़ाइन', *बोस्टन युनिवर्सिटी लॉ रिव्यू*, खण्ड 90, 1029-42.

[4] इस संबंध में एक सैद्धांतिक चर्चा के लिए देखें, दानियाल कनवर्सी (2011), 'मैजोरिटेरियन डेमॉक्रैसी ऐंड ग्लोबलाइज़ेशन वर्सेस एथ्निक डाइवर्सिटी', *डेमॉक्रैटाइज़ेशन*,http://dx.doi.org/10.1080/13510347.2011.626947

गया है इसलिए अब स्थायी संख्याबल के दम पर सत्ता हासिल करके हम उनका बुरा करेंगे जो कभी हम पर शासन करते थे या जिन्होंने हमें सामाजिक रूप से हाशिये पर डाल रखा था।[5]

चुनावी प्रतियोगिता के तहत जैसे ही यह प्रवृत्ति ज़ोर पकड़ती है, और राजनीतिक शक्तियाँ घोषित या अघोषित रूप से इस होड़ में जुटती हैं, वैसे ही लोकतंत्र एक ढलान पर फिसलना शुरू कर देता है। इस फिसलन की मंज़िल किसी भी हद तक अनिष्टकारी हो सकती है। हो सकता है कि लोकतंत्र अघोषित रूप से किन्हीं एक तरह के धर्मावलम्बियों के शासन में बदल जाए, और लोकतांत्रिक लगने वाले चुनाव के ज़रिये स्थापित होने के बावजूद राजनीतिक सत्ता अल्पसंख्यक समुदायों को कुछ मायनों में अघोषित रूप से दूसरे दर्जे का नागरिक होने की हैसियत में धकेलने का औज़ार बन जाए। इसी तरह यह भी हो सकता है कि अतीत में सामाजिक-सांस्कृतिक उत्पीड़न की शिकार रही जातियों का कमोबेश स्थायी गठजोड़ बना कर उन जातियों को सामाजिक-आर्थिक अवसरों से वंचित करने का खेल खेला जाए जो संख्याबल में कमतर होने के कारण चुनावी होड़ को अपने पक्ष में झुकाने में असमर्थ हो चुकी हैं। ऐतिहासिक रूप से शक्तिशाली और उत्पीड़क रह चुकी अल्पसंख्यक भी अपने वर्चस्वी अतीत के मोह से छुटकारा प्राप्त न कर पाने के कारण इस बहुसंख्यकवादी खेल में नकारात्मक योगदान कर बैठती हैं।[6]

संख्या आधारित होने के कारण प्रत्येक लोकतंत्र को स्वाभाविक रूप से बहुसंख्यकवादी आवेगों का सामना करना पड़ता है। बहुसंख्यकवाद के संरचनागत आधार को पहचानने की ज़िम्मेदारी लोकतांत्रिक नेतृत्व की होती है। ऐसा नेतृत्व बहुसंख्यकवाद की राजनीतिक दावेदारियों की धार कुण्ठित करते हुए उसकी सामाजिक अभिव्यक्तियों को कुशलतापूर्वक प्रखर नहीं होने देता

---

[5] इस बारे में भारतीय उदाहरण पर विस्तृत चर्चा के लिए देखें, चेतन भट्ट (2004), 'मैजोरिटी एथिक : क्लेम्स ऐंड एथॉरिटेरियन नैशनलिज़म : द केस ऑफ़ हिंदुत्व', एरिक पी. कॉफ़मेन (सं.), *रिथिंकिंग एथ्निसिटी : मैजॉरिटी ग्रुप्स ऐंड डोमिनेंट माइनॉरिटीज़*, रौटलेज, लंदन और न्युयॉर्क : 175-194.

[6] भारत में मुसलमान अल्पसंख्या और ब्राह्मण समुदाय में इस तरह प्रवृत्तियाँ पाई जाती हैं. भारतीय मुसलमानों की इस प्रवृत्ति के लिए देखें, थियोडोर पी. राइट जूनियर (2004), 'द आइडेंटिटी ऐंड चेंजिंग स्टेट्स ऑफ़ फ़ारमर इलीट माइनॉरिटीज़ : द कंट्रास्टिंग केसेज़ ऑफ़ नॉर्थ इंडियन मुस्लिम्ज़ ऐंड अमेरिकन वास्प्ज़', एरिक पी. कॉफ़मेन (सं.), *रिथिंकिंग एथ्निसिटी : मैजोरिटी ग्रुप्स ऐंड डोमिनेंट माइनॉरिटीज़*, रौटलेज, लंदन और न्युयॉर्क : 27-34.

और मंद बनाए रखता है। उपनिवेशवाद विरोधी राजनीतिक-सांस्कृतिक नेतृत्व ने आज़ादी के बाद पहले तीन दशकों के दौरान भारतीय लोकतंत्र के मर्म को इन आवेगों से बचाए रखा। इस प्रक्रिया में वामपंथी, सेकुलर और उदारतावादी विमर्श (इसे मैंने मध्यमार्गी विमर्श की संज्ञा दी है) ने उल्लेखनीय भूमिका निभायी। लेकिन, अपनी शुरुआती सफलताओं से अति-उत्साहित हो कर इस विमर्श ने समाज, राजनीति और संस्कृति के क्षेत्र में बहुसंख्यकवाद के संरचनागत आधार की शक्ति और व्यापकता को कुछ इस तरह से नज़रअंदाज़ करना शुरू कर दिया मानो भारतीय समाज अपनी बहुलताओं और विविधताओं के कारण उससे स्वत: निष्प्रभावी करता रहेगा। यह विमर्श भूल गया कि गाँधी और उपनिवेशवाद विरोधी नेतृत्व ने इस बहुसंख्यकवाद के अंदेशों को समझ कर इसे हाशिये पर रखने की परिष्कृत राजनीतिक प्रौद्योगिकी विकसित की थी। मध्यमार्गी विमर्श की इन ग़लतियों का असर अस्सी के दशक से दिखना शुरू हुआ जब वे राजनीतिक शक्तियाँ (जैसे कांग्रेस) भी अपना बहुसंख्यकवादी संस्करण तैयार करती नज़र आयीं जिन पर इतिहास ने उसके साथ संघर्ष करने की ज़िम्मेदारी डाली थी। बदलती परिस्थिति में बहुसंख्यकवाद अपने कई प्रकारों के साथ हमारी लोकतांत्रिक राजनीति के केंद्र में स्थापित होता चला गया।

इस समय देश की दोनों सबसे बड़ी राजनीतिक पार्टियाँ (कांग्रेस और भारतीय जनता पार्टी) और प्रदेश स्तर पर सक्रिय कुछ पार्टियाँ अपने-अपने तरीक़े से बहुसंख्यकवादी गोलबंदी की रणनीति पर अमल कर रही हैं। कांग्रेस और भारतीय जनता पार्टी (भाजपा), दोनों की कोशिश है कि वे अपनी अलग-अलग रणनीतियों के तहत स्वयं को हिंदू बहुसंख्या के सर्वप्रमुख राजनीतिक प्रतिनिधि के तौर पर पेश करें। भाजपा का तो गठन ही इस तरह की बहुसंख्यकवादी राजनीति के लिए हुआ है। महाराष्ट्र स्तर पर शिव सेना अस्सी के दशक के बाद से यही प्रयास कर रही है। पंजाब में अकाली दल हमेशा से सिख बहुसंख्यकवाद की नुमाइंदगी करता है। कश्मीर की राजनीति में पीपुल्स डेमॉक्रैटिक पार्टी (पीडीपी) और नैशनल कांफ्रेंस के बीच मुसलमान बहुसंख्यकवाद का अगुआ बनने के लिए प्रतियोगिता चल रही है। उत्तर प्रदेश में बहुजन समाज पार्टी (बसपा) जातिगत बहुसंख्यकवाद (इसे बहुजन का नाम दिया जाता है) की गोलबंदी के लिए गठित हुई है। इन राजनीतिक शक्तियों के इस रवैये का संचित परिणाम यह निकला है कि पिछले पैंतीस साल के दौरान राष्ट्रीय मतदाता-मण्डल

के अधिकतर सदस्य धीरे-धीरे बहुसंख्या की इच्छा का पालन ही लोकतंत्र का मर्म मानने लगे हैं।

सिख और मुसलमान बहुसंख्यकवाद आकार और प्रभाव में छोटे और सीमित हैं। उनके दुष्प्रभावों का मुक़ाबला करना आसान है। लेकिन हिंदू बहुसंख्यकवाद अपनी संख्यात्मक विशालता और सांस्कृतिक व्यापकता के कारण न केवल दुनिया के सबसे बड़े लोकतंत्र के बुनियादी चरित्र को आमूलचूल बदलने में समर्थ है, बल्कि वह आगे चल कर हमारी सामाजिक विविधताओं पर भी समरूपीकरण का पाटा चला सकता है। हिंदू बहुसंख्यकवाद का विमर्शी और रणनीतिक विकास जिस तरीक़े से हुआ है, उससे लगने लगा है कि वह ऊपर से लोकतांत्रिक दिखने वाली विधियों का इस्तेमाल करके और संविधान-सम्मत प्रतीत होने वाली दावेदारियों के ज़रिये अपने लक्ष्य का संधान करने की तरफ़ बढ़ रहा है। स्वयं को बहुजन कहने वाले जातिगत बहुसंख्यकवाद ने क़रीब दो दशकों तक इसके साथ होड़ की। एकबारगी ऐसा लगा कि वह हिंदू बहुसंख्यकवाद को आगे बढ़ने से रोक देगा, और उसमें से समाज और सत्ता की नयी संरचनाएँ निकलेंगी। लेकिन अपनी कमज़ोर सैद्धांतिकता, पुराने हिसाब चुकता करने के आग्रहों और बहुजन संरचना के भीतर संख्यात्मक दृष्टि से बलशाली जातियों की प्रभुत्वशाली धौंसपट्टी के कारण यह बहुजनवाद जल्दी ही अपने रैडिकल आवेगों को खो कर बिखरने लगा। आज स्थिति यह है कि हिंदू बहुसंख्यकवाद ने इसे राजनीतिक प्रतियोगिता में परास्त कर दिया है।[7] हिंदू बहुसंख्यकवाद का तर्क आज भारतीय समाज के लिए इतना स्वाभाविक हो चुका है कि उसकी प्रमुख प्रतिनिधि भारतीय जनता पार्टी के चुनाव में हारने से भी उसके बढ़ते और गहन होते प्रभाव का क्षय नहीं होता। 2004 से 2014 के बीच जब भाजपा सत्ता में नहीं थी, उसी दौरान समाज पर हिंदू बहुसंख्यकवाद के आग्रह सबसे ज़्यादा हावी होते हुए दिखाई पड़ते हैं।

जब भी मैं अपने मित्रों से इन प्रश्नों पर बहस करता हूँ तो थोड़े-बहुत तर्क-वितर्क के बाद वे मध्यमार्गी विमर्श की विफलताओं के बारे में मेरे विश्लेषण को कमोबेश मान लेते हैं। उन्हें भी साफ़ दिखाई पड़ रहा है कि हालात की

---

[7] बसपा की बहुजन थीसिस के बहुसंख्यकवादी चरित्र के लिए देखें, राजेंद्र वोरा (2004), 'डिक्लाइन ऑफ़ कास्ट मेजोरिटेरियनिज़म इन इंडियन पॉलिटिक्स', राजेंद्र वोरा और सुहास पल्शीकर (सं.), *इंडियन डेमॉक्रैसी : मीनिंग्ज़ ऐंड प्रेक्टिसेज़*, सेज पब्लिकेशंस, नयी दिल्ली : 271-298.

हेराफेरी के कारण सेकुलर दलीलें भी हिंदुत्ववादियों के हाथों को मज़बूत करने वाले अनभिप्रेत उपकरणों में बदल जाती हैं। अल्पसंख्यक अधिकारों की रक्षा करने वाली सेकुलरवादी राजनीति को हिंदू-विरोधी रंगों में रँग कर पेश करने में बहुसंख्यकवादियों को महारत हासिल हो गयी है। समाज में सेकुलर तर्कपद्धति के लिए गुंजाइश घटती जा रही है। यह अलग बात है कि मजबूरीवश मेरी बात मान लेने के फ़ौरन बाद उनका सवाल होता है कि, तो फिर हिंदुत्ववादी उभार से संघर्ष कैसे किया जाए? दरअसल, वे उन सूत्रीकरणों और उन पर आधारित रणनीतियों की शिनाख़्त करने के लिए बेचैन हैं जिनके ज़रिये लोकतंत्र के सामने खड़ी हिंदुत्ववादी चुनौती का मुक़ाबला किया जा सकता है। इस पर मेरा जवाब होता है कि जब तक विमर्श के धरातल पर वे अपना कील-काँटा दुरुस्त नहीं करेंगे, तब तक सही रणनीतियाँ भी उनके हाथ नहीं लगेंगी। इसीलिए यह रचना मुख्य तौर पर विमर्श-नवीसी की शैली में लिखी गयी है। मुझे उम्मीद है कि यह डिस्कोर्स मैपिंग करने में हम सबकी मदद करेगी। अगर मेरे इन तर्कों को मध्यमार्गी विमर्श के दायरों में एक आत्मीय सुझाव की तरह पढ़ा जा सका और उनके इर्द-गिर्द बहस चल सकी तो इस संगीन समय में हमारी दृष्टि और अधिक साफ़ हो सकेगी। जिन विमर्शों को इस डिस्कोर्स मैपिंग में स्थान नहीं मिला है, उनके बारे में मेरा विचार है कि वे नये विमर्श की सम्भावनाएँ खोलने के इस उद्यम में कोई ख़ास मददगार नहीं हो सकते। ऐसे जानबूझ कर छोड़ दिये गये विमर्शों में अस्सी के दशक में चला सेकुलरवाद की आलोचना करने वाला महाविवाद भी शामिल है।[8]

मध्यमार्गी विमर्श और ज्ञान की राजनीति

इस निबंध में मैंने बहुसंख्यकवाद विरोधी विमर्श को मध्यमार्गी विमर्श का समेकित नाम दिया है। यह मध्यमार्गी विमर्श क्या है? भारतीय उदारतावाद के मर्म की

---

[8] मैंने यहाँ इस अत्यंत प्रभावशाली विमर्श का इस्तेमाल नहीं किया है. लेकिन इसे पढ़ने की इच्छा रखने वाले चाहें तो मेरी एक रचना के ज़रिये इसकी एक झलक प्राप्त कर सकते हैं. अभय कुमार दुबे (2016), 'सेकुलरवाद की अजीब दास्तान : एक विमर्श, एक महाविवाद', अभय कुमार दुबे, सेकुलर / *साम्प्रदायिक : एक भारतीय उलझन के कुछ आयाम,* वाणी-सीएसडीएस, सामयिक विमर्श शृंखला, नयी दिल्ली : 1-62. इस महाविवाद के प्रमुख हस्ताक्षरों (आशिस नंदी, त्रिलोकीनाथ मदन, पार्थ चटर्जी, जवीद आलम, धीरूभाई शेठ और राजीव भार्गव) की बहुचर्चित रचनाओं को पढ़ने के लिए देखें, अभय कुमार दुबे (2005), *बीच बहस में सेकुलरवाद,* लोक-चिंतन ग्रंथमाला, वाणी-सीएसडीएस, नयी दिल्ली.

रचना करने वाला यह विमर्श वामपंथी, दक्षिणपंथी, सेकुलरवादी, राष्ट्रवादी, संस्कृतिवादी, आधुनिकतावादी, आम्बेडकरवादी, संविधानपरक, बहुलतावादी, समतावादी और बाज़ारवादी-विकासवादी विचारों के विविध अंशों से मिल कर बना है। इसमें हिंदू-दर्शन, भारतीय इस्लाम और भारतीय ईसाईयत एवं बौद्ध-जैन दर्शन से निकली विचार-श्रेणियाँ भी शामिल हैं। लेकिन इसमें न हिंदुत्ववादी विचार शामिल है, और न ही माओवादी। यद्यपि इस विमर्श के कई बेहतरीन पैरोकार स्वयं को वामपंथी मानने से परहेज़ भी करते हैं, और स्पष्ट रूप से दक्षिणपंथी प्रवृत्तियाँ भी इसके दायरे में स्वयं को अभिव्यक्त करती हैं, लेकिन फिर भी मुझे इसका रुझान कुल मिला कर वामपंथी ही लगता है। इसमें दक्षिणपंथ और परम्परानिष्ठता का दावा करने वाला अनुदारतावाद भी शामिल है, इसलिए इसके भीतर अकसर वाम और दक्षिण का तनाव भी पाया जाता है। कई विद्वानों ने इसे परिभाषित करने की कोशिश की है। रजनी कोठारी के शब्दों में 'वामपंथ की ओर झुकी मध्यमार्गी राजनीति' इसी विमर्श से निकलती है। चूँकि अपनी जटिल संरचना में यह पश्चिमी उदारतावाद से भिन्न है, इसलिए राजीव भार्गव इसे 'उदारतावादी लोकतांत्रिक विमर्श का भारतीय संस्करण' क़रार देते हैं। आदित्य निगम ने जिस 'बराबरी और हक़ की ज़ुबान और कलाम' की निशानदेही की है, उसकी अभिव्यक्ति भी इसी मध्यमार्गी विमर्श के दायरे में होती रही है।[9]

अपनी तरलता, लचीलेपन और सर्वसमावेशी रवैये के कारण आज़ादी के बाद से ही इस विमर्श ने बदलते हुए घटनाक्रम के मुताबिक़ हर नयी प्रवृत्ति को अपने आगोश में समेट कर बार-बार अपना नवीकरण करने में सफलता प्राप्त की है। हर प्रभावशाली और टिकाऊ विमर्श की तरह इसने भी सामाजिक-राजनीतिक आचरण-संहिताओं, नाना प्रकार की सामाजिक और व्यक्तिगत आत्मनिष्ठताओं और सत्ता-संबंधों के साथ मिल कर एक आम समझ की रचना

---

[9] कोठारी इसे एक ऐसी सामान्य विचारधारा के रूप में परिभाषित करते हैं जो बहुत मज़बूत और साफ़ न होने के बावजूद समन्वयकारी भूमिका निभाती रही है. देखें, रजनी कोठारी (1993), 'चुनाव के खेल से निकली साम्प्रदायिकता : बहुसंख्यावाद की विकृति पर एक टिप्पणी', अनु. ध्रुव नारायण, अभय कुमार दुबे (सं.), *साम्प्रदायिकता के स्रोत,* विनय प्रकाशन, नयी दिल्ली : 72-86; इसके अलावा देखें, राजीव भार्गव (2003), 'लिबरल, सेकुलर डेमॉक्रैसी ऐंड एक्सप्लेनेशंस ऑफ़ हिंदू नैशनलिज़म', एंड्रू व्यैट और जॉन ज़ावोस (सं.), *डिसेंट्रिंग द इंडियन नेशन,* फ्रैंक कैस, लंदन : 69-92; और, आदित्य निगम (2002), 'ब्राह्मणवादी आधुनिकता की आलोचना', अभय कुमार दुबे (सं.), *आधुनिकता के आईने में दलित, लोक-चिंतन ग्रंथमाला,* सीएसडीएस-वाणी प्रकाशन, नयी दिल्ली : 154-185.

की है जिसके ज़रिये समाज और राजनीति को परिभाषित किया जाता है। यह प्रचलित आम समझ ही वह सर्वसुलभ ज्ञान है जिसके द्वारा मुहैया कराए गये विश्लेषणात्मक औज़ारों का इस्तेमाल करके मेरे जैसे लोग नयी परिघटनाओं का अर्थग्रहण करते रहे हैं।[10]

न जाने कितने पत्रकारों, समाज-वैज्ञानिकों, ग़ैर-सरकारी क्षेत्रों में सक्रिय कार्यकर्ताओं, टीवी और अख़बारों में लिखने वाले टिप्पणीकारों एवं सृजनशील क्षमताओं से सम्पन्न हस्तियों का बौद्धिक जीवन इसी प्रचलित आम समझ की ख़ुराक पर गुज़रता रहा है। दिक़्क़त यह है कि भारतीय राजनीति के इस मुक़ाम पर मध्यमार्गी-विमर्श राजनीतिक घटनाक्रम के मर्म को पकड़ने में असमर्थ हो कर खोया-खोया-सा और किंकर्तव्यविमूढ़ लग रहा है। इस असमर्थता का प्रमुख कारण है मध्यमार्गी विमर्श पर उस राजनीतिक सहीपन का हावी हो जाना जिसकी चर्चा ऊपर की गयी है। इसी के कारण वह एक ऐसे संकट का शिकार हो गया है जो लम्बे अरसे से धीरे-धीरे पक रहा था। उत्तर प्रदेश विधानसभा के चुनाव-नतीजों ने विमर्श के इस संकट को अवक्षेपित कर दिया है।

इसका एक सुराग़ उप्र चुनाव परिणामों पर हुई बौद्धिक प्रतिक्रियाओं से मिल सकता है। इनसे इस विमर्श के वाहक कुछ बुद्धिजीवियों को लग रहा है कि भारतीय लोकतंत्र में अब ऐसा कुछ बचा नहीं है जिससे वे कोई उम्मीद रख सकें : 'इस तरह के जनादेश की उम्मीद न करने वाले हममें से कई यह बता पाने की स्थिति में ही नहीं हैं कि इन परिणामों का मतलब क्या है। ... मोदी एक अभूतपूर्व परिघटना है। ... भाजपा के असाधारण प्रभुत्व का नया युग शुरू हो गया है। ... यदि आदित्यनाथ को चुनने वाली विधायिका ही इस जनादेश की सबसे अच्छी व्याख्या है तो फिर मानना पड़ेगा कि भारतीय लोकतंत्र के मर्म का ही क्षय हो गया है।' ये शब्द समाज-विज्ञान की दुनिया से आये एक प्रतिष्ठित टिप्पणीकार के हैं।[11] इसी क़तार में खड़े कुछ और

[10] विमर्श और उसके आधार पर रचे गये लोकप्रिय ज्ञान के बीच के रिश्ते से संबंधित यह धारणा मैंने फ़ूको से प्राप्त की है. अपने मशहूर व्याख्यान 'द ऑर्डर ऑफ़ डिस्कोर्स' में फ़ूको ने इस विषय पर विशेष रूप से चर्चा की है. इसे 1972 में *आर्कियॉलजी ऑफ़ नॉलेज* के अमेरिकी संस्करण में परिशिष्ट के तौर पर प्रकाशित किया गया है.

[11] देखें, प्रताप भानु मेहता के *द इंडियन एक्सप्रेस,* नयी दिल्ली में 13 मार्च और 20 मार्च, 2017 को सम्पादकीय पृष्ठ पर प्रकाशित दो लेख, 'विक्टर ऐंड वेंक्विश्ड' और 'इन द मोमेंट ऑफ़ हिज़ पॉलिटिकल ट्राइंफ़, मोदी हैज़ चोज़िन टु डिफ़ीट इण्डिया'.

प्रेक्षकों को लग रहा है कि 'दक्षिणपंथी लोकलुभावनवाद' के ज़रिये मोदी ने 'सम्राज्ञी इंदिरा गाँधी' जैसी हैसियत प्राप्त कर ली है; या 'बहुसंख्यकवाद ने प्रति-लोकतंत्र स्थापित कर दिया है'।[12] एक प्रमुख अनिवासी भारतीय राजनेता-बुद्धिजीवी की प्रतिक्रिया दावा करती है कि इस समय देश में एक सर्वशक्तिमान बनते जा रहे नेता का अंधकारपूर्ण परिदृश्य छा गया है जो बहुसंख्यक समाज की अल्पसंख्यक मनोवृत्तियों को जगा कर राष्ट्रीय मंच पर सफलतापूर्वक आरूढ़ हो चुका है। चूँकि भ्रष्ट अभिजनों ने आम लोगों के सपने धूल-धूसरित कर दिये थे, इसलिए इस सर्वशक्तिमान नेता को जन-आकांक्षाओं का प्रतिनिधित्व करते हुए लोकतंत्र को निरंकुशता और फिर सर्वसत्तावाद की तरफ़ ले जाने का मौक़ा मिल गया है।[13]

इन प्रतिक्रियाओं में एक तरफ़ तो सर्वसत्तावादी अंदेशों से भरे एक शक्तिशाली नेता के उभार की चिंताएँ हैं, और दूसरी तरफ़ जनता के साम्प्रदायिक बना दिये जाने का 'सुनिश्चित ज्ञान' है। एक वरिष्ठ सम्पादक ने दावा किया है कि उत्तर प्रदेश में पहले तो एक हिंदू वोट गढ़ा गया, और फिर उसे टिकाया गया। यह परियोजना इसलिए परवान चढ़ पाई कि उप्र में एक बहुत बड़ी मुसलमान आबादी है जिसके ख़िलाफ़ पुराने पूर्वग्रहों और नयी नाराज़गियों को पनपाया जा सकता था। सम्पादक महोदय कहते हैं कि 'एक पेचीदा चुनावी संघर्ष का यही निष्कर्ष है।'[14] जैसा कि अकसर होता है, निराशा और असहायता ग़ुस्से को जन्म देती है। अपनी कड़ी सेकुलर मुद्रा के लिए चर्चित एक बुद्धिजीवी के क्षोभ का अंदाज़ा इस कथन से लगाया जा सकता है कि '।जिस दिन भारतीय जनता पार्टी के इस उछाल का अंत होगा और घायल हो चुका भारतीय लोकतंत्र दोबारा मध्यमार्ग की तरफ़ लौटेगा, उस दिन इस राजनीतिक क्षण के इतिहासकार बताएँगे कि दाएँ बाज़ू के टिप्पणीकारों ने हिंदू-जातीय प्रभुत्व की इस घटना को आदरणीय आभा प्रदान करने की कोशिश क्यों की थी' और ऐसा करके वे लोग

---

[12] देखें, विनोद मुबाई और रज़ा मीर का सम्पादकीय, 'यूपी इलेक्शंस ऐंड कांसिक्वेंसेज़', *इंटरनैशनल साउथ एशिया फ़ोरम बुलेटिन 180,* अप्रैल, 2017; और 20 मार्च, *2017 के द हिंदू* में प्रकाशित गोपाल कृष्ण गाँधी का लेख 'द योगी ऐंड द मैजिक ऑफ़ नम्बर्स'.

[13] देखें, उज्जल दोसाँझ का लेख 'दिस इज़ हाउ इट हैपिंस', *आल्टरनेटिव्ज़ : इंटरनैशनल जर्नल,* 3 अप्रैल, 2017, https://thewire.in/author/ujjal-dosanjh/, 15 अप्रैल, 2017 को देखा गया.

[14] देखें, 13 अप्रैल, 2017 को प्रकाशित हरीश खरे का लेख 'द कंसेक्रेशन ऑफ़ अ हिंदू वोट', https://thewire.in/author/hkhare/, 15 अप्रैल, 2017 को देखा गया.

'चलते-फिरते मृतकों' की क़तारों में शामिल हो कर किस तरह 'बौद्धिक ख़ुदकुशी' कर बैठे थे।[15]

चमकदार अंग्रेज़ी में लिखी गयी ये तमाम प्रतिक्रियाएँ अफ़सोस और अंदेशों से भरी हुई हैं, लेकिन इनमें आत्मालोचना के स्वर की भनक नहीं है। और तो और, एक टिप्पणीकार ने तो इस वैचारिक संकट को पूरे के पूरे हिंदू समाज पर ही प्रक्षेपित कर दिया है। उसकी निगाह में हिंदू ही अपनी उदारता खोते जा रहे हैं। अपने और अपनी सेकुलर राजनीति के ग़िरेबान में न झाँकने और समाज पर दोषारोपण करने के इस रवैये का एक उदाहरण द्वितीय विश्व-युद्ध की सांस्कृतिक राजनीति में दिखता है जब बर्तोल्त ब्रेख़्त की एक अनूठी कविता में लेखक संघ का सेक्रेटरी कहता है कि जनता ने नेता का विश्वास खो दिया है, और क्या ही अच्छा हो कि यह जनता भंग करके नयी जनता चुन ली जाए।[16]

एक अन्य एक्टिविस्ट-टिप्पणीकार ने आह्वानकारी मुद्रा में पूछा है कि भारत के 'डिसेंटिंग हिंदूज़' कहाँ हैं?[17] प्रश्न यह है कि अगर भारत के विशाल बहुलतापूर्ण हिंदू समाज में 'सेकुलर', 'लिबरल' और 'डिसेंटिंग' हिंदुओं का टोटा पड़ गया है, तो क्या हम ऐसे हिंदुओं की समाज में वापसी की प्रतीक्षा हाथ पर हाथ रख कर करते रह सकते हैं? दरअसल, उप्र के चुनाव नतीजों का पूर्वानुमान न लगा पाने और नतीजे आने के बाद उनका विश्लेषण तक ठीक से न कर पाने से स्पष्ट हुई इस मध्यमार्गी-विमर्श की ख़ामियों पर ग़ौर करने से हमें एक हद तक पता लग सकता है कि हिंदुओं के बीच ऐसे लोग पैदा होने क्यों बंद हो गये। विमर्श का यह संकट इतना संगीन है कि अगर आत्मालोचना और समीक्षा के माध्यम से इस विमर्श के कील-काँटों को फिर से दुरुस्त करने की कोशिश न की गयी, तो इसमें स्थायी क़िस्म की जड़ता आ सकती है। ऐसा वैचारिक गतिरोध हमारे सार्वजनिक जीवन को बहुत नुक़सान पहुँचा सकता है, क्योंकि इस विमर्श की जगह लेने के लिए इतना विविध और व्यापक अन्य कोई विमर्श फिलहाल हमारे पास मौजूद नहीं है। इस विमर्श से अलग खड़ी हिंदुत्व की शक्तियों ने भी केंद्र में सत्तारूढ़ हो जाने के बावजूद अभी तक किसी

---

[15] देखें, 26 मार्च, 2017 के द *टेलिग्राफ़* में प्रकाशित मुकुल केसवन का लेख 'स्पिनिंग द योगी : वेंगार्ड ऐंड फ्रिंज'.

[16] देखें, अपूर्वानंद का 14 अप्रैल, 2017 को द *इंडियन एक्सप्रेस*, नयी दिल्ली में प्रकाशित लेख 'क्राइसिस ऑफ़ हिंदुइज़्म'.

[17] देखें, हर्ष मंदर का 12 अप्रैल, 2017 को द *वायर* पर प्रकाशित लेख 'व्हेयर आर इण्डियाज़ डिसेंटिंग हिंदूज़?'.

वैकल्पिक दीर्घकालीन राष्ट्रीय आम-सहमति की रचना कर सकने वाला विमर्श प्रस्तावित करने का क्षमता प्रदर्शन नहीं किया है।[18]

इसका कारण यह है कि अस्सी के दशक के बाद से मध्यमार्गी विमर्श अस्सी के दशक के बाद से अपना नवीकरण पहले जैसी निरंतरता के साथ नहीं कर पाया है। पिछली सदी के आख़िरी दशक में गठजोड़-राजनीति से पैदा हुए धुँधलकों, पहले अटल बिहारी वाजपेयी के 'नरम और गठजोड़मूलक हिंदुत्व' और तत्पश्चात कांग्रेस पार्टी की दस साल लम्बी चुनावी कामयाबी से उत्पन्न ग़लतफ़हमियों, और फिर 2014 में नरेंद्र मोदी की जीत के बाद दिल्ली व बिहार में क्षेत्रीय शक्तियों के हाथों भारतीय जनता पार्टी की पराजय से पैदा हुए बौद्धिक आत्मसंतोष ने इस विमर्श की समस्याओं को छिपाए रखा था।[19] लेकिन, उप्र की राजनीतिक ज़मीन पर भाजपा की असाधारण सफलता (द्विज जातियों और 'कमज़ोरों में भी कमज़ोर' समुदायों की चुनावी एकजुटता के ज़रिये एक नहीं बल्कि दो बार 'हिंदू वोट' बनाने में उसकी कामयाबी) और 'हिंदुत्व के घन-प्रहार' की छवि रखने वाले योगी आदित्यनाथ के मुख्यमंत्री बनने के घटनाक्रम ने इस आवरण को तार-तार कर दिया है।[20] इसी कारण से अब यह ज़रूरी हो गया है कि संघ परिवार और उसकी राजनीति को समझने की उस दृष्टि की बेबाक समीक्षा की जाए जो मध्यमार्गी विमर्श के हाथों बनी है।

---

[18] इसका एक कारण यह भी हो सकता है कि हिंदुत्व की शक्तियाँ वामपंथियों और उदारतावादियों की पसंद—मानकीय बौद्धिकता से परहेज़ करती हों. या, इस तरह का सभी तरह की प्रवृत्तियों को अपने आगोश में लेने वाला विमर्श रचना उनकी प्राथमिकताओं में हो ही न. एक बात यह भी हो सकती है कि सम्भवत: अभी ये शक्तियाँ अपना प्रभुत्व स्थापित करने की प्रक्रिया में हैं और स्वयं को बौद्धिक रूप से सुरक्षित समझने की स्थिति में नहीं आयी हैं. ऐसा विमर्श स्थापित करने के लिए जिस तरह के प्रबल आत्मविश्वास की ज़रूरत है, वह लम्बे अरसे से जमा हो रही ऐतिहासिक कामयाबियों से ही प्राप्त होता है. हिंदुत्व को लगता होगा कि यह तो उनके लिए कामयाबियों की शुरुआत है.

[19] मेरा विचार है कि यह मध्यमार्गी विमर्श अपनी सबसे बेहतर राजनीतिक अभिव्यक्ति रजनी कोठारी द्वारा प्रतिपादित 'कांग्रेस प्रणाली' में पाता है. चूँकि इस प्रणाली का अवसान हो चुका है, इसलिए इस विमर्श ने गठजोड़ राजनीति का आसरा ले कर अपनी वैधता को निरंतरता देने का प्रयास किया है. नरेंद्र मोदी के नेतृत्व में भाजपा को मिले बहुमत ने इस विमर्श को चौंकाया ज़रूर, लेकिन जल्दी ही उसने मान लिया कि नवोदित (जैसे आम आदमी पार्टी) और स्थापित क्षेत्रीय शक्तियाँ भाजपा के बहुसंख्यकवादी एजेण्डे को काबू से बाहर नहीं जाने देंगी.

[20] मैं इसे सामाजिक न्याय की राजनीति की विडम्बना ही कहूँगा कि उसके तहत चली प्रक्रियाओं ने दलितों में अति-दलित या महादलित और पिछड़ों में अति-पिछड़ों और उनसे भी ज़्यादा पिछड़ों की एक ऐसी राजनीति पैदा की है जो लोहियावादी, आम्बेडकरवादी या मार्क्सवादी असर वाली राजनीति से छिटक कर हिंदुत्ववादी

यह निबंध छह हिस्सों में बँटा हुआ है। **पहले भाग** में आज के घटनाक्रम की रोशनी में हिंदुत्ववादी एकता के इतिहास पर फिर से नज़र फेंकी गयी है, और उसके उन पहलुओं को रेखांकित किया गया है जो मध्यमार्गी विमर्श द्वारा थमाए गये राजनीतिक सहीपन में छिप गये थे। एक तरह से यह हिंदुत्ववादी विचार के उस आंतरिक ऊहापोह का रेखाचित्र है जिसे बारीकी से पढ़ने-समझने की ज़हमत अभी तक नहीं उठाई गयी है। इसमें हिंदुत्ववादी विचार, उसकी परिवर्तनशीलता और उस पर आधारित बदलती हुई राजनीति के संदर्भ में मध्यमार्गी विमर्श की जड़ता पर रोशनी डाली गयी है। इससे एक हद तक यह साफ़ हो सकता है कि हिंदुत्व के प्रसार और जीत के मौजूदा सिलसिले का पूर्वानुमान लगाने में यह विमर्श क्यों सफल नहीं रहा।

दूसरे भाग में मध्यमार्गी विमर्श के मुखर हिस्से पर रोशनी डाली गयी है। इसके तहत भारत के संस्थाबद्ध, क्रियाविधिक और चुनावी बहुमत पर आधारित उदारतावादी लोकतंत्र की उस क्षमता की चर्चा की गयी है जिसके बारे में मध्यमार्गी विमर्श का दावा है कि वह भारतीय समाज की बहुलतावादी संरचना की मदद से बहुसंख्यकवादी आवेगों का शमन करने में समर्थ है। यह हिस्सा मध्यमार्गी विमर्श के मुखर हिस्से की दुहैरी संरचना का ख़ाका पेश करता है।

लेख का **तीसरा हिस्सा** मध्यमार्गी हिस्से के मौन हिस्से के विभिन्न पहलुओं पर व्याख्यात्मक टिप्पणियाँ करता है। इसमें मुख्य तौर पर पाँच विमर्शों की रूपरेखा दर्ज की गयी है। उदारतावादी लोकतंत्र और भारतीय बहुलतावाद में व्यक्त की जाने वाली विमर्शी आस्थाओं के बरअक्स मध्यमार्गी विमर्श के इस हिस्से ने बार-बार उदारतावादी लोकतांत्रिक राज्य पर एक सीमा से ज़्यादा भरोसा न करने की चेतावनियाँ दी हैं, और साथ-साथ उन ऐतिहासिक-राजनीतिक प्रक्रियाओं और शक्तियों को भी रेखांकित किया है जिनके दबाव में भारतीय बहुलतावाद अपेक्षाकृत समरूपीकरण की तरफ़ जा रहा है और बहुमत आधारित राजनीति विकृत हो कर बहुसंख्यकवाद को प्रोत्साहित कर रही है।

दायरे में जाती हुई दिख रही है. आर्थिक-सामाजिक दृष्टि से बहुत ही कमज़ोर, चुनावी राजनीति में अपने प्रतिनिधित्व से वंचित और संख्यात्मक रूप से बहुत छोटी बिरादरियों को फ़िलहाल भाजपा के आगोश में ही अपना निस्तार दिख रहा है. भले ही आदित्य निगम की इस अभिव्यक्ति का संदर्भ कुछ और हो, लेकिन शायद इसे दलित-एकता के महा-आख्यान और ओबीसी एकता की महा-कल्पना के टकराव में उभरी 'छोटी पहचानों की बग़ावत' का नाम देना बहुत नामुनासिब नहीं होगा.

चौथे हिस्से में मध्यमार्गी विमर्श के मुखर दायरे पर अपना वर्चस्व स्थापित कर लेने वाले बुद्धिजीवियों द्वारा विकसित ज्ञान के मॉडल की मौन दायरे के बुद्धिजीवियों द्वारा आलोचना पर प्रकाश डालते हुए उसके तीन प्रमुख पक्षों को रेखांकित किया गया है। ये हैं : ब्राह्मणवाद-विरोध, सामासिक संस्कृति की अनुशंसा और कांग्रेस पार्टी की साम्प्रदायिक राजनीति की भरसक उपेक्षा का रवैया। **पाँचवें हिस्से** में 'हिंदू वोट' बनाने की उस राजनीतिक प्रौद्योगिकी का ख़ाका खींचा गया है जिसका अहर्निश प्रयोग करके संघ परिवार के नेतृत्व में भारतीय जनता पार्टी अपने राजनीतिक प्रभुत्व का विस्तार कर रही है। इसी के साथ पूरी बहस का सार-संकलन करते हुए एक दोतरफ़ा निष्कर्षात्मक आकलन करने की कोशिश की गयी है : क्या भारतीय जनता पार्टी अंततः एक स्थायी क़िस्म का हिंदू वोट बना पाएगी, और क्या मध्यमार्गी विमर्श अपनी ग़लतियों को सुधार कर हिंदुत्व के असली इरादों के ख़िलाफ़ एक कारगर रणनीति का सूत्रीकरण कर सकेगा?

I

मध्यमार्गी विमर्श की जड़ता और बदलता हुआ संघ परिवार

राष्ट्रीय स्वयंसेवक संघ के बारे में मध्यमार्गी विमर्श द्वारा स्थापित और प्रचलित समझ का सूत्रीकरण कुछ इस प्रकार किया जा सकता है : *संघ की हिंदुत्ववादी विचारधारा मनुस्मृति प्रदत्त वर्णवाद या ब्राह्मणवाद की पैरोकार है। यह संगठन फ़ासीवाद की भारतीय क़िस्म की नुमाइंदगी करता है। इसकी कोशिश है कि बहुलतावादी हिंदू समाज का सामीकरण कर दिया जाए। उसका राजनीतिक संगठन भाजपा मुख्य तौर पर एक शहरी और अमीरपरस्त रुझानों वाली ब्राह्मण-बनिया पार्टी है। ग़रीबों, अनुसूचित जातियों और पिछड़ों के साथ भाजपा का संबंध दरअसल एक छलपूर्ण रिश्ता है जो दरअसल इन समुदायों को ज़्यादा से ज़्यादा हिंदुत्व का अल्पसंख्यक विरोधी लठैत (फ़ुट सोल्जर) बना कर रख देगा। हिंदू राष्ट्रवाद स्थापित करने के लिए की गयी इन समुदायों की गोलबंदी ब्राह्मणवादी समाज व्यवस्था की निरंतरता बनाए रखने के काम आएगी। रामजन्मभूमि आंदोलन भी अन्य पिछड़े वर्गों को दिये गये आरक्षण की प्रतिक्रिया में ही शुरू किया गया था। दरअसल, भाजपा आरक्षण का ऊपरी तौर पर ही समर्थन करती है, वास्तव में वह उसकी विरोधी है।*

संघ परिवार और भाजपा को देखने की यह दृष्टि सत्तर के दशक की शुरुआत से ही जड़ीभूत है। प्रश्न यह है कि सत्तर के दशक से पहले क्या स्थिति थी? इस प्रश्न का उत्तर ढूँढ़ने से यह पता लग सकता है कि इस सूत्रीकरण की विमर्शी जड़ कहाँ है। उपनिवेशवाद विरोधी आंदोलन के इतिहास पर एक दृष्टि

डालते ही स्पष्ट हो जाता है कि उस दौरान कांग्रेस, नेहरू, गाँधी और सुभाष चंद्र बोस एक साथ हिंदू और मुसलमान साम्प्रदायिकताओं से संघर्ष में उलझे हुए थे।[1] विमर्श का विन्यास भी इसी के मुताबिक़ दोतरफ़ा था। विभाजन के कारण बदली हुई परिस्थितियों में हिंदू साम्प्रदायिकता को अधिक ख़तरनाक बताने की थीसिस सामने आयी। अपने प्रधानमंत्री बनने के बाद ग्यारह साल तक मुस्लिम साम्प्रदायिकता पर चौकन्नी निगाह रखने के बाद 11 मई, 1958 को अखिल भारतीय कांग्रेस कमेटी के खुले जलसे में नेहरू ने इसका प्रवर्तन किया। लेकिन यह प्रवर्तन भी तुलनात्मक लहजे में था।[2] मुस्लिम साम्प्रदायिकता की 'शरारती' उपस्थिति के प्रति चौकन्नापन नेहरू के वक्तव्यों में आम तौर पर मौजूद रहा। उस ज़माने की बहसों (जैसे हिंदू विवाह क़ानून पर बहस में आचार्य कृपलानी द्वारा नेहरू को दी गयी चुनौती) में भी हिंदू और मुसलमान साम्प्रदायिकता पर एक साथ और एक-दूसरे के संदर्भ में चर्चा दिखाई देती है।[3] साठ के दशक के समाज-वैज्ञानिक विमर्श में भी मुसलमान राजनीति के सेकुलरीकरण के स्तर को लेकर चिंताएँ दिखाई पड़ती हैं। इस दौरान मुस्लिम समाज के भीतरी सेकुलरीकरण और आधुनिकीकरण की वक़ालत करने वाले हामिद उमर दलवई सक्रिय थे और उन्होंने *मुस्लिम पॉलिटिक्स इन सेकुलर इण्डिया* लिख कर अल्पसंख्यक राजनीति द्वारा मुसलमानों में विभाजन से पहले की मानसिकता पालने-पोसने के रवैये की

---

[1] 1938 में जब सुभाष चंद्र बोस कांग्रेस के अध्यक्ष थे तो नेहरू के साथ मिल कर उन्होंने प्रस्ताव पास करवाया था कि हिंदू महासभा और मुस्लिम लीग जैसे साम्प्रदायिक संगठनों का कोई भी सदस्य कांग्रेस का पदाधिकारी नहीं बन सकता. इससे पहले 1927-28 में नेहरू और बोस ने जब इंडिपेंडेंस ऑफ़ इण्डिया लीग की शुरुआत की तो उसमें, हिंदू हो या मुसलमान, किसी भी साम्प्रदायिक तत्त्व को सदस्यता देने के ख़िलाफ़ प्रतिबंध था.

[2] आज़ादी के बाद नेहरू ने उप्र सरकार द्वारा विधानसभा के लिए ऐसे द्विसदस्यीय निर्वाचन क्षेत्र बनाने के प्रस्ताव का विरोध किया था जिनसे 53 मुसलमान सदस्य चुने जाने का प्रावधान था. इस तरह वे मुसलमान होने के आधार पर राजनीतिक आरक्षण देने का विरोध करते नज़र आते हैं. दूसरी तरफ़ 1958 के अपने मशहूर वक्तव्य में नेहरू का कहना था कि 'बहुसंख्यकों की साम्प्रदायिकता अल्पसंख्यकों की साम्प्रदायिकता से अधिक ख़तरनाक है क्योंकि वह राष्ट्रवाद के वस्त्र पहन कर आती है. इस तरह साम्प्रदायिकता हमारे भीतर बस जाती है और ज़रा से भड़कावे से ही वह बिना देर किये स्वयं को व्यक्त करने लगती है. इस साम्प्रदायिकता के प्रभाव में भद्र लोग भी बर्बरों की तरह व्यवहार करने लगते हैं.' इस वक्तव्य का इस्तेमाल मध्यमार्गी विमर्श के मुखर हिस्से द्वारा केवल हिंदू साम्प्रदायिकता के विरोध पर ज़ोर देने के लिए किया जाता है, लेकिन यह वक्तव्य कम से कम अल्पसंख्यक साम्प्रदायिकता को केवल अपेक्षाकृत कम ख़तरनाक ही मानता है.

[3] 1955 में हिंदू कोड बिल पर हुई संसदीय बहस में आचार्य कृपलानी (जो किसी भी तरह से दक्षिणपंथी नहीं थे) ने कहा था, 'मैं आप (नेहरू) पर साम्प्रदायिकता का आरोप लगाता हूँ क्योंकि आप केवल हिंदू समुदाय के लिए ही एकनिष्ठ विवाह का क़ानून ला रहे हैं. मैं कहता हूँ कि मुसलमान समुदाय भी इस तरह के क़ानून के लिए तैयार है, लेकिन आप में ऐसा करने की हिम्मत नहीं है'.

कड़ी आलोचना की थी। 1969 में जब इम्तियाज़ अहमद ने अपनी बेहतरीन रचना 'सेकुलरिज़्म ऐंड कम्युनलिज़्म' लिखी तो उसमें भी दोनों साम्प्रदायिकताओं की अभिव्यक्तियों का विश्लेषण मौजूद था।[4]

लेकिन इसके बाद तत्संबंधित समाज-वैज्ञानिक साहित्य में हिंदू साम्प्रदायिकता पर अलग और मुसलमान साम्प्रदायिकता पर अलग-अलग खानों में विचार करने की प्रवृत्ति पैदा होते हुए दिखती है। सत्तर का दशक ही वह समय है जब के.के. गंगाधरन की कृति *सोसियोलॅजी ऑफ़ रिवाइवलिज़्म* प्रकाशित होती है,[5] और इसी दौरान भारतीय समाज-विज्ञान अनुसंधान परिषद (आईसीएसएसआर) द्वारा राजनीतिशास्त्र की दशा-दिशा पर की गयी एक बड़ी विचार-गोष्ठी में 'रिलीजन इन पॉलिटिक्स' जैसी विवादास्पद प्रस्तुति की जाती है।[6] गंगाधरन की कृति सिख या मुसलमान पुनरुत्थानवादों का संदर्भ लिए बिना हिंदू पुनरुत्थानवाद की व्याख्या करने का प्रयास करती है,[7] और पाले के दूसरी तरफ़ 'रिलीजन इन पॉलिटिक्स' द्वारा बिना हिंदू और सिख पुनरुत्थानवाद पर निगाह डाले हुए मुस्लिम पुनरुत्थानवाद की विवेचना की जाती है। बहुसंख्यक

---

[4] केवल 45 वर्ष तक जीवित रहे और मुख्य तौर से मराठी के लेखक हामिद उमर दलवई उत्तर-औपनिवेशिक मुसलमान समाज द्वारा अपनी समस्याओं के बाह्यीकरण के ख़िलाफ़ थे. उनका मानना था कि हिंदुओं पर दोष मढ़ने के बजाय मुसलमानों की अपनी प्रमुख समस्या सामाजिक दक़ियानूसीपन के ख़िलाफ़ संघर्ष करना चाहिए. उनकी यह पुस्तक 1973 में हिंद पॉकेट बुक्स ने छापी थी. मध्यमार्गी विमर्श के मुखर हिस्से ने दलवई को काफ़ी कुछ भुला दिया है.1969 में लिखे इस लेख के पहले इम्तियाज़ अहमद ने 'इंडियन मुस्लिम्ज़ ऐंड इलेक्टोरल पॉलिटिक्स' में सवाल पूछा था कि जब तक मुसलमान उम्मीदवार ग़ैर-मुसलमान बहुल निर्वाचन क्षेत्र से जीतना शुरू नहीं करते तब तक यह कैसे समझा जा सकता है कि वे सेकुलर राजनीति की मुख्यधारा के अंग हो गये हैं?

[5] संघ की आलोचना करने वाले साहित्य पर नज़र डालने से लगता है कि संघ को पुनरुत्थानवादी, ब्राह्मणवादी और वर्णाश्रम के मुताबिक़ समाज-व्यवस्था की स्थापना करने का आग्रही बताने का तर्क सम्भवत: पहली बार और सर्वाधिक व्यवस्थित रूप से के.के. गंगाधरन की 1970 में प्रकाशित पुस्तक *सोसियोलॅजी ऑफ़ रिवाइवलिज़्म : अ स्टडी ऑफ़ इंडियनाइज़ेशन, संस्कृताइज़ेशन ऐंड गोलवलकरिज़्म,* कलमकार प्रकाशन, नयी दिल्ली में प्रस्तुत किया गया था. इसके बाद वामपंथी और उदारतावादी हलक़ों में गंगाधरन की इसी रचना से निकली समझ संघ के बारे में प्रमुख धारणाओं का थोड़े-बहुत हेरफेर के साथ निर्माण करती रही है.

[6] इस सेमिनार की विस्तृत रपट *इकॉनॉमिक ऐंड पॉलिटिकल वीकली* (4 सितम्बर, 1971) में 'प्रॉस्पेक्ट्स फ़ॉर इंडियन पॉलिटिकल साइंस : रिसर्च फ़ॉर द सेविंटीज़' शीर्षक से प्रकाशित हुई. इसे आर. श्रीनिवासन ने लिखा था. उनका कहना था कि विचारगोष्ठी में सबसे ज़्यादा बौद्धिक जद्दोजहद और तल्ख़ी इसी प्रस्तुति ने पैदा की. बाद में इम्तियाज़ अहमद ने *ईपीडब्ल्यू* में ही इस प्रस्तुति की विस्तृत आलोचना ('रिलीजन ऐंड पॉलिटिक्स : अ कमेंट', खण्ड 7, अंक 2 : 81-86) पेश की. उल्लेखनीय है कि इस तीन दिवसीय सेमिनार के पीछे रजनी कोठारी और विकासशील समाज अध्ययन पीठ (सीएसडीएस) का हाथ था.

[7] गंगाधरन की कृति की इस प्रवृत्ति की कड़ी आलोचना के लिए देखें, सुधा गोगटे (1973) द्वारा की गयी इस पुस्तक की समीक्षा, *सोसियोलॅजीकल बुलेटिन,* खण्ड 22, अंक 1 : 145-149.

और अल्पसंख्यक साम्प्रदायिकताओं पर एक-दूसरे से बिना सूचित हुए अलग-अलग ग़ौर करने के कारण समाज-वैज्ञानिक विद्वत्ता की साम्प्रदायिकता विरोधी समझ कुछ-एक अपवादों को छोड़ कर दो फाँक हो गयी। इस विभाजित विमर्श ने दो पूर्वग्रहग्रस्त विद्वत्ताओं को परवान चढ़ाया जो एक-दूसरे से सूचित होने के लिए मोटे तौर पर तैयार नहीं थीं। इन दोनों विमर्शी प्रवृत्तियों में एक बात मुश्तरका थी : ये दोनों राजनीतीकरण-आधुनिकीकरण-सेकुलरीकरण को एक ओर धर्म को दूसरी श्रेणी मान कर दोनों के बीच एक द्विभाजक संबंध कल्पित करती थीं। इससे कुछ इस तरह की समझ मज़बूत होती थी कि जैसे आधुनिकता से पहले की अवधि में राजनीति धर्ममय थी, जबकि आज के ज़माने में उसे लाज़िमी तौर पर धर्म के प्रभाव से पूरी तरह धुला-पुँछा होना चाहिए। ज़ाहिर है कि इन दोनों श्रेणियों के बीच की द्वंद्वात्मकता इस द्विभाजक बौद्धिक एजेंडे का अंग नहीं थी।

गंगाधरन की कृति ने समाज-वैज्ञानिक विश्लेषण पद्धति से मिल सकने वाली हर युक्ति का सही-ग़लत इस्तेमाल करके संघ विरोधी विमर्श का किरदार तय कर दिया। यह दिखाने के लिए कि संघ ब्राह्मणवादी ही नहीं चितपावनवादी संगठन है, वह आधुनिकीकरण के ख़िलाफ़ प्रतिक्रिया की नुमाइंदगी करता है और उसके विमर्श की जड़ें उपनिवेशवाद विरोधी आंदोलन की तिलक जैसी हस्तियों के रवैये से जुड़ी हैं, गंगाधरन ने मनमाने तरीक़े से उद्धरणों का उनके संदर्भ से काट कर इस्तेमाल किया (गंगाधरन की इस कारीगरी पर इस अध्याय के आख़िर में रोशनी डाली जाएगी)। संघ विरोधी विमर्श गंगाधरन की बनाई हुई इसी परम्परा पर अभी तक चल रहा है।

इस विमर्श के दायरे में संघ परिवार से संबंधित समझ दो तरीक़ों से संसाधित हुई है। पहला तरीक़ा उसके दस्तावेज़ों और विचारधारात्मक दावेदारियों का विश्लेषण करने तक सीमित रहता है। दूसरा तरीक़ा कहता है कि दस्तावेज़ों में से कथनोपकथन निकाल कर विश्लेषण तो बहुत हो चुका, अब तो संघ की व्यावहारिक राजनीति के विश्लेषण और विस्तृत अनुसंधान की ज़रूरत है। इस दूसरे रवैये के अनुसार, 'अकसर हम भाजपा के भीतर चल रही उथल-पुथल और रूपांतरण की अहमियत कम करके आँकते हैं' और हमारा ज़ोर इस संगठन को आम तौर पर उसकी घोषित विचारधारा के आईने में देखने पर रहता है।[8]

---

[8] यह टिप्पणी मुख्य तौर पर भाजपा के भीतर पिछले तीन साल में (नरेंद्र मोदी के उभार के बाद) हुए परिवर्तनों के मद्देनज़र की गयी है, लेकिन असल में यह उस आम रवैये पर फ़िट बैठती है जिसे मध्यमार्गी विमर्श के

ऐजाज़ अहमद के ज़रिये हम देख चुके हैं कि इस रवैये के वामपंथी पैरोकार संघ की वैचारिक अभिव्यक्तियों को विवेकहीन क़रार दे कर किस प्रकार एक बौद्धिक तिरस्कार प्रदर्शित करते हैं। नरम वामपंथी बौद्धिकता ने भी संघ के दस्तावेज़ न पढ़ने के तर्क विकसित कर लिए। मसलन, इन विमर्शकारों के बीच यह तर्क बड़ा लोकप्रिय है कि संघ की दिलचस्पी हिंदू धर्म में है ही नहीं। हिंदू समाज की ख़ामियों पर ध्यान न दे कर वह तो केवल मुसलमानों की नकारात्मक चर्चा करता रहता है। इसी अध्याय में हम देखेंगे कि यह बौद्धिक प्रवृत्ति किस तरह यथार्थ के एकदम उलट है।

संघ को समझने के ये दोनों तरीक़े संघ के सिद्धांत और व्यवहार को अलग-अलग कर देते हैं। मैं इनसे अलग हटते हुए तर्क देना चाहता हूँ कि मध्यमार्गी-विमर्श से निकली प्रचलित समझ संघ परिवार की विचार-यात्रा को खुली आँखों देखने से इंकार करती है। इसीलिए वह संघ की परिवर्तनशील कार्यक्रमगत संहिताओं की गहरी और विस्तृत समझ से वंचित रह जाती है। संघ परिवार को देखने-समझने की यह दृष्टि जिन दस्तावेज़ों पर आधारित है, वे पचास साल या उससे भी ज़्यादा पुराने हैं। यह विमर्श संघ के उत्तर-गोलवलकर दस्तावेज़ों को पढ़ने के लिए भी तैयार नहीं है। चूँकि संघ की वैचारिक गतिकी को समझने से इंकार किया जा रहा है, इसलिए उसकी नयी राजनीति भी संज्ञान से बाहर चली गयी है।

संघ-पूर्व हिंदू विमर्श : वर्णाश्रम की पुनर्रचना और एक नये ब्राह्मण की खोज

मध्यमार्गी विमर्श का मुखर पक्ष हर तरह के हिंदू विमर्श को एक ही टोकरी में रख कर चलता है। उसकी निगाह में जो हिंदू दायरे में सोचता है, किसी हिंदू प्रस्थान-बिंदु से बहस करता है, हिंदू होने को किसी तरह की राष्ट्रीय संकल्पना से जोड़ता है, हिंदुओं की विविधता के बीच किसी भी तरह की एकता या समरूपता खोजता है, हिंदू सभ्यता-संस्कृति की प्राचीन भव्यता का हामी भरता है, और इस्लाम या ईसाई धर्म की या उनके किन्हीं पहलुओं की आलोचना करता है; तो वह या तो साम्प्रदायिक है या साम्प्रदायिक होने के अंदेशों की गिरफ़्त में

पैरोकार भाजपा और संघ परिवार के संबंध में अपनाते रहे हैं. देखें, प्रणब ढाल सामंत (2017), 'द पार्टी, विद अ डिफ़रेंस', द *इकॉनॉमिक टाइम्स*, नयी दिल्ली.

है।[9] इस रवैये के तहत यह विमर्श हिंदू राजनीतिक चिंतन की एक रैखिक संरचना तैयार करके दिखाता है कि आज का हिंदुत्ववादी बहुसंख्यकवाद सीधे-सीधे उन्नीसवीं सदी की उस विमर्शी राजनीति का सीधा-सपाट परिणाम है जो 1875 में स्वामी दयानंद सरस्वती द्वारा *सत्यार्थ प्रकाश* के प्रकाशन और फिर विवेकानंद द्वारा 1893 में शिकागो की विश्व धर्म संसद में वैश्विक हिंदू धर्म की व्याख्या से शुरू हुई थी। ध्यान से देखने पर मध्यमार्गी विमर्श के मुखर हिस्से का यह रवैया उन्नीसवीं सदी के आख़िरी पच्चीस वर्षों और बीसवीं सदी के शुरुआती दशकों के बारे में एक ऐसी दो-ध्रुवीय कल्पना पेश करता है जिसमें आर्य समाज और विवेकानंद के उद्‌बोधन से प्रभावित लोग कुछ-कुछ प्रोटेस्टेंट शैली में कैथॅलिकों सरीखे सनातनियों के पतनशील तंत्र से धर्म-सुधार के लिए संघर्ष करते दिखाई देते हैं।[10] लेकिन उस अवधि की वस्तुस्थिति इस सपाट कल्पना के मुक़ाबले कहीं जटिल थी। उन दिनों भारत का ग़ैर-मुस्लिम और ग़ैर-ईसाई संसार कई ध्रुवों में बँटा हुआ था। एक तरफ़ वेदों की केंद्रीयता स्थापित करने वाले आर्य समाजी थे। दूसरी तरफ़ पुराणिक संसार में रहने वाले सनातनी थे। तीसरी तरफ़ खालसा पंथ जैसी संरचना थी जिस पर ढाँचे के लिहाज़ से इस्लामी प्रभाव लगता था पर जो मुग़लों से रक्तरंजित संघर्ष में उलझे रहने के कारण ऐतिहासिक रूप से हिंदुओं के ज़्यादा नज़दीक आ गयी थी। तीसरी तरफ़ बौद्ध, जैन, सत्य महिमा धर्म, कबीर पंथ और ऐसे ही न जाने कितने धर्म-सम्प्रदाय थे जिनकी अपनी-अपनी वैचारिक दावेदारियाँ थीं। हिंदू एकता की चिंता करने वाले विमर्श के दायरे में मुख्य रूप से आर्य समाजी, खालसा पंथ और सनातनी हिंदू कभी परस्पर टकराते और कभी एक साथ आते दिखाई पड़ते थे।

---

[9] यह रवैया प्राच्यवादियों द्वारा संस्कृत साहित्य की मदद से बनाई गयी समरूप 'भव्य हिंदू परम्परा' से लेकर हिंदू धर्म को एक वैश्विक धर्म की तरह स्थापित करने वाले विवेकानंद तक, स्वामी दयानंद सरस्वती से लेकर कांग्रेस और उपनिवेशवाद विरोधी आंदोलन में सक्रिय लाला लाजपत राय, मदन मोहन मालवीय और पुरुषोत्तम दास टण्डन जैसे हिंदू रुझान वाले नेताओं तक को एक ही श्रेणी में रखता है. यह प्रवृत्ति इन सभी हस्तियों को राष्ट्रीय स्वयंसेवक संघ का पूर्वज मान कर चलती है. इस तरह के सपाट 'साम्प्रदायिकता विरोधी विमर्श' से विपुल साहित्य का जन्म हुआ है. यह प्रवृत्ति हिंदुत्ववादियों के उस रवैये से मेल खाती है जो अल्पसंख्यक अधिकारों की ज़रा-सी भी चर्चा और हिंदू दायरे को आलोचनात्मक कसौटियों पर कसने की किसी भी कोशिश को हिंदू विरोधी क़रार देने से नहीं हिचकता.

[10] इस दौर के इतिहास-लेखन की इस प्रवृत्ति की सुव्यवस्थित आलोचना के लिए देखें, जॉन ज़ावोस (1999), 'द आर्य समाज ऐंड द एंटेसेडेंट्स ऑफ़ हिंदू नैशनलिज़म', *इंटरनैशनल जरनल ऑफ़ हिंदू स्टडीज़*, खण्ड 3, अंक 1 : 57-81.

यहाँ मध्यमार्गी-विमर्श के मुखर पक्ष की एक और प्रवृत्ति को रेखांकित करने की आवश्यकता है। इसने हिंदू एकता के शुरुआती वैचारिक ऊहापोह की जो भी समीक्षा की है, वह वामपंथी और उदारतावादी दृष्टि से नया समाज बनाने के उद्देश्य से इस्तेमाल की जाने वाली विचार-श्रेणियों (आधुनिकता, सेकुलरवाद, राष्ट्रवाद और समतामूलकता) की कसौटी के आधार पर की है। ऐसी बात नहीं कि हिंदू विचारक इन श्रेणियों से प्रभावित न रहे हों— लेकिन वे इनका इस्तेमाल अपने मक़सदों के लिए कर रहे थे। वे हिंदू दर्शन और मूल्यों के साथ पश्चिमी दर्शन और मूल्यों को इस तरह जोड़ना चाहते थे कि उनकी शक्ल-सूरत और सार प्रत्यक्षतः हिंदू क़िस्म का ही रहे। इसी लक्ष्य के मुताबिक़ उनकी उस बौद्धिक कारीगरी की भाषा वह नहीं थी जो वामपंथियों और उदारतावादियों की होती है। दूसरी तरफ़ उनके आलोचकगण इस निष्कर्ष पर पहुँच चुके थे कि किसी धार्मिक दायरे के भीतर नया समाज बनाया ही नहीं जा सकता, एवं धर्म और उससे जुड़ी सांस्कृतिक निर्मितियाँ किसी भी तरह की आधुनिकता की वाहक नहीं बन सकतीं। इन दो अलग-अलग प्रस्थान-बिंदुओं के कारण इस संदर्भ में आलोच्य और आलोचक के बीच एक बड़ा अंतर्विरोध खड़ा हो गया। आलोचक धर्म और उससे जुड़ी सांस्कृतिक निर्मितियों के दायरे से बाहर नया समाज बनाने की परियोजना का हामी बना रहा, जबकि आलोच्य की सामाजिक कल्पनाशीलता उस दायरे के भीतर परिवर्तन की सम्भावनाएँ टटोल रही थी। हम जिसकी आलोचना करना चाहते हैं, अगर उसकी शर्तों से बिल्कुल अपरिचित बने रहें या उन्हें तिरस्कार से विचार-योग्य ही न मानें, तो हमारे और आलोच्य के बीच एक अनुलंघनीय अंतराल बन जाता है। इस अंतराल में हम सुविधापूर्वक उसे ख़ारिज करके आत्ममुग्ध तो बने रह सकते हैं, पर उसकी सुचिंतित आलोचना की सम्भावना घट जाती है। मुखर पक्ष के विद्वानों द्वारा शुरुआती हिंदू विचारकों को समझने में हुई त्रुटियों का बड़ा कारण यह भी रहा है।

केशवराव बलिराम हेडगेवार (1889-1940) द्वारा 1925 में संघ की स्थापना के पहले हिंदू एकता की चिंता करने वाले विमर्श को मैंने विन्यास की दृष्टि से यहाँ दो भागों में बाँटा है। पहले हिस्से में वह अवधि आती है जो 1875 में आर्य समाज की स्थापना और 1893 में विवेकानंद के उद्‌बोधन से लेकर बीसवीं सदी के दूसरे दशक के मध्य तक फैली हुई है। इस दौर में स्वामी दयानंद (1824-1883), स्वामी विवेकानंद (1863-1902), कर्नल उपेंद्र नाथ मुखर्जी (1868-

1919), स्वामी श्रद्धानंद (1856-1926) और भाई लालचंद (1852-1912) जैसे हिंदूवादी चिंतक और संगठनकर्ता सक्रिय दिखाई पड़ते हैं। दूसरे हिस्से में 1915 से लेकर 1925 तक की वह अवधि आती है जिसमें बालकृष्ण शिवराम मुंजे (1872-1948) और विनायक दामोदर सावरकर (1883-1966) की हस्तियाँ हिंदू एकता के विचार का अधिक सुव्यवस्थित सूत्रीकरण करने का प्रयास करते दिखती हैं। इन दोनों अवधियों में आर्य समाज और हिंदू महासभा की वैचारिक और सांगठनिक अन्योन्यक्रिया होती है। एकता भी होती है, और संघर्ष भी होता है। मैंने इस दौर के घटनाक्रम का कोई ब्योरा यहाँ न दे कर केवल उनके विचारों के केंद्रीय पहलुओं को सामने रखने की कोशिश की है, ताकि यह समझा जा सके कि संघ की स्थापना करते समय डॉ. हेडगेवार के पास किस तरह की वैचारिक सामग्री थी। इससे यह भी पता लग सकता है कि इस विमर्शी विरासत के किन पक्षों का उन्होंने इस्तेमाल किया और किन पक्षों को अपनाने से परहेज़ किया।

संघपूर्व विमर्श-1

आर्यसमाजी रैडिकलिज़्म : आर्य समाज के संस्थापक स्वामी दयानंद का एजेंडा वेदों की केंद्रीयता स्थापित करने के ज़रिये हिंदुओं को एकजुट करने का था। उनकी मान्यता थी कि अगर सभी हिंदू वेद को मानने लग जाएँ तो मूर्तिपूजा, जातिप्रथा और अंधविश्वासों से उन्हें मुक्ति मिल सकती है। इसके लिए वे न केवल पुराणपंथी सनातनियों पर प्रहार करते थे, बल्कि उनके आक्रमण के दायरे में ख़ालसा पंथ जैसे धर्म भी आ जाते थे। आर्य समाज की इस प्रवृत्ति का अंदाज़ा उसके प्रमुख ग्रंथ *सत्यार्थ प्रकाश* में गुरु नानक के बारे में लिखी इन बातों से लगाया जा सकता है :

> नानकजी का आशय तो अच्छा था, परंतु विद्या कुछ भी नहीं थी। हाँ, भाषा उस देश की जो कि ग्रामों की है जानते थे। वेदादि शास्त्र और संस्कृत कुछ भी नहीं जानते थे। जो जानते होते तो 'निर्भय' शब्द को 'निर्भो' न लिखते और इसका दृष्टांत उनका बनाया 'संस्कृती स्त्रोत' है। चाहते थे कि मैं संस्कृत में भी 'पग अड़ाऊँ', परंतु बिना पढ़े संस्कृत कैसे आ सकता है? ... मूर्तिपूजा तो नहीं करते, परंतु उससे जुड़े विशेष ग्रंथ की पूजा करते हैं, क्या यह मूर्ति पूजा नहीं है? किसी जड़ पदार्थ के सामने सिर झुकाना व उसकी पूजा करना सब मूर्तिपूजा है। जैसे मूर्तिवालों ने अपनी दूकान जमा कर जीविका ठाड़ी है, वैसे इन लोगों ने भी कर

लोग ग्रंथ की पूजा करते-कराते, भेंट भी चढ़वाते हैं। अर्थात् मूर्तिपूजा वाले जितना वेद का मान्य करते हैं, उतना भी ये लोग ग्रंथसाहब वाले नहीं करते।[11]

यही नहीं, *सत्यार्थ प्रकाश* में दयानंद ने नानक को 'दम्भी' क़रार देने के साथ-साथ संस्कृत और वेदों की नाजानकारी रखने वालों को 'महामूर्ख' क़रार दिया, भले ही वे किसी भी सम्प्रदाय या धर्म के प्रमुख क्यों न हों। दयानंद ने सनातनियों के ख़िलाफ़ ही मोर्चा नहीं खोला, उन्होंने इस्लाम और ईसाईयत समेत किसी को नहीं छोड़ा। अपने इस ग्रंथ के ग्यारहवें और बारहवें उल्लास (अध्याय) में उन्होंने वैष्णव, शैव, शाक्त जैसे सम्प्रदायों के साथ-साथ कबीरपंथ, दादूपंथ, नास्तिकवाद, स्वामीनारायण सम्प्रदाय, बौद्धमत, जैनमत समेत लगभग सभी प्रचलित छोटे-बड़े मतों की शिक्षाओं को चुनौती दी, उन्हें वेदों और तर्क-वितर्क की कसौटी पर कस कर ख़ारिज किया। ज़ाहिर है कि दयानंद की विमर्शी रणनीति मुख्यतः तल्ख़ी से भरी हुई और विवादात्मक (पॉलिमिकल या व्यास शैली) थी। उन्होंने वेदों के दायरे से बाहर प्रत्येक धर्म-मत की खिल्ली उड़ाई, खण्डन-मण्डन किया।

दयानंद की इस प्रवृत्ति की आलोचना गाँधी ने भी की है। दयानंद की 'महानता' और 'असंदिग्ध साहस' को स्वीकार करते हुए गाँधी ने कहा है कि 'उन्होंने अनजाने में जैन, इस्लाम, ईसाईयत और ख़ुद हिंदू धर्म को ग़लत तरीक़े से पेश किया। ... उन्होंने दुनिया के सबसे उदार और सहिष्णु धर्म को संकीर्ण बनाने की कोशिश की।'[12] दयानंद पर हिंदू धर्म को अहले-क़िताब बनाने, वेदों की केंद्रीयता के ज़रिये वर्णाश्रम और ब्राह्मणों का महत्त्व बढ़ाने, और आर्य समाज के मंदिर को हिंदुओं के चर्च की तरह पेश करने का आरोप भी है। कमोबेश सही होते हुए भी ये आलोचनाएँ दयानंद के विमर्श द्वारा हिंदू समाज के एक महत्त्वपूर्ण हिस्से को दिये गये उस आश्वासन का महत्त्व ठीक से नहीं समझ पाईं जिसके कारण न केवल उनके आंदोलन ने तेज़ी से सफलता की सीढ़ियाँ चढ़ीं, बल्कि एक ऐसी विमर्शी रणनीति को भी जन्म दिया जिसके परे जा कर देखना हर तरह के हिंदू राष्ट्रवादियों के लिए बहुत मुश्किल हो गया। उत्तर-दयानंद

---

[11] देखें, स्वामी दयानंद (1875/2005), अथ *सत्यार्थ प्रकाशः*, वैदिक पुस्तकालय, अजमेर : नानकपंथ की समीक्षा के लिए देखें विशेष रूप से पृ. 430-433.

[12] देखें, गाँधी का *यंग इण्डिया* में 9 मई, 1924 को छपा लेख.

अवधि के हिंदू राष्ट्रवादियों के लिए उनके द्वारा प्रवर्तित खण्डन-मण्डन और टकराव को अस्वीकार करना आसान था, पर वे दयानंद की केंद्रीय विमर्शी रणनीति का अनुपालन करने के लिए मजबूर थे।

पंजाब के प्रमुख आर्यसमाजी और कांग्रेस के गरमदली नेता लाला लाजपत राय ने 1914 में दयानंद की इस केंद्रीय विशेषता को रेखांकित करते हुए लिखा था कि उन्नीसवीं सदी के दूसरे अर्धांश में जब भारत के लिए वेद एक बंद किताब की तरह थे और हिंदुओं और ग़ैर-हिंदुओं समेत सभी समुदायों के बीच खुली बहस के दौरान उनका हवाला देना तो दूर उन्हें कोई पढ़ तक नहीं सकता था— तब दयानंद ने हिंदुओं के सभी वर्गों और जातियों द्वारा वेदों को पढ़ने और उन पर टीका-टिप्पणी करने का रास्ता खोला। लाजपत राय के मुताबिक़ ऐसा करके भारत में धार्मिक, बौद्धिक और सामाजिक आज़ादी के हित में दयानंद ने जो योगदान दिया उसके आधार पर उन्हें हिंदू भारत का रक्षक क़रार दिया जाना चाहिए।[13]

इस उद्धरण में लाजपत राय दयानंद को श्रेय देते हुए दिखते हैं कि उन्होंने हिंदू धर्म को वेद-आधारित या पाठ-आधारित बना कर एक उपकार किया। दरअसल, दयानंद का यह उद्यम 'हिंदू' समझी जाने वाली संरचनाओं को 'लिव्ड रिलीजन' की श्रेणी से निकाल कर वेदों, स्मृतियों और संस्कृत के अन्य ग्रंथों के मुताबिक़ परिभाषित करने वाली अठारहवीं सदी से ही जारी प्राच्यवादी परियोजना के बिना सम्भव नहीं था। दयानंद की ख़ास बात यह थी कि उन्होंने स्मृतियों वग़ैरह को ख़ारिज करते हुए इसे हिंदू पहचान को वेदों तक सीमित किया, और लोकप्रिय सामाजिक-धार्मिक आंदोलन का रूप देते हुए शूद्रों और स्त्रियों के लिए भी वेदाध्ययन का प्रावधान कर दिखाया। लेकिन उनका रैडिकलिज़म यहीं तक नहीं रुका। उन्होंने जातिप्रथा को ख़ारिज करके वर्ण-व्यवस्था के जन्म आधारित ढाँचे को योग्यता आधारित ढाँचे में बदल कर उसका नवीकरण करने का प्रयास किया। इस प्रक्रिया में एक प्रस्ताव निहित था : वर्ण व्यवस्था की नवीकृत प्रणाली के शीर्ष पर पुराने ब्राह्मण की जगह एक नये ब्राह्मण को स्थापित करना। पुराना ब्राह्मण जन्मना था, और दयानंद की दृष्टि में सभी तरह के अंधविश्वासों और हिंदू धर्म के पतन का ज़िम्मेदार था। उसके विपरीत दयानंद जिस नये ब्राह्मण की खोज और रचना करना चाहते थे वह योग्यता आधारित

---

[13] लाजपत राय के इस कथन के लिए देखें उनकी रचना (1967/1992), *अ हिस्ट्री ऑफ़ द आर्य समाज*, ओरिएंट लोंगमेन, नयी दिल्ली : 54-55.

था। चूँकि दयानंद का हिंदू धर्म पाठ-आधारित था, इसलिए उनके ब्राह्मण के पास पाठ-आधारित योग्यता होनी ज़रूरी थी। इस तरह के ब्राह्मण पर जन्मना होने की शर्त लागू नहीं हो सकती थी। आर्य समाज की थियरी के हिसाब से जो पाठ में पारंगत था, वह ब्राह्मण हो सकता था।[14]

सबसे पहले तो उन्होंने विराट पुरुष के मुख से ब्राह्मण के पैदा होने के प्रकरण से अपनी असहमति यह कह कर दर्ज की कि 'जब परमेश्वर के निराकार होने से मुखादि अंग ही नहीं हैं, मुख आदि से उत्पन्न होना असम्भव है।' फिर उन्होंने वर्णों के स्थिर होने का खण्डन करके उनके तरल होने की दलील दी, 'जो शूद्र कुल में उत्पन्न हो के ब्राह्मण, क्षत्रिय और वैश्य के सदृश गुण, कर्म स्वभाव वाला हो, तो वह शूद्र ब्राह्मण, क्षत्रिय और वैश्य हो जाए। वैसे ब्राह्मण, क्षत्रिय और वैश्य के कुल में उत्पन्न हुए शूद्र के सदृश हों, तो शूद्र हो जाएँ। वैसे ही क्षत्रिय, वैश्य के कुल में उत्पन्न हो के ब्राह्मण व शूद्र के समान होने से, ब्राह्मण और शूद्र भी हो जाते हैं। अर्थात् चारों वर्णों में जिस-जिस वर्ण सदृश जो-जो पुरुष व स्त्री हो, वह-वह उसी वर्ण में गिनी जावे।' वर्णों को आचरण, गुण और कर्म-आधारित बनाने के लिए उन्होंने संस्तुति की, 'जिस-जिस पुरुष में जिस-जिस वर्ण के गुण कर्म हों, उस-उस वर्ण का अधिकार देना। ऐसी व्यवस्था रखने से सब मनुष्य उन्नतिशील होते हैं। क्योंकि उत्तम वर्णों को भय होगा कि जो हमारे संतान मूर्खत्वादि दोषयुक्त होंगे, तो शूद्र हो जाएँगे और संतान भी डरते रहेंगे कि जो हम उत्तम चाल-चलन और विद्यायुक्त न होंगे तो शूद्र होना पड़ेगा। और नीच वर्णों को उत्तम वर्णस्थ होने के लिए उत्साह बढ़ेगा।'[15] शूद्र को उन्नति करके ब्राह्मण की स्थिति में लाया जा सकता है— दयानंद के इस प्रस्ताव की प्रतिध्वनियाँ आगे चल कर स्वामी विवेकानंद (1863-1902) के उस विख्यात प्रस्ताव में सुनाई पड़ सकती हैं जिसमें वे कहते हैं कि एक सिरे पर ब्राह्मण है और दूसरे पर चाण्डाल। लेकिन करने लायक़ काम यह है कि चाण्डाल को ब्राह्मण की स्थिति में लाया जाए, और यह काम इस तरह धीरे-धीरे किया जाए कि हिंदुओं के बीच टकराव की स्थिति पैदा न हो।

---

[14] नये और आदर्श ब्राह्मण की खोज का यह सिलसिला दयानंद या अन्य हिंदू राष्ट्रवादियों से ही शुरू नहीं होता. दरअसल, यह बुद्ध के विचार और अश्वघोष जैसे रैडिकल बौद्ध दार्शनिकों तक में देखा जा सकता है. लगभग हर युग में यह विचार दिखाई पड़ता है कि जो ब्राह्मण मौजूद हैं वे आदर्शों पर खरे नहीं उतर रहे हैं इसलिए ज़रूरत नये ब्राह्मण की है.

[15] दयानंद, वही : 97, 101.

वर्णों की ऊर्ध्वगामिता का सिद्धांत दे कर दयानंद ने स्पष्ट किया कि उनके आदर्श वर्णाश्रम के शीर्ष पर नया और जन्मना के बजाय योग्यता आधारित ब्राह्मण ही होगा। वही धर्म के सत्य का वाहक होगा, और वह विद्या प्राप्त करके किसी अन्य वर्ण से उन्नति करके ब्राह्मण बनने वाला भी हो सकता है। उनका यह संदेश पंजाब के हिंदू अरोड़ाओं, खत्रियों और अन्य समृद्ध लेकिन ग़ैर-ब्राह्मण बिरादरियों द्वारा हाथोंहाथ लिया गया। ये बिरादरियाँ न केवल शिक्षित थीं, बल्कि अंग्रेज़ी शिक्षित भी थीं। नतीजतन, इन आर्थिक रूप से सशक्त बिरादरियों में आर्य समाज तेज़ी से फैला। दयानंद के इन्हीं विचारों को उनके अनुयायियों ने अपने-अपने तरीक़े से आगे बढ़ाया। बाद के आर्यसमाजियों ने क्रमशः टकराव वाला रवैया छोड़ा और आर्य-सनातनी एकता की ज़मीन तैयार की। इनमें भाई लालचंद और लाला मुंशी राम (संन्यास लेने के बाद उनका नाम स्वामी श्रद्धानंद हो गया) प्रमुख थे। दयानंद की विरासत की जिस प्रकार इन दोनों ने व्याख्या की— वह आगे चल राष्ट्रीय स्वयंसेवक संघ के लिए बहुत मुफ़ीद साबित हुआ।

1909 में *पंजाबी* में लिखते हुए लालचंद ने विश्लेषण किया : 'ज़ोर इस पर नहीं है कि पैरों को सिर की जगह दे दी जाए, लेकिन पवित्र 'जीवंत' देह के अनिवार्य अंगों के रूप में पैरों के महत्त्व को बाक़ायदा मान्यता मिलनी चाहिए। उनकी उपेक्षा नहीं होनी चाहिए, उन्हें पोषण, शिक्षा और ज्ञान की रोशनी में समुचित हिस्सा प्राप्त होना चाहिए ताकि वे समुदाय और राजनीतिक व्यवस्था के सर्वाधिक हित का साधन करने की अपनी भूमिका निभा सकें।'[16] शूद्रों को ब्राह्मणों के समान अधिकार देने का यह आग्रह करने के अलावा लालचंद ने अपनी पुस्तिका *सेल्फ़ एब्नेगेशन इन पॉलिटिक्स* में बीसवीं सदी के पहले दशक में कांग्रेस के समांतर एक समग्र हिंदू राजनीति का ढाँचा भी पेश किया जिसके तहत कांग्रेस कमेटियों की जगह हिंदू सभा की कमेटियों को लेना था, कांग्रेस के प्रेस की जगह हिंदू प्रेस आना था, हिंदू डिफ़ेंस फ़ंड बनाया जाना था।[17]

---

[16] लालचंद के इस कथन के लिए देखें, *पंजाबी*, 23 अक्टूबर, 1909. इस उद्धरण का प्रयोग ज़ॉवोस (1999), वही.

[17] देखें, आर.बी. लालचंद (1938), 'सेल्फ़-एब्नेगेशन इन पॉलिटिक्स', राकेश सिन्हा (सं.) (2017), इज़ *हिंदू अ डाइंग रेस : अ सोशल ऐंड पॉलिटिकल पर्सपेक्टिव ऑफ़ हिंदू रिफ़ॉर्मर्स इन अर्ली ट्वेंटियथ सेंचुरी*, कौटिल्य प्रकाशन, नयी दिल्ली : 211-292.

स्वामी श्रद्धानंद[18] की विशेषता यह थी कि उन्होंने आम तौर से हिंदू महासभा के दायरे में और ख़ास तौर से आर्य समाज के दायरे में ब्राह्मण-शूद्र द्विभाजन की सीमाओं से परे जाते हुए छुआछूत के प्रश्न को केंद्रस्थ किया। हिंदू महासभा के 1923 के अधिवेशन में उन्होंने तीन प्रस्ताव रखे जिनमें हिंदू धर्म की सम्पूर्ण पुनर्रचना की सम्भावना थी। पहला प्रस्ताव अछूतों को कुओं का इस्तेमाल करने की इजाज़त देने और उन्हें स्कूलों में दाख़िला देने के बाद शुद्धि के माध्यम से व्यापक हिंदू समाज का अंग बनाने का था। दूसरा प्रस्ताव मलकाना राजपूतों के बारे में था। धर्मांतरण करके मुसलमान बन गये हज़ारों मलकाना राजपूतों को शुद्धि की मुहिम के ज़रिये फिर से हिंदू बनाने की मुहिम श्रद्धानंद के नेतृत्व में ही चलाई गयी थी। तीसरा प्रस्ताव यह था कि शुद्धि के माध्यम से जिनकी वापसी हो रही है, उन्हें पूरे हिंदू समाज का सदस्य माना जाए। श्रद्धानंद की मान्यता थी कि दयानंद के विचारों के अनुसार चाहे वर्णाश्रम के बाहर खड़ा अछूत हो, या धर्मांतरण करके हिंदू दायरे से बाहर गया कोई व्यक्ति या समुदाय हो, उसकी वापसी किसी जाति में नहीं होनी चाहिए। इसके पीछे सिद्धांत योग्यता आधारित वर्ण का ही था। सैद्धांतिक रूप से वर्णक्रम में वापस आया अछूत भी यज्ञोपवीत धारण कर सकता था, बशर्ते उसमें ब्राह्मण बनने की योग्यता हो। हिंदू महासभा ने ये प्रस्ताव नहीं माने, और शुद्धि के बाद वापसी करने वालों को उनकी पुरानी जाति में ही लेने की बात कही। श्रद्धानंद यह समझौता करने के लिए तैयार नहीं हो सकते थे। उन्होंने हिंदू महासभा से इस्तीफ़ा दे दिया।[19]

हिंदुओं की घटती आबादी और हिंदू एकता : श्रद्धानंद ने जिस शुद्धि को हिंदू समाज में रैडिकल सुधारों का उपकरण बनाने का प्रयास किया था, उसकी प्रेरणा के दो मुक़ाम थे। हम देख चुके हैं कि स्वाभाविक रूप से इनमें पहला मुक़ाम था दयानंद के विचार और दूसरा मुक़ाम था हिंदुओं की घटती आबादी के प्रति चिंता। इस दूसरे मुक़ाम की तरफ़ उन्हें आकर्षित करने का श्रेय कर्नल उपेंद्र नाथ मुखर्जी

---

[18] स्वामी श्रद्धानंद के जीवन पर एक विश्लेषणात्मक निगाह के लिए देखें, मोहिंदर सिंह (2018), 'अ क्वेश्चन ऑफ़ लाइफ़ ऐंड डेथ : कनवर्ज़न, सेल्फ़, ऐंड आइडेंटिटी इन स्वामी श्रद्धानंदज़ ऑटोबायोग्राफ़ी', अप्रकाशित.
[19] इस प्रकरण के विवरण के लिए देखें, जॉवोस (1999), वही.

के साथ 1912 में हुई निजी भेंट को जाता है। तीन साल पहले ही मुखर्जी अपने ससुर सुरेंद्र नाथ बनर्जी द्वारा सम्पादित पत्र *बंगाली* में लेखों की एक शृंखला प्रकाशित कर चुके थे जिन्हें बाद में *हिंदूज़ : अ डाइंग रेस*[20] शीर्षक से एक पुस्तिका के रूप में प्रकाशित किया गया। इस पुस्तिका में उन्होंने 1901 की जनगणना के आँकड़ों की मदद से दिखाया था कि भारत की आबादी में हिंदुओं का प्रतिशत घट रहा है और ईसाइयों और मुसलमानों का बढ़ रहा है। श्रद्धानंद से मुलाक़ात में उन्होंने दावा किया कि अगले 420 वर्ष में हिंदू पूरी तरह से ख़त्म हो जाएँगे। श्रद्धानंद उनके तर्कों से बहुत प्रभावित हुए। धर्मांतरण के ख़िलाफ़ शुद्धि की आर्यसमाजी मुहिम चलाने के पीछे उनका एक तर्क यह भी था। 1926 में श्रद्धानंद ने *हिंदू संगठन : सेवियर ऑफ़ अ डाइंग रेस*[21] शीर्षक से एक पुस्तिका भी लिखी जो अपने ज़माने में बहुत प्रभावशाली साबित हुई।

पश्चिम के देशों में जनगणना करते समय धार्मिक आधार पर आबादी की गिनती न करके आर्थिक पहलुओं पर ज़ोर देने की परम्परा रही है। लेकिन ब्रिटिश उपनिवेशवाद ने इस परम्परा का उल्लंघन करते हुए भारतवासियों को धार्मिक आधार पर गिनने का फ़ैसला किया। इसके पीछे भारतवासियों के बीच धार्मिक आधार पर फूट डालने और अपना साम्राज्य मज़बूत करने की कुख्यात ब्रिटिश रणनीति भी थी।[22] नतीजा वही निकला जो उपनिवेशवादी निकालना चाहते थे। धार्मिक समुदायों की आबादी घटने-बढ़ने के आँकड़ों को केंद्र बना कर तरह-तरह की दुश्चिंताओं का खेल शुरू हो गया। इन दुश्चिंताओं को दो तरह से पढ़ा जा सकता है। एक तरीक़ा है मुसलमानों और ईसाइयों की बढ़ती आबादी का डर दिखा कर इन दुश्चिंताओं को हिंदू साम्प्रदायिक गोलबंदी के लिए इस्तेमाल करने की प्रक्रियाओं पर ज़ोर देना,[23] और दूसरा तरीक़ा है हिंदुओं की घटती

---

[20] देखें, कर्नल उपेंद्र नाथ मुखर्जी (1912), 'अ डाइंग रेस', राकेश सिन्हा (सं.) (2017), *इज़ हिंदू अ डाइंग रेस : अ सोशल ऐंड पॉलिटिकल पर्सपेक्टिव ऑफ़ हिंदू रिफ़ॉर्मर्स इन अर्ली ट्वेंटियथ सेंचुरी*, कौटिल्य प्रकाशन, नयी दिल्ली : 35-144.

[21] देखें, स्वामी श्रद्धानंद (1926), 'हिंदू संगठन : सेवियर ऑफ़ द डाइंग रेस', राकेश सिन्हा (सं.) (2017), *इज़ हिंदू अ डाइंग रेस : अ सोशल ऐंड पॉलिटिकल पर्सपेक्टिव ऑफ़ हिंदू रिफ़ॉर्मर्स इन अर्ली ट्वेंटियथ सेंचुरी*, कौटिल्य प्रकाशन, नयी दिल्ली : 115-201.

[22] देखें, आर.बी. भगत (2001), 'सेंसस ऐंड द कंस्ट्रक्शन ऑफ़ कम्युनलिज़म इन इण्डिया', *इकॉनॉमिक ऐंड पॉलिटिकल वीकली*, खण्ड 36, अंक 46/47 : 4352-4356.

[23] इस प्रकार के अर्थग्रहण के एक उदाहरण के लिए देखें, चारु गुप्ता (2004), 'सेंससेज़, कम्युनलिज़म, जेण्डर ऐंड आइडेंटिटी : अ हिस्टोरिकल पर्सपेक्टिव', *इकॉनॉमिक ऐंड पॉलिटिकल वीकली*, खण्ड 39, अंक 39 :

आबादी के गढ़े गये आँकड़ागत रूपक को हिंदू समाज की भीतरी दुरवस्था रेखांकित करने के लिए इस्तेमाल करना। इस दूसरे पाठ का दावा है कि मुखर्जी ने 'डाइंग रेस' का प्रयोग एक रूपक के तौर पर किया था ताकि हिंदुओं के बीच जातिवाद, शूद्रों की बुरी हालत, छुआछूत और विधवाओं के कष्टों को उभारा जा सके। यह पाठ दावा करता है कि मुखर्जी अपने पाठ में मुसलमानों पर बहुविवाह का आरोप लगाने के बजाय इस मामले में उन्हें हिंदुओं के ही समकक्ष दिखाते हैं, और मुख्य रूप से उनका नज़रिया साम्प्रदायिक होने के बजाय सामाजिक-आर्थिक है।[24] जो भी हो, कर्नल मुखर्जी ने *अ डाइंग रेस* लिख कर इन दोनों ही मक़सदों को हल किया। कुल मिला कर आबादी के घटने-बढ़ने का तर्क आगे चल कर हिंदू राष्ट्रवाद की स्थायी दुश्चिंता साबित हुआ।

विवेकानंद और शूद्रत्व की हिंदू-राजनीति : उन्नीसवीं सदी में हिंदू धर्म के आधुनिकीकरण की प्रक्रिया पर निर्णायक प्रभाव डालने वाले स्वामी विवेकानंद (1863-1902) के विचारों की चर्चा किये बिना संघ-पूर्व हिंदू चिंतन का कोई आख्यान सम्पूर्ण नहीं हो सकता। दयानंद और उनके अनुयायी जिस समय वेदों की केंद्रीयता स्थापित करने के ज़रिये ग़ैर-ब्राह्मण के ब्राह्मण बनने का सूत्र तलाश रहे थे, उसी दौरान उनके समांतर विवेकानंद ने शूद्रत्व की हिंदू-राजनीति का अनूठा सूत्रीकरण किया।

भारतीय और पश्चिमी दर्शन में पारंगत, चुम्बकीय व्यक्तित्व के धनी और अत्यंत प्रभावशाली वक्ता विवेकानंद ने युरोप और अमेरिका को वेदांत और योग से परिचित कराया। उन्होंने दयानंद की तरह तत्कालीन हिंदू सनातनी परम्परा को संस्थागत चुनौती नहीं दी यानी उन्होंने अपना अलग सम्प्रदाय नहीं बनाया, लेकिन उनके विमर्श और गतिविधियों का हिंदू मानस पर स्थायी असर पड़ा। रामकृष्ण परमहंस के उत्तराधिकारी के रूप में रामकृष्ण मिशन की स्थापना करने वाले विवेकानंद ने राजनीति को अपने विचारों का वाहक नहीं बनाया, पर उनके संदेश

4302-4304. मुखर्जी की पुस्तिका को बंगाल में साम्प्रदायिक चेतना के शुरुआती अहलकार के रूप में देखने के विस्तृत तर्क के लिए देखें, प्रदीप कुमार दत्त (1993), 'डाइंग हिंदूज़' : प्रोडक्शन ऑफ़ हिंदू कम्युनल कॉमनसेंस इन अर्ली ट्वेंटियथ सेंचुरी' *इकॉनॉमिक ऐंड पॉलिटिकल वीकली*, खण्ड 28, अंक 25 : 1305-1319.

[24] दूसरे क़िस्म के अर्थग्रहण के लिए देखें, राकेश सिन्हा (2017), वही : इंट्रोडक्शन : 9-34.

ने बीसवीं सदी में उपनिवेशवाद विरोधी संघर्ष में लगे हुए राजनेताओं और समाज सुधारकों को गहराई से प्रभावित किया। गाँधी, जवाहरलाल नेहरू, सुभाष चंद्र बोस, अरविंद घोष, सर्वपल्ली राधाकृष्णन और रवींद्रनाथ ठाकुर तक ने विवेकानंद को भारत के प्रमुखतम राष्ट्र-निर्माताओं में से एक की संज्ञा दी है। उन्होंने हिंदू धर्म और दर्शन को विश्व-धर्म के रूप में युरोप और अमेरिका में प्रचारित-प्रसारित करने में प्रमुख भूमिका का निर्वाह किया। 1893 में शिकागो में आयोजित की गयी विश्व धर्म संसद में विवेकानंद द्वारा दिया गया भाषण किंवदंती का रूप ले चुका है। नब्बे के दशक के बाद हिंदुत्ववादी राजनीति पर पिछड़ी जातियों (जो कर्मकाण्डीय दृष्टि से शूद्र वर्ण की मानी जाती हैं) के हावी होते जाने की जड़ अगर खोजी जानी हो, तो वह विवेकानंद के विमर्श में खोजी जानी चाहिए।

दरअसल, विवेकानंद भारतीय राष्ट्रवाद के आदि-सिद्धांतकारों में एक कहे जा सकते हैं। उन्होंने उस ज़माने में राष्ट्र-निर्माण की प्रक्रिया जनसाधारण के संदर्भ में संकल्पित की जब वह केवल अभिजन विमर्श में ही सीमित थी। आध्यात्मिक प्रगति के लिए भौतिक समृद्धि की शर्त लगा कर विवेकानंद ने धार्मिक ज्ञान के दरवाज़े समाज के सभी लोगों के लिए खोलने की वकालत की। उन्होंने समाज-सुधारों और धर्म-सुधारों के प्रश्न को सामाजिक न्याय का परिप्रेक्ष्य प्रदान करके समाज और राजनीति के स्तर पर उदारतावादी रुझानों की शुरुआत की। इस लिहाज़ से विवेकानंद को भारतीय उदारतावाद की एक विशिष्ट धारा के उद्‌गम के रूप में भी देखा जाता है। उनके विचारों के कुछ पहलुओं का हिंदुत्ववादी विचारधारा के पैरोकारों पर असर पड़ना लाज़िमी था। संघ के दूसरे सरसंघचालक गुरु गोलवलकर दयानंद से नहीं बल्कि विवेकानंद से ही प्रभावित थे, इतने कि एकबारगी उन्होंने रामकृष्ण मिशन के काम में ही अपना सारा जीवन गुज़ारने का फ़ैसला कर लिया था। गोलवलकर के ज़माने में ही संघ ने पिछड़ी जातियों को द्विज जातियों से जोड़ने के राजनीतिक प्रोजेक्ट पर काम करना शुरू किया विवेकानंद ने जिस वेदांत को राष्ट्रीय जीर्णोद्धार का आधार बनाया, वह किन्हीं स्वीकृत अर्थों में धार्मिक नहीं है। वह हिंदुओं के बजाय भारतवासियों को सम्बोधित है। विवेकानंद की अभिव्यक्ति में एक सचेत हिंदू रुझान है, पर केवल एक सीमा तक ही। वे एक हिंदू तत्त्वज्ञानी और दार्शनिक की भाषा अपनाने वाले वक्ता की तरह सामने आते हैं, पर हिंदू दायरे से बाहर की आस्थाओं को जोड़ते जाने का सरोकार इस उद्यम के साथ-साथ चलता रहता है। उनकी मान्यता

थी कि वेदांत में सभी धर्मों की एकात्मकता व्यक्त होती है। उन्नीसवीं सदी में ब्रह्म समाज आंदोलन द्वारा जिस सामासिकता की वकालत की जाती थी, उसका आधार धार्मिक सहिष्णुता था। विवेकानंद धर्मों की जिस एकात्मकता का प्रतिपादन कर रहे थे, वह सहिष्णुता की अवधारणा से सहमत होने के बजाय सभी धर्मों के एक ही परमतत्त्व के सागर में विलीन होने की बात कहती थी। लेकिन इस विचार का मतलब यह नहीं था कि विवेकानंद बाक़ी धर्मों के पृथक् अस्तित्व के ख़िलाफ़ थे। उनका कथन था : 'हम सभी धर्मों को महज़ सहने के पक्ष में नहीं हैं, हम उन सभी को सच्चा मानते हैं।' इसी कारण से विवेकानंद ने किसी अलग सम्प्रदाय की स्थापना का विरोध किया और एक धर्म को दूसरे से श्रेष्ठ बताने वाले प्रोपेगंडे को पूरी तरह से ख़ारिज कर दिया। विवेकानंद द्वारा दी गयी अद्वैत की यह परिभाषा आगे चल कर बहुत से स्वतंत्रता सेनानियों के लिए स्वराज के उपनिवेशवाद विरोधी आग्रह का तात्त्विक आधार बनी।

विवेकानंद के पास राष्ट्रनिर्माण की एक कार्य-योजना भी थी। वे पूर्व की मूल्य प्रणाली और पश्चिम की वैज्ञानिक व प्रौद्योगिकीय उपलब्धियों का संयोग चाहते थे। बंगाली भद्रलोक के सुधार-कार्यों को तिरस्कार की दृष्टि से देखते हुए उनका कहना था कि कुछ लोगों को स्नातक बनाने से राष्ट्र की भित्ति नहीं खड़ी होगी। उसके लिए साधारण-जन को शिक्षित करना होगा। उन्होंने साफ़ तौर से कहा कि वे जिस अध्यात्म की वकालत कर रहे हैं वह भूखे पेटों के बीच और निरक्षरता के अंधकार में नहीं पनप सकता। उसके लिए पश्चिम सरीखी शक्तिशाली भौतिक सभ्यता विकसित करना आवश्यक है। राष्ट्रवाद और वेदांत का जो संयोग उन्होंने निकाला था उसमें एक भिन्न तरह के सांस्कृतिक राष्ट्रवाद की सम्भावना थी। संघ परिवार के आग्रह के विपरीत विवेकानंद हिंदू परम्परा के ब्राह्मण मर्म को उपेक्षा के साथ देखते थे। वेदांती होने के बावूजद वे ग़ैर-ब्राह्मणों को वेद-ज्ञान से वंचित रखने के लिए शंकराचार्य तक की आलोचना करते थे। कायस्थ घर में पैदा होने के कारण उनके संन्यासी और शास्त्रज्ञ होने के अधिकार पर परम्परानिष्ठ बंगालियों द्वारा आपत्ति की गयी थी। यह भी कहा गया था कि विदेश यात्रा करके भी उन्होंने समुद्र पार न करने की मर्यादा का उल्लंघन किया है। धार्मिक अनुदारपंथियों को यह भी शक था कि विदेश में विवेकानंद ने खान-पान की शुचिता का ध्यान भी नहीं रखा होगा। विवेकानंद ने इस आलोचना का जवाब बेहिचक दिया : 'मैं एक परम्परानिष्ठ पुराणपंथी हिंदू था ही कब? मैंने धर्मशास्त्रों

को ध्यान से पढ़ा है और मैं जानता हूँ कि अध्यात्म और धर्म शूद्रों के लिए है ही नहीं। अगर कोई शूद्र विदेश यात्रा के दौरान खान-पान की बंदिशों का पालन करता है तो भी उसे कोई श्रेय नहीं मिलने वाला, ऐसी सारी कोशिशें बेकार हैं। मैं शूद्र हूँ और म्लेच्छ हूँ। फिर मुझे इन सब बातों की चिंता क्यों होने लगी ?' भविष्य के बारे में विवेकानंद की दृष्टि साफ़ देख रही थी कि आगे चल कर इस राष्ट्र पर कमज़ोर जातियों का प्रभुत्व होगा। यह भविष्यवाणी समाजवादी चिंतक किशन पटनायक की कृति *भारत शूद्रों का होगा!* में ध्वनित होते दिख सकती है।

1993 में विवेकानंद के शिकागो भाषण की शताब्दी मनाई गयी जिसमें विश्व हिंदू परिषद ने उनके व्यक्तित्व और कृतित्व का हिंदुत्ववादी राजनीति के लिए विनियोग करने की चेष्टा की। संघ परिवार के प्रचार साहित्य में विवेकानंद के चित्रों की निरंतर मौजूदगी और कन्याकुमारी में विवेकानंद शिला स्मारक के निर्माण के साथ हिंदुत्ववादियों का जुड़ाव भी उन्नीसवीं सदी के इस महान संत की कुछ ऐसी छवि पेश करता है जैसे कि वे आज के हिंदू राष्ट्रवादियों के सिद्धांतकार रहे हों। वस्तुस्थिति इसके विपरीत है। चाहे शिकागो में दिया गया भाषण हो, या युरोप की यात्रा के दौरान दिये गये प्रवचन हों, विवेकानंद की वक्तृताओं में आज की हिंदुत्ववादी राजनीति की लेशमात्र आहट भी नहीं सुनाई देती। वे मुख्यत: वेदांती तत्त्वज्ञान की चर्चा करते नज़र आते हैं। वे अनासक्त कर्म, समर्पण के रास्ते पर ले जाने वाली भक्ति, ज्ञान और पतंजलि के योगसूत्र से ली गयी राज-योग की तकनीक पर बोलते हैं, न कि धर्म के किसी प्रचलित कर्मकाण्डीय पहलू पर।

पश्चिम में विवेकानंद का एजेंडा द्विपक्षीय था। उन्होंने ईसाई मिशनरियों द्वारा किये जाने वाले भारत-दुर्दशा के वर्णन का खण्डन किया और भारत की ग़रीबी का लाभ उठा कर धर्म परिवर्तन की मुहिम चलाने वाले इंजीली उत्साह की जम कर भर्त्सना की। दूसरी तरफ़ वे दिखाना चाहते थे कि ईसाईयत पर हिंदू और बौद्ध दर्शन का प्रभाव किस तरह पड़ा है। विवेकानंद ने आधुनिक युरोपीय सभ्यता में इस्लाम के योगदान की भव्य प्रशंसा भी की। ईसाईयत और इस्लाम के ऐतिहासिक रिकॉर्ड की तुलनात्मक व्याख्या करते हुए वे इस्लाम के पक्ष में काफ़ी झुके नज़र आते हैं। इस्लाम और भारतीय सभ्यता के अंत:संबंधों पर ग़ौर करते हुए विवेकानंद इस निष्कर्ष पर पहुँचे कि भारतीय-इस्लामिक अतीत इस क्षेत्र की देशज विरासत है। वे मुग़लकालीन सांस्कृतिक उपलब्धियों के प्रति

सराहना भाव रखते थे। दिलचस्प बात यह है कि हिंदू स्त्रियों से विवाह करने की मुग़ल नीति भी उन्हें पसंद थी। आज के हिंदू पुनरुत्थानवादियों के लिए इस तरह के विचार कल्पनातीत हैं। विवेकानंद के चिंतन के इन पहलुओं का बाबरी मस्जिद विध्वंस के बाद वामपंथी सेकुलर प्रचारकों ने भी इस्तेमाल किया है।

विवेकानंद के रूढ़िभंजक विचारों का उद्‌गम उनकी अपनी जीवन-यात्रा में भी देखा जा सकता है। कलकत्ता के एक कुलीन कायस्थ परिवार में पैदा हुए असाधारण प्रतिभासम्पन्न बालक नरेंद्रनाथ दत्त का शुरू से ही आग्रह था कि अगर ईश्वर है तो उसका होना बाक़ायदा प्रमाणित किया जाना चाहिए। वह सभी से यही सवाल पूछता था। वयस्क होने पर ब्रह्मसमाज की सदस्यता ग्रहण करने के बाद उसने इस आंदोलन के नेता देवेंद्रनाथ ठाकुर और केशवचंद्र सेन के सामने भी इसी तरह की जिज्ञासा पेश की। उनके उत्तरों से संतुष्ट न होने पर नरेंद्रनाथ ने अपनी खोज जारी रखी और उसी प्रक्रिया में दक्षिणेश्वर के संत रामकृष्ण परमहंस से उसकी भेंट हुई। फिर वही प्रश्न, पर इस बार उत्तर भिन्न मिला। रामकृष्ण परमहंस ने कहा : हाँ, मैं ईश्वर का अस्तित्व प्रमाणित कर सकता हूँ। जैसे तुम्हें यहाँ देख रहा हूँ, उसी तरह मैं ईश्वर को देखता हूँ पर कहीं अधिक गहनता से।

ऐसा जवाब पाने के बाद नरेंद्र अकसर परमहंस के पास जाने लगा। वह नयी-नयी जिज्ञासाएँ करता और परमहंस उन्हें शांत करते। लेकिन बेचैन और विद्रोही प्रकृति के नरेंद्र ने उन्हें आसानी से अपना गुरु नहीं माना। शुरू में नरेंद्रनाथ ने अद्वैत वेदांत को भी न केवल ख़ारिज किया बल्कि उसका उपहास भी किया। पर परमहंस धैर्य के साथ उसे सत्य को सभी कोणों से देखने की सीख देते रहे। पाँच वर्ष तक चले इस प्रशिक्षण ने नरेंद्रनाथ को विवेकानंद बनाया। गुरु के सान्निध्य में उन्हें 'निर्विकल्प समाधि' की अनुभूति हुई। अंतिम दिनों में रामकृष्ण ने उन्हें अपना उत्तराधिकारी घोषित किया और भगवा वस्त्र पहनने के लिए दिये। गुरु के देहांत के बाद विवेकानंद ने रामकृष्ण मिशन की स्थापना की और परिव्राजक संन्यासी के रूप में सिर्फ़ एक दण्ड और कमण्डल लेकर भ्रमण पर निकल गये। वे देश के कोने-कोने में गये, इस प्रक्रिया में असली भारत के दर्शन किये, विभिन्न धर्मावलम्बियों के साथ संवाद स्थापित किया और आम लोगों के जीवन को निकट से देखा। राष्ट्र-निर्माण से संबंधित विवेकानंद का विचार इसी दौर में सूत्रबद्ध हुआ। उन्होंने दो बार लम्बी-लम्बी विदेश यात्राएँ कीं और अपने भाषणों और प्रवचनों के कारण अंतर्राष्ट्रीय ख्याति प्राप्त की। भारत लौटने पर

कई जगहों पर उनका भव्य स्वागत हुआ। विवेकानंद का देहांत केवल 39 वर्ष की अवस्था में उस समय हुआ जब वे समाधिस्थ थे। उनके नज़दीकियों के अनुसार वे काफ़ी पहले से कहने लगे थे कि वे चालीस पार नहीं करेंगे।

अद्वैत वेदांत के अनुयायी होने के बावजूद विवेकानंद का चिंतन किसी विशेष अनुशासन की सीमा में बँधा हुआ नहीं था। उनके विचारों में कई तरह के विरोधाभास पाए जाते हैं। इसीलिए भी उनके विचारों के विभिन्न अंश वामपंथियों से लेकर दक्षिणपंथियों द्वारा अपने-अपने समर्थन में इस्तेमाल किये जाते रहते हैं। कई बार बौद्धिक आवेश में वे ऐसी बातें बोल जाते थे जिनसे उनके समर्थकों को भी उलझन होने लगती थी। मसलन, वे इस्लामी शरीर (सामाजिक संगठन) और हिंदू मस्तिष्क (वेदांती चिंतन) का संयोग चाहते थे। कुछ सेकुलर प्रचारक उनकी इस इच्छा का साम्प्रदायिकता विरोधी इस्तेमाल करते हैं, पर इसका एक अर्थ यह भी निकलता है कि विवेकानंद की निगाह में इस्लामी तत्त्वज्ञान कमतर था।[25]

संघपूर्व विमर्श-2

सावरकर और जाति-संघर्ष : संघ परिवार की विचारधारा पर 1923 में प्रकाशित सावरकर की रचना *हिंदुत्व*[26] के प्रभाव को कम करके नहीं आँका जा सकता। सावरकर द्वारा प्रतिपादित राजनीतिक हिंदुत्व 'वैज्ञानिक', 'ग़ैर-जातिवादी' और 'ग़ैर-आध्यात्मिक' प्रकृति का माना जाता है। यह उनका ग़ैर-धार्मिक रवैया ही था जिसके कारण उन्हें श्रद्धानंद के विपरीत छुआछूत के शिकार पंचम वर्ण को हिंदू दायरे का अंग दिखाने में कोई दिक़्क़त नहीं हुई। उन्होंने बेहिचक कहा कि 'हम लोगों में कुछ ब्राह्मण हैं तो कोई नामशूद्र अथवा पंचम भी हैं, परंतु ब्राह्मण हो या चाण्डाल हम सभी हिंदू हैं। एक ही रक्त के हैं।'[27] यह दावा करने के

---

[25] विवेकानंद के विमर्श और जीवन पर विपुल साहित्य उपलब्ध है. देखें, विलियम रेडिस (सम्पा.) (1999), *स्वामी विवेकानंद ऐंड द मॉडर्नाइज़ेशन ऑफ़ हिंदुत्व*, ऑक्सफ़र्ड युनिवर्सिटी प्रेस, नयी दिल्ली; इसी संकलन में तपन रायचौधुरी 'स्वामी विवेकानंद्स कंस्ट्रक्शन ऑफ़ हिंदुइज़्म' और निमाई साधन बोस (1999), 'स्वामी विवेकानंद ऐंड द चेलैंज टु फ़ंडामेंटलिज़्म' के लेख विशेष रूप से पठनीय हैं. विवेकानंद की विस्तृत जीवनी के लिए देखें, स्वामी गम्भीरानंद (1994), *युगनायक विवेकानंद*, पहले खण्ड के अनु. केदारनाथ लाभ और दूसरे खण्ड के अनु. स्वामी विदेहात्मानंद, रामकृष्ण मठ, नागपुर.

[26] इस रचना के यथासम्भव प्रामाणिक हिंदी-पाठ देखें, 'हिंदुत्व', *सावरकर समग्र*, खण्ड 9, प्रभात प्रकाशन, नयी दिल्ली : 29-140.

[27] देखें, 'हिंदुत्व', वही : 92.

ठीक पहले सावरकर जातिप्रथा के कारण पैदा हुए भ्रम का निवारण करने का प्रयास भी करते हैं : ''जा' धातु से उत्पन्न हुए जाति शब्द का अर्थ है एक ही स्थान पर जन्मे तथा एक ही रक्त और बंधुभाव से जुड़े लोग ... जिस जाति-भेद का यथार्थस्वरूप अज्ञानवश अपनी समझ में नहीं आता, उसी जाति-भेद के कारण एक ही प्रकार का रक्त हम लोगों की नसों में नहीं प्रवाहित होता— ऐसा आप आग्रहपूर्वक कहते हों। परंतु वास्तविकता यह है कि ... आज जो जाति संस्था अस्तित्व में है वही इस बात का प्रमाण है कि ब्राह्मणों से चाण्डालों तक के शरीर में प्रवाहित होने वाला ख़ून एक सा है।'[28]

अपनी रचना *हिंदुत्व* में सावरकर का ज़ोर जातिभेदों के बावजूद सभी हिंदुओं को एक ही रक्तसंबंधों में बँधा दिखाने पर बहुत है। इसके लिए वे तरह-तरह के तर्कों की जुगाड़ करते हैं। यहाँ हमें यह भी ध्यान रखना चाहिए कि सावरकर की कर्मभूमि मुख्यत: महाराष्ट्र थी जहाँ फुले के सत्यशोधक ब्राह्मणों और ग़ैर-ब्राह्मणों के बीच नस्लगत और रक्तगत भेद के तर्कों का उन्नीसवीं सदी से ही प्रचार कर रहे थे। इसकी काट करना सावरकर के लिए बहुत आवश्यक था। इसी मुक़ाम पर यह याद करना भी ज़रूरी है कि फुले के इस तर्क की काट उस समय उन्हें अपना गुरु मानने वाले डॉ. आम्बेडकर भी कर रहे थे। उन्होंने भी अपने तरीक़े से साबित किया था कि जातियों के बीच नस्लगत और रक्तगत वैभिन्य नहीं है।

फुले-सावरकर-आम्बेडकर की इस पृष्ठभूमि की उपेक्षा करते हुए जॉन ज़ावोस ने *हिंदुत्व* के इन उद्धरणों से एक ऐसा निष्कर्ष निकाला है जो सावरकर के जाति-संबंधी विचारों के न केवल विपरीत चला जाता है बल्कि उनकी पूरी तरह से ग़लत तस्वीर पेश करता है। ज़ावोस कहते हैं कि सावरकर की निगाह में जातिप्रथा एक ऐसी सकारात्मक व्यवस्था है जिसने समाज के सभी घटकों को उनके लिए यथायोग्य भूमिकाएँ प्रदान कर दी हैं, इसलिए सावरकर जाति-संघर्ष नहीं बल्कि जातिगत उन्नति के पक्षधर हैं।[29] दरअसल, सावरकर के जाति संबंधी विचारों के लिए सही स्रोत उनका लम्बा 'जातिभंजक निबंध' है जिसे पढ़ते ही ज़ावोस द्वारा पैदा की गयी ग़लतफ़हमी साफ़ हो जाती है। दरअसल, सावरकर के जातिसंबंधी विचार सैकड़ों पृष्ठों में फैले हुए हैं। उनके केंद्र में उनका तर्क है कि जाति जन्मजात न हो कर पोथीजात है। उन्होंने इस पोथीजात प्रथा को ख़त्म

---

[28] सावरकर, वही : 89.

[29] देखें, जॉन ज़ॉवोस (1999), वही.

करने के लिए एक सात सूत्रीय व्यावहरिक कार्यक्रम प्रस्तुत किया है। इस कार्यक्रम का मक़सद था जन्मना जाति की जगह गुण-आधारित जाति की स्थापना करना। इसके लिए वे सबसे पहले आनुवंशिक आधार पर गुणों को मानने के विचार को सीमित विचार क़रार देते हुए धर्म द्वारा हिंदुओं के पैरों में पड़ी सात बेड़ियाँ ('बंदी') तोड़ने का आह्वान करते हैं। ये हैं : वेदोक्तबंदी (सभी धर्मग्रंथों पर सबका समान अधिकार हो), व्यवसायबंदी (भंगी भी उचित विद्या प्राप्त करके पुरोहित बन सके), स्पर्शबंदी (छुआछूत का सम्पूर्ण उन्मूलन हो), समुद्रबंदी (यात्राओं पर लगे प्रतिबंध की समाप्ति), शुद्धिबंदी (धर्मांतरण करने वाले हिंदुओं को वापस हिंदू बनाने की छूट), रोटीबंदी (उन्मुक्त सहभोज का प्रावधान), बेटीबंदी (विवाह में जाति का कोई बंधन न हो)।[30] अपने इन सुझावों को धरती पर उतारने के लिए सावरकर ने अपने राजनीतिक जीवन में अस्पृश्यता का पुतला-दहन करने, सहभोज आयोजित करने और अछूतों के स्कूलों में दाख़िले जैसे कई आयोजनों की पहलक़दमियाँ लीं।

मुंजे और वर्णाश्रम का पुनःसंस्कार : मध्यमार्गी विमर्श में संघ-पूर्व हिंदुत्ववादी सिद्धांतकारों के इतालवी फ़ासीवाद और जर्मन नाज़ीवाद से वैचारिक ताल्लुक़ातों का इतिहास बार-बार रेखांकित किया जाता है।[31] बालकृष्ण मुंजे भोंसले मिलिटरी स्कूल के संस्थापक थे, और हिंदुओं का फ़ौजीकरण करना उनका उद्देश्य था। मुंजे इटली जा कर मुसोलिनी से मिले थे। इन तथ्यों को उचित संदर्भ में रखना

---

[30] सावरकर के जाति संबंधी विचारों पर अलग से अध्ययन करने की आवश्यकता है. देखें, *सावरकर समग्र*, वही, खण्ड 7.

[31] युरोपियन फ़ासिज़म से हिंदुत्ववादियों के सम्पर्कों के शोधपूर्ण विवरण के लिए देखें, मैरिज़ा कैसोलरी (2000), 'हिंदुत्वाज़ फॉरेन टाइ-अप इन द नाइंटीन थर्टीज़ : आर्काइवल एविडेंस', *इकॉनॉमिक ऐंड पॉलिटिकल वीकली*, खण्ड 35, अंक 4 : 218-228. कैसोलरी के इस बहुचर्चित लेख की विशेषता यह है कि उन्होंने ऐसे कई तथ्य प्रस्तुत किये हैं जो मुंजे और सावरकर की फ़ासीवाद में दिलचस्पी के भिन्न पाठ की सम्भावना खोल देते हैं. मसलन, मुंजे की संबंधित गतिविधियाँ बीस और तीस के दशक में दिखाई गयी हैं जब फ़ासीवाद का हत्यारा चेहरा साफ़ नहीं हुआ था, और भारतीय राजनीति और बुद्धिजीवियों में उसके समाजवादी स्रोतों को लेकर उत्सुकता थी. साथ ही भारत में कई लोग मानने लगे थे कि फ़ासीवाद हिंदू समाज को गतिशील और ऊर्जस्वित कर सकता है. स्वयं मराठी प्रेस फ़ासीवाद को एक 'कंज़रवेटिव रेवोल्यूशन' की तरह देखता था. केवल मुंजे ही इटली जा कर मुसोलिनी से नहीं मिले थे, बल्कि इस्लामिक चिंतक और कवि मुहम्मद इक़बाल ने भी इसी दौरान इटली जा कर मुसोलिनी से भेंट की थी. मुंजे अगर इतालवी युवकों के फ़ौजीकरण से प्रभावित थे, तो इक़बाल मुसोलिनी के युद्ध संबंधी विचारों से. इक़बाल को मुसोलिनी का यह कथन बहुत पसंद था कि 'युद्ध खून गर्म रखने का एक बहाना है'. इस कथन को इक़बाल ने अपनी 'शाहीं' नज़्म में इस्तेमाल भी किया है.

ज़रूरी है, लेकिन केवल इन्हीं तथ्यों पर ज़ोर देते रहने से यह पता नहीं चलता कि तत्कालीन हिंदू समाज को अपनी इच्छित हिंदू एकता की तरफ़ ले जाने के लिए मुंजे के दिमाग़ में क्या ऊहापोह चल रहा था। मुंजे के भी सामने शुरू से ही सबसे बड़ी समस्या यह थी कि हिंदुओं को एक आधुनिक राष्ट्रीय समुदाय बनाने में सबसे बड़ी बाधा के तौर पर जातिप्रथा से कैसे निबटा जाए, क्योंकि इस प्रथा ने हिंदुओं को जातियों के अनुलंघनीय खानों में बाँट रखा है।[32] मुंजे ने इसके लिए एक फ़ार्मूला भी सुझाया था जिसके अनुसार वर्णाश्रम और जाति को अलग-अलग किया जाना था, और प्रतिलोम व अनुलोम विवाहों के माध्यम से वर्णों के बीच एकता क़ायम की जानी थी ताकि हिंदू-एकजुटता की ज़मीन तैयार हो सके :

> अगर चातुर्वर्ण्य, जो दुनिया में आर्य सभ्यता का विशिष्ट लक्षण है, को क़ायम रखते हुए मज़बूत करना है, मेरा विश्वास है कि ऐसा होना ही चाहिए, और साथ में संघात्मकता और एकजुटता भी विकसित करनी है तो जाति के अनुलंघनीय खानों को ख़त्म करना होगा। चारों भागों के बीच वास्तविक आंगिक एकता स्थापित करनी होगी। इसके लिए धर्मशास्त्रों में लिखित अनुलोम (ऊँची जाति का व्यक्ति नीची जाति की स्त्री से विवाह करे) और प्रतिलोम (नीची जाति का व्यक्ति ऊँची जाति की स्त्री से विवाह करे) पद्धतियों का प्रचलन करना होगा ताकि समाज के चारों हिस्से रक्त-संबंधों में बँध जाएँ और इन चारों मूल वर्णों और जातियों के लिए तय किये गये सामाजिक कामों की विविधता के बीच आंगिक एकता बन सके।[33]

संघ की स्थापना से पहले 1923 में व्यक्त किया गया मुंजे का यह कथन वर्णों के बीच 'ऑर्गेनिक यूनिटी' या 'आंगिक एकता' का ज़िक्र करता है। यह एक अहम वैचारिक पद है जिसका इस्तेमाल संघ के प्रत्येक सिद्धांतकार ने बार-बार किया है। गोलवलकर और दीनदयाल उपाध्याय के विचारों में वर्णाश्रम व्यवस्था भारतीय समाज की जिस आंगिक एकता की नुमाइंदगी करती हुई दिखती है, उसकी अभिव्यक्ति हम मुंजे के विचारों में देख सकते हैं। दूसरे, यह कथन हिंदू-एकता क़ायम करने के लिए वर्णाश्रम का पुन:संस्कार करते हुए चार वर्णों की समाज-व्यवस्था पर ऊँच-नीच के श्रेष्ठता-क्रम के बजाय आपसी समता का फ़ार्मूला आरोपित करने की युक्ति का इस्तेमाल करता है। यह वर्ण-व्यवस्था के

---

[32] देखें, क्रिस्तॉफ़ जैफ़्रेलो (1993), 'हिंदू नैशनलिज़म : स्ट्रैटेजिक सिंक्रेटिज़म इन आइडियोलॉजी बिल्डिंग', *इकॉनॉमिक ऐंड पॉलिटिकल वीकली*, खण्ड 28, अंक 12/13.

[33] यह कथन मूलत: *मुंजे पेपर्स* (1923), नागपुर में दर्ज है. पर मैंने इसे राम पुनियानी (2005), 'हिंदुत्वाज़ सोशल इंजीनियरिंग', आनंद तेलतुम्बड़े (सं.), *हिंदुत्व ऐंड दलित्ज़ : पर्सपेक्टिव्ज़ फ़ॉर अंडरस्टैंडिंग कम्युनल प्रैक्सिज़*, साम्य, कोलकाता : 98 से लिया है.

उन्मूलन का कार्यक्रम दिये बिना उसके स्थापित ढाँचे को गड़बड़ाने की रणनीति थी। अनुलोम और प्रतिलोम विवाहों को चलन में ला कर ऊँच-नीच ख़त्म करने का यह प्रस्ताव तत्कालीन सामाजिक आग्रहों के हिसाब से ख़ासा रैडिकल था। हम जानते हैं कि वामपंथी समतावादी भी जाति के उन्मूलन के लिए कई बार अंतर्जातीय विवाहों का नुस्ख़ा सुझाते रहे हैं।

इसके अलावा भी मुंजे के दिमाग़ से एक सुझाव और निकला जिसका दूरगामी दृष्टि से काफ़ी महत्त्व था। वे समाज के भीतर एक ऐसे स्थान की तलाश में थे जहाँ हिंदू समाज के लोग परस्पर भेदभाव भूल कर थोड़ी देर के लिए एक-दूसरे से मिल सकें। 1923 में मध्य प्रांत की हिंदू सभा के नेता के रूप में मुंजे ने मालाबार के दंगों की जाँच रपट पेश की जिसमें इस तरह के स्थान की ज़रूरत पर बल दिया। मुझे लगता है कि संघ की शाखा के विचार का मूल स्रोत इसी में निहित था। मुंजे का कहना था कि मुसलमानों के पास इस तरह का स्थान मस्जिद के रूप में है। उन्होंने याद दिलाया कि हिंदुओं के पास भी वैदिक युग में यज्ञसमारम्भ नामक स्थान हुआ करता था जहाँ चारों वर्ण के लोग धर्म, समाजशास्त्र और आयुर्वेद वग़ैरह पर प्रवचन सुनने आते थे। मुंजे का विचार था कि आज के ज़माने में ऐसा स्थान तो नहीं बनाया जा सकता, लेकिन मंदिरों को यज्ञसमारम्भ में बदला जा सकता है। उनका यह विचार स्वामी श्रद्धानंद को भी पसंद आया।[34]

नीचे से नहीं, ऊपर से एकता : संघ का विमर्श

यह पता लगाना कुछ मुश्किल ही है कि हिंदूवादी चिंतन की इस विरासत को संघ के संस्थापक डॉ. हेडगेवार ने किस प्रकार ग्रहण किया होगा, क्योंकि इस संबंध में कोई विशेष शोध नहीं हुआ है। हेडगेवार के जीवन पर न संघ के विरोधियों ने कुछ रोशनी डाली है, और न ही संघ की तरफ़ से ज़्यादा प्रकाश डाला गया है।[35] जो बातें निकल कर आयी हैं वे ज़्यादा से ज़्यादा हिंदू महासभा और संघ के बीच मतभेदों की हैं और उन मतभेदों के कारण महासभा के कई

---

[34] देखें, जैफ्रेलो (1993), उपरोक्त.

[35] हेडगेवार के जीवन पर पहली पुस्तिका उनकी मृत्यु के बाद 1941 में वी.एन. शेंदे द्वारा नागपुर से *परमपूजनीय डॉ. हेडगेवार* प्रकाशित की गयी. उसके बीस साल बाद नारायण हरी पालकर ने उनकी जीवनी लिखी. 1979 में सी.पी. भिशीकर ने सुरुचि प्रकाशन, नयी दिल्ली से उनके ऊपर *केशव : संघ निर्माता* शीर्षक से पुस्तक प्रकाशित की.

नेताओं द्वारा संघ और हेडगेवार की कभी-कभी कड़ी आलोचना भी सामने आती है। इसके पीछे एक दोतरफ़ा कारण दिखाई पड़ता है। महासभा के नेताओं को लगता था कि उनके संगठन के प्रभाव का संघ ने अपने पैर जमाने में इस्तेमाल तो किया, पर बदले में उसके स्वयंसेवक सभा के कार्यक्रमों में शिरकत नहीं करते। इसके उलट हेडगेवार संघ के स्वयंसेवकों द्वारा महासभा के कार्यक्रमों में महज़ कुर्सी-मेज़ खिसकाने की भूमिका निभाने के ख़िलाफ़ थे। वे महासभा में थे भी, और साथ में संघ की स्वायत्तता को क़ायम रखने के आग्रही भी थे। पूना की एक जनसभा में दिया गया सावरकर का यह विख्यात संघ विरोधी वक्तव्य इन मतभेदों का प्रमाण है। सावरकर ने उस जनसभा में कहा था, 'संघ के स्वयंसेवक की कहानी यह है कि वह जन्म लेता है, संघ का स्वयंसेवक बनता है और बिना कुछ हासिल किये मर जाता है।' दोनों के बीच एक बड़ा मतभेद यह था कि महासभा राजनीति में सीधे हस्तक्षेप पर ज़ोर दे रही थी, और हेडगेवार संघ को ग़ैर-राजनीतिक और 'सांस्कृतिक' बनाए रखना चाहते थे।[36]

संघ के प्रति हमदर्दी के दृष्टिकोण से लिखी जाने वाली राकेश सिन्हा की हेडगेवार संबंधी रचना से इन मतभेदों के एक और पहलू की झलक मिलती है :

> सावरकर-मुंजे-परमानंद की त्रिमूर्ति हिंदू एकता, हिंदू समरसता और हिंदू राष्ट्र को हिंदुओं के राजनीतिक आह्वान, परिस्थितिजन्य विश्लेषण, बाह्य आक्रमण और विशेष तौर पर इस्लाम के संदर्भ में निर्धारित-परिभाषित करना चाहता था। ... महासभा कांग्रेस के साथ सीधी प्रतियोगिता में थी। यह एक राजनीतिक होड़ थी जिसमें मुस्लिम लीग विचारधारात्मक 'अन्य' की भूमिका निभा रही थी। लेकिन, संघ की तरफ़ से कांग्रेस या महासभा से कोई प्रतिद्वंद्विता नहीं थी। दरअसल, 1945 तक न तो लीग ने कभी संघ की आलोचना की और न ही संघ ने इस्लामिक कट्टरता और पृथकतावाद को अपने विस्तार की धुरी बनाया।[37]

सिन्हा ने अपनी पुस्तक में हेडगेवार और उनके समय में संघ की उन भूमिकाओं पर प्रकाश डालने की कोशिश की है जो 'साम्राज्यवाद विरोधी', 'क्रांतिकारी' और असहयोग आंदोलन के प्रति हमदर्दी से भरी हुई थीं। यह दिखाने के लिए सिन्हा ने महासभा और मुंजे के साथ कई मसलों पर संघ के

---

[36] इस प्रकार के एक विश्लेषण के लिए देखें, सुभाष गाताडे (2004), 'सावरकर ऐंड संघ : अ मडल्ड इक्वेशन', *द हिंदू*, 21 सितम्बर.

[37] राकेश सिन्हा (2015), *बिल्डर्स ऑफ़ मॉडर्न इण्डिया : डॉ. केशवराव बलिराम हेडेगेवार*, पब्लिकेशन डिवीज़न, सूचना एवं प्रसारण मंत्रालय, भारत सरकार, नयी दिल्ली.

मतभेदों की चर्चा की है। इनमें सबसे महत्त्वपूर्ण मतभेद है मुंजे और सावरकर द्वारा हिंदुओं के फ़ौजीकरण की कोशिशों में संघ द्वारा शामिल होने से इनकार करते हुए स्पष्ट करना कि संघ हिंदू महासभा की सैनिक शाखा नहीं है। सिन्हा ने पहले हेडगेवार, फिर गोलवलकर और फिर भाऊराव देशमुख को उद्धृत करते हुए यह प्रदर्शित किया है।[38]

ज़ाहिर है कि संघ-पूर्व हिंदूवादी नज़रिये और संघ के बीच के जिस अंतर को यहाँ रेखांकित किया गया है, वह महत्त्वपूर्ण है— पर उसकी प्रकृति रणनीतिक और कार्यनीतिक अधिक प्रतीत होती है। ये विश्लेषण हमें यह नहीं बताते कि दयानंद, श्रद्धानंद, सावरकर और मुंजे द्वारा जिस तरह जाति के प्रश्न को सम्बोधित किया गया, उसके बारे में संघ की राय क्या थी। इसका एक सुराग़ जाति सभाओं के प्रति संघ के दृष्टिकोण का पता लगाने से मिल सकता है, लेकिन इस संबंध में कोई उल्लेखनीय अनुसंधान उपलब्ध नहीं है। हाँ, इस बारे में हमें एक अंतर्दृष्टि जी.पी. देशपाण्डे की छोटी-सी टिप्पणी में मिलती है। देशपाण्डे ने अपनी एक टिप्पणी में सावरकर और गोलवलकर के बीच की वैचारिक जद्दोजहद का सूत्रीकरण इस प्रकार किया है :

> सावरकर के कार्यक्रम का एक हिस्सा था जातिप्रथा के ख़िलाफ़ संघर्ष को हिंदू-एकता की परियोजना का अनिवार्य अंग बनाना। लेकिन संघ परिवार ने इसे अपने कार्यक्रम का हिस्सा कभी नहीं बनाया। संघ ने केवल यह कहना काफ़ी समझा कि वह जाति को कभी स्वीकार नहीं करेगा। बस केवल इतना। यानी एक कार्यक्रम की जगह केवल इतना वक्तव्य भर पेश किया गया। उदारतावादी विश्लेषण न तो सावरकर के जाति के प्रति रवैये को समझ पाया, न ही वह इन दोनों विचारों के बीच मौजूद बहुत बड़े अंतर को समझ पाया। सावरकर का कहना था कि हिंदू-एकता तब तक सम्भव नहीं है जब तक जातिगत विभेदों से नहीं निबट लिया जाता। जबकि संघ का कहना यह था कि हिंदू-एकता ही जातिगत विभेदों से निबट लेगी। संक्षेप में इसे हिंदू-एकता के प्रति दो रवैयों के बीच तनाव की तरह समझा जा सकता है। सावरकर नीचे से एकता के पक्षधर थे, और गोलवलकर व संघ ऊपर से एकता के।[39]

राष्ट्रीय स्वयंसेवक संघ मुंजे और सावरकर को अपने पूर्वजों में स्थान देता है। संघ के संस्थापक केशवराव बलिराम हेडगेवार तो मुंजे के व्यक्तिगत रूप से

---

[38] राकेश सिन्हा (2015), वही.

[39] जी.पी.डी. (2006), 'एन ऑकेज़न फ़ॉर द आरएसएस', *इकॉनॉमिक ऐंड पॉलिटिकल वीकली*, खण्ड 41, अंक 12 : 1165.

कृतज्ञ थे। मुंजे की मदद से ही उनकी पढ़ाई-लिखाई हो सकी थी, और सावरकर द्वारा किये गये हिंदुत्व संबंधी सूत्रीकरणों के बिना संघ का अस्तित्व ही सम्भव नहीं था। लेकिन इसके बावजूद संघ ने हिंदू-एकता के संदर्भ में मुंजे और सावरकर के इन विचारों से ख़ुद को दूर रखा। मुंजे द्वारा प्रस्तावित अनुलोम-प्रतिलोम विवाह की युक्ति पर तो उसने ध्यान ही नहीं दिया, साथ ही सावरकर प्रदत्त जाति-विरोध की परियोजना चलाने से भी उसने इंकार कर दिया। नीचे किये गये क्रमवार विश्लेषण में हम देखेंगे कि किस प्रकार संघ ने जातिप्रथा से उलझे बिना हिंदुओं की एकता की एक सांस्कृतिक-राजनीतिक ग्रिड तैयार की और उसे बहुलतासम्पन्न हिंदू समाज पर समरूपता का पाटा चलाए बिना आरोपित करने की योजना पर विभिन्न चरणों में अमल करना जारी रखा।

यहाँ इस प्रश्न पर विचार करना ज़रूरी है कि सावरकर द्वारा प्रतिपादित 'नीचे से एकता' और संघ द्वारा प्रतिपादित 'ऊपर से एकता' का अर्थग्रहण किस प्रकार किया जाना चाहिए। विमर्श की भाषा में इसे यूँ भी कहा जा सकता है कि 'नीचे से एकता' का मतलब है 'सोशल' पर ज़ोर देना, और 'ऊपर से एकता' का अर्थ है 'पॉलिटिकल' पर ज़ोर देना। लेकिन, हिंदुत्व की विचारधारा के संदर्भ में यहाँ पॉलिटिकल और सोशल उस तरह से अलग-अलग नहीं हैं जिस तरह कम्युनिस्ट पार्टियों के संदर्भ में आम तौर से माने जाते हैं। कम्युनिस्ट पार्टियाँ साफ़ तौर पर कहती और मानती हैं कि उनका काम समाज-सुधार करना न हो कर राजनीति करना है। इसके विपरीत हिंदुत्ववादी उद्यम, ख़ासकर संघ का उद्यम हिंदू राष्ट्र बनाने के लिए हिंदुओं की राजनीतिक एकता तो हासिल करना चाहता है, लेकिन उस चरण में जाने के लिए वह शुरू से ही सामाजिक आधार पर ज़मीन पकाने की परियोजनाएँ चलाने की विधि भी अपनाता है। इस अध्याय में आगे चल कर आदिवासियों और अनुसूचित जातियों के बीच किये संघ के सामाजिक काम के बारे में चर्चा है। उससे अंदाज़ा लगता है कि संघ की राजनीतिक भुजा (पहले जनसंघ और फिर भाजपा) किस तरह संघ के सामाजिक काम की फसल राजनीति के क्षेत्र में काटती है।

हेडगेवार, गोलवलकर और उपाध्याय : संघ के विकास को तीन चरणों में बाँट कर समझा जा सकता है, हालाँकि ये तीनों चरण हमेशा एक-दूसरे से गुँथे हुए और परस्परव्यापी रूप में चलते रहे हैं। काल-विभाजन की दृष्टि से **पहले**

चरण को हेडगेवार द्वारा 1925 में संघ की स्थापना से लेकर 1972 में गोलवलकर के देहांत तक माना जा सकता है। निश्चित रूप से यह दौर *मनुस्मृति,* वर्णाश्रम धर्म और भगवा ध्वज के गुणगान का था। हेडगेवार ने संघ के कार्यकर्ताओं को उपनिवेशवादविरोधी आंदोलन से दूर रखा। स्वयंसेवक ज़ाती तौर पर इस आंदोलन में भाग ले सकते थे, पर संघ के सदस्य के तौर पर नहीं। गोलवलकर ने एक क़दम आगे बढ़ कर असहयोग आंदोलन और भारत छोड़ो आंदोलन की निंदा तक की। देशभक्ति को अंग्रेज़ों का विरोध करने के रूप में नहीं, बल्कि हिंदू-एकता के लिए काम करने की तरह भी परिभाषित किया गया। लोकतंत्र के बजाय एकचालकानुवर्तित्व (एक व्यक्ति के आदेश और निर्णय को बिना शंका किये निष्ठापूर्वक पालन करना) को आदर्श भारतीय राज्य के लिए उचित ठहराया गया। संविधान की यह कह कर आलोचना की गयी कि उसने हिंदुओं के लिए प्राचीन काल में बनी विधिसंहिता *मनुस्मृति* से प्रेरणा नहीं ली है। मध्यमार्गी विमर्श इन तथ्यों पर सही ज़ोर देता है, लेकिन वह यह देखने के लिए तैयार नहीं होता कि संघ में सोच-विचार के स्तर पर इसके अलावा भी कुछ और हो रहा था।

मुंजे द्वारा प्रवर्तित अनुलोम-प्रतिलोम विवाह की थीसिस भले ही हेडगेवार को पसंद न आयी हो, लेकिन ऐसा लगता है कि वैदिक युग की भाँति यज्ञसमारम्भ जैसा मिलन-स्थल बनाने की युक्ति उन्हें एक स्तर तक पसंद आयी। मंदिरों को यज्ञसमारम्भ में बदलने के बजाय उन्होंने एक वैसे ही स्पेस को संघ की शाखा के रूप में कल्पित किया। जैफ्रेलो के मुताबिक़ हेडगेवार का रवैया 'मनो-सामाजिक सुधार' का था और वे समझते थे कि वर्णाश्रम की कितनी भी पुनर्व्याख्याएँ की जाएँ, यह व्यवस्थागत संरचना समाज के धरातल पर अंततः विभाजनकारी ही रहेगी। उन्हें ऐसे प्रचारकों की ज़रूरत थी जो ऐसे विभाजन में रहते हुए भी उससे परे जा कर निःस्वार्थ भाव से हिंदू एकता के लिए काम कर सकें। शाखा में ऐसे लोग बनाए जा सकते थे। वास्तव में संघ की शाखाएँ प्रचारक तैयार करने की फ़ैक्ट्रियाँ साबित हुईं। क्रिस्तॉफ़ जैफ्रेलो ने संघ की प्राथमिक सांगठनिक इकाई के तौर पर जाति के प्रश्न पर शाखा के आधारभूत समाजशास्त्र को एक सीमा तक समझने की चेष्टा की है। संघ में शाखा की संरचना को 'रणनीतिक सामासिकता' की संज्ञा देते हुए जैफ्रेलो कहते हैं कि :

> हमारी थीसिस के लिए सबसे उल्लेखनीय तथ्य है शाखा के भीतर पिछड़ी जातियों

> और अछूतों में से आये सदस्यों का होना जो शाखा की सामाजिक समावेशिकता का प्रमाण है। इस पहलू में संघ का बुनियादी उद्देश्य झलकता है : शाखा के पीछे मक़सद है एक तरह की कुठाली (मेल्टिंग पॉट) तैयार करना, हिंदू राष्ट्र का एक माइक्रोकॉज़्म बनाना। इसका मतलब है एक सार्वभौम और व्यक्तिपरक क़िस्म की एकजुटता के लिए जातिगत विभेदों का उन्मूलन करना।[40]

जैफ्रेलो का विचार है कि शाखा पश्चिमी समतामूलकता और इस्लामी बिरादराना मूल्यों को हिंदू सम्प्रदाय (सेक्ट) के ढाँचे से मिलाने का संस्थागत परिणाम है। वे कहते हैं कि हिंदू परम्परा में सम्प्रदाय एक ऐसी संस्था है जिसके भीतर जातिगत भेदभाव नहीं होते, और सम्प्रदाय का सदस्य एक व्यक्ति के रूप उसके प्रति पूर्ण रूप से समर्पित होता है। सम्प्रदाय का संचालक गुरु होता है, और उसके सदस्य उसके शिष्य। यानी सम्प्रदाय पदानुक्रमविहीन सामूहिकता और वैयक्तिकता का संगम होते हुए भी अनुशासन और निष्ठा का वाहक होता है। हेडगेवार ने अपने अंतिम भाषण में शाखा को 'हिंदू राष्ट्र का लघुतम रूप' क़रार दिया था। संघ के शिक्षा-शिविर (पहला दस दिन का, और बाक़ी तीन एक-एक महीने के) भी इसी समावेशी चरित्र को अपनाते हैं।

यद्यपि हेडगेवार के ज़माने के लिखित सैद्धांतिक दस्तावेज़ आम तौर पर उपलब्ध नहीं हैं, पर संघ की शाखा का यह सम्प्रदाय जैसा समावेशी चरित्र शुरुआत से ही बना हुआ है। एक तरफ़ तो व्यावहारिक स्थिति यह थी कि संघ के शुरुआती स्वयंसेवकों में तक़रीबन सभी ब्राह्मण जाति से आये थे, संगठन पूरी तरह से ब्राह्मणों के हाथ में था, संघ की छवि भी ब्राह्मण संगठन की थी (यहाँ तक कि मुंजे ने भी संघ के स्वयंसेवकों का ज़िक्र 'ब्राह्मण बॉयज़' के तौर पर किया है); दूसरी तरफ़ संघ जाति-पदानुक्रम में ब्राह्मण श्रेष्ठता पर बिना प्रहार किये अपनी बुनियादी सांगठनिक इकाई शाखा में स्वयंसेवकों के रूप में जातिगत विभेदों का समतलीकरण करना चाहता था। क्या शाखा के भीतर की यह रणनीतिक सामासिकता सारे समाज पर आरोपित करने की कोई संघी परियोजना थी? ऐसे सामाजिक समतलीकरण की विराट योजना का कोई प्रमाण नहीं मिलता। एक तरह से शाखा एक ऐसी जगह थी जहाँ स्वयंसेवक के रूप में व्यक्ति से अपनी जातिगत पहचान थोड़ी देर के लिए स्थगित करने की अपेक्षा की जाती

---

[40] देखें, जैफ्रेलो (1993), वही : 517-524. रणनीतिक सामासिकता को जैफ्रेलो ने पश्चिमी समतामूलकता और इस्लामी बिरादराना विचार की हिंदू मूल्यों के साथ एकता के रूप में परिभाषित किया है.

थी, पर ये अपेक्षाएँ उस समय मंद पड़ जाती थीं जब वही स्वयंसेवक व्यापक समाज में एक पति और पिता की भूमिका निभाने जाता था। शाखा और समाज के इस संबंध से एक अंदाज़ा यह लगाया जा सकता है कि संघ ने समाज में जातिगत विभेदों की व्यावहारिक स्थिति से तालमेल बैठाते हुए संगठन के ज़रिये हिंदू एकता के विचार को ऊपर से आरोपित करने की नीति शुरू से ही अपना ली थी। जी.पी. देशपाण्डे का उपरोक्त अवलोकन एकदम दुरुस्त है कि मुंजे और सावरकर अगर हिंदू एकता की परिकल्पना अगर आधार से ऊपर की तरफ़ चलने वाली प्रक्रिया की तरह करते थे, तो इसके विपरीत संघ की यह परिकल्पना ऊपर से नीचे चलने वाली प्रक्रिया के रूप में थी।

सामाजिक-सांस्कृतिक बहुलता और विविधता के साथ बिना ख़ास छेड़छाड़ किये हुए ऊपर से एकल राजनीतिक अस्मिता की ग्रिड डालने का यह प्रयोग केवल भारत में ही नहीं हुआ है। संयुक्त राज्य अमेरिका और ब्राज़ील को इसके अन्य उदाहरणों की तरह देखा जा सकता है। इन दोनों देशों की सामाजिक-सामुदायिक बहुलता जानी-मानी है। उसका जबरन समतलीकरण किये बिना इन देशों में विविधताओं पर विभिन्न राजनीति प्रौद्योगिकियों का सहारा लेकर एकल राष्ट्रीय अस्मिता सफलतापूर्वक आरोपित की जा चुकी है। देखने की बात यह है कि भारत की विशेष परिस्थितियों में और संघ परिवार के विशेष लक्ष्यों के तहत हमारे देश में इस लक्ष्य को वेधने का आधारभूत विमर्श कैसे विकसित हुआ। इसके लिए हमें संघ के दूसरे सरसंघचालक माधवराव सदाशिव राव गोलवलकर (1906-1973) और उनके प्रमुख शिष्य दीन दयाल उपाध्याय (1916-1968) के कृतित्व पर एक निगाह डालनी होगी।

निःसंदेह शुरुआती दौर के संघ के सोच-विचार पर *मनुस्मृति* की स्पष्ट छाप थी, और इस मामले में वह आर्यसमाजी और सावरकर के हिंदुत्ववादी रैडिकलिज़म से साथ नहीं खड़ा था। यद्यपि हिंदूपन को वर्णाश्रम का पर्याय बताने के लिए संघ के दस्तावेज़ों में *मनुस्मृति* के बजाय *ऋग्वेद* के पुरुष सूक्त का हवाला दिया गया है, लेकिन संघ के दूसरे सरसंघचालक द्वारा अपनी रचनाओं में और संघ परिवार के प्रकाशनों में इस स्मृति-ग्रंथ की बातों का संस्तुति-भाव से काफ़ी ज़िक्र मिलता है। गोलवलकर ने जिस राष्ट्रवाद की व्याख्या की थी वह हिंदुओं को एक नस्ल मान कर भी चलता था। वर्दीधारी स्वयंसेवकों के अर्धफ़ौजी संगठन के साथ गोलवलकर के इन विचारों का संयोग संघ को युरोपीय फ़ासीवाद

के भारतीय संस्करण जैसा बना देते थे। इस दौर में संघ का राष्ट्रवाद संविधान की उन व्यवस्थाओं को ख़ारिज करता था जिनके तहत कमज़ोर जातियों के लिए आरक्षण के प्रावधान किये गये थे। उसे तिरंगे झण्डे पर भगवा को प्राथमिकता देने में या संविधान पर मनु द्वारा बनाए गये नियमों का प्रभाव न होने के लिए अफ़सोस जताने में कोई संकोच नहीं था।[41] इन्हीं सब प्रवृत्तियों, अभिव्यक्तियों और छवियों को ही अंतिम सत्य मान कर संघ विरोधी विमर्श अपनी भित्ति खड़ी करता रहा। उसने यह नहीं देखा कि इन सब रुझानों के साथ-साथ संघ के भीतर हिंदू एकता का फ़ार्मूला खोजने के लिए एक वैचारिक जद्दोजहद लगातार चलती रहती थी। दरअसल, उसका मुख्य मक़सद इसी एकता की खोज थी और वह उसे पाने के लिए धर्मशास्त्रों और वर्णाश्रम तक को छोड़ सकता था।

हम देख चुके हैं कि संघ जाति के प्रश्न पर मुंजे और सावरकर से अलग राय रखता था (दरअसल, सावरकर के साथ संघ के वैचारिक मतभेद कहीं ज़्यादा गहरे थे। इनके बारे में अगले हिस्से में चर्चा की गयी है)। जब उसने जाति-संघर्ष की सावरकरवादी सलाह नहीं मानी थी, तो जातियों के बीच टकराव और उनके उन्मूलन की आम्बेडकरवादी और समाजवादी परियोजना से तो उसका नाता कभी बन ही नहीं सकता था। दरअसल, गोलवलकर और दीनदयाल उपाध्याय की अवधि को कुछ ऐसी वैचारिक और कार्यक्रमगत पहलक़दमियों के लिए भी देखा जाना चाहिए जिनमें भविष्य में होने वाले परिवर्तनों के बीज निहित थे।

सबसे पहली बात तो यह है कि गोलवलकर ने एक उल्लेखनीय वैचारिक नवाचार यह कह कर किया, 'वह (वर्ण-व्यवस्था) समाज की अवस्था अथवा आधार नहीं है। वह केवल व्यवस्था या एक पद्धति है। वह उद्देश्य की पूर्ति के लिए सहायक है अथवा नहीं, इस आधार पर उसे बनाए रख सकते हैं अथवा समाप्त कर सकते हैं।' गोलवलकर ने स्पष्ट रूप से कहा कि किसी ज़माने में वर्णाश्रम ने उपयोगी भूमिका निभाई थी, पर आज सभी वर्ण समाप्त हो गये हैं

---

[41] संघ के दूसरे सरसंघचालक गोलवलकर के ये वैचारिक रुझान उनकी रचनाओं 1966 में प्रकाशित *बंच ऑफ़ थॉट्स* (साहित्य सिंधु प्रकाशन, नयी दिल्ली) और 1939 में प्रकाशित *वी ऑर अवर नेशनहुड डिफ़ाइंड* (भारत पब्लिकेशंस, नागपुर) से स्पष्ट हो जाते हैं गोलवलकर के इन विचारों के ऊपर एक कड़ी आलोचनात्मक टिप्पणी के लिए देखें, ओ.पी. जायसवाल (2017), 'आ अब लौट चलें : मनु की ओर स्मृति की छाया में', *प्रगतिशील वसुधा,* मार्च, यद्यपि यह लेख संघ परिवार की विचारधारा के एक फूहड़ सरलीकरण के अलावा कुछ नहीं है.

और केवल एक हिंदू वर्ण बच गया है। संघ के आलोचकों को यह जान कर ताज्जुब हो सकता है कि गोलवलकर ने इस बचे हुए हिंदू वर्ण को शूद्र के रूप में परिभाषित किया था। वे कहते हैं, 'वर्ण और आश्रम की व्यवस्था समाप्त सी हो गयी है। ऐसा कहा गया है कि कलियुग में केवल एक शूद्र वर्ण ही रहेगा। आज हम देख सकते हैं कि संसार के सभी देशों में शासनकर्ता शूद्र ही हैं। शास्त्रों के अनुसार इस युग के वे स्वामी हैं।'[42]

आज का राजनीतिक युग शूद्रों का है— इस विचार के पहले सूत्रीकरण का श्रेय स्वामी विवेकानंद को जाता है, और इसे किशन पटनायक जैसे समाजवादी और सेकुलर चिंतक तक अपनाते रहे हैं। पटनायक ने तो *भारत शूद्रों का होगा!* शीर्षक से अपने निबंधों का एक संकलन ही प्रकाशित किया है।[43] गोलवलकर के निजी जीवन की जानकारी रखने वाले जानते हैं कि उनके चिंतन पर विवेकानंद की गहरी छाप थी। यहाँ तक कि हेडगेवार के निमंत्रण पर संघ में उनका पहला आगमन अस्थायी क़िस्म का ही था। कुछ दिनों बाद वे संगठन छोड़ कर रामकृष्ण मिशन में चले गये थे। बाद में उन्होंने मिशन के बजाय संघ को चुना। यहाँ गोलवलकर की ख़ास बात यह है कि वे विवेकानंद के सूत्रीकरण को एक अंतर्राष्ट्रीय परिप्रेक्ष्य देने का यत्न करते हैं। वर्णाश्रम के 'उपयोगी' अतीत के बारे में गोलवलकर की संस्तुति पर बहस की जा सकती है, पर यहाँ हमारा मक़सद यह देखना है कि वर्णाश्रम की मौजूदा स्थिति के बारे में उनके इस आकलन के कारण संघ की रीति-नीति में आगे चल कर क्या परिवर्तन हुए। ध्यान रहे कि वर्णाश्रम को अनुपयोगी मानते हुए भी वे जाति-संघर्ष जैसा कार्यक्रम लेने के हमेशा ख़िलाफ़ थे। उनके जीवनीकार सी.पी. भिशीकर ने उनका एक कथन उद्धृत किया है जो गोलवलकर के वर्णाश्रम और जाति संबंधी विचारों को स्पष्ट कर देता है :

> सांस्कृतिक पुनरुद्धार के साथ वर्ण-व्यवस्था का पुनरुद्धार क़तई जुड़ा हुआ नहीं है। हम न जाति का समर्थन करते हैं, न विरोध। हमें पता है कि इस व्यवस्था ने एक नाज़ुक दौर में समाज की जीवन-रचना को बनाए रखने में अहम भूमिका निभाई है। अगर समाज को उसकी आवश्यकता नहीं है तो वह अपने-आप तिरोहित हो जाएगी और किसी को उस पर खेद भी नहीं होना चाहिए। इसी तरह वर्ण-व्यवस्था

[42] देखें, *श्री गुरुजी समग्र*, सुरुचि प्रकाशन, नयी दिल्ली, खण्ड 9 : 18 एवं 241-42.
[43] देखें, किशन पटनायक (1995), *भारत शूद्रों का होगा!*, समता प्रकाशन, नयी दिल्ली.

भी समाज की स्थायी अवस्था नहीं है, बल्कि एक समाज-प्रणाली भर है। अगर इसकी उपयोगिता ख़त्म हो गयी है तो इसे छोड़ने में किसी को हिचकना नहीं चाहिए। एक प्रणाली बदली जा सकती है, और समाज की ज़रूरत, सुविधा और उपयोगिता की दृष्टि से बदलती है।[44]

दरअसल, हिंदू समाज का मूल बताने के बजाय वर्णाश्रम को उपयोगिता की कसौटी पर कसने के इसी आग्रह की परिणति आगे चल कर तीसरे सरसंघचालक देवरस द्वारा उसे मरणोन्मुख घोषित कर देने में हुई। संघ द्वारा शूद्र समझी जाने वाली जातियों के हिंदुत्ववादी राजनीतिकरण का प्रोजेक्ट भी इस मूल विचार की देन प्रतीत होता है।

गोलवलकर द्वारा ली गयी दूसरी पहलक़दमी के तीन आयाम थे : छुआछूत विरोध का कार्यक्रम लेना, इसके लिए हिंदू धर्माचार्यों का 'उपयोगितावादी' इस्तेमाल करना, और इस कार्यक्रम को समाज में ले जाने के लिए 'पश्चात्ताप-जनित विनम्रता' के सिद्धांत का प्रतिपादन करना। साठ के दशक में गोलवलकर की निजी पहलक़दमी से संघ द्वारा छुआछूत का विरोध करने के लिए हिंदू धर्मतंत्र के सर्वाधिक परम्परानिष्ठ हिस्सों को एक मंच पर लाने की कोशिश की गयी। संघ छुआछूत के ख़िलाफ़ अभियान हिंदू धार्मिक दायरे में ही चलाना चाहता था। इसी लिहाज़ से गोलवलकर की कोशिश यह थी कि पहले हिंदू धर्म के सनातनी धर्माचार्यों को इस मसले पर एकजुट किया जाए। दत्तोपंत ठेंगड़ी ने बताया है कि छुआछूत निवारण के लिए शंकराचार्य जैसे धर्माचार्यों की उपयोगिता पर उठाए गये सवाल के जवाब में गोलवलकर ने कहा था, 'शंकराचार्य को मैं या आप मानते हैं या नहीं, यह प्रश्न नहीं है। जिन स्पृश्य लोगों को हम अस्पृश्यता को न मानने के लिए कहते हैं, वे किसको मानते हैं यह वास्तविक प्रश्न है। वे लोग आपको भी नहीं मानते और मुझे भी नहीं मानते। वे शंकराचार्य को मानते हैं। अतः इन लोगों का हृदय परिवर्तन करना है तो धर्माचार्यों द्वारा आदेशपूर्वक उनको समझाना ही सबसे अधिक फलदायी होगा।'[45]

गोलवलकर के प्रति कड़ा आलोचनाभाव रखने वाले संजीव केलकर ने

---

[44] देखें, सी.पी. भिशीकर (1999), *श्री गुरुजी : पायनियर ऑफ़ अ न्यू इरा*, अनु. सुधाकर राजे, साहित्य सिंधु प्रकाशन, बंगलुरु : 126.

[45] देखें, *श्री गुरुजी समग्र*, सुरुचि प्रकाशन, नयी दिल्ली, खण्ड 9 : 18 एवं 241-42. साथ ही देखें, ठेंगड़ी का लेख 'सामाजिक समरसता : समता की पूर्व-पीठिका', राकेश सिन्हा (सं.) (2015), *सामाजिक क्रांति का दर्शन*, भारत नीति प्रतिष्ठान, नयी दिल्ली.

अपनी पुस्तक *लॉस्ट इयर्स ऑफ़ आरएसएस* में वर्णन किया है कि 1969 में उडुपी के एक कार्यक्रम में विश्व हिंदू परिषद (विहिप) की कोशिशों से हिंदुओं के सभी धर्माचार्यों ने आपसी पदानुक्रम भुला कर एक मंच से घोषणा की कि अस्पृश्यता को हिंदू धर्म किसी भी तरह से मान्यता नहीं देता। इनमें चारों शंकराचार्य भी शामिल थे। भिशीकर बताते हैं कि सम्मेलन के इस सत्र की अध्यक्षता विशेष रूप से भरनैया नामक 'हरिजन' से कराई गयी थे जो मैसूर राज्य में अफ़सर रह चुके थे।[46] चूँकि धर्माचार्यों द्वारा इस तरह का ऐलान पहली बार किया जा रहा था, इसलिए आम तौर पर संयमित रहने वाले गोलवलकर इस मौक़े पर खुशी से नाच उठे।[47] क्या गोलवलकर और संघ बदलते वक़्त के कारण पड़े किसी आधुनिकतावादी दबाव में ऐसा कर रहे थे? 1970 में लिखे गये गोलवलकर के एक पत्र से ऐसा नहीं लगता। उडुपी सम्मेलन के मंत्री सूर्यनारायण राव को लिखते हुए गोलवलकर ने कहा था कि 'अस्पृश्यता पर प्रस्ताव एवं उसके प्रति पवित्र भावना मात्र से उसे वास्तविक जीवन में लागू नहीं किया जा सकता। शताब्दियों पुराने दुराग्रह केवल सद्विचारों एवं भावना से नहीं मिटते। कठोर परिश्रम व उचित प्रचार-व्यवस्था द्वारा इसे नगर-नगर, गाँव-गाँव, घर-घर तक ले जा कर लोगों को इन प्रस्तावों को स्वीकार करने व जीवन में उतारने का प्रशिक्षण देना होगा। वह भी केवल आधुनिक युग के दबाव में दी गयी छूट के रूप में नहीं, बल्कि अतीत में हुई भूलों के लिए पश्चात्ताप-जनित विनम्रता के आवश्यक सिद्धांत तथा जीवन-शैली के रूप में इसे अपनाना होगा।'[48]

इस मुक़ाम पर यह स्पष्ट करने की ज़रूरत है कि गोलवलकर जब भी वर्णाश्रम की उपयोगिता पर सवालिया निशान लगाते थे, उसमें हमेशा 'यदि' शब्द लगा रहता था। इससे ज़ाहिर होता है कि उनके लिए इस समाज-प्रणाली के साथ

---

[46] देखें, भिशीकर (2011), उपरोक्त : 158.

[47] देखें, संजीव केलकर (2011), *लॉस्ट इयर्स ऑफ़ आरएसएस,* सेज पब्लिकेशंस, नयी दिल्ली : 81. एक कट्टर संघी परिवार में जन्मे और पेशे से डॉक्टर संजीव केलकर की यह पुस्तक हिंदू-एकता हासिल करने के प्रयासों में संघ की विफलता को आड़े हाथों लेने के लिए लिखी गयी है. केलकर हेडगेवार के प्रशंसक हैं, लेकिन उनका मानना है कि संघ के पतन के बीज गोलवलकर के ज़माने में पड़े, यद्यपि देवरस के कार्यकाल में हिंदू-एकता के मामले में कुछ प्रगति अवश्य हुई. उडुपी प्रस्ताव के लिए देखें, 'विश्व हिंदू परिषद का उडुपी प्रस्ताव', राकेश सिन्हा (सं.) (2015), *सामाजिक क्रांति का दर्शन, भारत नीति प्रतिष्ठान,* नयी दिल्ली.

[48] देखें, अरविंदन नीलकंदन (2015), 'वेलकमिंग द संघ परिवार्स दलित एजेंडा', file:///D:/up%20elections/Welcoming%20The%20Sangh%20Parivar's%20Dalit%20 Agenda.htmlपर उपलब्ध,18 अप्रैल को देखा गया.

हिंदू-एकता के कुछ और प्रयोग किये जाने बाक़ी थे। गोलवलकर के दर्शन को संसदीय राजनीति के खाँचे में फ़िट करने का बीड़ा उनके प्रिय शिष्य दीनदयाल उपाध्याय ने उठाया। उपाध्याय की पीठ पर पूरी तरह से गोलवलकर का हाथ था। उपाध्याय ने एक कुशल सिद्धांतकार की भाँति कई वैचारिक युक्तियों का सृजन किया। मसलन, उन्होंने साठ के दशक के मध्य में 'एकात्म मानववाद' की थियरी के ज़रिये वर्णाश्रम को हिंदू समाज में परस्पर संघर्ष के बजाय उसकी आंगिक एकता और समतामूलकता के वाहक के तौर पर पेश किया। उनकी रचनाओं से निकाले गये इन उद्धरणों का एक छोटा-सा कोलाज कहता है :

> समाज में वर्ग होते हैं। यहाँ भी, जातियाँ रही हैं, लेकिन हमने एक जाति से दूसरी जाति के बीच संघर्ष को कभी इसके पीछे का मूलभूत विचार नहीं माना। चार जातियों के हमारे विचार में, उन्हें विराट पुरुष के चार अंगों के रूप में माना गया है। माना जाता है कि विराट पुरुष के सिर से ब्राह्मण, हाथों से क्षत्रिय, उदर से वैश्य और पैरों से शूद्रों की उत्पत्ति हुई। जब हम इस विचार का विश्लेषण करते हैं तो हमारे सामने यह प्रश्न खड़ा होता है कि क्या विराट पुरुष के सिर, हाथ, पेट, और पैरों के बीच कोई संघर्ष खड़ा हो सकता है। अगर संघर्ष मूलभूत है तो शरीर काम ही नहीं कर पाएगा। एक ही शरीर के विभिन्न हिस्सों के बीच कोई संघर्ष हो ही नहीं सकता। इसके विपरीत 'एक व्यक्ति' प्रबल होता है। ये अंग एक-दूसरे के पूरक ही नहीं हैं बल्कि इससे भी ज़्यादा ये स्वतंत्र इकाई हैं। वहाँ पूरी तरह से अनुराग और आत्मीयता का भाव है। जाति-व्यवस्था की उत्पत्ति ऊपर बताए आधार पर ही हुई। अगर इस विचार को नहीं समझा गया तो जातियों में एक-दूसरे का पूरक बनने की बजाय संघर्ष पैदा होगा। लेकिन तब यह विकृति है। यह व्यवस्थित व्यवस्था नहीं है, बल्कि इसमें कोई योजना या व्यवस्था नहीं है। सचमुच हमारे समाज की आज यही दशा है। ... परस्परानुकूलता और परावलम्बन वर्ण व्यवस्था का आंतरिक भाव है। सर्वसमभाव ही वर्ण व्यवस्था है। ... लोग जाति-पाँति तोड़क मण्डल बनाते हैं। जाति तो हमारे शरीर का अंग है। हाथ-पैर तोड़क मण्डल नहीं बनाए जा सकते। रूढ़ियाँ जो उपयोगी नहीं, अपने आप समाप्त हो जाती हैं।[49]

इसके अलावा उपाध्याय ने राष्ट्र और राज्य को राष्ट्र-राज्य के रूप में देखने के बजाय अलग-अलग देखने को प्राथमिकता दी। इससे उन्हें मुसलमानों के

---

[49] दीनदयाल उपाध्याय ने 'एकात्म मानववाद' का सिद्धांत 1964 में ग्वालियर में हुए भारतीय जनसंघ के अधिवेशन में पेश किया था. अगले साल पूना में उन्होंने एक व्याख्यानमाला में चार व्याख्यान दिये जिनका पुस्तकाकार संकलन उत्तर-सावरकर हिंदुत्व का प्रमुख सैद्धांतिक दस्तावेज़ माना जाता है. देखें, दीनदयाल उपाध्याय (2001), *एकात्म मानववाद*, जागृति प्रकाशन, नोएडा. ये कथन उनकी रचना *एकात्म मानववाद* और डॉ. महेश चंद्र शर्मा की रचना *दीनदयाल उपाध्याय : कृतित्व और विचार*, वसुधा पब्लिकेशंस, नयी दिल्ली से उद्‌धृत.

हमले के कारण राज्य छिन जाने के बावजूद हिंदू राष्ट्र की निरंतरता बने रहने का दावा करने की सुविधा मिल गयी। उपाध्याय ने व्यक्ति के मन और समाज के मन में भेद करते हुए स्थापित किया कि 'व्यक्ति के नाते से कोई व्यक्ति बहुत अच्छा हो सकता है और समाज के नाते से बुरा हो सकता है।' इस तरह से उन्होंने गोलवलकर के उस कथन की सैद्धांतिक प्रामाणिकता सुनिश्चित करने की चेष्टा की कि मुसलमान व्यक्ति के नाते एक बेहतर दोस्त और पड़ोसी हो सकता है, पर उसके सामूहिक आचरण में दुष्टता भरी होती है। और, हिंदू में व्यक्ति के रूप में कमज़ोरियाँ हो सकती हैं, पर सामूहिक मन के एक हिस्से के तौर पर उसका समर्थन किया ही जाना चाहिए।

चतुर्वेदी बद्रीनाथ ने अपनी एक रचना में दिखाने की कोशिश की है कि उपाध्याय की सैद्धांतिकी में गोलवलकर और हिंदू राष्ट्र के विचार से अलग हटने का उद्यम है (जिस तरह मानवेंद्रनाथ राय मार्क्सवाद से हट गये थे) क्योंकि वे हिंदू राष्ट्र या हिंदू चेतना की बात न करके धर्म-राज्य की बात करते हैं।[50] बद्रीनाथजी यह भी कहते हैं कि एक जगह को छोड़ कर उपाध्याय अपनी रचनाओं में कहीं भी हिंदू राष्ट्र की चर्चा नहीं करते। मैं उनके इस आग्रह से असहमत होते हुए दो तर्क दूँगा। पहला, उपाध्याय जिस ज़माने में लिख रहे थे, उस समय तक संघ को लगने लगा था कि हिंदूकरण की बजाय भारतीयकरण का आग्रह अधिक उपयुक्त और सर्वस्वीकार्य है। इसे सिख, जैन और बौद्ध भी मानने को तैयार हो जाएँगे। हिंदुत्ववादी सिद्धांतकार सावरकर के ज़माने से ही हिंदू दायरे से अलग हुए इन तीनों धर्मों को हिंदू आगोश में लेने की युक्तियाँ तलाश रहे थे। स्वयं सावरकर ने भारत में जन्मे धर्म और भारत में नहीं जन्मे पर मौजूद धर्मों के बीच अंतर करके इस ध्रुवीकरण की ज़मीन तैयार कर दी थी। दूसरे, उपाध्याय के वक़्त तक हिंदुत्व का विचार एक अहम परिवर्तन के दौर से गुज़र चुका था। अरविंद शर्मा ने इस तब्दीली के बारे में एक अंतर्दृष्टि मुहैया कराई है।[51] उनके अनुसार जनसंघ की स्थापना के पहले हिंदुत्व को भारत का पर्याय माना जाता

---

[50] चतुर्वेदी बद्रीनाथ ने 1993 में प्रकाशित अपनी पुस्तक *धर्मा, इण्डिया ऐंड वर्ल्ड ऑर्डर : ट्वेंटी वन एसेज़* में दीनदयाल उपाध्याय के सिद्धांतीकरण पर ग़ौर किया था. इसके एक संक्षिप्त रूप के लिए देखें, *द वायर* में 25 सितम्बर, 2017 को प्रकाशित लेख, 'दीनदयाल उपाध्यायज़ प्रेस्क्रिप्शन फ़ॉर इण्डिया वाज़ 'धर्म-राज्य', नॉट हिंदुत्व'.

[51] देखें, अरविंद शर्मा (2002), 'ऑन हिंदू, हिंदुस्तान, हिंदुइज़्म ऐंड हिंदुत्व', *नुमेन*, खण्ड 49, अंक 1 : 1–36.

था, लेकिन 1950 के बाद भारत को हिंदुत्व का पर्याय समझा जाने लगा। पहले विचार के तहत मुसलमानों और ईसाइयों का हिंदूकरण करने का आग्रह किया जाता था, पर बाद में हिंदूकरण की जगह भारतीयकरण के आग्रह ने ले ली। इसीलिए उपाध्याय ही नहीं, उनके समकालीन बलराज मधोक भी हिंदुत्व या हिंदूकरण के बजाय भारतीयकरण की शब्दावली इस्तेमाल करते हुए नज़र आते हैं। इसी दौरान मधोक ने तो भारतीयकरण की अवधारणा पर एक किताब ही लिख डाली।[52] साठ के दशक और सत्तर के दशक के शुरुआती दौर की राजनीति में भारतीयकरण की अभिव्यक्ति के इस्तेमाल को हिंदुत्व के पर्याय के तौर पर देखा जाना चाहिए। अरविंद शर्मा का यह तर्क महज़ बारीक क़ताई का परिणाम नहीं था। इसके पीछे हिंदुत्ववादियों द्वारा अपनाई गयी भारतीय लोकतंत्र और संविधान संबंधी समझ थी। इसका ज़िक्र मैं हिंदू पहचान के सांविधिक और क़ानूनी पहलुओं पर चर्चा के समय करूँगा।

दूसरे, बद्रीनाथजी ने उपाध्याय के इस तर्क की संस्तुति भी की है कि धर्म रिलीजन से अलग और कहीं व्यापक और सर्वसमावेशी है। यानी जिस धर्म और धर्म-राज्य के प्रवर्तक उपाध्याय हैं वह अपने दायरे में इस्लाम और ईसाईयत को भी ले लेता है। दरअसल, धर्म के साथ-साथ उपाध्याय राष्ट्र की जिस आत्मा के रूप में 'चिति' का उल्लेख करते हैं, वह दरअसल एक समरूप हिंदू राष्ट्र बनाने के प्रस्ताव के अलावा कुछ नहीं है। उपाध्याय के अनुसार तीन तरह की सभ्यतामूलक दृष्टियाँ हैं। पहली, भारत एक सभ्यता है (यह संघ की दृष्टि है), भारत में दो सभ्यताएँ हैं— एक हिंदू और एक मुस्लिम (यह मुस्लिम लीग की दृष्टि है, और कांग्रेस ऊपर से तो इसे ख़ारिज करती है पर भीतर से दोनों सभ्यताओं में समायोजन की कोशिश करती है), और भारत में कई सभ्यताएँ हैं (यह कम्युनिस्टों की दृष्टि है, इसलिए वे आत्मनिर्णय के तरफ़दार हैं)। दिलचस्प बात यह है कि स्वयं बद्रीनाथजी ने उपाध्याय के इस सभ्यता संबंधी विश्लेषण का ज़िक्र किया है, जबकि यह अपने-आप में भारतीय सभ्यता को विविधतामूलक मानने के बजाय समरूप और एकात्मक मानने के आग्रह का ही परिणाम है।[53]

[52] देखें, बलराज मधोक (1969), *इंडियनाइज़ेशन? व्हाट, व्हाई ऐंड हाउ*, भारतीय साहित्य सदन, नयी दिल्ली.

[53] उपाध्याय और गोलवलकर की वैचारिक निष्पत्तियों में कितनी समानता है, इसका अंदाज़ा लगाना हो तो 2015 में प्रकाशित छोटी-सी पुस्तक *एकात्म मानव-दर्शन* (सुरुचि प्रकाशन, नयी दिल्ली) पढ़नी चाहिए. इसमें इन दोनों के लेख एक साथ दिये गये हैं.

बहरहाल, वर्णाश्रम को आधुनिक समतामूलकता के समकक्ष रखने की इस कोशिश के ज़रिये संघ ने व्यावहारिक राजनीति के मैदान में हिंदू-एकता की दिशा में प्रारम्भिक पहलक़दमियाँ लेने की कोशिश की। इसके तहत ब्राह्मणों और द्विजों के प्रति पारम्परिक सम्मान में कोताही किये बिना जनसंघ द्वारा चारों वर्णों के तहत आने वाली हिंदू जातियों को धीरे-धीरे एक समान धरातल मुहैया कराने का प्रयास किया जाने लगा। निश्चित रूप से यह वर्णाश्रम के पुराने आग्रहों में एक नया संशोधन था। संघ के आलोचकों ने 'एकात्म मानववाद' के ज़रिये लाए गये इस विचार-परिवर्तन पर ध्यान नहीं दिया और इसे ब्राह्मणों द्वारा ग़ैर-ब्राह्मणों को एक बार फिर उल्लू बनाने के नये हथकण्डे के तौर पर देखा। लेकिन, इस आलोचना से बेपरवाह हो कर भारतीय जनसंघ पिछड़ी जातियों के लोधियों, काछियों, नोनिया चौहानों, कुर्मियों, गुज्जरों, सैनियों, सैथवारों के कुछ हिस्सों को अपनी ओर खींचने की कोशिश करता रहा। एक तरफ़ तो इन समुदायों के भीतर चले संस्कृतीकरण के सामाजिक आंदोलनों ने उन्हें हिंदुत्ववादी राजनीतीकरण के लिए ज़रख़ेज़ बनाया, और दूसरी तरफ़ समाजवादियों की प्राथमिकता सूची में यादवों की शीर्ष पर स्थायी उपस्थिति ने भी इन जातियों को राजनीतीकरण की होड़ में अपनी उपेक्षा का एहसास दिलाया और प्रतियोगितावश जनसंघ के नज़दीक धकेल दिया।[54]

साठ के दशक में हुए कांग्रेस के ख़िलाफ़ उत्तर प्रदेश में विपक्षी राजनीति करने वाले दलों का अध्ययन करते हुए एंजिला बर्जर इस निष्कर्ष पर पहुँचीं कि उन दिनों तक 'पिछड़ी जातियों और सम्भवत: अनुसूचित जातियों' के पढ़े-लिखे सदस्यों के लिए जनसंघ ऊर्ध्वगामिता का वाहक की छवि देने लगा था।[55] चुनावी आँकड़े भी इससे मिलती-जुलती गवाही देते हैं। 1967 में हुए विधानसभा चुनावों में भारतीय जनसंघ को 99 निर्वाचन क्षेत्रों में जीत मिली। इनमें पिछड़ी जातियों

---

[54] संविधान ने सभी 'स्पृश्य' शूद्र जातियों को अन्य पिछड़ा वर्ग की एक विराट श्रेणी में अवश्य डाल दिया है लेकिन इससे उनकी सामाजिक-राजनीतिक बहुलता और विभेद कम होने के बजाय बढ़े ही हैं. उप्र सरकार ने पिछड़े वर्ग की श्रेणी को तीन हिस्सों में विभाजित कर रखा है : पहली श्रेणी में केवल यादव या अहीर आते हैं, दूसरी श्रेणी 'अधिक पिछड़ों' की है जिसमें आठ जातियाँ आती हैं (सुनार, जाट, कुर्मी, गिरी, गुज्जर, गुसाईं, लोध, काछी), तीसरी श्रेणी अत्यधिक पिछड़ों की है जिसमें छोटी-छोटी 70 जातियाँ आती हैं (मौर्य, कुशवाहा, गड़रिया, केवट/निषाद, कहार, मल्लाह आदि).

[55] देखें, एंजिला सदरलैंड बर्जर (1969), *अपोज़ीशन इन अ डोमिनेंट पार्टी सिस्टम : अ स्टडी ऑफ़ द जनसंघ, द प्रजा* सोशलिस्ट पार्टी ऐंड द सोशलिस्ट पार्टी, युनिवर्सिटी ऑफ़ कैलिफ़ोर्निया प्रेस, बर्कले : 107-8.

और ब्राह्मणों की संख्या बराबर-बराबर थी। दीनदयाल उपाध्याय के नेतृत्व में द्विजों और शूद्र जातियों की चुनावी एकता निकालने की कोशिश लोहियावादी समाजवाद और आम्बेडकरवादी रिपब्लिकन पार्टी की तरह 'समतामूलकता' से प्रेरित ब्राह्मणवाद की रैडिकल आलोचना पर आधारित नहीं थी। जनसंघ न तो ब्राह्मणवाद-विरोध अपना सकता था, और न ही सवर्ण-अवर्ण के द्विभाजन पर भरोसा कर सकता था। सबसे पहले तो उसे अपने प्रभाव वाली पिछड़ी जातियों को यह समझाना था कि समतामूलकता के नाम पर की जाने वाली राजनीति के चक्कर में आ कर वे ख़ुद को 'अवर्ण' न समझ लें, क्योंकि उनके पास भी एक वर्ण है जो आज भले ही जातिगत पदानुक्रम में नीचे खिसक गया हो, पर किसी ज़माने में द्विज जातियों द्वारा भी सम्मान का पात्र था। बिना यह परिप्रेक्ष्य निकाले हुए द्विजों और शूद्रों की एकता कल्पनातीत ही थी।

इसीलिए उपाध्याय की कोशिश थी कि जनसंघ में ऊँची जातियों के नेताओं को बिना नाराज़ किये शीर्ष पदों से हटने के लिए मनाया जाए, और दूरगामी दृष्टिकोण अपनाते हुए उनकी जगह पिछड़ी जाति से आये नेताओं को दी जाए। (यहाँ यह भी ध्यान रखने वाली बात है कि मध्यमार्गी विमर्श मोटे तौर पर मानता है कि उपाध्याय की योजना पिछड़ों-अनुसूचित जातियों को संगठन में मँझोले स्तर पर रखने की थी। लेकिन, तथ्य बताते हैं कि पिछड़ों को लाने के लिए द्विज जातियों के स्थापित नेताओं से इस्तीफ़े दिलवाये गये।) उत्तर प्रदेश की राजनीति में लोधी समुदाय से आये कल्याण सिंह और शाक्य समुदाय से निकले महादीपक सिंह जैसे नेताओं का जनसंघ की क़तारों में उभार उन्हीं दिनों में हुआ।[56]

'एकात्म मानववाद' ने ऊँची जातियों के साथ पिछड़ी जातियों को राजनीतिक रूप से जोड़ने की वैचारिक ज़मीन तो तैयार कर दी, पर हिंदू समाज के उन हिस्सों के लिए यह थीसिस अपेक्षाकृत निष्प्रभावी थी जिनके पास कोई वर्ण नहीं था अर्थात् जो संविधान की दृष्टि में अनुसूचित जाति या पूर्व-अछूत और अनुसूचित जनजाति या आदिवासी थे। ऐसा लगता है कि इस दौर का संघ आदिवासियों की

[56] नब्बे के दशक में भाजपा के इस आत्मसंघर्ष के व्यवस्थित विवरण के लिए देखें, अभय कुमार दुबे (2007), 'अ केस ऑफ़ मैजोरिटेरियनिज़म अनपैक्ड : द ट्रायल्स ऐंड ट्रिब्युलेशन ऑफ़ भारतीय जनता पार्टी इन उत्तर प्रदेश', सुधा पै (सं.), *पॉलिटिकल प्रॉसेस इन उत्तर प्रदेश : आइडेंटिटी, इकॉनॉमिक रिफ़ॉर्म्स ऐंड गवर्नेंस*, पियर्सन लोंगमेन, नयी दिल्ली : 83-109.

तरफ़ मुख्य तौर पर ईसाइयों द्वारा किये जाने वाले धर्मांतरण के प्रयासों के संदर्भ में ही ध्यान देता था। इसीलिए 1963 में गोलवलकर ने छत्तीसगढ़ के जशपुरनगर में वनवासी कल्याण आश्रम का उद्‌घाटन किया। लेकिन, अनुसूचित जातियों में फैल रहे आम्बेडकरवाद की काट करने के लिए उसके पास कोई युक्ति नहीं थी। उसे एक कहीं ज़्यादा रैडिकल नवाचार की तलाश थी।

यह तलाश तब पूरी हुई जब उत्तर-गोलवलकर अवधि में संघ ने एक ख़ास मुक़ाम पर हिंदू-एकता के अपने दीर्घकालीन और धीरे-धीरे चलने वाले प्रयास के तहत *मनुस्मृति* आधारित वर्णवादी आग्रहों से बिना कोई रैडिकल मुद्रा अख़्तियार किये किनारा कर लिया। मध्यमार्गी विमर्श संघ में आयी इस तब्दीली को पहचानने के लिए तैयार नहीं हुआ। चूँकि इस परिवर्तन को न समझा गया, और न ही उसके महत्त्व का विश्लेषण किया गया, इसलिए इसके आधार पर चली संघ की कार्यक्रमगत परियोजना की सम्भावनाओं और अंदेशों का भी अर्थग्रहण नहीं हो सका। संघ द्वारा किये गये इस विचार-परिवर्तन पर अगर एक गहरी निगाह डाली जाए तो यह भी दिखता है कि इसकी गुंजाइशें हेडगेवार और गोलवलकर के चिंतन में ही मौजूद थीं। अगर ऐसा न होता तो रैडिकल न लगने वाले इस रैडिकल परिवर्तन से एक वैचारिक क्रम-भंग होता और संघ की सांगठनिक एकता टूट गयी होती।

यह सही है कि संघ अपनी एकता क़ायम रख पाया, पर इस परिवर्तन की पेचीदगी का अंदाज़ा इससे लगाया जा सकता है कि इस तब्दीली ने संघ की क़तारों में भी बेचैनियाँ पैदा कीं। परिणामस्वरूप संघ की राजनीति में समय-समय पर व्यतिरेक होते रहे, और संगठन के भीतर अंतर्संघर्ष (इसे जाति-युद्ध भी कह सकते हैं) दिखाई पड़ता रहा।[57] लेकिन, व्यतिरेकों और अंत:संघर्षों के बावजूद संघ परिवार अपनी बुनियादी टेक से नहीं हटा। यह अलग बात है कि हिंदू-एकता बनने में हो रही देरी से चिढ़ कर ख़ुद उसके भीतर के लोग भी

---

[57] यहाँ मेरा तात्पर्य संघ परिवार के विभिन्न संगठनों के बीच होने वाले द्वंद्व और संघ के आलाकमान द्वारा उन्हें नियंत्रित करने में आयी कठिनाइयों को सामने लाने वाले शोध से नहीं है. ऐसा शोध उपलब्ध है. भाजपा को नियंत्रित करने में होने वाली दिक़्क़तों के लिए देखें, प्रलय क़ानूनगो (2006), 'मिथ ऑफ़ द मोनोलिथ : द आरएसएस रेसल्स टू डिसिप्लिन इट्स पॉलिटिकल प्रोजिनी', *सोशल साइंटिस्ट*, खण्ड 34, अंक 11/12 : 51-69. मेरा तात्पर्य तो यहाँ संघ परिवार में चलने वाले सामाजिक संघर्ष से है जिसमें हाशियाग्रस्त समुदाय प्रभुतासम्पन्न द्विज जातियों से सत्ता पर क़ाबिज होने के संघर्ष में उलझे दिखाई देते हैं.

यदाकदा उसकी कड़ी निंदापरक आलोचना भी करते रहे। मध्यमार्गी विमर्श ने इस अंत:संघर्ष पर नज़र तो डाली, लेकिन वह उसे संघ द्वारा अपने विभिन्न संगठनों को नियंत्रित करने में आने वाली दिक़्क़तों के रूप में देखता रहा और इसे वैचारिक परिवर्तन से जोड़ पाने में नाकाम रहा।

वर्णवाद से किनाराक़शी का यह प्रकरण संघ के दस्तावेज़ों में ब्राह्मणवाद विरोध और जाति-तोड़ो की समतामूलक समझी जाने वाली भाषा में व्यक्त नहीं किया गया। संघ के कार्यकर्ताओं और पदाधिकारियों के आत्म-निरूपण में सनातनी धार्मिकता की बहिर्मुखी अभिव्यक्ति जारी रही। यह सनातनीपन संघ परिवार के दैनंदिन जीवन में कुछ इस तरह व्यक्त हुआ कि मध्यमार्गी विमर्श में निहित सेकुलर दृष्टि ने प्रचलित चातुर्वर्ण्य की प्रतिरक्षा को ही संघ परिवार की प्राथमिकता मान कर संतोष कर लिया। चूँकि संघ के आत्मसंघर्ष की कोई न कोई वजह चिह्नित करनी थी, इसलिए उसे ब्राह्मणवाद द्वारा कमज़ोर जातियों को एक बार फिर अपने वर्चस्व के तले लेने की साज़िश के खाने में डाल दिया गया।

यहाँ उल्लेख करना आवश्यक है कि यह रवैया गोलवलकर और दीनदयाल उपाध्याय द्वारा वर्णाश्रम की ख़ूबियाँ गिनाने वाले कथनों का बार-बार उल्लेख करता है, पर संघ के तीसरे सरसंघचालक बालासाहब देवरस के 1974 में दिये गये उस मशहूर भाषण को पूरी तरह से नज़रअंदाज़ कर देता है जिसमें खोखली हो चुकी वर्णवादी समाज-व्यवस्था को उसकी मौत मरने देने का आह्वान करते हुए 'जन्म आधारित विषमता के शास्त्र' का विरोध किया गया है। समाज-वैज्ञानिक और सेकुलर एक्टिविस्टों द्वारा किये गये अनुसंधान-साहित्य में देवरस के इस वक्तव्य की उपेक्षा चकित करती है, क्योंकि यह व्याख्यान सभी भारतीय भाषाओं में अनूदित हो चुका है और संघ और भाजपा के भीतर इसे एक नीतिगत वक्तव्य की हैसियत मिल चुकी है। ज़ाहिर है कि जो रवैया संघ में हुए इस स्पष्ट नीतिगत परिवर्तन को देखने से इंकार करता हो, वह गोलवलकर के ज़माने में ही इस परिवर्तन की आहटों को तो सुन ही नहीं सकता था। यही कारण है कि मध्यमार्गी समझ से निकली वैचारिक आस्थाओं पर उन समाज-वैज्ञानिकों के काम का कोई असर नहीं दिखाई पड़ता जिन्होंने संघ की वर्णाश्रम संबंधी दृष्टि और *मनुस्मृति* प्रदत्त वर्णाश्रम के बीच भेद दिखाने की जहमत उठाई और केवल युरोपीय फ़ासीवाद के आईने में देख कर संघ को परिभाषित कर डालने के रवैये

के प्रति चेताया।[58] दिलचस्प बात यह है कि प्रचलित समझ को प्रश्नांकित करने वाले इन अनुसंधानों को मध्यमार्गी विमर्श के बौद्धिक पैरोकारों ने 'संघ पर की गयी सहानुभूतिपूर्ण शोध' के खाने में डाल दिया है।

इसी तरह की कई सायास उपेक्षाओं के परिणामस्वरूप समाज-विज्ञान के क्षेत्रों में आज तक इस विषय में कोई सुव्यवस्थित और विस्तृत शोध सामने नहीं आया है जो बता सके कि भाजपा के दायरों में पिछड़ी जातियों और अनुसूचित जातियों की बढ़ती हुई उपस्थिति के हिंदू-एकता के लिए क्या मायने हैं और उसका असर सामाजिक न्याय की लोहिया-आम्बेडकर प्रभावित राजनीति पर क्या पड़ने वाला है। समाज-वैज्ञानिकों ने अभी तक संघ प्रवर्तित हिंदू-एकता की परियोजना और वर्णवाद के बीच चलने वाली दिलचस्प और पेचीदा अन्योन्यक्रिया का शोधपरक और मानकीय मानचित्र बनाने के कार्यभार में अपना निवेश नहीं कर पाया है।[59]

उत्तर-गोलवलकर संघ और बालासाहब देवरस

संघ के विकास के दूसरे चरण के शीर्ष पर वैचारिक रूप से संघ के तीसरे सरसंघचालक बालासाहब देवरस की शख़्सियत थी। गोलवलकर के निधन के बाद संघ की कमान उनके हाथ में आयी। 1974 में उन्होंने अपने एक व्याख्यान 'सामाजिक समता और हिंदू संगठन' से इस पूरी प्रक्रिया को एक नया आयाम दे दिया। गोलवलकर और उपाध्याय ने जहाँ चातुर्वर्ण्य को हिंदू समाज में समतामूलकता के स्रोत की तरह देखा था, वहीं देवरस ने 'जन्म आधारित विषमता के शास्त्र' का विरोध करते हुए स्पष्ट कहा कि :

> वास्तव में देखा जाए तो आज की सम्पूर्ण परिस्थिति इतनी बदल चुकी है समाजधारण के लिए आवश्यक ऐसी जन्मतः वर्ण-व्यवस्था अथवा जाति-व्यवस्था

---

[58] इस संबंध में तीन विद्वानों का काम ख़ास तौर पर उल्लेखनीय है. देखें, वाल्टर के. एंडरसन और श्रीधर डी. दामले (2005), 'आरएसएस : आडियोलॅजी, ऑर्गनाइज़ेशन, ऐंड ट्रेनिंग' और क्रिस्तॉफ़ जैफ्रेलो, 'द आरएसएस : अ हिंदू नैशनलिस्ट सेक्ट', क्रिस्तॉफ़ जैफ्रेलो (2005), *द संघ परिवार : अ रीडर*, ऑक्सफ़र्ड युनिवर्सिटी प्रेस, नयी दिल्ली.

[59] कहना न होगा कि ओबीसी राजनीति के ऊपर काफ़ी समाज-वैज्ञानिक साहित्य उपलब्ध है. पर आम तौर पर शोधकर्ता भाजपा द्वारा पिछड़े वर्गों की गोलबंदी को इन जातियों के राजनीतीकरण के महाख्यान का अंग बना देते हैं. इससे होता यह है कि समाजवादियों की तत्संबंधित कोशिशों पर तो रोशनी पड़ती है, पर न तो संघ परिवार की इस परियोजना की विशिष्टता स्पष्ट हो पाती है, और न ही उसके विभिन्न पहलू खुल कर सामने आ पाते हैं.

आज अस्तित्व में ही नहीं है। सर्वत्र अव्यवस्था है, विकृति है। अब यह व्यवस्था केवल विवाह संबंधों तक ही सीमित रह गयी है। इस व्यवस्था की 'स्पिरिट' समाप्त हो गयी है, केवल 'लेटर' ही शेष रह गया है। भाव समाप्त हो गया, ढाँचा रह गया। प्राण निकल गया, पंजर रह गया। समाज धारण से उसका कोई संबंध नहीं है। अत: सभी को मिल कर सोचना चाहिए कि जिसका समाप्त होना उचित है, जो स्वयं ही समाप्त हो रहा है, वह ठीक ढंग से कैसे समाप्त हो।

इसी व्याख्यान में देवरस यह भी कहते हैं, 'मेरी यह धारणा है कि दलित बंधु किसी की कृपा नहीं चाहते हैं, वे बराबरी का स्थान चाहते हैं और वह भी अपने पुरुषार्थ से ही। हमारे ये भाई अब तक पिछड़े हुए रहने के कारण चाहते हैं कि सभी प्रकार की सुविधाएँ और अवसर मिलने चाहिए। उनकी यह अपेक्षा और माँग उचित ही है। किंतु अंततोगत्वा उन्हें समाज के विभिन्न घटकों के साथ योग्यता की कसौटी पर स्पर्धा करके ही बराबरी का स्थान प्राप्त करना है। यह उन्हें भी अभिप्रेत होगा।' फुले और आम्बेडकर द्वारा ब्राह्मणों और धर्मग्रंथों पर कठोर प्रहार से ऊँची जातियों में पैदा हुई कटुता को नज़रअंदाज़ करने की अपील करते हुए देवरस ने कहा, 'सभी को इस बात की सावधानी बरतनी चाहिए कि भूतकाल के झगड़ों को वर्तमान में घसीट कर अपने भविष्य को ख़तरे में न डाल दें। ... महात्मा फुले, गोपालराव आगरकर अथवा डॉ. आम्बेडकर प्रभृति आदि महापुरुषों ने अपने समाज की बुराइयों पर कड़े प्रहार किये हैं। कुछ जातियों और ग्रंथों की भी कटु आलोचना की है। उसका क्या प्रयोजन था तथा उस समय की परिस्थिति क्या थी, इसे हमें समझना होगा। व्यक्ति, प्रारम्भ में किसी बात की ओर ध्यान आकर्षित करने के लिए तथा जनमत जाग्रत करने के लिए कड़ी भाषा का प्रयोग करता है। किंतु सदा-सर्वदा ऐसा करते रहना सबके लिए आवश्यक नहीं है।'[60]

यहाँ रेखांकित करने की आवश्यकता है कि 'जन्म आधारित विषमता के शास्त्र' का विरोध करके देवरस ने दो तरह के विचार-परिवर्तन किये। पहले तो उन्होंने गोलवलकर के विमर्श की एक ख़ास कमी की भरपाई की। गोलवलकर वर्णाश्रम में चारों जातियों की समानता की चर्चा करते हुए उन्हें एक धर्मप्रदत्त

---

[60] बालासाहब देवरस ने 1974 में अपने सरसंघचालक बनने के दो वर्ष बाद यह व्याख्यान पूना की वसंत व्याख्यानमाला के तहत दिया था. इसका मूल हिंदी पाठ और अंग्रेज़ी अनुवाद संघ की वेबसाइट के अभिलेखागार में मौजूद है.

कर्तव्य में भी बाँधने का आग्रह करते थे। पर इससे यह स्पष्ट नहीं हो पाता था कि धर्मप्रदत्त कर्तव्य जन्मना होना चाहिए या नहीं। देवरस ने आसानी से धर्मप्रदत्त कर्तव्य की शर्त ही निबटा दी, क्योंकि वे वर्णाश्रम की समकालीन वैधता ही ठुकरा देना चाहते थे। दूसरे उन्होंने दीनदयाल उपाध्याय की 'एकात्म मानववाद' वाली थीसिस को किसी प्रकार का खण्डन किये बिना ठुकरा दिया। उपाध्याय का तर्क था कि वर्णाश्रम आधुनिक समतामूलकता के स्रोत की तरह देखा जाना चाहिए, पर देवरस ने उसे किसी भी तरह से उपयोगी मानने से तो इंकार किया ही, साथ ही यह आग्रह भी किया कि इस व्यवस्था को फिर से जिलाने की कोशिश करना भी व्यर्थ है। संघ परिवार के भीतर की यह विवादात्मकता हिंदुत्व विरोधी विमर्श कभी नहीं पकड़ पाया।

सरसंघचालक के इस वक्तव्य के इर्द-गिर्द ही संघ परिवार ने ख़ामोशी के साथ अपने आधिकारिक दायरों से गोलवलकर की दोनों रचनाएँ (*बंच ऑफ़ थॉट्स* और *वी ऑर अवर नेशनहुड डिफ़ाइंड*) अदृश्य कर दीं। इसी के बाद आधिकारिक दायरों में संघ ने *मनुस्मृति* का समर्थन तो दूर, इक्का-दुक्का अपवादों को छोड़ कर,[61] उसका ज़िक्र तक बंद कर दिया। विश्व हिंदू परिषद ने तो स्पष्ट रूप से *मनुस्मृति* से किनारा कर लिया। विहिप की वेबसाइट पर एकदम शुरू में ही अशोक सिंघल का एक वक्तव्य मिलता है जिसमें साफ़ लिखा है कि ब्राह्मण राजा पुष्यमित्र शुंग के शासनकाल में कोई 2200 साल पहले लिखी गयी *मनुस्मृति* या *याज्ञवल्क्यस्मृति* को परिषद पूरी तरह से ख़ारिज करती है, क्योंकि किसी भी सभ्य और सुसंस्कृत समाज में इनका कोई स्थान नहीं हो सकता। छुआछूत को पूरी तरह से अस्वीकार करते हुए सिंघल इस वक्तव्य में यह भी बताते हैं कि हमें शूद्रों और अनुसूचित जातियों में अंतर करना होगा, क्योंकि शूद्रों को भारतीय समाज में हमेशा से सम्मानजनक निगाह से देखा जाता रहा है और अनुसूचित जातियाँ मुसलमानों के शासन का परिणाम हैं। विहिप से जुड़े संत-महात्मा बिना किसी भी भेदभाव के किसी को भी मंत्रदीक्षा देते हैं।[62]

---

[61] एक उल्लेखनीय अपवाद उस समय सामने आया जब उमा भारती के मुख्यमंत्रित्व में मध्य प्रदेश सरकार ने 23 जनवरी, 2004 को गौ-हत्या पर प्रतिबंध के लिए अध्यादेश जारी किया. इस गौ-वध प्रतिबंध को न्यायसंगत ठहराने के लिए *मनुस्मृति* का हवाला दिया गया था. शम्सुल इस्लाम (2010), *आरएसएस प्राइमर : बेस्ड ऑन राष्ट्रीय स्वयंसेवक संघ डॉक्युमेंट्स*, फ़ैरस, मीडिया ऐंड पब्लिशिंग, नयी दिल्ली : 13.

[62] http://vhp.org/featured-article/vhps-view-of-manu-smriti-and-other-smritis/ पर उपलब्ध. 30 अप्रैल, 2017 को देखा गया.

बालासाहेब देवरस का यह लम्बा व्याख्यान पहली नज़र में ही भाषा और गठन की दृष्टि से राजनीतिक और बौद्धिक कौशल का अनुपम उदाहरण लगता है। संघ के मूल-विचार में बड़ा परिवर्तन प्रस्तावित करते हुए देवरस इसमें अपना स्वर सप्रयास मंद रखते हैं। साफ़ लगता है कि संघ की क़तारों को किसी भी तरह के मनोवैज्ञानिक अंतर्विस्फोट से बचाने के लिए उन्होंने यह युक्ति अपनाई होगी।

देवरस ने एक और काम किया जिसने संघ के हिंदुत्व को सावरकर के हिंदुत्व से तात्त्विक दृष्टि से अलग कर दिया। जो बाद में पचास के दशक से भारतीय जनसंघ के घोषणापत्रों में केवल मुसलमानों के बारे में कही गयी थी (1951 में जनसंघ के घोषणापत्र में मुसलमानों से अपील की गयी थी, 'इस्लामिक तरीक़े से इबादत करने के लिहाज़ से उनका स्वागत है, पर उनसे भारतीय तरीक़े से रहने की उम्मीद की जाती है'), वही बात उनके सक्रिय प्रोत्साहन से खुल कर सभी अल्पसंख्यकों के बारे में कही जाने लगी— यानी देवरस ने अपने व्याख्यानों में कहना शुरू किया कि भारत में रहने वाला हर तरह का धर्मावलम्बी हिंदू है, भले ही उसकी पूजा-पद्धति कुछ भी हो। जैसे ही देवरस ने इस पहलू पर ज़ोर दिया, वैसे ही और साफ़ हो गया कि संघ की प्राथमिकता अल्पसंख्यकों के हिंदूकरण को 'भारतीयकरण' क़रार देने की है। हम जानते हैं कि साठ के दशक में मधोक और उपाध्याय सरीखे सिद्धांतकारों ने हिंदू की जगह भारतीय पद का इस्तेमाल शुरू किया था। साथ ही देवरस के इस वक्तव्य से संघ ने सावरकर द्वारा दी गयी हिंदू की परिभाषा (जिसकी पितृभूमि भी भारत हो और पुण्यभूमि भी) का विस्तार उन धर्मावलम्बियों तक कर दिया जिनकी केवल पितृभूमि ही भारत है। इसके अलावा यह सूत्रीकरण अल्पसंख्यकों को संविधान-प्रदत्त धार्मिक स्वतंत्रता का संघी संस्करण भी था। यह अलग बात है कि हिंदू होने का यह संघ द्वारा विस्तारित दायरा अल्पसंख्यक धर्मों के लिए और भी दुश्चिंताओं का सबब था। लेकिन, इस पहलू से संघ द्वारा हिंदू-राष्ट्र बनाने की प्रक्रिया के विकासमान चरित्र का पता ज़रूर लगता है।

देवरस के प्रशंसक संजीव केलकर ने अपनी रचना में उनके द्वारा किये गये दो ऐसे प्रयासों का भी उल्लेख किया है जिनका आम तौर पर ज़िक्र नहीं होता। पहला प्रयास मुसलमानों को शाखा में आने की अनुमति देने के बारे में था, और दूसरा एकचालकानुवर्तित्व के उसूल को सहचालकानुवर्तित्व में बदलने से संबंधित था।

चूँकि देवरस ने मुसलमानों को भी भिन्न पूजा-पद्धति वाले हिंदू की श्रेणी में रख कर वैचारिक स्तर पर हिंदू-श्रेणी का विस्तार कर दिया था, इसलिए इसकी सांगठनिक अभिव्यक्ति भी कहीं-न-कहीं होनी थी। इसी के अनुसार जैसे ही संघ में मुसलमानों के लिए शाखा के दरवाज़े खोलने का प्रस्ताव आया, देवरस को कड़े विरोध का सामना करना पड़ा। संघ की अखिल भारतीय प्रतिनिधि सभा में महाराष्ट्र के उप प्रांतीय प्रमुख बाबा भिड़े ने देवरस की ज़बरदस्त आलोचना की। हिंदू महासभा के एक प्रतिष्ठित नेता के.बी. लिमये ने पत्र लिख कर इसका विरोध किया। केंद्रीय कार्यकारी मण्डल के कई सदस्यों ने भी देवरस को अपनी नाराज़गी से अवगत कराया। ज़ाहिर था कि देवरस अपने इस सुझाव को सांगठनिक हक़ीक़त में नहीं बदल सकते थे। इसलिए उन्होंने तात्कालिक तौर से क़दम वापस खींच लिए।[63]

दिलचस्प बात यह है कि गोलवलकर के ज़माने में सरसंघचालक के सामने उसके फ़ैसलों के ख़िलाफ़ इस तरह का असंतोष व्यक्त करने की कल्पना भी नहीं की जा सकती थी। पहले हेडगेवार और बाद में गोलवलकर जिस सांगठनिक उसूल पर संघ को चलाते थे, वह एकचालकानुवर्तित्व था। संघ के आलोचकों द्वारा एकचालकानुवर्तित्व को इस संगठन के लोकतंत्र विरोधी और फ़ासीवादी होने के प्रमाण के तौर पर दिखाया जाता रहा है। देवरस के फ़ैसले की उनके मुँह पर आलोचना इसलिए की जा सकी कि उन्होंने इस उसूल को त्याग कर सहचालकानुवर्तित्व (आम सहमति के आधार पर संगठन को चलाना) के उसूल को अपना लिया था। इस परिवर्तन का विचार देवरस को उस समय आया जब वे आपातकाल के दौरान जेल में थे। उसी समय उन्होंने संदेश भिजवाया था कि एक सरसंघचालक जेल में है, पर छह अन्य शीर्ष पदाधिकारी बाहर हैं और उन्हें ही वास्तविक ज़मीनी स्थिति का सही अंदाज़ा लग सकता है। इसलिए उनकी बात मानी जानी चाहिए। 1977 में जेल से निकलने के बाद देवरस ने इस बंदोबस्त को संगठन के बुनियादी उसूल की तरह स्थापित कर दिया।[64]

मुसलमान और अन्य अल्पसंख्यक ख़ुद को 'हिंदू' मानने के लिए तैयार नहीं हो सकते थे, लेकिन पूना की वसंत व्याख्यानमाला में दिया गया देवरस का यह व्याख्यान संघ और हिंदू समाज के सबसे कमज़ोर हिस्सों यानी अनुसूचित

---

[63] देखें, केलकर, वही : 145-47.

[64] देखें, केलकर, वही : 334.

जातियों और अनुसूचित जनजातियों के बीच संबंधों को लेकर 'गेम चेंजर' साबित हुआ। यही था वह रैडिकल नवाचार जिसकी संघ को लम्बे अरसे से तलाश थी।

अनुसूचित जातियों और जनजातियों का अंतर्वेशन : संघ की भीतरी स्थितियों पर नज़र रखने वालों का विचार है कि गोलवलकर और देवरस के बीच लम्बे अरसे से संगठन की मुख्य कार्यदिशा को लेकर एक तरह अघोषित बहस चल रही थी। इस बहस में गोलवलकर का आग्रह था कि संगठन रचनात्मक कार्य और राजनीतिक संघर्ष एक साथ नहीं चला सकता। इसीलिए गोलवलकर 'केवल शाखा' के प्रतिमान में विश्वास करते थे, और देवरस को लगता था कि संघ को शाखा पर केंद्रित रहते हुए अपने क़दम उसके बाहर सार्वजनिक जीवन में निकालने चाहिए। प्रेक्षकों का विचार है कि गोलवलकर के इस रवैये कारण ही संघ परिवार के विभिन्न संगठनों की गतिविधियाँ मंद पड़ी हुई थीं। जबकि देवरस चालीस के दशक से ही 'संगठन-गोलबंदी-कार्रवाई' के तितरफ़ा प्रतिमान के हामी थे। उनकी मान्यता थी कि एक बार संगठन जब मज़बूत हो जाए तो उसे समाज-परिवर्तन की गतिविधियों में जुट जाना चाहिए। ऐसा न करने पर संगठन एक तरह के सम्प्रदाय में बदल जाएगा।[65] सरसंघचालक बनते ही देवरस ने संगठन को अपनी कल्पनाशीलता के मुताबिक़ ढालना शुरू कर दिया। उनके नेतृत्व में संघ ने सक्रिय राजनीति में अघोषित भागीदारी शुरू कर दी। इसका बेहतरीन मौक़ा उसे जयप्रकाश नारायण के नेतृत्व में चले सम्पूर्ण क्रांति आंदोलन ने दिया। देवरस ने नानाजी देशमुख को जेपी के साथ घनिष्ठ सम्पर्क बनाने का कार्यभार सौंपा, और स्वयं जॉर्ज फ़र्नाडीज़, मधु लिमये और मधु दण्डवते जैसे समाजवादी नेताओं के साथ सम्पर्क बढ़ाए। आपातकाल लगने पर जेल में संघ और जमायत-ए-इस्लामी के नेतृत्व में एक प्रकार का संवाद चला। इसी के आधार पर देवरस को मुसलमानों के लिए संघ के द्वार खोलने के विषय पर दोबारा सोचने की गुंजाइश मिली। दूसरी तरफ़ उन्होंने पूरे संगठन में एक नयी एक्टिविस्ट ऊर्जा फूँकने की शुरुआत की। इस पुनर्विन्यास का मुख्य रुझान उन समुदायों को संघ के नज़दीक के कार्यक्रम से जुड़ा था जो गोलवलकर और उपाध्याय द्वारा कमोबेश सफलता से लागू किये गये द्विज और शूद्र एकता के फ़ार्मूले के बाहर रह जाते थे।

---

[65] देखें, केलकर, वही : 103.

दरअसल, संघ की अनुसूचित जाति-आदिवासी परियोजना देवरस से पहले सीमित और मंद थी। उनके नेतृत्व में वनवासी कल्याण आश्रम को फिर से डिज़ाइन करके राष्ट्रीय स्वरूप दिया गया और 1979 में सेवा भारती जैसा नया संगठन स्थापित किया गया जिसका काम ही छुआछूत के शिकार रहे समुदायों में शिक्षा के एजेंडे पर काम करना था।[66] संघ ने प्रयोग के तौर पर पहले 1978 में महाराष्ट्र में अनुसूचित जातियों के लिए पतितपावन संगठन का गठन किया। 1981 में मीनाक्षीपुरम में अनुसूचित जातियों के एक समूह द्वारा इस्लाम में धर्मांतरण के बाद संघ ने इस प्रयास को राष्ट्रीय रूप देने का .फ़ैसला किया। इसके लिए तक़रीबन सुस्त पड़ी विश्व हिंदू परिषद में नयी जान फूँकी गयी, और दो साल बाद 1983 में उसने .फ़ैसला किया कि वह डॉ. आम्बेडकर की जयंती मनाना शुरू करेगा और उसके लिए उसने सामाजिक समरसता मंच का गठन किया। इसकी ज़िम्मेदारी दत्तोपंत ठेंगड़ी को दी गयी। उन्हें फुले-आम्बेडकर विचार और हिंदुत्व के विचार की समान बिंदुओं को रेखांकित करने का एजेंडा थमाया गया।[67]

आम्बेडकर-फुले का विनियोग : सुहास पल्शीकर और गोपाल गुरु ने अपनी रचनाओं में संघ द्वारा आम्बेडकर का विनियोग करने की प्रक्रिया का विस्तृत विश्लेषण किया है।[68] यह स्वीकार करने के बाद कि आम्बेडकर महज़ दलितों के नेता न हो कर राष्ट्रीय हस्ती हैं, संघ ने उन्हें और फुले को प्रात:स्मरणीय महापुरुषों को सूची में शामिल कर लिया। फिर संघ ने दावा किया कि वे सामाजिक एकता के पैरोकार थे इसलिए प्रकारांतर से उन्हें राष्ट्रीय एकता के समर्थक के रूप में देखना चाहिए (इसके विपरीत आम्बेडकर यह मानने के लिए

---

[66] सेवा भारती की गतिविधियों के शोधपूर्ण ब्योरे के लिए देखें, क्रिस्तॉफ़ जैफ्रेलो (2005), 'हिंदू नैशनलिज़्म ऐंड सोशल वेलफ़ेयर स्ट्रैट्जी : सेवा भारती एज़ एन एजुकेशन एजेंसी', क्रिस्तॉफ़ जैफ्रेलो (सं.), *द संघ परिवार : अ रीडर*, ऑक्सफ़र्ड युनिवर्सिटी प्रेस, नयी दिल्ली : 211-224.

[67] देखें, ठेंगड़ी का लम्बा लेख, 'सामाजिक समरसता : समता की पूर्व-पीठिका', राकेश सिन्हा (सं.) (2015), *सामाजिक क्रांति का दर्शन*, भारत नीति प्रतिष्ठान, नयी दिल्ली.

[68] सुहास पल्शीकर (2005), 'महाराष्ट्र : दलित पॉलिटिक्स इन हिंदुत्व ट्रैप', आनंद तेलतुम्बड़े (सं.), *हिंदुत्व ऐंड दलित्ज़ : पर्सपेक्टिव्ज़ .फ़ॉर अंडरस्टैंडिंग कम्युनल प्रैक्सिज़*, साम्य, कोलकाता : 208-223. महाराष्ट्र में आम्बेडकर के हिंदूकरण पर चर्चा के लिए देखें, गोपाल गुरु (1991), 'हिंदुआइज़ेशन ऑफ़ आम्बेडकर इन महाराष्ट्र', *इकॉनॉमिक ऐंड पॉलिटिकल वीकली*, खण्ड 26, अंक 7 : 339-41.

ही तैयार नहीं थे कि हिंदुओं को एक समाज के रूप में देखा जा सकता है। ज़ाहिर है कि आम्बेडकर हिंदू राष्ट्र के समर्थक नहीं हो सकते थे)। संघ आम्बेडकर द्वारा किये गये धर्मांतरण को आलोचनात्मक दृष्टि से देखता रहा था, पर नये दौर में उसने यह कहना शुरू कर दिया कि किसी 'विजातीय' धर्म को न चुनना इस बात का सबूत है कि बाबा साहेब के मन में हिंदू समाज के प्रति कितनी सद्भावना थी। (यह अलग बात है धर्मांतरण करते समय आम्बेडकर ने नव-बौद्धों को जो शपथ दिलाई थी उसमें इस बात का ख़ास तौर से उल्लेख किया गया था कि वे बुद्ध को विष्णु का नवाँ अवतार नहीं मानेंगे। बावजूद इसके हिंदुत्ववादियों ने इस बात पर ज़ोर देना जारी रखा कि जिस समय आम्बेडकर धर्मांतरण के बारे में ऊहापोह कर रहे थे उस समय डॉ. मुंजे ने उन्हें किसी 'विजातीय धर्म' को अपनाने के बजाय बुद्ध धर्म अपनाने की सलाह दी थी। हो सकता है कि आम्बेडकर ने मुंजे से बातचीत की हो। वे सावरकर से भी बातचीत करते थे। लेकिन इस बात का कोई प्रमाण नहीं मिलता कि बौद्ध बनने का उनका निर्णय मुंजे से प्रभावित था।) आम्बेडकर के रैडिकल विचारों से बेपरवाह हो कर संघ यहीं नहीं रुका। उसने यहाँ तक दावा किया कि आम्बेडकर, सावरकर और हेडगेवार की त्रिमूर्ति जाति और छुआछूत की बुराइयों के कुप्रभाव से समाज को बचा कर हिंदू-एकता की कोशिश में लगी हुई थी। यह दावा करने के बाद कि आम्बेडकर हिंदू समाज का कल्याण चाहते थे, समरसता मंच ने उन्हें और फुले जैसी हस्तियों को एक हिंदू समाज सुधारक के रूप में चित्रित करना शुरू किया, बावजूद इसके कि आम्बेडकर मुख्य रूप से न्याय और नैतिकता के आधारभूत मूल्यों के मुताबिक़ भारतीय समाज की पुनर्रचना करने में विश्वास करते थे। मुस्लिम प्रश्न पर व्यक्त किये गये आम्बेडकर के विचारों का इस्तेमाल करके संघ ने उन्हें मुसलमान विरोधी के तौर पर पेश करना प्रारम्भ किया ताकि उन्हें हिंदुत्ववादी बताने का आधार बनाया जा सके।[69]

आम्बेडकर के विनियोग को वैचारिक वैधता दिलाने के लिए समरसता मंच ने स्थापित दलित बुद्धिजीवियों को अपनी ओर खींचना शुरू किया, और उसमें

---

[69] पल्शीकर के अनुसार आम्बेडकर के मुसलमान संबंधी विचार एक हद तक समस्याग्रस्त थे, पर उन्हें हिंदुत्वादियों के समकक्ष नहीं ठहराया जा सकता. इस विषय में उन्होंने 1994 में प्रकाशित अपनी मराठी रचना *डॉ. आम्बेडकरांच्या हिंदूकरणाची चिकित्सा*, डॉ. बाबासाहेब आम्बेडकर अकादमी, सतारा विस्तार से चर्चा की है.

उसे ख़ासी सफलता भी मिली। वरिष्ठ बुद्धिजीवी गंगाधर पतवणे 1988 में मंच के पुणे सम्मेलन का उद्घाटन करने के लिए तैयार हो गये। विद्यार्थी परिषद द्वारा आयोजित फुले-आम्बेडकर संदेश यात्रा का कई दलित बुद्धिजीवियों ने स्वागत किया। इसके बाद दो सावरकरवादी बुद्धिजीवियों, एस.एच. देशपाण्डे और शेषराव मोरे, ने नब्बे के दशक में आम्बेडकर द्वारा मुसलमानों के रवैये पर संदेह करने और उन्हें हिंदू हित का समर्थक बताने के पक्ष में लिखा। समसरता मंच ने इन दलीलों को हाथोंहाथ लिया और उन्हें आम्बेडकर के बारे में हिंदुत्व की तर्कपद्धति का संदर्भ बिंदु बना लिया। अस्सी के दशक में ही जब दलित पैंथरों ने मराठवाड़ा विश्वविद्यालय का नाम आम्बेडकर के नाम पर रखने की माँग की तो इस क्षेत्र में ऊँची जातियों और अनुसूचित जातियों के बीच ख़ूनी टकराव भड़क उठा। इस मुक़ाम पर महाराष्ट्र भाजपा ने ऊँची जातियों का साथ देने के बजाय पैंथरों की माँग का समर्थन करने का फ़ैसला किया।[70]

संघ के इन बदले हुए आग्रहों के कारण ही इस दौर में वर्णाश्रम को उत्साह के साथ मंच पर पेश करने की प्रवृत्ति रणनीतिक रूप से कमज़ोर होती चली गयी। संघ द्वारा हिंदुत्ववादी राजनीतीकरण की योजना परिणामवाद के रास्ते पर चल निकली। वर्णाश्रम के प्रति सम्मान अपनी जगह था, लेकिन उसका महत्त्व केवल इतना ही रह गया था कि भाजपा ब्राह्मणवाद विरोधी प्रत्यय या हिंदू समाज के भीतर जातियों का संघर्ष चलाने के समाजवादी और रैडिकल आम्बेडकरवादी मुहावरे से ख़ुद को दूर रखती रही। अपनी इसी रणनीति के परिणामस्वरूप 2000 आते-आते भाजपा यह दावा करने की स्थिति में आ गयी कि उसके पास देश की किसी भी पार्टी से संख्या में अधिक अनुसूचित जातियों और जनजातियों के सांसद और विधायक हैं।[71]

अगस्त, 2000 में ही भाजपा ने आंध्र प्रदेश की माडिगा अनुसूचित जाति से आये नेता बंगारू लक्ष्मण को राष्ट्रीय अध्यक्ष बनाया (ध्यान रहे कि उन दिनों

---

[70] इस संबंध में संघ और भाजपा का नज़रिया शिव सेना से भिन्न रहा है. शिव सेना नामांतर आंदोलन के ख़िलाफ़ रही है. दरअसल, महाराष्ट्र में दलित आंदोलन की मुख्य सामाजिक शक्ति महार समुदाय और शिव सेना के बीच कभी नहीं बनी. बाल ठाकरे कहते थे कि वे 'श्री एम' के ख़िलाफ़ हैं— मराठा, मुसलमान और महार. यह अलग बात है कि हिंदुत्व की आलोचना करने वाले दलित बुद्धिजीवी इस अंतर को शायद ही कभी रेखांकित करते हों. वे भाजपा और शिव सेना दोनों को नव-हिंदुत्व की श्रेणी में रखते हैं, यानी एक ऐसे हिंदुत्व की श्रेणी में जो पहले वर्णाश्रम पर ज़ोर देता था, पर अब नहीं देता.

[71] देखें, *फ्रंटलाइन*, 29 सितम्बर, 2000 : 4-5.

संघ आंध्र प्रदेश में माला और माडिगा अनुसूचित जातियों के आपसी संघर्ष का लाभ उठाने की फ़िराक़ में था)।[72] बंगारू लक्ष्मण एक स्टिंग ऑपरेशन में कैमरे पर नक़दी लेते हुए पकड़े गये और इस तरह उनका राजनीतिक करियर समाप्त हो गया। मीडिया उन्हें भले ही भूल गया हो, लेकिन संघ और भाजपा के भीतर उनका कार्यकाल उस दस सूत्रीय कार्यक्रम के लिए आज भी जाना जाता है जो उन्होंने सामाजिक न्याय की राजनीति के धरातल पर भाजपा को सरपट दौड़ाने के लिए बनाया था।[73] इस कार्यक्रम में जो दीर्घकालीन रणनीतिक दृष्टि निहित थी, भाजपा आज तक उस पर चल रही है। कश्मीर से कन्याकुमारी तक देश का ऐसा कोई भी हिस्सा नहीं है जहाँ हिंदुत्ववादी शक्तियों ने अलग-अलग राज्यों की राजनीतिक-सामाजिक परिस्थितियों के कौशलपूर्वक आकलन पर आधारित अलग-अलग कार्यनीतियों का इस्तेमाल करके अनुसूचित जातियों को अपनी तरफ़ खींचने की परियोजना न चलाई हो। यह प्रोजेक्ट इतना विशाल और बहुमुखी है कि इसे केवल छल और धोखे की श्रेणी में डाल कर नहीं निबटाया जा सकता।

आदिवासियों का हिंदूकरण : अनुसूचित जातियों के हिंदुत्व के दायरे में अंतर्वेशन की प्रक्रिया के कुछ पहलुओं पर विचार करने के बाद अनुसूचित जनजातियों या आदिवासियों को हिंदुत्ववादी दायरे में लाने की संघ के प्रयासों की समीक्षा भी आवश्यक है। सवाल यह है कि क्या संघ के लिए यह काम पूर्व-अछूतों को अपने झण्डे तले लाने की कोशिशों से भी अधिक मुश्किल था? आख़िरकार आदिवासी उस तरह से हिंदू समाज की निकटता में नहीं रहे जिस तरह से अंत्यज समाज छुआछूत की वजह से अलग-थलग रहने के बावजूद द्विज और शूद्र समाज की निकटता में रहता रहा है। प्रचलित समझ यह है कि आदिवासी तो 'हिंदू संस्कृति' से अलग-थलग पर्वतों और जंगलों में हिंदू देवी-देवताओं और कर्मकाण्डों से कटे हुई उस दुनिया में रहते रहे हैं जो सिंहबोंगा या

---

[72] माला-माडिगा विवाद में संघ की भूमिका के लिए देखें, के.एस. चलम (2005), 'हिंदुत्व ऐंड दलित्ज़ इन आंध्र प्रदेश', आनंद तेलतुम्बड़े (सं.), *हिंदुत्व ऐंड दलित्ज़ : पर्सपेक्टिव्ज़ फ़ॉर अंडरस्टैंडिंग कम्युनल प्रैक्सिज़*, साम्य, कोलकाता : 253-264.

[73] इस दस सूत्रीय कार्यक्रम के लिए देखें नागपुर अधिवेशन में भाजपा अध्यक्ष बंगारू लक्ष्मण का वक्तव्य, http://ftp.lkadvani.in/hi/national-executive-2015/2000/president-shri-bangaru-laxmans-address-to-the-national-council-at-nagpur-maharashtra.

मरांग बुरू और पवित्र टोटमों का संसार है। आदिवासियों को गौमांस खाने में भी कोई परहेज़ नहीं रहा है।

इसीलिए संघ विरोधी विमर्श में यह दावा बड़े जोश के साथ किया जाता है कि आदिवासी हिंदू नहीं हैं, वे ब्राह्मणवाद के तहत जातिप्रथा को नहीं मानते और उनमें भक्ति तत्त्व ही नहीं है।[74] इसमें कोई शक नहीं कि इन दावों में बड़ी हद तक सच्चाई भी है, लेकिन ये दावे कुछ इस तरह से किये जाते हैं मानो सदियों से हिंदू समाज और आदिवासी समाज दो अलग-अलग खानों में एक-दूसरे से अपरिचित बने रहे हों। असल में इस तरह की एकतरफ़ा बातें आदिवासियों के हिंदू-जीवन के साथ अन्योन्यक्रिया की विद्वत्तापूर्ण समझ से आँख मूँद कर ही की जाती हैं। 1941 में प्रकाशित अपने बहुचर्चित लेख 'हिंदू मैथड ऑफ़ ट्राइबल एब्ज़ॉर्प्शन' में प्रोफ़ेसर निर्मल कुमार बोस ने उन धीरे-धीरे चलने वाली गहन प्रक्रियाओं का वर्णन किया है जो प्राचीन काल से ही हिंदू दायरे और आदिवासियों को परस्पर निकट लाने की भूमिका निभाती रही हैं।[75] 2006 का निर्मल कुमार बोस स्मृति व्याख्यान देने वाले मानवशास्त्री विद्वान लक्ष्मण कुमार महापात्र के अनुसार :

> प्राचीन भारत में अधिकतर पहाड़ों, जंगलों और अलग-थलग जगहों पर रहने वाले आदिवासी लोग निश्चित रूप से सदियों के दौरान हिंदू किसानों और कारीगरों के साथ एक धीमे लेकिन निरंतर सम्पर्क की प्रक्रिया से गुज़रे होंगे। प्रोफ़ेसर बोस ने इस सिलसिले का चित्रात्मक वर्णन किया है : एक व्यक्ति, दो व्यक्ति, एक परिवार, दो परिवार अपने हिंदू पड़ोसी के सम्पर्क में आकर समय के साथ हिंदू आर्थिक प्रणाली से जुड़े और फिर आंशिक रूप से हिंदू सामाजिक दायरे में भी समा गये। एक तरह के समाज और दूसरे तरह के समाज के बीच होने वाला तनाव इस प्रक्रिया में कोई गम्भीर भूमिका नहीं निभाता है, क्योंकि दोनों में न कोई बहुत अमीर है और न कोई ग़रीब। इसी के साथ-साथ एक तरफ़ तो आदिवासी हिंदू देवी-देवताओं के प्रति आकृष्ट हुए और दूसरी तरफ़ हिंदुओं ने भी आदिवासियों के देवी-देवताओं को अपनाया।[76]

---

[74] संघ की आदिवासी परियोजना के ख़िलाफ़ एक आक्रामक आख्यान के लिए देखें, वीरभारत तलवार (1993), 'बजरंगबली, गौमांस और आदिवासी : झारखण्ड क्षेत्र में संघ के काम का तरीक़ा', अभय कुमार दुबे (सं.), *साम्प्रदायिकता के स्रोत,* विनय प्रकाशन, नयी दिल्ली : 174-190.

[75] निर्मल कुमार बोस (1941), 'द हिंदू मैथड ऑफ़ ट्राइबल एब्ज़ोर्प्शन', *साइंस ऐंड कल्चर,* खण्ड सात, अंक 4.

[76] लक्ष्मण कुमार महापात्र (2006), *अंडरस्टैंडिंग ट्राइबल ट्रांसफ़ॉर्मेशन इन इण्डिया,* आईजीएनसी मेमॅरियल लेक्चर सीरीज़, नयी दिल्ली.

बोस के मुताबिक़ हिंदुओं और आदिवासियों के बीच होने वाली यह मंद अन्योन्यक्रिया किसी भी तरह से उनके आदिवासीपन में क्रमभंग पैदा करने वाली नहीं थी। हिंदुओं के पर्वों में उनकी भागीदारी ने उन्हें हिंदू नहीं बनाया। इस तरह यह प्रक्रिया उनके इस्लाम और ईसाईयत क़बूल करने से भिन्न थी।

महापात्र बताते हैं कि हिंदू-आदिवासी अन्योन्यक्रिया के साथ-साथ देश के कई हिस्सों (ख़ासकर ओडीशा, मध्य प्रदेश, बिहार और असम) में आदिवासियों ने अपने राज्य स्थापित किये और उस प्रक्रिया में बाक़ायदा अपना हिंदूकरण भी किया। ओडीशा में जगन्नाथ सम्प्रदाय, लिंगराज सम्प्रदाय और कुछ अन्य क्षेत्रीय सम्प्रदायों की स्थापना और विकास में आदिवासियों का हाथ रहा है। इन सम्प्रदायों को हिंदुओं ने उत्साह से अपनाया है। शक्तिशाली आदिवासी क़बीलों द्वारा ख़ुद को क्षत्रिय घोषित करने और उस मान्यता को कर्मकाण्डीय स्वरूप देने के लिए ब्राह्मणों का इस्तेमाल एक जाना-माना तथ्य है।

भारतीय मानवशास्त्रीय विद्वत्ता ने आदिवासियों और हिंदुओं की जातिप्रथा के बीच अन्योन्यक्रिया का काफ़ी अध्ययन किया है। बी.के. रॉय-बर्मन, एल.पी. विद्यार्थी और वेरियर एल्विन जैसे अध्येताओं ने जनजातीय समूहों को चार या पाँच भागों में अपने-अपने हिसाब से वर्गीकृत किया है। इनमें ऐसे आदिवासियों की श्रेणियाँ भी शामिल हैं जिनका हिंदू समाज में पूरी तरह से विनियोग किया जा चुका है, या जो हिंदू समाज के प्रति सकारात्मक रुख़ रखते हैं, या जो ग्रामीण इलाक़ों में रहते हैं और जिनका पूरा या आधा रूपांतरण हो चुका है, या जो मैदानी समाज के सम्पर्क में भी हैं और जिन्होंने अपना आदिवासीपन नहीं छोड़ा है, या जिनका हिंदू समाज के निचले पायदान में विनियोग कर लिया गया है, या जो पूरी तरह से हिंदू हो चुके हैं। ज़ाहिर है कि इनमें ऐसे आदिवासियों की श्रेणियाँ भी शामिल हैं जो हिंदू बनने के लिए तैयार नहीं हैं और हिंदू समाज के प्रति नकारात्मक रुख़ रखते हैं।[77] इस मानवशास्त्रीय विद्वत्ता की आदिवासी विद्वानों की तरफ़ से आलोचना भी की गयी है। पर यह आलोचना भी मानती है कि 'सैद्धांतिक

---

[77] इस तरह के वर्गीकरण की क़वायद के लिए देखें, बी.के. रॉय-बर्मन (1983), 'ट्रांसफ़ॉर्मेशन ऑफ़ ट्रायब्ज़ ऐंड एनालोगस सोशल फ़ॉर्मेशन', *इकॉनॉमिक ऐंड पॉलिटिकल वीकली,* खण्ड 18, अंक 27; एल.पी. विद्यार्थी और बी.एल. राय (1977), द *ट्रायबल कल्चर इन इण्डिया,* कंसेप्ट पब्लिशिंग कम्पनी, नयी दिल्ली; वेरियर एल्विन (1944), द एबोरिजिनिल्स, ऑक्सफ़र्ड युनिवर्सिटी प्रेस, मुम्बई.

रूप से यह सम्भव है कि हिंदू धर्म का एक रूप और उसके संस्कार ग्रहण कर लिए जाएँ, और जाति के अर्थों में हिंदू समाज का अंग भी न बना जाए।'[78]

ज़ाहिर है कि यह वर्गीकरण बहसतलब है, लेकिन मानवशास्त्रीय साहित्य से दिये गये इन उद्धरणों का मक़सद यह बताना है कि संघ ने जब आदिवासियों के हिंदूकरण की कोशिश की तो वह कोई एकदम नयी कोशिश नहीं थी। ऐसी सामाजिक गुंजाइशें पहले से मौजूद थीं जिनमें संघ परिवार आदिवासियों को 'भव्य हिंदू परम्परा' के तहत लाने की परियोजना चला सकता था। इसके अलावा आधुनिकीकरण के साथ आदिवासियों की अन्योन्यक्रिया की प्रक्रिया में उनके भीतर हुए धार्मिक परिवर्तनों की उस भूमिका को भी नज़रअंदाज़ नहीं किया जा सकता जिसके कारण आदिवासी हिंदूकरण के प्रयासों के विरोध में तीखी प्रतिक्रिया नहीं करते।

संजय कुमार सिंह ने निमाड़ के भीलों पर किये गये अपने अध्ययन में दिखाया है कि बाहर से पड़ने वाले दबावों के प्रति आदिवासी अनुक्रिया उनकी अपनी सामाजिक संरचनाओं में हुए परिवर्तनों के मुताबिक़ तय होती है। अंग्रेज़ों के ज़माने में कपास-श्रमिकों के रूप में राजपूतों और मराठों के साथ अन्योन्यक्रिया के दौरान भीलों में कुछ नयी प्रवृत्तियाँ पैदा हुईं। इसी के साथ उनके बीच गायत्री परिवार, राधा स्वामी सम्प्रदाय और निवेली का कस्तूरबा कन्या आश्रम भी सक्रिय रहा। इन संस्थाओं ने भीलों के बीच दुल्हन देने के बदले क़ीमत वसूलने की प्रथा, शराबख़ोरी और मांसाहार के ख़िलाफ़ मुहिमें चलायीं। राज्य की संस्था द्वारा उजरती मजूरी पर भीलों को काम दिये जाने ने भी उनकी सामाजिक संरचनाओं पर असर डाला। इन प्रक्रियाओं ने आदिवासियों के बीच बाहर से पड़ने वाले धर्मांतरण के दबावों के प्रति आदिवासियों में स्वीकारोक्ति के पहलू पैदा किये।[79]

व्यावहारिक स्थिति यह है कि मध्य भारत के आदिवासी इलाक़ों में संघ के वनवासी कल्याण आश्रम को 'हिंदू आदिवासी' नामक श्रेणी बनी-बनाई तैयार

---

[78] वर्जीनियस खाखा (1999), 'ट्रांसफॉर्मेशन ऑफ़ ट्रायब्ज़ इन इण्डिया', *इकॉनॉमिक ऐंड पॉलिटिकल वीकली*, खण्ड 34, अंक 24 : 1519-1524.

[79] देखें, संजय कुमार सिंह (2009) द्वारा किया गया पश्चिमी निमाड़ के आदिवासियों का विस्तृत अध्ययन, 'कंसेप्चुअलाइज़ेशन रिलीजस चेंजेज़ एमंग भील्ज़ ऑफ़ वेस्ट निमाड़', धर्मेंद्र कुमार और यमुना सनी (सं.), 'प्रोसेलिटाइज़ेशन इन इण्डिया : द प्रोसेज़ ऑफ़ हिंदुआइज़ेशन इन ट्राइबल सोसाइटी', आकार, नयी दिल्ली : 37-111.

मिली जिसके आधार पर वह ईसाई मिशनरी प्रोजेक्ट के साथ होड़ कर सकता था। मसलन, छत्तीसगढ़ में संघ के काम की शुरुआत से पहले ही आदिवासियों के बीच प्रतिष्ठा प्राप्त गाहिरा गुरु (असली नाम रामेश्वर) के प्रभावी नेतृत्व में जशपुरनगर में ईसाईयत के प्रसार का विरोध हो रहा था। इस विरोध का आधार धार्मिक हिंदू अस्मिता ही थी, क्योंकि गाहिरा गुरु ने कुछ शिव मंदिरों और दुर्गा मंदिर की स्थापना भी की थी। इन मंदिरों के आसपास शिवरात्रि और रामनवमी के त्योहार आदिवासियों की भागीदारी के साथ ख़ूब ज़ोरशोर से मनाए जाते थे। संघ परिवार ने गाहिरा गुरु की लोकप्रियता का लाभ उठा कर बिना किसी विशेष दिक्क़त के बजरंग बली को आदिवासियों के देवता के रूप में प्रतिष्ठित कर दिया, और साथ में ईसाई मिशनरियों के ख़िलाफ़ हिंसा में भी उनका इस्तेमाल किया।[80] दक्षिण भारत के आदिवासी नज़ारे को देखने से भी इसका प्रमाण मिलता है। वायनाड के जंगलों में रहने वाले आदिवासियों को अपने प्रभाव के तहत लाने के लिए संघ ने वल्लियुरक्कवु मंदिर के इर्द-गिर्द कांफ्रेस आयोजित की जिसमें आदिवासियों ने बड़े पैमाने पर भाग लिया।[81]

दरअसल, देवरस ने यह परिवर्तन प्रस्तावित करके एक तरह से द्रष्टा की भूमिका निभायी। शुरू में उनका संगठन भी अपने सरसंघचालक की नयी बातों को आत्मसात् नहीं कर पाया। उसकी गतिविधियों में कई तरह के अंतर्विरोध और विरोधाभास पैदा हुए जो आज तक किसी न किसी रूप में अपनी अभिव्यक्ति करते रहते हैं। लेकिन, सत्तर और अस्सी के दशक में संघ की नीति-रीति में हुए इसी परिवर्तन के कारण यह हिंदुत्ववादी संगठन नब्बे के दशक में पिछड़े वर्ग को मिले आरक्षण के गर्भ से निकली राजनीति के मुक़ाबले टिक सका। जैसे ही संघ का अनुसूचित जाति प्रोजेक्ट शुरू हुआ और सामाजिक समरसता मंच की स्थापना हुई, वैसे ही वामपंथी और आम्बेडकरवादी 'समतामूलकता' के मुक़ाबले 'समरसता' की अभिव्यक्ति उभर आयी।

ध्यान रहे कि दीनदयाल उपाध्याय ने अपने साहित्य में 'समरसता' शब्द का इस्तेमाल नहीं किया है। *एकात्म मानववाद* में 'समता' और 'समानता' की

---

[80] सौम्या (2008), 'कम्युनलिज़म : नैरेटिव्ज़ इन छत्तीसगढ़', *इकॉनॉमिक ऐंड पॉलिटिकल वीकली,* खण्ड 43, अंक 2 : 38-44.

[81] टी.के. रामचंद्रन और पी.टी. जॉन (2005), 'द संघ परिवार्स इनीशिएटिव्ज़ इन द ट्राइबल बेल्ट ऑफ़ वायनाड इन केरल', आनंद तेलतुम्बड़े (सं.), वही : 300-304.

अवधारणाओं के बीच फ़र्क़ करते हुए कहीं-कहीं 'सर्वसमभाव' शब्द का इस्तेमाल किया गया है। 'समरसता' अंग्रेज़ी के शब्द 'हारमॅनी' के समकक्ष लगता है, और अस्सी के दशक की शुरुआत में इसके पहले प्रयोग का श्रेय ठेंगड़ी को दिया जा सकता है। आगे चल कर 'समरसता' का विचार नब्बे के दशक में आरक्षण के नाम पर की गयी सामाजिक न्याय की राजनीति की अनुक्रिया में ज़्यादा प्रचलित हुआ। समाज-वैज्ञानिकों के लिए समाजवादी/आम्बेडकरवादी 'समतामूलकता' और हिंदुत्ववादी 'समरसता' के द्वंद्व पर उसी तरह ध्यान देना ज़रूरी है जिस तरह उन्होंने बहुजन समाज पार्टी के संदर्भ में 'बहुजन' से 'सर्वजन' और 'ब्राह्मणवाद' से 'मनुवाद' की यात्रा का अर्थग्रहण करने की कोशिश की है।[82]

प्रश्न यह है कि सावरकर, हेडगेवार, गोलवलकर और उपाध्याय को *मनुस्मृति* प्रदत्त समाज व्यवस्था के एजेंट की तरह पेश करने वाले मध्यमार्गी विमर्श ने 1974 में ही दे दिये गये इस नीतिगत वक्तव्य की तरफ़ से आँखें क्यों और कैसे बंद कर लीं जो पहली नज़र में एक बहुत बड़ा विचारधारात्मक 'शिफ़्ट' प्रतीत होता है? मध्यमार्गी विमर्श के वाहक केवल इतना मानने के लिए तैयार हैं कि देवरस के कार्यकाल में संघ ने अनुसूचित जातियों को फुसला कर हिंदुत्व के दायरे में लाने के लिए कुछ व्यावहारिक और संगठनात्मक क़दम उठाए थे।[83] क्या ये क़दम किसी वैचारिक इंजीनियरिंग का परिणाम थे? इस सवाल से कतराते हुए ये बुद्धिजीवी यही मान कर संघ की विचारधारा का विश्लेषण करते हैं कि उसका हिंदू राष्ट्रवाद ब्राह्मणवादी समाज व्यवस्था की निरंतरता बनाए रखने के लक्ष्य से बँधा हुआ है, और कम से कम इस मामले में उसके भीतर परिवर्तन की कोई गुंजाइश नहीं है।[84]

---

[82] एक विचारधारात्मक पद के रूप में समरसता के महत्त्व की तरफ़ सुहास पल्शीकर ने इशारा किया है. वे कहते हैं कि इसके ज़रिये संघ समता (ईक्वलिटी) के बजाय एकता (यूनिटी) पर ज़ोर देना चाहता था. देखें, पल्शीकर (2005).

[83] इस संबंध में दो अपवाद मुझे दिखे. देखें, प्रलय क़ानूनगो (2002), *आरएसएसज़ ट्रिस्ट विद पॉलिटिक्स : फ्रॉम हेडगेवार टू सुदर्शन,* मनोहर, दिल्ली; और संदीप पेंडसे (2005) की रचना 'द दलित्ज़ ऐंड हिंदुत्व : गेनर्स ऐंड लूज़र्स', आनंद तेलतुम्बड़े (सं.), वही. क़ानूनगो ने अपनी रचना का एक पूरा अध्याय ही देवरस के योगदान पर ख़र्च किया है, पर वे भी देवरस के विमर्श संबंधी योगदान को रेखांकित करने में नाकाम रहे. वे देवरस को संघ नामक एक मशीन के परिणामवादी ऑपरेटर की तरह देखते हैं जिसने उस मशीन को कुशलतापूर्वक राजनीति में लगा दिया. पेंडसे इतना ज़रूर मानते हैं कि देवरस के बाद संघ दलितों और आदिवासियों को अपनी विचारधारा के मुताबिक़ समाज की पुनर्रचना के कार्यक्रम में शामिल करने के बारे में गम्भीर हो गया, लेकिन वे भी संघ की भीतरी पॉलिमिक्स में, देवरस निर्णायक हस्तक्षेप के महत्त्व को चिह्नित नहीं करते.

[84] देखें, आनंद तेलतुम्बड़े (सं.) (2005). इस पुस्तक के पहले हिस्से में कई एक्टिविस्टों और विद्वानों (जैसे, शम्सुल इस्लाम, गोपाल गुरु, संदीप पेंडसे, आनंद तेलतुम्बड़े, राम पुनियानी आदि) ने संघ की दलित परियोजना

नयी रीति-नीति और हिंदुत्ववादी क़तारों की बेचैनियाँ : तीसरे चरण का विकासक्रम दिखाता है कि 'समरसता' पर आधारित इस नयी रीति-नीति से संघ के भीतर उस समय तक कोई उथल-पुथल नहीं हुई जब तक उसे राजसत्ता में हिस्सेदारी के प्रश्न से नहीं निबटना पड़ा। विपक्ष की राजनीति और उसके आंदोलनकारी संस्करण में हितों के टकराव का मसला कहीं पृष्ठभूमि में स्थित रहता है, और जैसे विपक्ष को सत्ता मिलती है वैसे ही मिल-जुल कर सड़क पर नारे लगाने वाले 'प्रतिनिधित्व' के लहज़े में सोचने लगते हैं। आंदोलनगत एकताएँ सरकार में आने पर टूटने के अंदेशों से ग्रस्त हो जाती हैं। भाजपा के साथ भी यही हुआ। उसके भीतर चले द्विज और ग़ैर-द्विज के संघर्ष के कारण उत्तर प्रदेश में इस पार्टी को अपने पहले विभाजन के दुष्परिणामों का सामना करना पड़ा।

अस्सी के दशक से धीरे-धीरे परवान चढ़े रामजन्मभूमि आंदोलन को समरसता की राजनीति के लिहाज़ से दो भागों में बाँट कर देखा जाना चाहिए। पहला भाग वह था जब आडवाणी ने अपनी रथयात्रा की, उन्हें बिहार में गिरफ़्तार किया गया और विश्वनाथ प्रताप सिंह की सरकार से भाजपा ने समर्थन वापस ले लिया। बड़े पैमाने पर जिन कारसेवकों ने अयोध्या पर आक्रमण किया और जिनके ऊपर मुलायम सिंह के मुख्यमंत्रित्व में सीआरपी ने गोली चलाई, उनमें समाज की कमज़ोर जातियों के पुत्रों की काफ़ी संख्या थी। जिन साध्वियों ने इस गोलबंदी में प्रमुख भूमिका निभाई, उनमें एक उमा भारती भी थीं जो मध्य प्रदेश के लोधी समुदाय से आयी थीं। दूसरी साध्वी ऋतम्भरा पंजाब के हलवाई परिवार की थीं। इस आंदोलन की सबसे ज़्यादा जुझारू भुजा की भूमिका निभा रहे बजरंग दल की कमान कुर्मी जाति के विनय कटियार के हाथों में थी। गोरखनाथ पीठ के महंत अवैद्यनाथ स्वयं तो राजपूत जाति के थे, पर ऐतिहासिक रूप से उनकी पीठ की मान्यता पिछड़ी और अनुसूचित जातियों में थी। अवैद्यनाथ की अयोध्या आंदोलन में भूमिका भी इन जातियों को आंदोलन से जोड़ने वाली रही। इस दौरान हुई सामाजिक-राजनीतिक गोलबंदी के प्रभाव में भाजपा को 1990 में हुए उप्र विधानसभा चुनावों में पूर्ण बहुमत मिला। उप्र में भाजपा की सरकार का नेतृत्व दीनदयाल उपाध्याय द्वारा बनाई गयी द्विज-पिछड़ा एकता के गर्भ से निकले कल्याण सिंह को मिला।

की विचारधारात्मक जाँच की है. तेलतुम्बड़े और बद्री नारायण की रचनाओं की समीक्षाओं को पढ़ने से भी लगता है कि विद्वानों की निगाह में संघ के आदिवासी और अनुसूचित जातियों के बीच में किये जा रहे समाज सुधारनुमा राजनीतिक काम की सफलता संदिग्ध रही है.

निश्चित रूप से नब्बे के दशक की शुरुआत में भाजपा की राजनीति के लिए पिछड़े वर्गों के लिए आरक्षण की घोषणा एक चुनौती की तरह थी। मध्यमार्गी विमर्श को यह तो दिखता है कि उसने इस चुनौती का सामना करने के लिए रामजन्मभूमि आंदोलन के ज़रिये जन-गोलबंदी की समांतर रणनीति अपनायी। लेकिन यह विमर्श उस पहलू को रेखांकित नहीं करता जिसके मुताबिक़ रामजन्मभूमि आंदोलन भी इस आत्मसंघर्ष का एक आयाम था। सरकार के शपथ लेते ही यह आंदोलन अपने दूसरे दौर में पहुँच गया। सत्ता के बँटवारे के प्रश्नों ने भाजपा के भीतर एक आत्मसंघर्ष की शुरुआत कर दी। इसे 'द्विज लॉबी बनाम समरसता लॉबी' का नाम दिया जा सकता है। इस सिलसिले में किया गया एक दुर्लभ अवलोकन द्रष्टव्य है :

> अप्रैल, 1992 से ही अयोध्या आंदोलन के दूसरे चरण ने ज़ोर पकड़ा। एक तरफ़ अयोध्या मुद्दे पर निर्णायक क़दम उठाने के लिए विश्व हिंदू परिषद का दबाव बढ़ा तो दूसरी तरफ़ भाजपा के भीतर अगड़ों-पिछड़ों की खींचतान बढ़ी। अयोध्या आंदोलन साम्प्रदायिकता और धर्मनिरपेक्षता का ही संघर्ष नहीं था। यह उत्तर भारत की सत्ता में अगड़ों और पिछड़ों की हिस्सेदारी का संघर्ष भी था। भारतीय जनता पार्टी भले ही इस संघर्ष में साम्प्रदायिकता का खुल्लमखुल्ला पक्ष लेकर धर्मनिरपेक्षता की दुविधा से उबर गयी हो, पर अगड़ों-पिछड़ों के संघर्ष में वह (जाने-अनजाने) हमेशा फँसी रही।[85]

हक़ीक़त यह है कि जिस समय भाजपा रामजन्मभूमि आंदोलन की राजनीतिक फ़सल काट रही थी, उस समय उसकी उत्तर प्रदेश इकाई में अगड़ा-पिछड़ा संग्राम जारी था। इसमें मुरली मनोहर जोशी, गोविंदाचार्य और कल्याण सिंह जैसे नेता आपस में भिड़े हुए थे। तत्कालीन महासचिव गोविंदाचार्य के नेतृत्व में एक पक्ष 'समरसता' के आग्रह के साथ 'सोशल इंजीनियरिंग' के पक्ष में था ताकि 'भाजपा की पूरे समाज में पैठ' हो सके और उसके भीतर 'चाल, चेहरा, चरित्र' के स्तर पर बदलाव हो सके। व्यावहारिक रूप से इसका मतलब यह था कि पिछड़ों को अधिकाधिक टिकट देना। इसके उलट मुरली मनोहर जोशी 'एकात्म मानववाद' का हवाला देते हुए इस रवैये को 'पार्टी विचारधारा और सिद्धांतों के प्रतिकूल' बता रहे थे।[86]

---

[85] देखें, अरुण कुमार त्रिपाठी (1997), *कल्याण सिंह : एक राजनीतिक अध्ययन*, 'आज के नेता : राजनीति के नये उद्यमी' शृंखला (सं. अभय कुमार दुबे), राजकमल प्रकाशन, नयी दिल्ली : 83.

[86] संघ परिवार के भीतर चलने वाली सैद्धांतिक बहसें किसी पूर्व-स्थापित सिद्धांत का स्पष्ट खण्डन किये बिना चलती हैं. इसीलिए एकात्म मानववाद के बुनियादी तर्क देवरस द्वारा खण्डन कर दिये जाने के बावजूद इस थीसिस की साख स्वयंसेवकों के बीच अभी क़ायम है और द्विज जातियों से आये नेताओं और कार्यकर्ता इसे अपने पक्ष में इस्तेमाल करते रहते हैं.

'समरसता' का विचार संघ परिवार की आरक्षण संबंधी दृष्टि में शुरू से ही झलकता है। 1990 में जैसे ही विश्वनाथ प्रताप सिंह ने आंतरिक राजनीति के दबावों का सामना करने के लिए पिछड़े वर्गों को मण्डल रपट के आधार पर आरक्षण दिया, संघ के मुखपत्र *ऑर्गनाइज़र* ने इस क़दम की जो आलोचना की वह भाजपा की भविष्य की राजनीति की तरफ़ इशारा करने वाली थी। इस पत्र ने वी.पी. सिंह को 'कुछ समृद्ध पिछड़ी जातियों का दलाल' ठहराते हुए कहा कि भारत के मण्डलीकरण की असली लाभार्थी यही जातियाँ होंगी। शुरुआती दुविधा ज़रूर रही, पर भाजपा ने मण्डल कमीशन की सिफ़ारिशों का समर्थन करने में ज़्यादा वक़्त नहीं गँवाया।[87] 1991 में भाजपा ने अपनी आरक्षण संबंधी नीति तैयार कर ली। उसने प्रस्तावित किया कि आरक्षण का उद्देश्य पिछड़े वर्गों के बीच ग़रीबों को लाभ पहुँचाने पर होना चाहिए, और साथ में ऊँची जातियों को भी आर्थिक आधार पर आरक्षण देने के बारे में सोचा जाना चाहिए।[88] दरअसल, 'समरसता' का विचार 'ब्राह्मणवाद बनाम अनुसूचित जाति+पिछड़े' के विचार से हट कर एक 'द्विज+अनुसूचित जाति+पिछड़ा' के तर्ज़ पर हिंदू-एकता कल्पित करता है। यह एक ऐसे प्रत्यय की तरफ़ इशारा करता है जिसमें विशेष अवसरों का उसूल ख़ास तौर पर पिछड़ों और अनुसूचित जातियों के लिए (उनमें भी ग़रीबों के लिए विशेष तौर पर) और आम तौर पर समग्र हिंदू समाज के लिए उपलब्ध कराने का आग्रह है। मध्यमार्गी विमर्श करता यह है कि वह भाजपा के इस दृष्टिकोण को समाजवादी विचार और आम्बेडकरवाद से प्राप्त अपनी ब्राह्मणवाद विरोधी कसौटी पर कस कर छल का नाम दे देता है, और इस तरह यह देखने से चूक जाता है कि उत्तर भारत में भाजपा शुरू से ही पिछड़ों में भी अति-पिछड़ों और अनुसूचित जातियों में भी अति-अनुसूचित जातियों की पार्टी बन कर उभरना चाहती थी। इसके पीछे साठ के दशक की राजनीतिक व्यावहारिकताएँ भी थीं। पिछड़ों-अनुसूचित जातियों के राजनीतीकरण की

[87] देखें, 16 सितम्बर, 1990 का *ऑर्गनाइज़र*, खण्ड 42, अंक 6. पिछड़ों को आरक्षण की घोषणा होते ही भाजपा को लगा कि वह मुश्किल में फँस गयी है. उसे ऊँची जातियों के वोट भी चाहिए थे (जो मण्डल के ख़िलाफ़ खड़े थे) और पिछड़ी जातियों (जो मण्डल के लाभार्थी थे) के भी. वी.पी. सिंह की घोषणा का विरोध करने पर वह पिछड़ों का समर्थन खो सकती थी, और उसका स्वागत करने पर ऊँची जातियों का. ऐसे मुश्किल समय में भाजपा के कई ओबीसी सांसदों ने पार्टी के आलाकमान को सफलतापूर्वक समझाया कि उसे रपट का सीधा विरोध नहीं करना चाहिए.

[88] देखें, भाजपा द्वारा 1991 में प्रकाशित दस्तावेज़ *मिड टर्म पोल टू लोकसभा, मई 1991 : अवर कमिटमेंट टुवर्ड्स रामराज्य*, नयी दिल्ली.

प्रतियोगिता में पिछड़ों की सबसे मज़बूत जाति यादव समाजवादियों के हिस्से में और अनुसूचित जातियों में सबसे मज़बूत जाति जाटव आम्बेडकरवादियों के हिस्से में आयी थी। हिंदुत्ववादी गोलबंदी के लिए भारतीय जनसंघ और भाजपा को ग़ैर-यादव और ग़ैर-जाटव ही उपलब्ध थे और आज भी स्थिति यही है।

बहरहाल, नब्बे के दशक में चले भाजपाई आत्मसंघर्ष पर गहरी नज़र डालने से स्पष्ट हो जाता है कि हिंदुत्व के दायरे में पिछड़ों-अनुसूचित जातियों को लाने की भाजपाई परियोजना रुक-रुक कर और झटके खाते हुए बढ़ी। उप्र में भाजपा की चुनाव समितियों में होने वाली बहसें बताती हैं कि पार्टी हर क़दम पर द्विजों और शूद्र जातियों के बीच आदर्श संतुलन प्राप्त करने की कोशिश करती रही।[89] इसमें उसे कभी कामयाबी मिली, तो कभी नहीं। लेकिन उसने इस प्रयास को कभी बंद नहीं किया। द्विज लॉबी ने एकाधिक बार जीत हासिल की, पर उसकी विजय कभी स्थायी नहीं रह पायी।

उत्तर प्रदेश में पिछड़ी जातियों और अनुसूचित जातियों की राजनीतिक गोलबंदी का अध्ययन करने वाले अनिल कुमार वर्मा के अनुसार 1989 से 1996 के बीच भाजपा के विधायकों में पिछड़े वर्गों की उपस्थिति लगातार बढ़ी। 1985 में जहाँ उसके विधायक दल में ओबीसी के नाम पर केवल यादव और लोधी मिला कर कुल पाँच विधायकों की मौजूदगी थी, उसके बाद 1996 में 36 ओबीसी विधायकों में नौ पिछड़ी जातियाँ (यादव, कुर्मी, लोधी, गूजर, केवट, काछी, सैथवार, गड़रिया और राजभर) अपनी नुमाइंदगी दिखा रही थीं। इनमें यादवों की संख्या सबसे कम और कुर्मियों और लोधियों की संख्या सबसे ज़्यादा थी।[90] 1998 में भाजपा के चुनावी जनाधार का एक मानचित्र बताता है कि भाजपा को मिले प्रत्येक सौ वोटों में 13 वोट ब्राह्मणों के, 15 राजपूतों के, 17 अन्य ऊँची जातियों के, तीन यादवों के, 30 ग़ैर-यादव पिछड़ी जातियों के, आठ अनुसूचित जातियों के और दस अन्य समुदायों के थे।[91] भाजपा की चुनावी हिंदू-एकता का

---

[89] इस जद्दोजहद के एक नमूने के लिए देखें, अरुण कुमार त्रिपाठी (2097), वही : 32-35, देखें, अध्याय 'संघ परिवार के गृह युद्ध में'.

[90] अनिल के. वर्मा (2007), 'बैकवर्ड क्लास पॉलिटिक्स इन उत्तर प्रदेश : एन एनालैसिस ऑफ़ द समाजवादी पार्टी', सुधा पै (सं.), *पॉलिटिकल प्रॉसेस इन उत्तर प्रदेश : आइडेंटिटी, इकॉनॉमिक रिफ़ॉर्म्स ऐंड गवर्नेंस*, पियर्सन लोंगमेन, नयी दिल्ली : 157-190.

[91] स्रोत, नैशनल इलेक्शन सर्वे 1998 (एनईएस 1998), आँकड़ा एकांश, विकासशील समाज अध्ययन पीठ (सीएसडीएस), दिल्ली.

यह नज़ारा बताता है कि उस समय तक भाजपा की चुनावी जीत ऊँची जातियों और ग़ैर-यादव पिछड़ों के भरपूर समर्थन के बिना नामुमकिन थी। इस समर्थन आधार को और पुख़्ता करने के लिए 2001 में राजनाथ सिंह के मुख्यमंत्रित्व में भाजपा ने मौजूदा ओबीसी आरक्षण में अति-पिछड़ों को विशेष आरक्षण देने का नियोजित प्रयास किया। हुकुम सिंह कमेटी गठित की गयी। इसके तहत पंचायत स्तर पर इन जातियों की गणना के रजिस्टर बनाए जाने लगे। यह देख कर यादव नेताओं का माथा ठनका। मामला अदालत में गया और अनुसूचित जातियों और जनजातियों को छोड़ कर जातिगत जनगणना न करने के आग्रह के कारण फ़ैसला इसके ख़िलाफ़ आया।

ऊपर दिये गये आँकड़ों से ज़ाहिर है कि नब्बे के दशक की उत्तर प्रदेशीय राजनीति में अनुसूचित जातियों के वोट भाजपा को गिने-चुने ही मिलते थे। इसका कारण था नब्बे का पूरा दशक भाजपा द्वारा मुलायम सिंह यादव को सत्ता में आने से रोकने के लिए बहुजन समाज पार्टी से चुनाव-उपरांत गठजोड़ करते हुए गुज़ारना। बावजूद इसके कि भाजपा नब्बे के दशक के उत्तरार्ध में अनुसूचित जातियों को, ख़ासकर ग़ैर-जाटव अनुसूचित जातियों को संगठन के विभिन्न पदों पर बैठाने लगी थी, अनुसूचित जाति राजनीतीकरण की प्रक्रिया पर जाटव समुदाय ही हावी था और उनकी पहली पसंद बहुजन समाज पार्टी थी। लेकिन, मानना पड़ेगा कि संघ परिवार अनुसूचित जातियों के बीच लगातार अपनी ज़मीन बनाने का प्रयास कर रहा था। सत्तर और अस्सी में किये गये प्रयासों (जिनका ज़िक्र ऊपर किया जा चुका है) से परे जाते हुए नब्बे के दशक में संघ परिवार ने अपनी राजनीति में अनुसूचित जातियों की भागीदारी सुनिश्चित करने के अधिक ठोस प्रयास करने शुरू किये।

1989 में विश्व हिंदू परिषद ने अयोध्या में प्रस्तावित राम मंदिर का शिलान्यास कामेश्वर चौपाल से कराया जो अनुसूचित जाति के थे। धीरे-धीरे संघ के प्रोत्साहन से 'हिंदू चर्मकार जाति', 'हिंदू वाल्मीकि जाति', और 'हिंदू खटीक जाति' के इतिहास को पेश करने वाला साहित्य रचा जाने लगा। बद्री नारायण ने अपनी एक रचना में विस्तार से दिखाया है कि किस तरह भाजपा ने अनुसूचित जातियों की सामुदायिक और स्थानीय स्मृतियों, लोकगाथाओं, प्रतीकों, मिथकों और वाचिक इतिहास के केंद्र में स्थित नायकों को हिंदू धर्म के संरक्षकों की तरह पेश करने की परियोजना चलायी। इस इतिहास-लेखन के पीछे

अनुसूचित जाति समाज को हिंदू समाज से अलग करके दिखाने वाले विमर्श की काट साफ़ दिखाई पड़ रही थी।[92] ख़ास बात यह है कि अनुसूचित जातियों के बीच पहले से सक्रिय आम्बेडकरवादियों और ईसाई मिशनरियों के साथ प्रतियोगिता करने वाली इस ताक़त को तेज़ी के साथ सफलता प्राप्त हुई। विश्व हिंदू परिषद (विहिप) ने अपने कार्यकर्ताओं को हिदायत दी कि हर कार्यकर्ता कम से कम एक अनुसूचित जाति परिवार के साथ दोस्ती करके उसके साथ समरस हो जाए। इसी के साथ-साथ भाजपा ने बड़े पैमाने पर ग़ैर-जाटव अनुसूचित जाति नेताओं को अपनी ओर खींचने की मुहिम भी शुरू कर दी।

मनुस्मृति के कारागार में बंद मध्यमार्गी विमर्श

निबंध के इस हिस्से का पटाक्षेप करने से पहले मध्यमार्गी विमर्श द्वारा अपनी समझ बनाने की बौद्धिक शैली पर ग़ौर करना भी ज़रूरी है। इस जाँच की शुरुआत गंगाधरन की कृति से की जा सकती है। चूँकि उन्हें संघ के पुनरुत्थानवाद का रिश्ता बालगंगाधर तिलक के विचारों के साथ जोड़ना था, इसलिए उन्होंने अफ़ज़ल खान के शिवाजी द्वारा किये गये वध के समर्थन में तिलक के एक उद्धरण का इस्तेमाल कर डाला। जबकि असलियत यह थी कि टी.वी. पारवते द्वारा लिखित तिलक की जिस जीवनी से यह उद्धरण लिया गया था, उसमें जीवनी-लेखक ने इसका इस्तेमाल तिलक को इस आरोप से बचाने के लिए किया था। तिलक के मत्थे यह संदिग्ध उद्धरण अंग्रेज़ लेखक वैलेंटाइन शिरोल ने अपनी पुस्तक द *इण्डियन अनरेस्ट* में अनाम स्रोत के हवाले से मढ़ा था। पारवते ने इसका इस्तेमाल इसलिए किया कि वे इसका खण्डन कर सकें, और दो पृष्ठों के बाद ग़लतफ़हमी ख़त्म करने के लिए इसी विषय पर तिलक के सही उद्धरण का उल्लेख भी किया। लेकिन, गंगाधरन ने अंग्रेज़ लेखक के अनाम स्रोत वाले उद्धरण का इस्तेमाल पसंद किया, क्योंकि वह उनकी पहले से बनाई

[92] इस तरह के इतिहास-लेखन का एक नमूना भाजपा के अनुसूचित जाति नेता विजय सोनकर शास्त्री की तीन पुस्तकों के सितम्बर, 2014 में लोकार्पण के तौर पर देखा जा सकता है. इनकी भूमिकाएँ सुरेश सोनी, कृष्ण गोपाल और सुरेश सोनी जैसे संघ के वरिष्ठ पदाधिकारियों द्वारा लिखी गयी हैं. भाजपा में रामविलास पासवान और उदित राज जैसे ग़ैर-जाटव नेताओं के आने का अनुसूचित जाति समाज में संदेश यह गया कि संख्याबल में कहीं कमज़ोर अनुसूचित जातियों के पास जाटव-प्रभुत्व वाली बहुजन समाज पार्टी के अलावा भी एक बड़ा राजनीतिक मुक़ाम है. देखें, बद्री नारायण (2009), *फ़ेसिनेटिंग हिंदुत्व : सैफ़्रन पॉलिटिक्स ऐंड दलित मोबिलाइज़ेशन,* सेज पब्लिकेशंस, नयी दिल्ली.

गयी थियरी में फ़िट हो रहा था। इससे पहले गंगाधरन मौलाना मुहम्मद अली द्वारा तिलक के विचारों की आलोचना का उद्धरण भी पेश करते हैं, लेकिन इस तथ्य को सुविधापूर्वक नज़रअंदाज़ कर जाते हैं कि मौलाना मुहम्मद अली ने बाद में तिलक बारे में अपनी यह धारणा वापिस ले ली थी, और उनकी देशभक्ति की त्रुटिपूर्ण व्याख्या करने के लिए खेद तक व्यक्त किया था।

गंगाधरन ने संघ के पुनरुत्थानवाद को 'चितपावन ब्रांड' का भी क़रार दिया। (यह जानना दिलचस्प होगा कि जी.पी. देशपाण्डे के अनुसार संघ का कोई भी सरसंघचालक चितपावन ब्राह्मण नहीं था। हेडगेवार तेलुगु ब्राह्मण थे और गोलवलकर और देवरस खरड़ ब्राह्मण थे, राजेंद्र सिंह क्षत्रिय थे, सुदर्शन संकेती ब्राह्मण थे और भागवत दैवैंद्र ब्राह्मण हैं)। इस हक़ीक़त की परवाह किये बिना गंगाधरन ने चितपावन ब्राह्मणों को पैदाइशी प्रतिक्रियावादी घोषित कर दिया, बावजूद इस तथ्य के कि महाराष्ट्र के साम्यवादी और समाजवादी आंदोलन के नेतृत्व में भी कई चितपावन ब्राह्मण रहे हैं। गंगाधरन की थीसिस का बुनियादी विरोधाभास उस समय उजागर हो जाता है जब वे दावा करते हैं कि पश्चिमी भारत में अपना उद्गम होने के कारण चितपावन ब्राह्मण उस हिंदुस्तान से ताल्लुक़ नहीं रखते जो भारत का मर्म है, और इसीलिए उन्हें हिंदू विश्व-दृष्टि का प्रवक्ता बनने का कोई अधिकार नहीं है। यह कह कर वे एक तरह से संघ की उसी थीसिस का समर्थन कर देते हैं जो भारत को अपनी पुण्य-भूमि न मानने वाले धर्मों को भारत की सच्ची नुमाइंदगी के अधिकार से वंचित करती है।

गंगाधरन द्वारा डाली गयी परम्परा पर चलते हुए संघ के विचार को आद्योपांत *मनुस्मृति* की संतान बताने की ज़िद पूरी करने के लिए इस विमर्श के कुछ (सभी नहीं) पैरोकारों द्वारा खाई गयीं बौद्धिक कलाबाज़ियाँ और भी चौंका देने वाली हैं।[93] मसलन, गोलवलकर और संघ के अन्य लेखक जिस विराट पुरुष से वर्णाश्रम आधारित समाज-व्यवस्था की पैदाइश दिखाते हैं, उसके

---

[93] ऐसा लगता है कि संघ पर उपलब्ध आलोचनात्मक साहित्य को दो भागों में बाँट कर देखना होगा. पहले हिस्से में उन लेखकों को रखना होगा जो संघ की राजनीति के गम्भीर अध्येता हैं, जैसे क्रिस्टॉफ़ जैफ्रेलो, थॉमस ब्लूम हेंसन, जॉन ज़ॉवोस, वाल्टर एंडरसन, श्रीधर दामल, ऐजाज़ अहमद आदि. इन विद्वानों ने अपने विमर्श में संघ को *मनुस्मृति* के डण्डे से पीटने की कोशिश नहीं की है. एक तरह से इनकी रचनाओं में इस पहलू का ज़िक्र ही नहीं है. दूसरे हिस्से में एक्टिविस्ट-लेखक आते हैं, जैसे शम्सुल इस्लाम, ओ.पी. जायसवाल और सुभाष गाताडे इत्यादि. इन लोगों का ज़ोर यही दिखाने पर है कि संघ जिस भारत की रचना करना चाहता है वह मनु के प्रावधानों के मुताबिक़ ही होगा.

लिए *ऋग्वेद* के पुरुषसूक्त का हवाला दिया गया है और उद्धरण भी उसी श्लोक का है। दिलचस्प यह है कि संघ विरोधी साहित्य में इस वास्ते कहीं भी *ऋग्वेद* की आलोचना नहीं मिलती। वर्णाश्रम के लिए ज़िम्मेदार *मनुस्मृति* को ठहराया जाता है। हम जानते हैं कि पाँच हज़ार पुराना ऋग्वेद और बाईस सौ साल पुराना यह स्मृति-ग्रंथ एक-दूसरे का पर्याय नहीं हैं। *ऋग्वेद* की कल्पनाशीलता में वर्णों की पदानुक्रमता नहीं ढूँढ़ी जा सकती, और वहाँ कोई दण्ड-विधान तो है ही नहीं। ज़ाहिर है कि संघ विरोधी विमर्श को *ऋग्वेद* की आलोचना करने में काफ़ी दिमाग़ खपाना पड़ सकता था। ऊपर से मुश्किल यह भी है कि कुछ मार्क्सवादियों तक ने ऋग्वेद की यह कह कर प्रशंसा कर रखी है कि वह ब्राह्मणों की नहीं बल्कि शिल्पी वर्ग की रचना है; जबकि बौद्ध हंता पुष्यमित्र शुंग के काल में लिखवाई गयी *मनुस्मृति* एक आसान निशाना है और उसकी आलोचना आम्बेडकर की मेहरबानी से संघ के आलोचकों को तैयारशुदा उपलब्ध है।

दूसरे, इन पैरोकारों को इस कथन का हवाला देना बहुत पसंद है : '*मनुस्मृति* वह पवित्र पुस्तक है, जो वेदों के बाद हमारे हिंदू राष्ट्र में सर्वाधिक पूजनीय है और जो प्राचीन काल से ही हमारे सांस्कृतिक रीति-रिवाजों, हमारे विचारों तथा कर्मों का आधार बन गयी। सदियों से इस पुस्तक ने हमारे राष्ट्र के आध्यात्मिक और दैवी पथ के लिए दिशा-निर्देश निर्मित किये हैं। आज भी करोड़ों हिंदू अपने जीवन और क्रियाकलाप में जिन नियमों का पालन करते हैं, वे *मनुस्मृति* पर ही आधारित हैं। आज *मनुस्मृति* ही हिंदू क़ानून है। यह बुनियादी बात है।' संघ की आलोचना करने वाली कई रचनाओं में यह कथन उद्धृत मिलता है। यह किसका कथन है? एक ऐसा लेख, जिसमें दावा किया गया है कि उसके सभी उद्धरण गोलवलकर की दोनों रचनाओं (*बंच ऑफ़ थॉट्स* और *वी ऑर अवर नेशनहुड डिफ़ाइंड*) से लिए गये हैं, इस कथन का श्रेय सावरकर और गोलवलकर दोनों को देता है (पता नहीं, एक कथन दो व्यक्तियों का कैसे हो सकता है?)। जो भी हो, संघ का पर्दाफ़ाश करने का दावा करने वाली कुछ अन्य रचनाओं में यह सावरकर के कथन की तरह प्रकट होता है। पाद टिप्पणी देखने पर पता लगता है कि इसे *सावरकर समग्र* के दूसरे खण्ड में संकलित लेख 'मनुस्मृति में महिलाएँ' शीर्षक लेख से लिया गया है।

असलियत यह है कि यह कथन गोलवलकर का नहीं है, और न ही उन्होंने

इसका कहीं हवाला दिया है। सावरकर ने भी इसे *मनुस्मृति* की संस्तुति के उद्देश्य से नहीं लिखा था। 1933 में सावरकर ने गणेशोत्सव और नवरात्रि के दौरान नौ दिन तक इस स्मृति-ग्रंथ पर व्याख्यान दिये थे जो एक चार खण्डीय लम्बे लेख की तरह उनके समग्र के चौथे खण्ड में संकलित हैं। ऊपर उद्धृत पंक्तियों से ही यह लेख शुरू होता है, और अगर इन्हें पूरी रचना से काट कर अलग से पढ़ा जाए (जैसा कि हिंदुत्व के आलोचकों का मक़सद भी है) तो सावरकर *मनुस्मृति* के समर्थक की तरह उभरते हैं। मुझे तो लगता है कि इन आलोचकों ने लेख पढ़ने की जहमत ही नहीं उठाई है। अगर पढ़ा होता तो उन्हें आसानी से दिख जाता कि सावरकर ने अपनी विशिष्ट विवादात्मक (पॉलिमिकल) शैली में चालीस से ज़्यादा पृष्ठों में *मनुस्मृति* के श्लोक उद्धृत करके उनका मतलब बताते हुए इस ग्रंथ के विरोधाभासों और अंतर्विरोधों को न केवल रेखांकित किया है, बल्कि हिंदू समाज के लिए उसकी लगभग अनावश्यकता प्रमाणित कर दी है। सावरकर का मक़सद यह बताना था कि यह पुस्तक दैवी नहीं, बल्कि मानवरचित और ऐतिहासिक है। इसके नियम सर्वकालीन उपयोगिता (सावरकर इसके लिए त्रिकालबद्धता जैसा शब्द इस्तेमाल करते हैं) की कसौटी पर खरे नहीं उतरते। आज के ज़माने में *मनुस्मृति* के मुताबिक़ जीवन गुज़ारना असम्भव है। अगर *मनुस्मृति* के कुछ अंश आज की समस्याओं के हल का रास्ता सुझाते हैं, तो भी उन्हें इसलिए नहीं स्वीकार किया जाना चाहिए कि वे किसी प्राचीन ग्रंथ के निर्देश हैं और उनका अतिक्रमण नहीं किया जा सकता। साथ में सावरकर ने यह भी कहा कि *मनुस्मृति* की हास्यास्पद और हानिकारक बातों को दरकिनार किया जाना चाहिए।

ख़ास बात यह है कि सावरकर सारी आलोचना करने के बावजूद *मनुस्मृति* के प्रति तिरस्कारपरक भाषा का इस्तेमाल नहीं करते। वे इस स्मृति-ग्रंथ की प्रशंसा से शुरू करते हैं, और मनु महाराज की स्तुति से लेख ख़त्म करते हैं। पर उनका निष्कर्ष है :

> जो शब्दनिष्ठ सनातनी यह मानते हैं कि मनु का प्रत्येक अक्षर सत्य ही है, वह स्मृति सुसंगत ही है, उन्हें उसके अंतर्गत सैकड़ों सम्पूर्ण अनेकानेक विरुद्ध श्लोकों का समन्वय लगाते समय नाकों दम आ गया और अंत में प्रत्येक आलोचक यद्यपि *मनुस्मृति* का श्लोक परिवर्तित नहीं करता, फिर भी उनका अर्थ घुमा कर एक-एक नयी *मनुस्मृति* लिखता है। यह कहते हुए कि *मनुस्मृति* में मांसाशन धर्मसम्मत है, ब्राह्मणों की कुछ जातियाँ मांस भक्षण करती हैं। कुछ लोग मांस भक्षण वर्ज्य, परंतु

मछलियाँ खाना धर्मसम्मत, अतः मनु के नाम पर मछली खाते हैं। कुछ लोग मनु के नाम पर दोनों वर्ज्य समझ कर शाकाहारी भोजन करते हैं। इस प्राचीन परम्परा का आज भी निर्वाह करते हुए कोई मनु के नाम पर अनुलोम विवाह अधर्म समझा है तो कोई मनु के नाम पर आज भी प्रतिलोम विवाह 'शास्त्रोक्त' समझ कर वैश्य को ब्राह्मण कन्या देता है। इस तरह बेचारे मनु के प्रत्येक शब्द की खींचातानी हो कर आज भी *मनुस्मृति* के श्लोकों की एक ही पाण्डुलिपि होते हुए उसके अर्थ की पाँच सौ *मनुस्मृतियाँ* बनाई हैं।[94]

यह उद्धरण दिखाता है कि सावरकर की शैली लम्बे-लम्बे वाक्यों वाली मराठी है जिसका हिंदी में अनुवाद किया गया है। यह भाषा संस्कृतनिष्ठ होगी ही, क्योंकि हिंदी के अलावा अन्य सभी भाषाएँ कहीं अधिक संस्कृतनिष्ठ हैं। संघ के आलोचकों में ज़्यादातर अंग्रेज़ीदाँ हैं जो इस तरह की भाषा में अंतर्निहित कटाक्ष इत्यादि पर दिमाग़ खपाना पसंद नहीं करेंगे। ऊपर हम देख चुके हैं कि ऐजाज़ अहमद जैसे बुद्धिजीवी तो यहाँ तक कहते हैं कि संघ परिवार के विवेकहीन दस्तावेज़ों में शब्द भूसे की तरह भरे हुए हैं। शायद इसीलिए हिंदी में छपे संघ-विरोधी साहित्य में भी उक्त उद्धरण को मूल से न लेकर अंग्रेज़ी अनुवाद से अनुवाद कर लिया गया है। संघ के आलोचकों को यह भी समझना होगा कि उन नेताओं और सिद्धांतकारों का साहित्य कैसे पढ़ा जाए जो हिंदू-एकता के लक्ष्य के प्रति समर्पित हैं। ये लोग (सावरकर, गोलवलकर, देवरस, उपाध्याय आदि) धर्मशास्त्रों की निंदा नहीं कर सकते। वे उनकी आलोचना एक इनसाइडर की तरह करते हैं, जबकि हम वह आलोचना आउटसाइडर की तरह तिरस्कारपूर्ण और ख़ारिज करने वाली मुद्रा में करते हैं। इन दस्तावेज़ों में ही कहीं वह शिफ़्ट छिपा होता है जो हिंदुत्व की राजनीति को परम्परानिष्ठता से अपनी तरह की हिंदू छाप वाली आधुनिकता की तरफ़ ले जाता है। इन्हीं दस्तावेज़ों में बहुमत वाले लोकतंत्र को बहुसंख्यकवादी लोकतंत्र में बदलने का कौशल छिपा हुआ है। इन्हीं दस्तावेज़ों में वह कला है जो संविधान को अपना एकमात्र धर्मशास्त्र कहने वाले को उसके पीछे छिप कर हिंदू राष्ट्र बनाने का मौक़ा देती है।

लेकिन, संघ के ख़िलाफ़ लिखने वाले लेखक बार-बार सरलीकृत ढंग से दावा करते हैं कि संघ संविधान को हटा कर *मनुस्मृति* को उसकी जगह देना चाहता है। इसे साबित करने के लिए संघ के मुखपत्र *ऑर्गनाइज़र* (30 नवम्बर, 1949)

---

[94] देखें, *सावरकर समग्र* (2000), 'मनुस्मृति में महिलाएँ', प्रभात प्रकाशन, दिल्ली, खण्ड 4 : 457-58.

में छपे एक सम्पादकीय का ख़ूब हवाला दिया जाता है। इस सम्पादकीय में कहा गया था : 'लेकिन हमारे संविधान में प्राचीन भारत के अनूठे संवैधानिक विकास का कोई ज़िक्र नहीं है। मनु के क़ानून स्पार्टा के लिकरगस या पर्शिया के सोलन से पहले लिखे गये हैं। *मनुस्मृति* में कहे गये क़ानून आज तक दुनिया भर में प्रशंसा का भाव जगाते हैं, स्वीकार करने को विवश करते हैं और लोग उस पर मुहर लगाते हैं। लेकिन हमारे संवैधानिक पण्डितों के लिए उसका कोई अर्थ नहीं है।' ज़ाहिर है कि ये पंक्तियाँ *मनुस्मृति* की प्रशंसा में लिखी गयी हैं, लेकिन इनमें उसे भारत का संविधान बनाने की माँग नहीं है। इनमें यह इच्छा ज़रूर निहित है कि संविधान बनाते समय *मनुस्मृति* की उपेक्षा नहीं करनी चाहिए थी और इस पुराने विधान को नज़रअंदाज़ करना एक तरह से प्राचीन काल की एक 'बौद्धिक उपलब्धि' का विलोपीकरण है। संघ विरोधी लेखन में ऐसे न जाने कितने उदाहरण हैं जिनमें *ऑर्गनाइज़र* के सम्पादकीय को गोलवलकर के कथन की तरह पेश किया गया है, और दूसरे किसी लेख में एक वाक्य जोड़ कर अपने मन की बात बना ली गयी है।[95]

चूँकि इस लेखन को पढ़ने वाला पाठक वर्ग वामपंथी-उदारतावादी ख़ित्ते से ताल्लुक़ रखता है, इसलिए ऐसी मनगढ़ंत बातें आलोचना से बच जाती हैं। उन्हें घटिया रिसर्च के खाने में डालने के बजाय उनकी प्रशंसा होती है। *मनुस्मृति* की अनुशंसाओं का गोलवलकर द्वारा किया गया कोई भी समर्थन देख कर संघ विरोधी लेखकों की आँखें चमक जाती हैं। वे यह भी नहीं देखते कि दरअसल वह अनुशंसा क्या है और उसे संघ विरोधी विमर्श में इस्तेमाल करने से क्या उनकी स्थिति हास्यास्पद नहीं हो जाएगी। मसलन, *मनुस्मृति* में लिखा है : 'मांसाहार करना, शराब पीना या मैथुन करना पाप नहीं है। यह सब एक मनुष्य के लिए स्वाभाविक है, लेकिन उसे हमेशा उनसे ऊपर उठने की आकांक्षा करनी चाहिए।' गोलवलकर इस कथन का हवाला देते हुए एक स्वयंसेवक को समझाते हैं कि शाकाहार ही करने का हमारे शास्त्रों में कोई नियम नहीं है। संघ विरोधी

[95] जैसे, भारत को उसके सुनहरे अतीत की ओर ले जाने के आग्रह के तहत *ऑर्गनाइज़र* (26 जनवरी, 1962) में यह वाक्य छपा, 'हम वास्तव में राष्ट्र को और पीछे ले जाना चाहते हैं, एक हज़ार साल पीछे.' ओ.पी. जायसवाल इस कथन को गोलवलकर के कथन की तरह पेश करते हुए इसमें एक मनचाहा वाक्य जोड़ देते हैं, 'हम वास्तव में राष्ट्र को एक हज़ार साल पीछे ले जाना चाहते हैं. जिससे कि *मनुस्मृति* ही हमारा संविधान बने.' देखें, जायसवाल (2017), वही.

विमर्श हास्यास्पद ढंग से इस कथन को भी गोलवलकर की भर्त्सना करने के तर्क की तरह इस्तेमाल करने की कोशिश करता है।

हाल ही में मध्यमार्गी विमर्श ने इस तरह की धारणा पुष्ट करने की कोशिश की है कि संघ और भाजपा को मौक़ा मिला तो वे आरक्षण को ख़त्म करवा देंगे। क्या यह आग्रह किसी तथ्य पर आधारित है? बिहार चुनाव के दौरान सरसंघचालक मोहन भागवत ने आरक्षण के प्रश्न पर पुनर्विचार करने की अपील की। इसके बाद भी संघ के कुछ पदाधिकारी एकाधिक बार इस तरह का आह्वान करते नज़र आये। चुनाव में भाजपा का मुक़ाबला कर रहे दलों ने इस वक्तव्य को यह कह कर उछाला कि संघ और भाजपा मौक़ा मिलने पर अनुसूचित जातियों और पिछड़ों से आरक्षण छीन लेंगे। दरअसल, वस्तुस्थिति यह नहीं थी। आरक्षण पर भाजपा और संघ के पिछले पैंतीस-चालीस साल के रिकॉर्ड को खँगालने पर भी आरक्षण समाप्त करने की कोई माँग नहीं दिखती। जो पार्टी अपना राजनीतिक भविष्य अनुसूचित जातियों और पिछड़ों के समर्थन पर आधारित मानती है, वह भला आरक्षण का विरोध क्यों करेगी? हाँ, आरक्षण के कारण पैदा होने वाले जातिगत टकरावों पर संघ की चिंताएँ अवश्य दिखती हैं। यह माँग भी दिखती है कि आरक्षण नीति की समीक्षा होनी चाहिए, और यह आग्रह भी दिखता है कि आरक्षण किसी भी समुदाय को हमेशा-हमेशा के लिए नहीं दिया जा सकता। इसका एक मतलब यह भी निकाला जा सकता है कि संघ कहीं न कहीं आरक्षण के ज़रिये समृद्ध और शक्तिमान हो चुके समुदायों, व्यक्तियों और परिवारों के लिए एग्ज़िट पॉलिसी बनाने के लिए दबाव तैयार कर रहा है। संघ ने इस तरह की माँग और रवैये का प्रदर्शन भाजपा को चुनावी नुक़सान होने की हद तक प्रदर्शित किया है। (ऐसे वक्तव्यों से भाजपा को बिहार चुनाव में नुक़सान हो चुका है।) प्रश्न यह है कि क्या यह रवैया निंदनीय हो सकता है? दूसरा प्रश्न यह है कि क्या मध्यमार्गी विमर्श ने यह आग्रह पार्टियों द्वारा एक-दूसरे के वक्तव्यों को तोड़-मरोड़ कर पेश करने के राजनीतिक हथकण्डे से प्राप्त कर लिया है? अगर ऐसा है तो मध्यमार्गी विमर्श को यह देखना पड़ेगा कि कहीं सामाजिक न्याय की राजनीति के संदर्भ में वह आरक्षण के अंध समर्थन की 'पॉलिटिकल करेक्टनेस' का शिकार तो नहीं हो गया है? क्या आरक्षण नीति का बुनियादी तौर पर समर्थन करते हुए उसमें आ गयी विकृतियों को दूर करने के लिए उसकी समीक्षा करने का दबाव बनाने का कर्तव्य पूरा करने में उसे संघ परिवार से होड़ नहीं करनी चाहिए।

संघ को फ़ासीवादी बताना भी एक लोकप्रिय फ़िक़रा है। साथ ही यह भी ख़ूब कहा जाता है कि वह हिंदू समाज का सामीकरण करना चाहता है। युरोपियन इतिहास के आईने में दुनिया को देखने के शौक़ीन बुद्धिजीवियों का एक ख़ास शग़ल हर देश और समाज में फ़ासीवाद की तलाश करना है। ऐसे लोग मान कर चलते हैं कि 'हर देश को उसकी हैसियत के मुताबिक़ फ़ासिज़म मिल ही जाता है', क्योंकि राष्ट्रत्व की धार्मिक-सांस्कृतिक परिभाषा उसी तरह काम करती है जिस तरह नस्ल की नाज़ी विचारधारा। लेकिन, उस समय थोड़ा ताज्जुब होता है जब यही विमर्श विरोधाभासी ढंग से हमें यह समझाने की कोशिश करता है कि संघ की स्थापना 1925 में उस ग्राम्शियन उसूल के आधार पर हुई थी जिसके मुताबिक़ स्थायी क़िस्म की राजनीतिक सत्ता पहले से किये जा चुके सांस्कृतिक रूपांतरण और सहमति बनाने के आधार पर ही खड़ी की जा सकती है। इसके लिए नीचे से कोशिश करनी होगी और लम्बी ऐतिहासिक प्रक्रिया से गुज़रना होगा।[96] यह समझना मुश्किल है कि अगर संघ का यही बुनियादी उसूल है तो यह नाज़ी विचारधारा में कैसे फ़िट हो सकता है। जो भी हो, कम से कम इस बात पर तो कोई विवाद नहीं होगा कि संघ के संस्थापकों को यह 'ग्राम्शियन उसूल' नहीं पता था। अगर ऐसा था तो फिर उन्होंने इस उसूल से मिलती-जुलती प्रज्ञा कहाँ से हासिल की? यह विचार न तो इतालवी या जर्मन फ़ासीवाद में मिलता है, और न ही बीस के दशक के मार्क्सवाद ने इसका प्रतिपादन किया था। क्या जिस प्राचीन हिंदू दर्शन से संघ अपनी प्रेरणाएँ ग्रहण कर रहा था (जैसे, अद्वैत वेदांत), क्या इस विचार का स्रोत उनके भीतर ही था?[97]

यहाँ संघ के तथाकथित फ़ासीवादी चरित्र पर मार्क्सवाद और उसके हमजोली बुद्धिजीवियों के बीच हुई बहस का अलग से ज़िक्र करना भी ज़रूरी है, क्योंकि इसके भीतर विमर्श के स्तर पर ख़ासी बारीक कताइयाँ हुई हैं। इनका एक हिस्सा संघ को निर्विवाद रूप से फ़ासीवादी मानता है। इन लोगों के लिए संघ की आलोचना की यही बुनियादी शर्त है। अगर कोई संघ का आलोचक उसे फ़ासीवादी मानने में संकोच करता है तो ये लोग उसकी आलोचना को अधूरा मानते हैं, और इसलिए उस पर कटाक्ष करने से नहीं चूकते।[98] दूसरा

---

[96] देखें, ऐजाज़ अहमद (2015), वही. वे कहते हैं, 'एवरी कंट्री गेट्स फ़ासिज़म इट डिज़र्व्स'.

[97] संघ की वैचारिक प्रेरणाओं पर अद्वैत वेदांत के असर के लिए देखें, एंडरसन और दामले (2005), वही.

[98] इस तरह की मार्क्सवादी प्रवृत्ति के लिए देखें, सुमित सरकार (1993), 'संघ परिवार का फ़ासीवाद : युरोपीय

हिस्सा फ़ासीवादी प्रतिमान को समस्याग्रस्त मानते हुए कहता है कि हिंदुत्व युरोपीय फ़ासीवाद से बिल्कुल अलग तरह की परिघटना है। दिलचस्प बात यह है कि संघ को फ़ासीवादी कहने से बचने के बावजूद यह हिस्सा भी उसकी आलोचना में 'प्रोटो-फ़ासिस्ट' जैसे फ़िक़रों का इस्तेमाल करने में परहेज़ नहीं करता।[99]

बहरहाल, संघ को फ़ासीवादी कहने वालों की संख्या कम न होने के बावजूद यह मानना होगा कि मध्यमार्गी विमर्श के कुछ प्रतिभाशाली हस्ताक्षरों ने संघ को फ़ासीवादी मानने के ख़िलाफ़ सुचिंतित और सुव्याख्यायित चेतावनियाँ दी हैं। ये चेतावनियाँ सवाल करती हैं कि क्या हमें संघ के एकचालकानुवर्तित्व और फ़ासीवाद द्वारा एक नेता में 'नैशनल विल' को मूर्तिमान करने के बीच अंतर करने की कोशिश नहीं करनी चाहिए? इसी तरह शायद हमें यह भी देखना चाहिए कि क्या एक नेता में सारी सत्ता निहित कर देने वाले फ़ासीवाद के मुक़ाबले संघ राजनीतिक नेतृत्व की सर्वोच्चता और अपरिहार्यता को कुछ-कुछ संदेह की निगाह से देखता है, इसलिए वह उस पर 'संवैधानिक' संतों के माध्यम से संयमित करने और वैधता प्राप्त करने की शर्त लगाता है? संघ के साहित्य में तो यह कल्पना दर्ज नहीं है कि जिस दिन धर्म मानवीय व्यवहार का सर्वस्वीकृत मानक बन जाएगा, उस दिन राजनीतिक सत्ता तिरोहित हो जाएगी? क्या ये चेतावनियाँ हमें यह अंतर करने की प्रेरणा नहीं देतीं कि गोलवलकर 'नस्ल' और राष्ट्र के जिस समीकरण का आग्रह करते हैं वह जैविक दावेदारियों पर आधारित नस्ली

फ़ासीवाद से समानताओं और विभिन्नताओं की एक चर्चा', अनु. मनोहर नायक, अभय कुमार दुबे (सं.), *साम्प्रदायिकता के स्रोत*, विनय प्रकाशन, नयी दिल्ली : 87-99; संघ को फ़ासिस्ट न बताने वाले आलोचकों पर की जाने वाली टीका-टिप्पणी की एक मिसाल के लिए देखें प्रलय क़ानूनगो (2002) की रचना की कुलदीप कुमार (2002) द्वारा *सेमिनार 513* में की गयी समीक्षा. इसमें समीक्षक को यह अजीब लगता है कि जब क़ानूनगो ने संघ को सर्वसत्तावादी (टोटेलिटेरियन) साबित कर दिया है तो फिर उसे फ़ासीवादी कहने में संकोच कैसा. यह सही है कि मुसोलिनी ने फ़ासीवादी राज्य को बार-बार टोटेलिटेरियन बताया है, लेकिन बाद में युरोपीय टोटेलिटेरियनिज़म के कई रूप उभरे और वे सभी फ़ासीवादी नहीं थे. क़ानूनगो भी सम्भवत: यही मानते हैं कि संघ का सर्वसत्तावाद फ़ासीवादी सर्वसत्तावाद का पर्याय नहीं है.

[99] इस मार्क्सवादी प्रवृत्ति की दो बेहतरीन मिसालों के लिए देखें, अचिन विनाइक (1994), 'सिचुएटिंग थ्रेट ऑफ़ हिंदू नैशनलिज़म : प्रॉब्लम्ज़ विद फ़ासिस्ट पैराडाइम', *इकॉनॉमिक ऐंड पॉलिटिकल वीकली*, खण्ड 29, अंक 28 : 1729-1748; और आदित्य निगम (2017), 'द लेफ़्ट नॉन-डिबेट ऑन फ़ासिज़म ऑर हाउ नॉट टू फ़ाइट द हिंदू राइट', https://kafila.online/2016/09/21/the-left-non-debate-on-fascism-or-how-not-to-fight-the-hindu-right/ पर उपलब्ध, 23 मई को देखा गया.

शुद्धता है या वह दरअसल सामाजिक-सांस्कृतिक प्रभुत्व का ही एक नाम है जिसे सरसंघचालक ने जर्मन सिद्धांतकारों से प्रभावित होने के कारण नस्ल का नाम दे दिया होगा ?[100]

मध्यमार्गी विमर्श को संघ पर यह आरोप लगाना भी प्रिय है कि वह हिंदुओं का सामीकरण (सेमेटाइज़ेशन) करना चाहता है। मुश्किल यह है कि आरोप लगाने वाले नहीं जानते कि यह इलज़ाम दुधारी तलवार की तरह है। अगर वे सिर्फ़ यह कहना चाहते हैं कि हिंदू धर्म भी अहले-किताब (सिख पहले से अहले-किताब हैं) होने की तरफ़ बढ़ रहा है, और उसमें संघबद्धता (बौद्ध पहले से संघबद्ध हैं) की प्रवृत्तियाँ पैदा हो रही हैं, तो इसे हिंदुओं के धार्मिक ढाँचे में आये परिवर्तन की तरह तो देखा जा सकता है, पर इसमें कोई दुष्टता कैसे देखी जा सकती है ? क्या धार्मिक तौर पर हिंदुओं को स्थावर ही रहना चाहिए ? क्या सेमेटिक होना अपने आप में कोई बुरी बात है ? क्या भारत में पहले से मौजूद इस्लाम, ईसाईयत और यहूदी धर्म सेमेटिक होने के कारण बुरे या कमतर हैं ? वैसे भी ये आलोचक हिंदुओं के सामीकरण के ऐसे कोई प्रमाण उपलब्ध नहीं कराते जिन पर यक़ीन किया जा सके। ध्यान देने योग्य बात यह है कि संघ सामी धर्मों की तरह किसी भी धर्मशास्त्र को 'होली बुक' का दर्जा नहीं देता। 1933 में सावरकर द्वारा की गयी व्याख्या को अपनाते हुए वह धर्मशास्त्रों को मानव-रचित मानता है, और बदले हुए समय के मुताबिक़ उनमें संशोधन तक प्रस्तावित करने के लिए तैयार है। इसका एक प्रमाण 2017 में मिला जब संघ परिवार की संस्था संस्कार भारती ने अपने भीतर *मनुस्मृति* को संशोधित करने के लिए बहस की शुरुआत की। यह संगठन चाहता है कि इस स्मृति-ग्रंथ से उसके अनुसूचित जाति-विरोधी और स्त्री-विरोधी आयामों को निकाल दिया जाए।[101] हिंदू धर्म

---

[100] देखें, पार्थ चटर्जी (2005), 'सेकुलरवाद और सहिष्णुता', अभय कुमार दुबे, *बीच बहस में सेकुलरवाद*, लोक-चिंतन ग्रंथमाला, वाणी-सीएसडीएस, नयी दिल्ली; और ऐंडरसन और दामले (2005), वही. संघ पर फ़ासीवादी होने के आरोपों की एक विस्तृत और आँखें खोल देने वाली जाँच ए. जेम्स ग्रेगर (2006), *द सर्च फॉर नियो-फ़ासिज़म : द यूज़ ऐंड एब्यूज़ ऑफ़ सोशल साइंस*, केम्ब्रिज युनिवर्सिटी प्रेस, न्युयॉर्क (देखें, इसका आठवाँ अध्याय 'हिंदुत्व : अ केस फ़ॉर सेफ्रॅन फ़ासिज़म' : 197-227) में की गयी है. गोलवलकर के विचारों और युरोपीय फ़ासीवाद व नाज़ीवाद के बीच विस्तृत तुलनात्मक टिप्पणी के लिए देखें, क्रिस्टॉफ जैफ्रेलो (1999), 'द आरएसएस : अ हिंदू नैशनलिस्ट सेक्ट', *द हिंदू नैशनलिस्ट मूवमेंट ऐंड इंडियन पॉलिटिक्स*, पेंगुइन, नयी दिल्ली का पहला अध्याय.

[101] देखें, *द इंडियन एक्सप्रेस*, 14 मई, 2017 के दिल्ली संस्करण में प्रकाशित प्रज्ञा कौशिका की ख़बर 'आरएसएस आउटफ़िट वांट्स *मनुस्मृति* रिवर्स्ड'. यह ख़बर कोई सप्ताह भर पहले नवभारत टाइम्स, दिल्ली में भी छपी थी.

के सामीकरण की सबसे बड़ी कोशिश स्वामी दयानंद सरस्वती ने की थी। उन्होंने आर्य समाज की स्थापना की, वेदों को अपौरुषेय घोषित करके 'होली बुक' का दर्जा दिया, और इस प्रकार हिंदुओं को वेद आधारित बना कर एहले-क़िताब पंथ के साँचे में ढालना चाहा। संघ ने भी हिंदुओं को संगठित करने की आर्य समाजी कोशिशों का लाभ तो उठाया, लेकिन न तो उसने वेदों को होली बुक माना, और न ही दयानंद की तरह जातिप्रथा और मूर्तिपूजा को ख़ारिज करने के आंदोलनकारी वेग में बहना स्वीकार किया। दयानंद सनानत धर्म की धज्जियाँ उड़ाते थे, पर संघ ने अपना स्वर मुख्य रूप से सनातनी बनाए रखा। वस्तुतः संघ एक ऐसा संगठन है जिसमें हिंदुओं की विभिन्न धाराओं को उनकी राष्ट्रवादी परियोजना के इर्द-गिर्द गोलबंद होते हुए देखा जा सकता है। उसने अपने साथ आर्य समाजियों, हिंदू महासभाइयों, सिखों और जैनों को भी जोड़ने में सफलता प्राप्त की है।

इसके अलावा हमें ध्यान रखना होगा कि हिंदुओं को अधिकाधिक धर्मशास्त्रीय रूप देने, उसमें व्याप्त 'लिव्ड रिलीजन' वाले पहलुओं के ऊपर 'श्रेष्ठ शास्त्रोक्त परम्परा' का आधिपत्य स्थापित करने, हिंदूपन के मानकों को कुछ चिह्नों और कुछ कर्मकाण्डीय आग्रहों में सीमित कर देने, हिंदुओं की धार्मिक संस्कृति की क्षेत्रीय अभिव्यक्तियों (जैसे गणेश चतुर्थी और दुर्गा पूजा) का दूर-दराज के अन्य क्षेत्रों में भी फैलते चले जाना, लोकप्रिय धार्मिकता (जैसे काँवड़) का दिन-दूने रात चौगुने वेग से प्रसार होने के पीछे सत्रहवीं सदी के आख़िरी वर्षों से ही चल रही उन प्रक्रियाओं की भूमिका कहीं ज़्यादा है जिनकी शुरुआत भारत की धरती पर उपनिवेशवादियों के क़दम पड़ने से हुई थी। आगे चल कर न केवल अप्रत्यक्ष क़िस्म के औपनिवेशिक शासन द्वारा लागू किये गये प्रतिनिधित्व के उसूल ने हिंदूपन के संस्थाबद्ध एहसास को और घनीभूत किया, बल्कि भारतीय संविधान ने अपने विभिन्न प्रावधानों के तहत जिस तरह से भारत में आबादियों का विन्यास किया, उससे भी बहुलतावाद की प्रवृत्तियों को कम और समरूपीकरण की प्रवृत्तियों को अधिक बल मिला। जो काम कल औपनिवेशिक आधुनिकता ने अपने राजनीतिक स्वार्थों के चलते किया था, और जो काम भारतीय संविधान ने बेख़्याली में कर दिया, भूमण्डलीय आधुनिकता के हाथों आज वही काम बाज़ार के स्वार्थ में व्यवस्थित ढंग से हो रहा है, और हम सभी लोग अपनी-अपनी आपत्तियों के बावजूद उसमें भाग ले रहे हैं।

संघ परिवार द्वारा द्विज जातियों से जुड़े रह कर भी उनके परे जाते हुए शेष हिंदू समाज से अपने संबंध सुधारने के ऊपर दिये गये इस ब्योरे में कोई नयी बात नहीं है। ये सभी बातें किसी न किसी रूप में लिखी-पढ़ी जा चुकी हैं। मध्यमार्गी विमर्श ने इस समकालीन इतिहास के साथ तीन तरह का रवैया अपनाया है : पहला, वह इनमें से कुछ ऐसे पहलुओं को विशेष प्रमुखता देने का आग्रह करता है जो स्वयं संघ परिवार के लिए अब केवल सुभाषित की तरह रह गयी हैं। पिछली आधी सदी से मध्यमार्गी विमर्श के अधिकतर स्वर *मनुस्मृति*, ब्राह्मणवाद, वर्णवाद, फ़ासीवाद और सामीकरण जैसी निर्मितियों में उलझे रहे हैं। इसी के साथ यह विमर्श कुछ ऐसे पहलुओं का महत्त्व समझने से लगातार इंकार करता रहा जो संघ परिवार की परियोजना में पिछले चालीस साल से वास्तविक महत्त्व प्राप्त किये हुए हैं। ज़ाहिर है कि संघ तो *मनुस्मृति* के कारागार से बाहर निकल आया है, पर संघ विरोधी विमर्श ने ख़ुद को वहाँ क़ैद कर दिया है। दूसरा, मध्यमार्गी विमर्श के पैरोकारों में संघ परिवार की वैचारिक और कार्यक्रमगत दावेदारियों के प्रति गहरा तिरस्कार भाव है। वे मानकीय और तथ्यगत स्तर पर इसे स्तरहीन तिकड़म, छल और पश्चिमी राष्ट्रवाद के सबसे घटिया रूपों का भारतीय संस्करण मानते हैं। एक तरह से यह रवैया समझा जा सकता है क्योंकि कोई भी विमर्श अपने प्रभुत्व और वर्चस्व को न्यायसंगत नहीं ठहरा सकता जब तक उसमें आत्म-श्रेष्ठता का भाव न हो। लेकिन, प्रश्न यह है कि क्या मध्यमार्गी विमर्श के इस श्रेष्ठता-भाव को आँखों पर पड़ा परदा बनने दिया जा सकता है ?

इस निबंध के अगले दो खण्डों में मध्यमार्गी विमर्श के मौन और मुखर पहलुओं की चर्चा की गयी है। इससे इशारा मिलता है कि इस विमर्श के ख़ामोश कर दिये गये आयामों में ही नये बहुसंख्यकवाद विरोधी विमर्श की सम्भावनाएँ छिपी हुई हैं।

II

मध्यमार्गी विमर्श के मुखर आयाम : भारतीय उदारतावाद की दुहैरी संरचना

मध्यमार्गी विमर्श के मर्म में उदारतावाद की भारतीय क़िस्म है। यही उसका सबसे मुखर आयाम है जिसके बुनियादी तर्क का सूत्रीकरण दो हिस्सों में किया जा सकता है : पहले हिस्से में वह सिद्धांत आता है जिसे 'इनक्लूज़न-मॉडरेशन थियरी' का नाम दिया गया है।

इसका आधार है भारतीय लोकतंत्र का संस्थागत ढाँचा और चुनावी राजनीति। इस सिद्धांत के अनुसार अतिवादी विचारधारा का अनुपालन करने वाली पार्टियाँ जब किसी लोकतांत्रिक निज़ाम के तहत सत्ता प्राप्त करने के लिए चुनावी खेल में हिस्सा लेती हैं तो उन्हें इस या उस कारण से अकसर नरमदली राजनीतिक रवैया अख़्तियार करना पड़ता है। उन्हें उदारतावादी सिद्धांत पर आधारित क़ानून के शासन और राजनीतिक विविधता को मान्यता देनी पड़ती है। उन्हें अपने बुनियादी समर्थन आधार के सीमित दायरे से बाहर निकल कर व्यापक मतदाता मण्डल का समर्थन प्राप्त करने के लिए अपनी अतिवादी माँगें ठण्डे बस्ते में डालनी पड़ती हैं; बहिर्वेशन की बजाय अंतर्वेशन का रवैया अपनाना पड़ता है। चूँकि उन्हें अकेले दम पर पूर्ण बहुमत नहीं मिल पाता, इसलिए वे दूसरी पार्टियों के साथ गठजोड़ बनाने को मजबूर होती हैं। इस तरह धीरे-धीरे विचारधारात्मक कट्टरता की खुराक पर पली ये पार्टियाँ मध्यमार्ग की तरफ़ खिसकते हुए जन-आधारित पार्टियाँ बनती चली

जाती हैं।[1] जैफ्रेलो द्वारा किये गये इस सार-संकलन में अगर ऐजाज़ अहमद की व्याख्या को जोड़ दिया जाए तो भारतीय उदारतावाद के संस्थागत पक्ष की तस्वीर पूरी हो जाती है। ऐजाज़ अहमद के अनुसार विचारधारा कोई भी हो, दक्षिणपंथी हो या वामपंथी, साम्यवादी हो या फ़ासीवादी, उसे इस उदारतावाद के दायरे में ही अपनी ताक़त आजमानी होगी। चुनावी-प्रक्रिया के ज़रिये सत्ता में आने की विवशता उसे एक अत्यंत बहुलतावादी समाज में राजनीतिक गोलंबदी की तरफ़ ले जाएगी। नतीजतन वह अपनी अतिवादी स्थिति छोड़ कर लिबरल केंद्र की तरफ़ खिसकने के लिए मजबूर होगी।[2]

जैफ्रेलो का यह कहना सही है कि इस 'इनक्ल्यूज़न-मॉडरेशन थियरी' का सूत्रीकरण युरोपीय कम्युनिस्ट पार्टियों और पश्चिम की ईसाई पार्टियों के संदर्भ में किया गया था। लेकिन, इस थियरी का एक भारतीय संस्करण भी है जिस पर उन्होंने ध्यान नहीं दिया। वे नहीं देख पाए कि भारतीय समाज-वैज्ञानिकों ने भारत के सामाजिक बहुलतावाद का लौह आवरण चढ़ा कर इस थियरी को पूरी तरह से नया रूप दे दिया है। सामाजिक बहुलतावाद की इस शै को नज़रअंदाज़ करके उदारतावादी लोकतंत्र की संस्थागत संरचना को ही समूचा भारतीय उदारतावाद मान लेने की ग़लती ऐजाज़ अहमद ने भी की है। दरअसल, 'इनक्ल्यूज़न-मॉडरेशन थियरी' का भारतीय संस्करण उस समय तक पूरा नहीं हो सकता जब तक उन सामाजिक-राजनीतिक प्रक्रियाओं को रेखांकित न किया जाए जो इस थियरी को भारतीय ज़मीन पर कारगर बनाती हैं। यह काम रजनी कोठारी ने किया है।

इस थियरी का दूसरा हिस्सा कोठारी द्वारा प्रतिपादित दो सिद्धांतों से बनता है जो 'भारतीय समाज की अल्पसंख्यकपरक संरचना' और 'जातियों के राजनीतीकरण' के नाम से जानी जाती हैं। अल्पसंख्यकपरक संरचना का मतलब है भारतीय समाज को एक बड़े बहुसंख्यक और कुछ अल्पसंख्यक समाजों में बँटा देखने से इंकार करते हुए यह मानना कि यह कथित बहुसंख्यक समाज और ये कथित अल्पसंख्यक समाज भी अपने भीतर छोटे-छोटे अल्पसंख्यक समाजों

---

[1] देखें, क्रिस्तॉफ़ जैफ्रेलो (2014), 'रिफ़ाइनिंग द 'मॉडरेशन थीसिस' रिगार्डिंग 'रैडिकल पार्टीज़' : द जनसंघ ऐंड द बीजेपी बिटवीन हिंदू नैशनलिज़म ऐंड कोअलिशन पॉलिटिक्स इन इण्डिया', https://hal-sciencespo.archives-ouvertes.fr/hal-01069458 पर उपलब्ध, 21 मई, 2017 को देखा गया.

[2] इस सूत्रीकरण के लिए देखें, ऐजाज़ अहमद (2015), वही.

में बँटे हुए हैं। इस प्रकार भारतीय समाज में कोई बहुसंख्यक नहीं है, बल्कि सभी अल्पसंख्यक हैं। इस लिहाज़ से यह समाज अल्पसंख्यक समाजों का एक विशाल समुच्चय है। यह अल्पसंख्यकीय बहुलता ही इसके देह-धारण और टिके रहने की शर्त है। उसकी समृद्धि इसी बात में निहित है कि हर समूह अल्पसंख्यक होने के नाते एक-दूसरे के साथ तालमेल के ज़रिये शक्तिशाली और सामर्थ्यवान बनने का प्रयास करे। जातियों के राजनीतीकरण का मतलब है भारतीय समाज और राजनीति की अन्योन्यक्रिया को हमें राजनीति में जातिवाद के बजाय जातियों के राजनीतीकरण के रूप में देखना। इस थियरी के अनुसार राजनीतीकरण की प्रक्रिया इस पारम्परिक समाज को आधुनिकीकरण और सेकुलरीकरण की तरफ़ ले जाती है। राजनीति में भागीदारी से जातियों का कर्मकाण्डीय अलगाव टूटता है। वे बहिर्वेशी बने रहने की बजाय गठजोड़ प्रक्रिया के माध्यम से समावेशी बनती हैं। यह अंतर्वेशन कुठाली (मेल्टिंग पॉट) में पिघल कर सबके एक हो जाने वाले अमेरिकी मॉडल के बजाय सलाद के प्याले की तरह काम करता है जहाँ सब परस्पर मिश्रित हो कर भी अलग-अलग वजूद क़ायम रखते हैं।[3]

इन दोनों सूत्रीकरणों से स्पष्ट है कि भारतीय उदारतावाद अपने टिकाऊपन और अतिवादी विचारधाराओं से अपनी रक्षा के लिए केवल चुनावी लोकतंत्र और उसकी सांस्थानिक संरचना पर ही निर्भर नहीं है। दरअसल, मध्यमार्गी विमर्श का दावा तो यहाँ तक है कि उदारतावादी लोकतंत्र भारतीय समाज के नैसर्गिक स्वभाव के अनुकूल है। इस दावेदारी से एक आस्था निकलती है कि भारतीय समाज की आंतरिक संरचना और जातियों की राजनीतिक गोलबंदी की प्रक्रिया उन बहुसंख्यकवादी आवेगों का शमन करने में सक्षम है जो हर लोकतंत्र के लिए संकट और विकृतियों का कारण बनते हैं। इसी मुक़ाम पर मध्यमार्गी विमर्श में भारतीय विशेषता अकसर हिंदू विशेषता का रूप ले लेती है। ऐसा होना स्वाभाविक है क्योंकि बहुसंख्यकवादी आवेग हिंदुओं के भीतर से ही पैदा किया जाना है। इसलिए यह दिखाना ज़रूरी बन जाता है कि हिंदू समाज की सामाजिक-धार्मिक-

---

[3] जातियों के राजनीतीकरण की थीसिस के लिए देखें कोठारी का लेख 'जातियों का राजनीतीकरण', अभय कुमार दुबे (सं.) (2003), *राजनीति की किताब : रजनी कोठारी का कृतित्व*, लोक-चिंतक ग्रंथमाला, वाणी प्रकाशन, नयी दिल्ली : 190-216. समाज की अल्पसंख्यक प्रधान संरचना के लिए देखें उनका लेख 'चुनाव के खेल से निकली साम्प्रदायिकता', अभय कुमार दुबे (सं.) (1993), *साम्प्रदायिकता के स्रोत*, विनय प्रकाशन, नयी दिल्ली : 72-86.

दार्शनिक विविधता अपने आप में राजनीतिक विविधता की गारंटी है। यह एक ऐसा विमर्शी रुझान है जिसकी नुमाइंदगी करने वाले कथनों का एक नमूना इस प्रकार देखा जा सकता है : 'मेरा आकलन यह है कि हिंदू समाज की संरचना में पंथों, विचारों और दार्शनिक परम्पराओं की विविधताओं को देखते हुए यहाँ हिंदू राष्ट्र-राज्य या हिंदुत्व जैसी कोई चीज़ नहीं बन सकती।'[4] ध्यान रहे कि यह दावेदारी सामाजिक-धार्मिक-दार्शनिक विविधता के कारण सामाजिक एकरूपता की परियोजना सफल न होने की नहीं है। इस आस्था का दावा तो यह है कि सामाजिक विविधता हिंदू राजनीतिक समुदाय की रचना नहीं होने देगी। अर्थात्, यहाँ दो बातें मान ली गयी हैं। पहली, सामाजिक बहुलता राजनीतिक एकरूपता की स्थायी काट है, और दूसरी, अगर राजनीतिक एकरूपता क़ायम हुई तो भारत का बहुलतापरक सामाजिक तानाबाना छिन्न-भिन्न हो जाएगा और उसकी जगह एक समरूप सामाजिकता ले लेगी। चूँकि ऐसा हो नहीं सकता, इसलिए राजनीतिक एकरूपता असम्भव है।

रजनी कोठारी ने उदारतावादी लोकतंत्र की सैद्धांतिक संरचना पर भारतीय बहुलतावाद का कवच चढ़ाने का यह काम नब्बे के दशक में सामाजिक न्याय की राजनीति के उभरने से काफ़ी पहले किया था। जब मण्डल कमीशन की सिफ़ारिशों के असर में सामाजिक न्याय का प्रत्यय चुनावी राजनीति का प्रचलित मुहावरा बन गया तो कोठारी ने जातियों के राजनीतीकरण की अपनी थीसिस की दोबारा जाँच की और पाया कि साठ के दशक में व्यक्त किये गये उनके इन विचारों की प्रासंगिकता बढ़ गयी है। कांशी राम और बहुजन समाज पार्टी के नेतृत्व में पनपे 'नये दलित आंदोलन' ने तो उन्हें विशेष रूप से उत्साहित कर दिया।[5] उन्हें लगा कि कुल मिला कर इस प्रक्रिया का असर साम्प्रदायिकता के ख़िलाफ़ जा रहा है। दरअसल, 1993 में उत्तर प्रदेश विधानसभा चुनावों में

---

[4] देखें, धीरूभाई शेठ (2015) का वक्तव्य 'सेकुलरवादी हिंदुत्व की निर्मिति और राजकीय राष्ट्रवाद के अंदेशे', *प्रतिमान समय समाज संस्कृति,* खण्ड 3, अंक 1 (जनवरी-जून, 2015). लेकिन, यह मानना होगा कि धीरूभाई का यह वक्तव्य नंदी के वक्तव्य की तरह सपाट नहीं है. वे इस लम्बे वक्तव्य में तार्किक ढंग से लोकतंत्र के संख्याओं के खेल में बदलने, बहुलतावाद और सेकुलरवाद के आपसी संबंध बदलने और पार्टी प्रणाली के क्षय की चर्चा के ज़रिये बहुसंख्यकवाद की बढ़ती सम्भावनाओं पर उँगली रखते हैं.

[5] देखें, कोठारी (2002), 'दलित उभार के मायने : जातियों के राजनीतीकरण का एक और पहलू', अभय कुमार दुबे (सं.), *आधुनिकता के आईने में दलित,* लोक-चिंतन ग्रंथमाला, वाणी-सीएसडीएस, नयी दिल्ली : 247-267.

समाजवादी पार्टी–बहुजन समाज पार्टी के गठजोड़ द्वारा बाबरी मस्जिद ध्वंस के बाद हिंदू विजय दिवस मनाने वाली भाजपा की पराजय ने उन्हें आश्वस्त कर दिया था कि कमज़ोर जातियों का उभार कुल मिला कर समाज और राजनीति को उनके सेकुलरीकरण की तरफ़ ले जा रहा है।

कोठारी के ये चमकदार सिद्धांतीकरण भारतीय उदारतावाद को एक अरसे से अनुप्राणित कर रहे हैं। भारतीय राजनीति के कम से कम तीन प्रकरण उनकी इस आस्था के व्यावहारिक पुष्टीकरण की तरह पेश किये जा सकते हैं। कम्युनिस्टों के पूरी तरह से हो चुके संसदीयकरण को पहले प्रमाण के तौर पर दिखाया जा सकता है। दूसरे प्रमाण के तौर पर भाजपा द्वारा राष्ट्रीय जनतांत्रिक गठजोड़ (राजग) बनाने के लिए अपनी हिंदुत्ववादी माँगें ठण्डे बस्ते में डालने को पेश किया जा सकता है। और तीसरा प्रमाण बहुजन समाज पार्टी का है जो 'तिलक, तराजू और तलवार : इनको मारो जूते चार' के अतिवादी बहिर्वेशन से शुरू हो कर 'सर्वजन' के अंतर्वेशन तक पहुँच चुकी है। भाजपा और बसपा के उदाहरण भारतीय उदारतावाद को बहुसंख्यकवाद के ख़िलाफ़ एक सिक्काबंद कामयाबी से महिमामण्डित कर देते हैं, क्योंकि भाजपा अगर हिंदू बहुसंख्यकवाद की पैरोकार है तो बसपा की बहुजन थीसिस भी एक भिन्न तरह की बहुसंख्यकवादी राजनीति की ही वाहक है। इसमें बहुसंख्यकवाद का आधार धर्म और संस्कृति न हो कर जाति है।[6]

भारतीय उदारतावाद की इस दुहैरी वैचारिक संरचना (संस्थागत चुनावी लोकतंत्र+भारतीय बहुलतावाद) के प्रभाव का अंदाज़ा इस बात से लगाया जा सकता है कि इसके इर्द–गिर्द थोक में समाज–वैज्ञानिक साहित्य रचा गया। नाना प्रकार के इस साहित्य में कई तरह के आग्रहों को नुमाइंदगी मिली।

1. पहला आग्रह यह था कि 'सीमित दायरे वाली' अर्थात् ब्राह्मण–बनिया समर्थन आधार वाली भाजपा से साम्प्रदायिक रवैया छोड़ कर उदारतावादी लोकतंत्र की कसौटियों पर खरा उतरने की माँग की जानी चाहिए। इसके पीछे दो अपेक्षाएँ थीं। विमर्शकारों का एक हिस्सा चाहता था कि पराभव की खाई में गिरती जा रही कांग्रेस (जिसके पाले से पिछड़ी जातियाँ साठ के दशक में निकल गयी थीं, ऊँची जातियाँ नब्बे के दशक में बाहर हो गयीं और बाबरी प्रकरण के बाद वह

---

[6] बसपा की बहुजन थीसिस के बहुसंख्यकवादी चरित्र के लिए देखें, राजेंद्र वोरा (2004), 'डिक्लाइन ऑफ़ कास्ट मेजोरिटेरियनिज़्म इन इंडियन पॉलिटिक्स', राजेंद्र वोरा और सुहास पल्शीकर (सं.), *इंडियन डेमॉक्रैसी : मीनिंग्ज़ ऐंड प्रेक्टिसेज़*, सेज पब्लिकेशंस, नयी दिल्ली : 271–298.

मुसलमानों की एकमात्र पसंदीदा पार्टी नहीं रह गयी) की जगह लेने के लिए एक राष्ट्रवादी, दक्षिणपंथी, अनुदारतावादी और आधुनिकतावादी पार्टी का उभार होना चाहिए। यह तर्क दावा करता था कि हिंदुत्व और आधुनिकीकरण के बीच छत्तीस का आँकड़ा है, इसलिए भाजपा चुनावी राजनीति करते हुए जितना ज़्यादा हिंदुत्व से दूर जाएगी उतना ही भारतीय मध्यवर्ग उस पर भरोसा करेगा और वह कांग्रेस की जगह लेने लायक़ होती चली जाएगी।[7] एक दूसरा आग्रह यह था कि भारतीय संविधान को एक ऐसे सजीव और सक्रिय दस्तावेज़ की तरह देखा जाना चाहिए जिसकी उदारतावादी मानकीय शब्दावली हिंदुत्ववादियों को भी संविधान-प्रदत्त कसौटियों के अनुसार अपनी कार्रवाइयाँ न्यायोचित ठहराने के लिए मजबूर कर देती है।[8]

2. एक अन्य रुझान ऊँची जातियों को स्वाभाविक रूप से साम्प्रदायिक और ब्राह्मणवादी होने के लिए अभिशप्त बता कर उनकी सेकुलर सम्भावनाओं से पूरी तरह से हाथ झाड़ लेने का था। ऐसे विमर्शकार अनुसूचित जाति और पिछड़ी जातियों के मानस में साम्प्रदायिकता के प्रति नैसर्गिक हिचक देखते हुए उनके भीतर सामाजिक न्याय की राजनीति के तहत साम्प्रदायिकता विरोधी हरावल दस्ते की सम्भावनाएँ टटोल रहे थे। इनमें से कुछ लोगों को मोटे तौर पर पिछड़ी जातियों की बढ़ती हुई चुनावी भागीदारी पर आधारित 'पहले और दूसरे

---

[7] इस तरह की टिप्पणियाँ आम तौर पर देखने को मिलती थीं कि 'भले ही समाज के साम्प्रदायिकीकरण की डिग्री कुछ बढ़ जाए, लेकिन चुनाव में भाजपा को मिलने वाले वोटों की संख्या उसके मुताबिक़ नहीं बढ़ती. दरअसल, भाजपा का डूब क्षेत्र बढ़ ही नहीं सकता. देश के पंद्रह फ़ीसदी मुसलमान उसके दायरे से स्थायी रूप से बाहर हैं. इसी तरह पंद्रह फ़ीसदी अनुसूचित जातियों से उसका नाता बहुत कमज़ोर है. पिछड़ी जातियों का एक बड़ा हिस्सा भाजपा से हमेशा दूर रहा है. आदिवासियों में अपनी पैठ बनाने के लिए उसने अपनी कोशिश काफ़ी देर से शुरू की है.' (यह मेरा कथन है जिसका मैंने विभिन्न संदर्भों में इस्तेमाल किया है). यह भी कहा जाता था, 'भाजपा ने पिछड़े वर्ग की राजनीति को भी अपनाने की कोशिश की है, लेकिन अंततः हिंदुत्व की राजनीति ने उसके प्रति मध्यमवर्ग में शक के बीज बो दिये हैं. भारतीय मध्यवर्ग अंतिम रूप से आधुनिकीकरण के रास्ते पर बढ़ गया है. पुनरुत्थानवाद उसे ज़्यादा देर तक नहीं भा सकता. अस्मिता के साथ हितों की राजनीति को जोड़ कर ही भाजपा आगे बढ़ सकती है. यह धीरूभाई शेठ का कथन है. देखें, धीरूभाई शेठ (1995), जून, 1995 की *समय चेतना* में छपा उनका लेख 'मुद्दा होगा स्थिरता का'.

[8] देखें, राजीव भार्गव (2003), वही. भार्गव ने जिस तरह का तर्क दिया है, उसका प्रतिकार बड़े पैमाने पर किया गया है. जैफ्रेलो (2014) ने दिखाया है कि हिंदुत्ववादी राजनीति किस रणनीतिक कुशलता से 'मॉडरेशन' की तरफ़ ले जाने वाले दबावों से बच निकली. इसी तरह संजय रूपारेलिया (2004), 'रिथिंकिंग इंस्टीट्यूशनल थियरीज़ पॉलिटिकल मॉडरेशन : दे केस ऑफ़ हिंदू नैशनलिज़म इन इण्डिया, 1996-2004', *कम्परेटिव पॉलिटिक्स,* खण्ड 38, अंक 3, 317-336 ने दिखाया है कि अपने छह साल के शासनकाल में भाजपा के नेतृत्व वाली सरकार ने किस तरह राष्ट्रीय सुरक्षा नीति का साम्प्रदायिकीकरण किया, शिक्षा नीति का भगवाकरण किया गया और साम्प्रदायिक हिंसा का बचाव करके उसे जायज़ ठहराने की प्रवृत्ति को बल प्रदान किया.

लोकतांत्रिक उभारों' की शिनाख़्त करने वाला सिद्धांतीकरण पसंद था। ध्यान रहे कि 1999 की इस थीसिस के पैरोकार ने 2004 तक आते-आते लोकतांत्रिक उभार के 'क्लोज़र' की घोषणा अवश्य कर दी थी, पर उन्होंने यह कभी नहीं माना था कि उन उभारों का 'निगेशन'[9] होने लगा है।

3. चौथा रुझान उन बुद्धिजीवियों को हाथों-हाथ लेना था जो पूरे हिंदू समाज का दलितीकरण करने का ख़याल पेश करते हुए दलित-बहुजन विमर्श को एक नयी रैडिकल शै के तौर पर परिभाषित कर रहे थे। इन लोगों के मुताबिक़ भारतीय राजनीतिक क्षितिज पर फुले-आम्बेडकर-पेरियार विचारधारा से लैस नये क़िस्म के सामाजिक क्रांतिकारी आ गये हैं। समझा जा रहा था कि यह नया रैडिकलिज़्म भारतीय आधुनिकता की 'ब्राह्मणवादी' निर्मिति को (जिसमें मार्क्सवादी-ब्राह्मणवाद भी शामिल था) अस्थिर कर सकता है। यह रुझान हिंदू समाज को एक त्रिकोणात्मक संरचना की तरह प्रस्तावित कर रहा था। इसके तहत पहला कोण था ऊँची जातियों का जो लाइलाज रूप से 'हिंदू' और 'ब्राह्मणवादी' आत्मपहचान से ग्रस्त मान ली गयी थीं। अर्थात्, उनमें कोई लोकतांत्रिक सम्भावना शेष नहीं बची थी। तीसरा कोण था अनुसूचित जातियों का जिनके बारे में मान लिया गया था कि वे तेज़ी से दलित राजनीतिक समुदाय के रूप में गठित होते जा रहे हैं (उत्तर प्रदेश में ख़ास तौर से)। बीच का दूसरा कोण था पिछड़ी जातियों का जिनका ब्राह्मणवाद के साथ शत्रुतापूर्ण अंतर्विरोध दिखाया जा रहा था। इस रुझान में एक और अनकहा पहलू था। इसके पैरोकार कहीं न कहीं यह भी मानते थे कि जिस तरह आम्बेडकर ने हिंदू के रूप में आख़िरी साँस लेने से इनकार कर दिया था (और इसीलिए धर्मांतरण किया था), उसी तरह अनुसूचित जातियों के बड़े हिस्से भी हिंदू दायरे से बाहर निकलने के लिए तैयार बैठे हुए हैं। इस आग्रह के केंद्र में 'पोस्ट-हिंदू' भारतीय समाज की कल्पनाएँ थीं जो इस हद तक चली गयी थीं कि उन्हें पूरा समाज ही द्विज बनाम बहुजन गृहयुद्ध की तरफ़ जाते हुए दिख रहा था।[10]

इस संक्षिप्त विवरण से पता लगता है कि मध्यमार्गी विमर्श के विशाल दायरे में सक्रिय और भारतीय उदारतावाद की दुहैरी संरचना में रचे-पगे ये विद्वान

[9] इस रुझान के लिए देखें, अरुण कुमार त्रिपाठी (1997), वही : 83. पहले और दूसरे लोकतांत्रिक उभारों की थीसिस योगेंद्र यादव की है, देखें, योगेंद्र यादव (1999), 'इलेक्टोरल पॉलिटिक्स इन द टाइम्स ऑफ़ चेंज : इण्डियाज़ थर्ड इलेक्टोरल सिस्टम', *इकॉनॉमिक ऐंड पॉलिटिकल वीकली*, खण्ड 34, अंक 34-35 : 2393-99.

[10] देखें कांचा ऐलय्या का यह वक्तव्य,'... दलित-बहुजन सोच सेकुलरवाद बनाम साम्प्रदायिकता के विलोम को शक की निगाह से देखा करता है, क्योंकि ब्राह्मणवाद किसी सूरत में सेकुलर नहीं हो सकता है।' इसे आदित्य

अपने-अपने पसंदीदा मुक़ाम से राजनीति के वर्तमान और भविष्य का भाष्य कर रहे थे। जिन लोगों को आधुनिक भारतीय राज्य या भारतीय आधुनिकता में दिलचस्पी नहीं थी, वे भी हाथ भर दूर खड़े रहने के बावजूद कहीं न कहीं इस विमर्श से जुड़े हुए थे। उनकी निगाह में भारतीय बहुलतावाद एक ऐसी बख़्तरबंद शै थी जिसे कोई भी आधुनिकतावादी समरूपीकरण नहीं भेद सकता था। हिंदुत्ववादी समरूपीकरण भी नहीं। विश्व हिंदू परिषद के नेता अशोक सिंघल ने जब यह दावा किया कि नरेंद्र मोदी की सरकार के रूप में पृथ्वीराज चौहान के बाद पहली बार भारत में हिंदुओं की सरकार बनी है— तो उसे ठुकराते हुए आधुनिकता के आलोचक आशिस नंदी ने कहा :

> मैं सिंघल की बात को गरिमा प्रदान नहीं करना चाहता। वे दरअसल उस छद्म हिंदू धर्म के अनुयायी हैं जो उपनिवेशवाद की कोख से पैदा हुआ है और पश्चिमी अवधारणाओं के साँचे में ढला है। अगर सिंघल के मुताबिक़ अभी पिछले समय तक जो लोग यहाँ शासन कर रहे थे वे स्वाभिमानी हिंदू नहीं थे— यहाँ तक कि शिवाजी से लेकर वाजपेयी तक भी, तो जिन लोगों ने उनके लिए क़ुर्बानियाँ दीं या उन्हें सत्ता तक पहुँचाया, वे भी स्वाभिमानी हिंदुओं की श्रेणी में नहीं आएँगे। सिंघल के हिसाब से तो स्वाभिमानी हिंदू केवल वही हैं जो आज राष्ट्रीय स्वयंसेवक संघ या विश्व हिंदू परिषद् के सदस्य हैं। इस समीकरण में तो जनसंघ और भाजपा के बहुत से सदस्य और पदाधिकारी शामिल नहीं हैं। तो, स्वाभिमानी हिंदू की इस दावेदारी के पीछे उनका क्या मंतव्य है, इस पर कुछ कहने की ज़रूरत नहीं रह जाती। असल में यह हिंदुओं और हिंदू शासकों के प्रति एक तरह का तिरस्कार भाव है। ग़ौर करें कि उन्हें बहुसंख्यक हिंदुओं का वोट नहीं मिला है। उनकी यह सत्ता महज़ 31 फ़ीसदी वोटों पर टिकी है, जबकि इससे पहले के कई शासकों को 45 फ़ीसदी वोट भी मिले हैं। हिंदुत्ववादियों का यह दावा चिंताजनक ज़रूर लग सकता है, लेकिन साथ ही मेरी निगाह में यह ख़ासा हास्यास्पद है। दरअसल, भारत की सत्ता आज तक जिन लोगों के हाथों में रही है उन्हें भारत और सत्ता के मर्म की ज़्यादा बेहतर समझ रही है। हमारा समाज अनगिनत विभेदों और विविधताओं का समाज है। इसका राजनीतिक प्रबंधन करना एक तरह की कला है जो हर एक के पास

निगम (2002) ने उद्धृत किया है. इसी लेख में आदित्य निगम ख़ुद कहते हैं, '... इस सदी के शुरुआती दौर में जब पहले-पहल दलित-बहुजन उभारों का ज्वार आना शुरू हुआ तो सबसे अहम जिस सवाल से इन्हें रूबरू होना पड़ा वह 'ख़ुद' को परिभाषित करने का सवाल था— शायद इक़बाल के शब्दों को थोड़ा बदल कर कहा जाए तो 'पहचाने-खुदी' का सवाल था। और यह खुदी अपने ब्राह्मण 'ग़ैर' के बरअक्स ही परिभाषित हो सकती थी।' 'पोस्ट-हिंदू' विचार के लिए देखें, कांचा ऐलय्या (2009), *पोस्ट-हिंदू इण्डिया : अ डिस्कोर्स इन दलित-बहुजन, सोसियो-स्पिरिचुअल ऐंड साइंटिफ़िक रेवोल्यूशन*, सेज पब्लिकेशंस, नयी दिल्ली.

नहीं होती। यह किसी कुदरती नेमत से मिली प्रतिभा से कम के बस की बात नहीं है। और, जो शासक शुरू में ही बड़े बोल बोलते हैं उन्हें जल्दी ही अपनी औक़ात समझ आ जाती है। ऐसे शासकों का संगठित विरोध तो बहुत बाद में शुरू होता है, उसके पहले ही उनकी असलियत ख़ुद उनकी निगाहों में साफ़ हो जाती है। ख़ुद उनके समर्थकों और पार्टियों के भीतर उनकी साख गिर जाती है। जिन लोगों को भी इस देश की सत्ता चलाने का मौक़ा मिला है, उन्हें इस बात का भली-भाँति अहसास है कि यहाँ बहुसंख्यक आधारित बहुमत जैसी कोई चीज़ होती ही नहीं। इसलिए अगर कोई बहुसंख्यकवादी रुझानों को प्रश्रय देना चाहेगा तो यहाँ के बहुमत का चरित्र ही उस योजना को निष्फल कर देगा। इसकी वजह यह है कि इस देश का बहुमत किसी एक राय का समर्थक न होकर कई तरह के विचारों में विश्वास करता है। यह बहुमत किसी एक लकीर का फ़क़ीर नहीं बनना चाहता। वह उस तरह से अनुशासित भी नहीं है। वह पुराने दौर के जापान की तरह साम्राज्य क़ायम करने में यक़ीन नहीं रखता। भारत की जनता ऐसी प्रवृत्तियों की प्रशंसक नहीं है। सिंघल और भागवत जैसे लोगों को इस बात की जल्दी ही समझ आ जाएगी कि भारत जैसे जटिल समाज को अपने इच्छित साँचे में ढालना इतना आसान साबित नहीं होगा।[11]

नंदी के विमर्श से वाक़िफ़ लोग जानते हैं कि उनकी वैचारिक आस्थाओं का स्रोत आम तौर पर भारत की और ख़ास तौर पर हिंदुओं, मुसलमानों और ईसाइयों की शास्त्रोक्त या उच्च-भ्रू परम्परा न हो कर भारतीय परम्पराओं की 'लिव्ड' संरचनाएँ हैं। उनके वक्तव्य से स्पष्ट है कि मध्यमार्गी विमर्श ने आम तौर पर हिंदू एकता की संघी परियोजना के प्रति रस्मी चिंता जताने के अलावा उसकी सफलता की सम्भावनाओं को कोई ख़ास अहमियत नहीं दी। हम आगे देखेंगे कि मध्यमार्गी विमर्श के इन आग्रहों ने किस तरह उसी के भीतर ही चल रही सोच-विचार की एक समांतर धारा को गौण बना कर यह प्रधानता हासिल की है। प्रधान और गौण का यह समीकरण बेहद जटिल है, क्योंकि कुछ ऐसे विमर्शकार भी हैं जो प्रधान धारा के भी मुख्य हस्ताक्षर हैं, और उन्हीं के चिंतन से गौण धारा ने भी अपनी संरचना प्राप्त की है।

यह जटिलता उस समय और भी संगीन लगने लगती है जब हमें मध्यमार्गी विमर्श का मौन पक्ष हमें यह बताता हुआ दिखता है कि हिंदू बहुसंख्यकवाद को पुष्ट करने और उसका विस्तार करने में भारतीय उदारतावाद की भी एक अनभिप्रेत भूमिका है।

---

[11] देखें, आशिस नंदी (2015) का वक्तव्य, 'अतिरंजित हैं हिंदुत्व की दावेदारियाँ', *प्रतिमान समय समाज संस्कृति*, खण्ड 3, अंक 1 (जनवरी-जून, 2015).

III

मध्यमार्गी विमर्श के मौन आयाम : एक समांतर विमर्श की रूपरेखा

मध्यमार्गी विमर्श के मुखर आयामों के तहत भारतीय उदारतावाद की दुहैरी संरचना की चर्चा के बाद निबंध के तीसरे हिस्से में मध्यमार्गी विमर्श के मौन आयामों के बतौर पाँच विमर्शों का संक्षिप्त ख़ाका खींचा गया है। ये सभी विमर्श सामाजिक–राजनीतिक–बौद्धिक–सांस्कृतिक दायरों में धीरे–धीरे पनपी उन संरचनागत स्थितियों और राजनीतिक मुहिमों पर प्रकाश डालते हैं जिनके कारण लम्बे अरसे से हिंदुओं की राजनीतिक एकता की बहुसंख्यकवादी परियोजना को बल मिलता रहा है। ये हैं :

1. हिंदू पहचान से संबंधित विमर्श और उसके दो पहलू : क्या हिंदू पहचान अठारहवीं और उन्नीसवीं सदी में की गयी औपनिवेशिक कारिस्तानी का ही परिणाम है, या यह भारतीय मध्ययुग से चल रही प्रक्रियाओं का संचित परिणाम है ? और क्या इन दोनों की परस्पर विपरीत दावेदारियाँ कुल मिला कर हिंदू पहचान के उत्तरोत्तर पुष्ट होते जाने वाले समान यथार्थ को रेखांकित नहीं कर रही हैं ?

2. औपनिवेशिक जनगणना और प्रातिनिधिक राजनीति के साथ–साथ क़ानूनी प्रावधानों के उन उत्तर–औपनिवेशिक पहलुओं को रेखांकित करने वाला विमर्श जो भारतीय उत्पत्ति वाले सभी धर्मों और समुदायों को 'हिंदू पहचान' के तहत ला कर उसका विस्तार करने में मदद करते हैं।

3. हिंदू बहुसंख्यकवाद को लोकतांत्रिक 'व्यवस्था की अंतर्वस्तु की तार्किक परिणति' की तरह दिखाने वाला विमर्श।

4. अनुसूचित जातियों और आदिवासियों को 'भव्य हिंदू परम्परा' के तहत लाने की मुहिम और उसे सफल बनाने वाली परिस्थितियों (विशेषकर कमज़ोर जातियों में प्रभुत्वशाली समुदायों का उभार) की शिनाख़्त करने वाला विमर्श; और अपनी रैडिकल सम्भावनाओं के बावजूद जातिगत बहुसंख्यकवाद की अवश्यम्भावी विफलता पर रोशनी डालने वाला विमर्श।

5. दलीय प्रणाली के निरंतर क्षय और राजनीतिक प्रतियोगिता में आयी विकृतियों के कारण साम्प्रदायिक राजनीति को मिलती जा रही प्रमुखता के परिणामस्वरूप बहुलतावाद और सेकुलरवाद की विमर्शी संरचनाओं में हुए परिवर्तनों को रेखांकित करने वाला विमर्श।

समाज-विज्ञान और मानविकी की दुनिया में ये सभी विमर्श एक अरसे से मौजूद हैं, और इन्हें अलग-अलग पढ़ा जा रहा है। ये मध्यमार्गी विमर्श की ही देन हैं, लेकिन भारतीय उदारतावाद की दुहैरी वैचारिक संरचना इनकी रोशनी में अपनी धारणाओं की जाँच-पड़ताल में दिलचस्पी नहीं दिखाती। मैं आग्रहपूर्वक कहना चाहता हूँ कि हिंदू बहुसंख्यकवाद के ताज़े उभार के संदर्भ में ये विमर्श आपस में जुड़ते हुए समाज और राजनीति की नयी बनती हुई तस्वीर की तरफ़ इशारा करते हैं। मेरा विचार है कि इन्हें एक परस्परव्यापी सिलसिले की तरह पढ़ने पर एक समांतर मध्यमार्गी विमर्श की रूपरेखा उभरती हुई दिखाई पड़ सकती है।

हिंदू पहचान : केवल एक औपनिवेशिक गढ़ंत या मध्ययुग से जारी विकास-क्रम की देन?

भारतीय समाज का वह सबसे बड़ा हिस्सा (तक़रीबन अस्सी फ़ीसदी) जिसे हिंदू समाज कहा जाता है— नाना प्रकार के विचारों, दर्शनों, आस्थाओं, लघु परम्पराओं और उन पर आधारित 'लिव्ड रिलीजनों' में बँटा हुआ है। इस बहुलता की सैकड़ों-हज़ारों साल से चली आ रही और आज तक जारी सघनता-जटिलता प्रश्न पैदा करती है कि इसे एक 'हिंदू' नामक एक समरूप और एकाश्म श्रेणी के ज़रिये व्यक्त करना उचित है या नहीं? इस प्रश्न के उत्तर के आधार पर कम से कम एक सीमा तक यह तय हो सकता है कि भारत में बहुसंख्यकवाद सम्भव है या नहीं।

विमर्श के स्तर पर जाँच करने पर इस प्रश्न के दो परस्पर विपरीत उत्तर निकल कर आते हैं। **पहला** उत्तर यह है कि 'हिंदू पहचान' पनपने के लिए ज़रूरी एक समरूप 'हिंदू परम्परा' अठारहवीं सदी के आख़िरी तीन दशकों और उसके बाद उन्नीसवीं सदी के दौरान ब्रिटिश उपनिवेशवाद द्वारा चलाई गयी प्राच्यवादी परियोजना की कारिस्तानी है; और इस अवधि से पहले न तो हिंदू परम्परा नाम की कोई चीज़ थी और न ही उस पर आधारित हिंदू पहचान नाम की कोई शै। यानी जिन लोगों को आज हिंदू कहा जाता है वे इससे पहले हिंदू होने की आत्मचेतना से लैस नहीं थे। राष्ट्रीय-अंतर्राष्ट्रीय स्तर पर इतिहासकारों, समाजशास्त्रियों, संस्कृत-अध्ययन और धर्म-अध्ययन के क्षेत्र में काम कर रहे विद्वानों का एक बड़ा सिलसिला इसी तर्क की अहर्निश पैरोकारी करता है।[1] **दूसरा** और इस दावे का खण्डन करने वाला उत्तर यह है कि उपनिवेशवादियों द्वारा गढ़ी गयी 'भव्य हिंदू परम्परा' से सदियों पहले, भारतीय मध्ययुग की शुरुआत से ही, समाज, धर्म और राजनीति के स्तर पर वे प्रक्रियाएँ चल रही हैं जिनके ज़रिये बहुलता और विविधता के बीच बिना उसे समाप्त किये हिंदू परम्परा बन रही थी और उसके आधार पर धीरे-धीरे हिंदू पहचान को भी बल मिल रहा है। इस दावे की पैरोकारी भी राष्ट्रीय-अंतर्राष्ट्रीय क्षेत्र में सक्रिय विद्वानों के एक प्रभावशाली हिस्से द्वारा की जा रही है। इसकी ख़ास बात यह है कि ये विद्वान इस हिंदू पहचान या हिंदू आत्मचेतना की निर्मिति को मुसलमान राजनीतिक पहचानों के प्रतिकार-स्वरूप दिखाते हैं। अर्थात् वे यह कहते हैं कि मुसलमान शासन की मौजूदगी और उनके साथ हुए सांस्कृतिक-धार्मिक और राजनीतिक टकराव के परिणामस्वरूप यह आत्मचेतना बनी है, और इसके पर्याप्त और अकाट्य पाठीय साक्ष्य मौजूद हैं।[2]

संघ विरोधी विमर्श (मध्यमार्गी विमर्श का मुखर हिस्सा) मुख्य तौर पर पहले क़िस्म के विद्वानों के साथ सहमत प्रतीत होता है। दूसरे क़िस्म के विद्वानों की दावेदारियों के प्रति वह असहज है। लेकिन, इसके बावजूद दिलचस्प बात

---

[1] इस प्रकार के विद्वानों में वसुधा डालमिया, बिपन चंद्र, जॉन हॉली, रॉबर्ट फ्राइकेनबर्ग, डब्ल्यू.सी. स्मिथ, क्रिस्टोफ़र फुलर, हरजोत ओबेरॉय, ब्राइन के. स्मिथ, ज्ञानेंद्र पांडेय, वीणा दास, हाइनरिख़ वॉन स्टीटनक्रॉन वग़ैरह आते हैं. रोमिला थापर को भी इस श्रेणी में रखा जा सकता है, पर कुछ संकोच के साथ क्योंकि नज़दीकी निगाह डालने पर उनका विमर्श तरह-तरह की धार्मिक अस्मिताओं के बीच मुखर समानताओं की शिनाख़्त करने की तरफ़ भी ले जाता है.

[2] इस प्रकार के विद्वानों में डेविड लोरेंज़न, टी.एन. मदन, वेंडी डोनिगर, लॉरेंस वैब, पीटर वान डर वीर, अरविंद शर्मा, थॉमस ट्रॉटमेन, सतीश सब्बरवाल वग़ैरह की गिनती होती है.

यह है कि हिंदू परम्परा के बारे में ये दोनों दलीलें एक ही दिशा में ले जाती हैं : चाहे हिंदू परम्परा को अपेक्षाकृत नयी अर्थात् उपनिवेशवादियों की गढ़ंत माना जाए; या उसे पहले की शताब्दियों से निकल कर आयी कहीं पुरानी संरचना के तौर पर देखा जाए— आज के संदर्भ में हिंदू परम्परा की मौजूदगी न केवल पुष्ट और संदर्भित होती है, बल्कि वह हिंदू बहुसंख्यकवाद के प्रमुख संरचनागत आधार के रूप में चिह्नित की जा सकती है।

औपनिवेशिक प्राच्यवादी गढ़ंत का तर्क : विद्वानों के पहले हिस्से के अनुसार भारतीय बहुलतावाद (ग़ैर-मुस्लिम, ग़ैर-ईसाई और ग़ैर-बौद्ध) के सभी पहलुओं को अपने आगोश में लेकर सर्वग्राही हिंदू परम्परा की निर्मिति का श्रेय उस विराट और महत्त्वाकांक्षी औपनिवेशिक परियोजना को जाता है जो भारत के पहले गवर्नर-जनरल वारेन हेस्टिंग्ज़ (1773-1785) के निजी प्रोत्साहन और कम्पनी सरकार की आधिकारिक मदद से चलाई गयी थी। इस बौद्धिक उद्यम को ओरिएंटलिज़म या प्राच्यवाद के नाम से भी जाना जाता है। प्राच्यवाद के समर्थक विद्वान डेविड नॉफ़ के अनुसार 'मिथकों, आस्थाओं, धर्मविधियों और नियमों के एक विशाल समुच्चय को एक सुसंगत धर्म में समेकित करने और एक अव्यवस्थित परम्परा को 'हिंदू धर्म' नामक एक तर्कसंगत आस्था-प्रणाली का रूप देने के उद्यम की शुरुआत प्राच्यवादियों ने की थी।'[3] ध्यान रहे कि एशिया और निकट-पूर्व की अन्य सभ्यताओं को पुनः परिभाषित करने में प्राच्यवाद की भूमिका तो अठारहवीं सदी के आख़िरी दशक के शुरुआती सालों में नेपोलियन द्वारा मिस्त्र को जीतने के बाद शुरू हुई, वरना प्राच्यवाद का शुरुआती उद्यम लम्बे अरसे तक भारत-केंद्रित ही था।

प्राच्यवाद को जल्दी ही सारी दुनिया में अकादमीय प्रतिष्ठा मिल गयी। इसके कारण दुनिया के बड़े-बड़े विश्वविद्यालयों में भारतविद्या (इंडोलॉजी) और संस्कृत-अध्ययन के विभागों की स्थापना हुई। भारतविद्या के नाम पर चलाई गयी इस परियोजना की दिलचस्पी भारतीय इस्लाम या ईसाईयत या भारत की धार्मिक विविधता का अध्ययन करने में कम और प्राचीन संस्कृत साहित्य को

---

[3] देखें, डी. नॉफ़ (1980), 'हरमेन्युटिक्स वर्सेज़ हिस्ट्री', *जर्नल ऑफ़ एशियन हिस्ट्री*, खण्ड 39, अंक 3 : 495-505.

स्रोत बना कर एक समरूप शास्त्रोक्त परम्परा गढ़ने में ज़्यादा थी। प्राच्यवादी विद्वानों में पश्चिमी और भारतीय, दोनों तरह के विद्वान शामिल थे और इनमें से ज़्यादातर का ताल्लुक़ किसी-न-किसी प्रकार से कम्पनी सरकार से था। या तो वे उसके कर्मचारी थे या कर्मचारियों के परिवारों से आये थे। अन्यथा वे कम्पनी के अधिकारियों, दुभाषियों, मुंशियों या वक़ीलों से संबंधित उच्चकुलीन भारतीय परिवारों के थे। फ्राइकेनबर्ग की मान्यता है कि युरोपीय मूल के प्राच्यवादियों के ऊपर भी द्विज जातियों से आये प्राच्यवादियों, जिनमें ब्राह्मण ही ज़्यादा थे, का गहरा असर था, या एक तरह से ये ब्राह्मण ही प्राच्यवादी बौद्धिकता की दिशा तय कर रहे थे।

प्राच्यवादियों के प्रयासों का परिणाम यह हुआ कि भारत में सामाजिक जीवन की नानाविध धार्मिक, आध्यात्मिक, सांस्कृतिक और कर्मकाण्डीय अभिव्यक्तियों को संस्कृत में रचे गये वेदों, पुराणों, धर्मशास्त्रों और अन्य भाष्यों व टीकाओं के मुताबिक़ परिभाषित किया जाने लगा। भारत की भौगोलिक सीमा में जो मुसलमान, ईसाई, यहूदी, सिख, जैन और बौद्ध नहीं थे, उन्हें हिंदू कहा जाने लगा। ए.एल. बाशम के अनुसार दुनिया भर के भारतविद्याविदों और संस्कृत विद्वानों के साथ मिल कर पश्चिमी और भारतीय विद्वानों ने प्राचीन भारतीय इतिहास, धर्म और दर्शन के विभिन्न आयामों के बारे में पुरानी पाण्डुलिपियों की अनथक खोजें कीं, अनुवाद किये, भाष्य किये, टीकाएँ लिखीं; और इस तरह भारत नाम के आश्चर्यलोक का उत्पादन-पुनरुत्पादन किया।[4] वारेन हेस्टिंग्ज़ की निजी देखरेख में जो सिलसिला शुरू हुआ था, वह अगले सौ साल तक जारी रहा। फ्राइकेनबर्ग के मुताबिक़ अंग्रेज़ों की साम्राज्यिक परियोजना की कामयाबी के लिए ज़रूरी था कि यह प्राच्यवादी उन्नासिक हिंदू परम्परा अपने चरित्र और संरचना में ग्रहणशीलता, संयम और सहिष्णुता पर ज़ोर देती ताकि साम्राज्य के लिए अधिकाधिक विविधताओं को राजनीतिक एकता के अंतर्वेशन में ले जाना सुविधाजनक होता चला जाता। 1893 में जब स्वामी विवेकानंद ने शिकागो के मंच पर इस उदार, सहिष्णु और समावेशी धर्म की रूपरेखा पेश की तो दुनिया में बहुतों को यह एक नया आविष्कार लगा, लेकिन यह नया धर्म वही था जिसे प्राच्यवादियों ने एक सदी के दौरान गढ़ा था। विवेकानंद की प्रस्तुति के बाद यह

---

[4] देखें, ए.एल. बाशम (1954), *द वंडर दैट वाज़ इण्डिया,* सिजविक ऐंड जेक्सन, लंदन.

नया हिंदू धर्म दुनिया भर के उदार धर्मशास्त्रियों की निगाह में 'विश्व-धर्म' के रूप में वैधता प्राप्त करता चला गया।

अंग्रेज़ यहीं नहीं रुके, उन्होंने इस प्राच्यवादी बौद्धिक परियोजना को ज़मीन पर उतार कर भी दिखाया। उनके निज़ाम ने हिंदुओं की सभी धार्मिक और कल्याणकारी संस्थाओं (धर्मादों, मंदिरों, तीर्थस्थलों, मठों, समारोहों, उत्सवों) के रख-रखाव और आर्थिक वित्त-पोषण की ज़िम्मेदारी अपने हाथ में ले ली। 1810 में बंगाल के और 1817 में मद्रास के विनियमन क़ानूनों के बाद हज़ारों छोटे-बड़े, नगरों या क़स्बों के धार्मिक प्रतिष्ठान न केवल अपनी मरम्मत और जीर्णोद्धार के लिए कम्पनी सरकार के हाथ में चले गये, बल्कि प्रशासन उनके कर्मकाण्डों, पूजा, आरती, चढ़ावे, धर्मकर्ताओं और पुजारियों की नियुक्तियों को विनियमित करने लगा। मंदिरों के भीतर होने वाले नृत्य, संगीत, देवदासियाँ और उनसे जुड़ी वेश्यावृत्ति को भी किसी न किसी रूप में कभी औपचारिक या कभी अनौपचारिक रूप से संचालित सरकारी हिंदू धर्म की अधीनता और बंदोबस्त में ले लिया गया। चाहे कांचीपुरम, मदुरै, श्रीरंगम और तिरुपति के विशाल और भव्य मंदिर हों, या फिर छोटे-मोटे गली-मुहल्ले के मंदिर हों, सरकार द्वारा संचालित-समर्थित यह हिंदू धर्म एक केंद्रीकृत और समरूप छवि के तहत आता गया। स्थिति यह थी कि बड़े-बड़े मंदिरों के भीतर होने वाली पूजा-अर्चना और बलि समारोहों में औपनिवेशिक अधिकारी हिस्सा लेते थे, और बाहर ईसाई, मुसलमान और सिख सिपाहियों से युक्त पुलिस बलों की गारद सुरक्षा देते हुए सलामी ठोकती थी। सुरक्षा बल धार्मिक यात्राओं के मौक़ों पर मार्च करके उनकी शानो-शौक़त को सरकारी बना देते थे। मेले-ठेलों, उत्सवों और स्नान समारोहों के मौक़े पर सरकारी अधिकारी तीर्थयात्रियों से टैक्स वसूलते और सारे इंतज़ाम सुनिश्चित करते। इस तरह कम्पनी राज ने हिंदू विभिन्नता के ऊपर समरूपता की एक ग्रिड आरोपित कर दी। ध्यान रहे कि यह विकासक्रम इतना गहन था कि इसे केवल कम्पनी राज की जड़ों को मज़बूत करने के हथकण्डे की तरह देखना उचित नहीं होगा। कम्पनी के बड़े-बड़े अधिकारी 'हिंदू' विचारों और दर्शन से प्रभावित हो कर स्थानीय देवी-देवताओं की प्रशांति के उपाय करने लगे थे और मंदिरों को धर्मनिधियाँ दान दी जाने लगी थीं। ब्रिटेन के उदार धर्मशास्त्री और युनिटेरियन मतावलम्बी हिंदू-विचार को सकारात्मक निगाहों से देखने लगे थे।

भारतीय जीवन के बहुलांश का हिंदूकरण करने वाली इस ग्रिड का एक

पहलू था प्राच्यवाद द्वारा स्थापित शास्त्रोक्तता का, और दूसरा पहलू था धार्मिक जीवन के सरकारी विनियमन का। इस दुहैरी प्रक्रिया में कम्पनी राज की संलिप्तता इतनी ज़्यादा थी कि उसके आलोचकों की निगाह में वह वास्तव में 'हिंदू' राज बनता चला जा रहा था। इसीलिए सैकड़ों ईसाई युरोपीय अधिकारियों ने मद्रास के एंग्लिकन बिशप और एक बड़े फ़ौजी अधिकारी के नेतृत्व में कम्पनी के इस 'दुष्ट मूर्तिपूजक साम्राज्य' के ख़िलाफ़ एक ज्ञापन पर दस्तख़त भी किये थे, और लंदन में 'एंटी आइडॅलेटरी लीग' ने कम्पनी राज के इस पहलू के ख़िलाफ़ मुहिम भी चलाई थी। इस तरह के विकासक्रम के ख़िलाफ़ स्वाभाविक रूप से तरह-तरह की प्रतिक्रियाएँ हुईं। राजा राममोहन राय जैसे प्रगतिशील सुधारवादियों से लेकर चार्ल्स ग्रांट जैसे इंजीली धर्मप्रचारवादियों ने कम्पनी की इस हिंदू डिज़ाइन का अपने-अपने दृष्टिकोणों से विरोध किया। नतीजतन उपनिवेशवादी निज़ाम के भीतर भारत से लेकर इंग्लैण्ड तक एक सांस्कृतिक राजनीति शुरू हो गयी, जो इस लेख का विषय नहीं है। मुख्य बात यह है कि 1857 से पहले सरकारी तंत्र और प्राच्यवाद द्वारा स्थापित भव्य हिंदू परम्परा के बीच चली परस्पर पुष्टिकारक अन्योन्यक्रिया का दरअसल कभी पटाक्षेप नहीं हुआ। वह उस समय भी जारी थी, 1863 और 1926 के संशोधित क़ानून के बाद भी जारी रही, और उत्तर-औपनिवेशिक काल में भी लगातार जारी है। इससे कोई अंतर नहीं पड़ता कि सरकार किसी धर्मभीरु पार्टी की है या ख़ुद को अनीश्वरवादी कहने वाली पार्टी की, आम तौर पर मंदिरों का प्रबंधन राज्य के हाथ में रहता है। इसकी एक उल्लेखनीय मिसाल उस समय मिली जब पिछले दिनों तमिलनाडु हिंदू रिलीजस ऐंड चेरिटेबिल एंडाउमेंट पर अदालत में इसलिए मुक़दमा दायर किया गया कि वह हिंदू मंदिरों में मौजूद करोड़ों क़ीमत की मूर्तियों की देखभाल ठीक से नहीं कर पा रहा है, लेकिन दूसरी तरफ़ उन मंदिरों से होने वाली आमदनी बिना रुके उसके कोष में जा रही है। इस मुक़दमे से एक बार फिर यह हक़ीक़त सामने आयी कि अनीश्वरवादी पार्टियों अन्ना द्रमुक या द्रमुक द्वारा शासित दक्षिण भारत के इस सबसे बड़े राज्य के ही नहीं बल्कि पूरे दक्षिण भारत के एक लाख से अधिक मंदिरों का संचालन प्रत्यक्ष या अप्रत्यक्ष रूप से सरकार करती है।[5]

[5] इस तथ्य के लिए देखें, आर. जगन्नाथन (2017), 'फ़ेंस दैट ईट्स द क्रॉप : गवर्नमेंट रनिंग हिंदू टेम्पिल्स इज अनदर एनॉमली इण्डियाज़ सिलेक्टिव सेकुलरिज़म फ़ोस्टर्स', *द टाइम्स ऑफ़ इण्डिया*, नयी दिल्ली, 29 अगस्त.

उन्नीसवीं सदी के शुरुआती दौर में उपनिवेशवादियों ने एक नकारात्मक ढंग से भी हिंदू पहचान को पुष्ट करने की भूमिका निभायी। वारेन हेस्टिंग्ज़ के ज़माने और उसके काफ़ी बाद तक कम्पनी सरकार ने इंजीली धर्मप्रचारवादियों को भारत से दूर रखा था। लेकिन, 1813 के कम्पनी चार्टर में हुए परिवर्तन के बाद भारत की ज़मीन पर मौजूद युरोपीय मिशनरियों की संख्या में ख़ासा उछाल आया। उन्होंने बड़े पैमाने पर धर्मांतरण की गतिविधियाँ शुरू कीं, औपनिवेशिक शिक्षा कार्यक्रम में हस्तक्षेप किया और हिंदू-कुरीतियों के ख़िलाफ़ समाज-सुधार के लिए दबाव बनाना प्रारम्भ कर दिया।[6] ईसाई धर्मप्रचारवादियों के इस रवैये के ख़िलाफ़ कई क्षेत्रों में प्रतिकार की कोशिशें शुरू हुईं। इन कोशिशों ने भी हिंदू पहचान को बलवती किया। उन्नीसवीं सदी के तीसरे दशक में तिरुनलवेली में विभूति संगम, मद्रास में चतुर वेद सिद्धांत सभा और बंगाल में धर्म सभा का गठन हुआ। ये संगठन इंजीली धर्मप्रचारवादियों द्वारा हिंदू समाज की कुरीतियों पर किये गये हमलों के मुक़ाबले जो दलीलें दे रहे थे, वे उसी भव्य हिंदू परम्परा की निर्मिति से प्राप्त की गयी थीं जो प्राच्यवादियों ने तैयार की थी। भारत के उदीयमान और आधुनिक अभिजन ने यह भी तय किया कि अगर हिंदू समाज में कुरीतियाँ हैं तो क्यों न वे भी ईसाईयत और शास्त्रोक्त परम्परा के संश्रय के ज़रिये समाज-सुधार का बीड़ा उठा कर ईसाइयों के साथ से यह पहल छीन लें। इसका परिणाम राजा राममोहन राय के ब्रह्मसमाज और जस्टिस रानाडे के प्रार्थना समाज के गठन में निकला। ईसाई धर्मप्रचारवादियों की प्रतिक्रिया में हिंदू पहचान उत्तरोत्तर जुझारू होती चली गयी। स्वामी दयानंद सरस्वती द्वारा आर्य समाज की स्थापना और हिंदू समाज के बड़े हिस्से पर उसके निर्विवाद प्रभाव, स्वामी विवेकानंद की प्रेरणाओं पर काम करने वाली रामकृष्ण सोसाइटी, थियॅसोफ़िकल सोसाइटी (जिसकी स्थापना युरोपियनों ने की थी, पर जिसके पीछे आद्यार और मैलापुर के ब्राह्मणों की ऊर्जा काम कर रही थी) और बंगाल-महाराष्ट्र-पंजाब को प्रभावित करने वाले जुझारू गौ-रक्षक आंदोलन ने हिंदू पहचान को अंग्रेज़ी राज के विजातीय प्रभावों के ख़िलाफ़ खड़ा कर दिया।[7]

---

[6] शैड ए. बाउमॅन (2013), 'हिंदू-क्रिश्चियन कांफ्लिक्ट इन इण्डिया : ग्लोबलाइज़ेशन, कनवर्ज़न, ऐंड कोटरमिनल कास्ट्स ऐंड ट्रायब्ज़', *द जरनल ऑफ़ एशियन स्टडीज़*, खण्ड 72, अंक 3 : 633-653.

[7] रॉबर्ट ई. फ़्राइकेनबर्ग (1993), 'हिंदू फ़डामेंटलिज़म ऐंड स्ट्रक्चरल स्टेबिलिटी ऑफ़ इण्डिया', मार्टिन ई. मार्ती और आर. स्कॉट एपिबाई (सं.), *फ़ंडामेंटलिज़म ऐंड द स्टेट : रिमेकिंग पॉलिटीज़, इकॉनॉमीज़, ऐंड मिलिटेंस*, युनिवर्सिटी ऑफ़ शिकागो प्रेस, शिकागो और लंदन : 233-255.

उन्नीसवीं सदी के आख़िरी और बीसवीं सदी के शुरुआती दौर में उपनिवेशवाद विरोधी राष्ट्रवादियों ने भी प्राच्यवादियों की इस निर्मिति का उपयोग भारत के सुनहरे अतीत को गढ़ने में किया। चूँकि उन्नीसवीं सदी के दूसरे हिस्से के औपनिवेशिक महाप्रभु भारत पर बर्बर और पिछड़ी हुई सभ्यता का बिल्ला चस्पाँ करके अपने शासन को न्यायसंगत ठहराने की कोशिश कर रहे थे, इसलिए उसका प्रतिकार करने वाले राष्ट्रवादियों ने परम्परा को संस्कृतीकृत और एकीकृत करके शास्त्रबद्ध और पाठबद्ध करने की प्राच्यवादियों द्वारा संचालित प्रक्रिया को अपने काम का पाया। इस दौरान यह काम कुछ इस प्रकार सम्पन्न किया गया कि इस गढ़ी गयी शास्त्रोक्त परम्परा के मुक़ाम से नवोदित भारतीय राष्ट्र सीधे-सीधे आधुनिकीकरण के संसार में छलाँग लगा सका। यहाँ तक कि औपनिवेशिक काल में चलाई जाने वाली समाज-सुधारों की मुहिमों और स्त्री-अधिकारों के लिए किया जाने वाला संघर्ष भी शास्त्रोक्त परम्परा के माध्यम से ही जायज़ ठहराया गया।[8] जवाहरलाल नेहरू जैसे आधुनिकतावादियों ने भी इस 'भव्य हिंदू परम्परा' में भारत के लिए सांस्कृतिक राष्ट्रीयता की सम्भावनाएँ चिह्नित कीं।

ज़ाहिर है कि यह 'भव्य हिंदू परम्परा' अपने शुरुआती संस्करण में सहिष्णुता और अंतर्वेशन की आभा के साथ सामने आयी थी। शुरुआती दौर में बहुलतावाद को हिंदुओं की विशेषता मानने वाला उपनिवेशवाद विरोधी नेतृत्व इसे सकारात्मक दृष्टि से आधुनिक भारत की एक सांस्कृतिक उपलब्धि के तौर पर देखता था। यह नज़रिया आज़ादी की लड़ाई के दौरान भी क़ायम रहा और उसके बाद भी। इस विराट हिंदू निर्मिति के एक अध्येता के अनुसार :

> अगर सिर्फ़ उपयोग की दृष्टि से देखा जाए तो हिंदू धर्म की एक ऐसी परिभाषा जो विचारधाराओं/संस्थाओं/धर्मविधियों की नुमाइंदगी लाज़िमी तौर पर अज्ञेयवादी, अहानिकारक और ग्रहणशील रूप में करती हो; जो पूरे महाद्वीप के लिए एकताकारी हो और जो सभी तरह के लोगों को एक-दूसरे के निकट लाती हो या किसी केंद्रीय प्राधिकार की तरफ़ ले जाती हो— एक 'आधिकारिक' और राजनीतिक रूप से स्वीकारोग्य उद्देश्य की पूर्ति करती है। परले दर्जे की बहुलता से सम्पन्न महाद्वीप में ऐसा हिंदू धर्म एक विराट और सबको अपने तहत लाने वाली राजनीतिक व्यवस्था की रचना को बल देता था। इसके ज़रिये यह व्यवस्था सबको समेटने वाली एक विचारधारा या धर्म से सम्पन्न हो सकती थी।

---

[8] इस भव्य और विराट हिंदू परम्परा की गढ़ंत कैसे की गयी, इसके आलोचनात्मक ब्योरों के लिए रिचर्ड किंग, गौरी विश्वनाथन, डेविड लुड्डेन, जेफ़्री ओडी, वेंडी डोनिगर, रत्ना कपूर और लता मणि जैसे विद्वानों का काम भी देखा जा सकता है.

... इस प्रकार की सर्वसमावेशी हिंदू परमसत्ता का हिंदू प्रतीक महाचक्र था। इसे रेखांकित करना इसलिए ज़रूरी है कि अशोक (ईसापूर्व तीसरी सदी) से ले कर आज तक के प्रत्येक चतुर शासक ने इस प्रतीक से लाभ उठाया है। अकबर के धर्म दीन इलाही ने भी कोणार्क के मंदिर में प्रस्तर-उत्कीर्ण इस चक्र की ही फ़तहपुर सीकरी में पुनर्रचना की थी। अकबर ने स्वयं को इस चक्र के केंद्र में रखा और उससे निकलने वाले आरों के रूप में सभी महत्त्वपूर्ण जातीय और साम्प्रदायिक अभिजनों को नुमाइंदगी दी। ... यह था वही विशिष्ट तर्क जिसने ग्रहणशीलता, सामासिकता और सहिष्णुता के अनिवार्य सम्मिश्रण के साथ प्राच्यवाद के ब्रिटिश-भारतीय संस्करण की रचना की। भारत सरकार की संरचनागत शक्ति और सुरक्षा को कोई अन्य विचारधारा इससे बेहतर पुष्ट नहीं कर सकती थी। ...

... कम्पनी के प्राच्यवादी पण्डितों द्वारा गढ़ा गया यह ख़ास तरह का हिंदू धर्म अंग्रेज़ी और भारतीय-अंग्रेज़ी में रचे गये पाठों में अभिव्यक्त हुआ। इसने भारत के भव्य अतीत के जो अनुवाद और व्याेख्याएँ पेश कीं, उन्होंने मोहनदास कर्मचंद गाँधी से लेकर जवाहरलाल नेहरू तक भारतीय राष्ट्रवादियों को शिक्षित और प्रेरित किया।[9]

यह तर्क कहता है कि इस हिंदू धर्म में एक और अनूठी क्षमता थी। यह न केवल वेदों, पुराणों, गीता, महाभारत और रामायण के इर्द-गिर्द गोलबंद हुए समुदायों, सम्प्रदायों और पहचानों को एक सूत्र में बाँधता था, बल्कि पूरे दक्षिण एशिया में मौजूद ग़ैर-हिंदू आत्मछवि वाले धर्मों पर भी इसकी गहरी छाप थी जिसके कारण इसकी उपयोगिता और प्रभावोत्पादकता और बढ़ जाती थी :

(इस) हिंदू धर्म की निर्मितियाँ दक्षिण एशिया के तमाम धर्मों से वास्ता रखती हैं। इन धर्मों में वे धर्म भी शामिल हैं जो ख़ुद को ग़ैर-हिंदू कहलाना चाहते हैं। दक्षिण एशिया में एक भी धर्म ऐसा नहीं है, जिसे किसी न किसी अर्थ में हिंदू धर्म न कहा जा सके। इन समस्त धर्मों को हिंदू धर्म की अनेकानेक निर्मितियों की एक न एक वर्चस्वी उपस्थिति से दो-चार होना पड़ा है। इनमें किसी धर्म विशेष पर हिंदू धर्म की किस प्रवृत्ति का क्या प्रभाव पड़ा है अथवा यह प्रभाव कितना गहरा और व्यापक रहा है— हम इन पहलुओं की चर्चा किये बग़ैर भी उन सूचकों की निशानदेही कर सकते हैं जिनसे पता चलता है कि हिंदू धर्म की संरचनाओं का प्रभाव कितना चौतरफ़ा रहा है।

इस क्रम में सबसे पहले यह देखें कि भारत में कोई भी धार्मिक समुदाय ऐसा नहीं है जो अपवित्रता/पवित्रता की हिंदू धारणाओं से अछूता हो। इन धारणाओं की व्याप्ति का अंदाज़ा इस बात से लगाया जा सकता है कि जन्म तथा सामाजिक संबंधों के अलावा सामाजिक और सांस्कृतिक हैसियत के प्रति आपेक्षिक सावधानी

[9] रॉबर्ट एरिक फ्राइकेनबर्ग (1993), 'कंस्ट्रक्शन ऑफ़ हिंदूइज़्म एट द नेक्सस ऑफ़ हिस्ट्री ऐंड रिलीजन', द *जरनल ऑफ़ इंटरडिसिप्लिनरी हिस्ट्री*, खण्ड 23, अंक 3 : 523-550.

बरतने की प्रवृत्ति हर समुदाय में पाई जाती है। लोगों के लिए यह कोई मामूली बात नहीं होती कि कोई क्या और कैसे खाता-पीता है, शारीरिक निकटता के मामलों में किन चीज़ों से परहेज़ करता है, और अन्य जीवंत प्राणियों परिवार, अन्य लोगों तथा पशुओं के साथ कैसे घुलता-मिलता है। यहाँ इसकी सूची बेहद लम्बी है कि इनमें कौन-सा व्यवहार अनादर या अपमान का सूचक हो सकता है। दूसरे, दक्षिण एशिया में पारिवारिक संरचनाओं की मज़बूती इसी तथ्य से पैदा होती है। परिवार के संबंध में यहाँ यह भावना सर्व-व्याप्त है। बाक़ी संस्थाएँ आती-जाती रहती हैं लेकिन परिवार हमेशा अपनी धुरी पर खड़ा रहता है। तीसरे, इसका अगला परिणाम यह हुआ है कि भारत (दक्षिण एशिया) में ऐसे मुसलमान, यहूदी, ईसाई तथा सिख, बौद्ध, जैन या जड़ात्मवादी मुट्ठी भर ही हैं जो हिंदू धर्म की यहाँ विवेचित एकाधिक निर्मितियों से निकली प्रवृत्तियों और धारणाओं से बच पाए हैं। दक्षिण एशिया के सभी धार्मिक समूहों और समुदायों को एक निश्चित सीमा में हिंदू या हिंदू धर्म से प्रतिकृत कहा जा सकता है : दरअसल, जो अपने इस हिंदूपन से इनकार या उसका निषेध करते हैं, उनकी यह कोशिश ही इस बात का मुज़ाहिरा करती है कि उनके जीवन में हिंदू धर्म की उपस्थिति कितनी गहरी रही है।[10]

फ्राइकेनबर्ग ने दिखाया है कि पुराने ब्रिटिश राज (कम्पनी वाला), नये ब्रिटिश राज (सम्राज्ञी वाला) और साथ में उपनिवेशवाद विरोधी नेतृत्व द्वारा हिंदू धर्म के इस विराट संस्करण (दक्षिण एशिया स्थित ग़ैर-हिंदू धर्मों को भी गहराई से प्रभावित करने वाला) को किस प्रकार स्वीकार कर लिया गया, लेकिन साथ में उन्होंने उन धार्मिक शक्तियों का भी विवरण दिया है जो इस हिंदू धर्म के विरोध में खड़ी थीं। ये ताक़तें बहिर्वेशनकारी और अपेक्षाकृत कम सहिष्णु थीं। इन्होंने भारत के भीतर और बाहर ब्रिटेन में इसकी मुख़ालफ़त का झण्डा उठाया। इनमें अपने धर्मों की शुद्धता के लिए चिंतित मुसलमान और सिख कट्टरपंथी थे, पर प्रमुख भूमिका भीतर और बाहर के इंजीली धर्मप्रचारवादियों की थी जिन्होंने भारत से लेकर ब्रिटेन तक इस हिंदू धर्म के ख़िलाफ़ दबाव बनाया।

चूँकि फ्राइकेनबर्ग इतिहासकार के रूप में अठारहवीं-उन्नीसवीं और बीसवीं सदी के शुरुआती हिस्सों में तैयार और विकसित हुई इस निर्मिति की चर्चा कर रहे थे, इसलिए वे इस हिंदू धर्म के ख़िलाफ़ आज़ादी के बाद सक्रिय हुई उन बौद्धिक शक्तियों की शिनाख़्त नहीं कर सकते थे जो धार्मिक न हो कर वामपंथी और सेकुलर आत्मछवि वाली थीं। उत्तर-नेहरू युग में नेहरू के नाम पर प्रबल

[10] देखें, फ्राइकेनबर्ग (1993), वही.

हुई ये बौद्धिक शक्तियाँ एक बहुलतापरक, ग्रहणशील और सहिष्णु हिंदू धर्म को सकारात्मक दृष्टि से देखने का दावा करती रहती थीं। आश्चर्य की बात यह है कि इसके बावजूद इन्होंने इस हिंदू धर्म का अपने पक्ष में इस्तेमाल करने के बजाय इसकी प्राच्यवादी गढ़ंत का हवाला दे कर इसे ब्राह्मणवाद (इस समस्याग्रस्त प्रत्यय पर आगे चर्चा की जाएगी) के खाने में डाल कर ख़ारिज कर दिया। नतीजे के तौर पर यह केवल हिंदू राष्ट्रवादियों के उपयोग की निर्मिति रह गयी। इन हिंदू राष्ट्रवादियों में आर्य समाज भी था जिसका एजेंडा वेदों को हिंदू धर्म का एकमात्र धर्मग्रंथ बनाने पर केंद्रित था। इनमें अन्य कई क़िस्मों के हिंदू राष्ट्रवादी शामिल थे। ये सभी धाराएँ आगे चल कर राष्ट्रीय स्वयंसेवक संघ में समाहित हो गयीं, और हिंदुत्व ने व्यावहारिक और सैद्धांतिक रूप से इस 'भव्य हिंदू परम्परा' को अपनी आधारभूत पृष्ठभूमि के रूप में प्रसन्नतापूर्वक ग्रहण कर लिया।[11] जो हिंदू निर्मिति स्पष्ट रूप से सेकुलरों के काम की थी, वह सेकुलरों के ही अजीब से रवैये के कारण हिंदुत्ववादियों के हत्थे चढ़ गयी। यह सेकुलर रवैया बाद में ग़ैर-ब्राह्मण चिंतन परम्परा और उसके आधुनिक पैरोकारों के हवाले से ख़ुद को न्यायोचित ठहराने लगा। हालाँकि यही सेकुलर रवैया शुरू में काफ़ी समय तक वह फुले, आम्बेडकर, पेरियार आदि के राजनीतिक-सामाजिक आंदोलनों को हिकारत से जातिवादी क़रार देता रहा था।

मध्ययुगीन धार्मिक-सांस्कृतिक और राजनीतिक प्रक्रियाओं का परिणाम : 'भव्य हिंदू परम्परा' की गढ़ंत का जो संक्षिप्त ब्योरा ऊपर पेश किया गया है, उससे लग सकता है कि हिंदू के नाम पर आज हमें जो कुछ उपलब्ध है वह सपाट ढंग से प्राच्यवादी विमर्श का ही परिणाम है। लेकिन भारतीय जीवन और संस्कृति में किये गये इस औपनिवेशिक हस्तक्षेप की विद्वत्तापूर्ण व्याख्याएँ इतनी सपाट न हो कर बहुमुखी, विस्तृत और द्वंद्वात्मक हैं। मसलन, गौरी विश्वनाथन हमें सचेत करती हैं कि एक वर्चस्वी हिंदू धर्म के विचार को केवल औपनिवेशिक

[11] प्राच्यवाद के औपनिवेशिक उद्यम और एक समरूप शास्त्रोक्त हिंदू परम्परा गढ़ने की प्रक्रिया को संघ परिवार की हिंदुत्ववादी राजनीति की ऐतिहासिक पृष्ठभूमि की तरह पेश करने वाली रचनाएँ इक्का-दुक्का ही मिलती हैं. ऐसी ही एक रचना के लिए देखें, रॉबर्ट ई. फ्राइकेनबर्ग (2005), 'हिंदुत्व एज़ एन पॉलिटिकल रिलीजन : अ हिस्टोरिकल पर्सपेक्टिव', रोजन ग्रिफ़िन (सं.), *फ़ासिज़्म, टोटेलिटेरियनिज़्म ऐंड पॉलिटिकल रिलीजन*, रौटलेज, लंदन : 178-220.

कारिस्तानी मान लेना ही उचित नहीं है। ऐसा करके हम एक भारतीय परिघटना को उसकी अपनी शर्तों पर देखने से इंकार करेंगे। प्राच्यवादी विमर्श को ख़ारिज करने के चक्कर में हमें उस परम्परा को ही पूरी तरह ख़ारिज करने की ग़लती से बाज़ आना चाहिए जिसके आधार में वह सांस्कृतिक उत्पादन और उसकी सर्वभारतीय प्रक्रिया है जिसे 'अर्ली-मॉडर्न' (भारतीय मध्ययुग) के इतिहासकारों ने अनुसंधानपरकता के साथ चिह्नित किया है।

मध्य काल को भारत की 'अर्ली-मॉडर्न' सदियों की तरह दिखाने वाले जॉन एफ़. रिचर्ड्स ने पूरे विश्वास के साथ लोकप्रिय धार्मिक आंदोलन के कारण होने वाले नये क़िस्म के सांस्कृतिक उत्पादन का उल्लेख किया है। रिचर्ड्स का कहना है कि मात्रा, सघनता और विविधता के लिहाज़ से उत्तरोत्तर बढ़ते हुए इस सांस्कृतिक उत्पादन का केंद्र उत्तर भारत था। उनकी चर्चा यहीं आ कर इस अपील के साथ ख़त्म हो जाती है कि हमें औपनिवेशिक चश्मा उतार कर नयी आँखों से इन तीन सौ सालों में बनी नयी संस्थाओं, नये सामाजिक रूपों, नयी सांस्कृतिक अभिव्यक्तियों और नयी उत्पादकता को देखना चाहिए। रिचर्ड्स ने नवीन सांस्कृतिक उत्पादन का कारण बने जिस लोकप्रिय धार्मिक आंदोलन को उत्तर भारत में केंद्रित बताया था, और जिसे हम सब भक्ति आंदोलन के नाम से जानते हैं, वह एक अखिल भारतीय परिघटना था। रिचर्ड्स जिसे औपनिवेशिक चश्मा कहते हैं उसे हम चाहें तो प्राच्यवादी चश्मा भी कह सकते हैं।[12]

कृष्ण-भक्ति, राम-भक्ति, शिव-भक्ति, सगुण और निर्गुण जैसी सारे भारत में फैली भक्तिकालीन धार्मिक और सांस्कृतिक धाराएँ क्या स्वयं को 'हिंदू' के रूप में परिभाषित करती थीं? इस प्रश्न का उत्तर देते हुए डेविड लोरेंज़न ने स्पष्ट रूप से कहा है कि धर्मशास्त्रीय रूप से और श्रद्धा-भक्ति के रूप में हिंदू होने की आत्मछवि 1200 से 1500 के बीच के तीन सौ वर्षों में भगवद्गीता, पुराणों और षड्-दर्शनों पर की गयी टीकाओं के माध्यम से निर्मित हुई। (लोरेंज़न के इस दावे को विजय नाथ का पुराण संबंधी अवलोकन भी पुष्ट करता है। इसमें विजय नाथ हिंदू धर्म के गुप्त काल और उत्तर-गुप्त काल की निर्मिति बताती हैं, यानी पहली सहस्राब्दी के दूसरे हिस्से की। इस बारे में निबंध के चौथे हिस्से में

---

[12] जॉन एफ़. रिचर्ड्स (1997), 'अर्ली मॉडर्न इण्डिया ऐंड वर्ल्ड हिस्ट्री', *जरनल ऑफ़ वर्ल्ड हिस्ट्री,* खण्ड 8, अंक 2, युनिवर्सिटी ऑफ़ हवाई प्रेस : 197-209.

विस्तार से चर्चा है।) इस आत्मछवि की रूपरेखा उन्नीसवीं सदी के आने के बहुत पहले ही इन तीन सौ सालों में हुई हिंदू–मुसलमान होड़ के कारण स्पष्ट और धारदार हो गयी थी। लोरेंज़न यह कहते हुए इस ख़तरे से वाक़िफ़ हैं कि इस दावे का लाभ आज के हिंदू राष्ट्रवादी उठा सकते हैं। लेकिन साथ ही उनका यह तर्क भी है कि इस तथ्य को मान्यता दे कर ही सेकुलर और उदार भारतीयों को हिंदू बहुसंख्यकवादियों की शक्ति का सही अनुमान लग सकता है और तदनुरूप वे उनसे संघर्ष करने की क्षमता विकसित कर सकते हैं :

> कई उदारतावादी और वामपंथी विद्वान यह मानने से हिचकते रहे हैं कि अकसर एक–दूसरे से टकराव में रहने वाली आधुनिक हिंदू और मुसलमान अस्मिताएँ, चाहे व्यक्तिगत हों या सामुदायिक, दिल्ली सल्तनत, मुग़ल साम्राज्य और क्षेत्रीय सल्तनतों की अवधि में हुए राजनीतिक और धार्मिक टकरावों की देन हैं। ये विद्वान भारत की सभी प्रमुख संस्थाओं के आविष्कार, रचना अथवा कल्पना का ज़िम्मेदार ख़ास तौर पर औपनिवेशिक राज्य और आम तौर पर उन्नीसवीं सदी की कल्पनाशीलता को दे देते हैं। इसीलिए राजनीतिशास्त्री पॉल ब्रास ने एक बार मुझसे कुछ–कुछ मज़ाकिया अंदाज़ में कहा था कि 'हर चीज़ का आविष्कार उन्नीसवीं सदी में ही हुआ है।' हिंदू अस्मिता की व्यापक अवधारणा के मुक़ाबले जहाँ तक साम्प्रदायिकता का सवाल है, ज़्यादातर उदारतावादी और वामपंथी विद्वान— बिपन चंद्र से ज्ञानेंद्र पांडेय और वीणा दास और उनसे भी परे तक— यही दावा करते हैं कि साम्प्रदायिकता तो मूलतः औपनिवेशिक अवधि का ही उत्पाद है। क्रिस्टोफ़र बेली और शेल्डन पोलोक के इस तर्क पर अकसर खुल कर आक्रमण किया जाता है कि साम्प्रदायिकता की जड़ें भारतीय अतीत की गहराइयों में हैं। ... एक उत्तर–औपनिवेशिक इतिहासकार निकोलस डिर्क ने तो यहाँ तक दावा कर दिया है कि जाति जैसी विशिष्ट भारतीय संस्था भी एक तरह से ब्रिटिश उपनिवेशवादियों द्वारा ही आविष्कृत की गयी है। ... हिंदी के साहित्यालोचक पुरुषोत्तम अग्रवाल ने हाल ही में एक व्यंग्यात्मक टिप्पणी की है, 'हम भारतीयों को भले ही अपनी समस्याओं को हल करने की क्षमता से रहित मान लिया जाए, पर क्या हम इतने अक्षम हैं कि हमें उन समस्याओं को पैदा करने का श्रेय भी नहीं मिलना चाहिए?'[13]

लोरेंज़न ने अपने दावे के पक्ष में जो प्रमाण जुटाए हैं वे उसी दायरे से लिए गये हैं जिन्हें रिचर्ड्स ने भारत की अर्ली–मॉडर्न सदियों में हुए नवीन सांस्कृतिक उत्पादन की संज्ञा दी है। उन्होंने निर्गुणी कवि कबीर, रामानंदी अनंतदास, वरकरी

---

[13] डेविड एन. लोरेंज़न (1999), 'हू इन्वेंटिड हिंदूइज़म?', *कम्परेटिव स्टडीज़ इन सोसाइटी ऐंड हिस्ट्री,* खण्ड 41, अंक 4 : 630–659.

संत एकनाथ, कृष्ण भक्त विद्यापति के साथ-साथ रैदास, नानक, दादू, रजब, पलटू दास और सगुण कवि तुलसीदास के एक के बाद एक उदाहरण दे कर साबित किया है कि उनके काव्य में, कबीर की साखियों में, एकनाथ के हिंदू-तुरुक संवाद में, नानक के वचनों और विद्यापति के मैथिली गीतों और अन्य भक्त-कवियों की कविताओं में हिंदू और मुसलमान अस्मिताएँ कहीं-न-कहीं किसी-न-किसी रूप में एक-दूसरे से प्रतियोगितामूलक संवाद कर रही हैं। यह दिखा कर लोरेंजन कहना चाहते हैं कि स्थानीय और सार्वजनिक जीवन में हिंदू और मुसलमान के बीच संवाद और टकराव ही वह क्षेत्र है जिसके सापेक्ष हिंदू अस्मिता अपनी शक्ल-सूरत ग्रहण करती है, वरना मुसलमान की टकरावमूलक मौजूदगी के बिना शैव, वैष्णव और शाक्त हिंदू नहीं बन पाते। यहाँ लोरेंजन की मान्यता सामने आती है कि राज्य के क्षेत्र में हिंदुओं के ऊपर मुसलमानों की हिंसा कभी-कभी होती है और मंदिरों की इमारतों को अपना निशाना बनाती है, इसलिए हिंदू अस्मिता की खोज सार्वजनिक दायरे में ही की जानी चाहिए। लोरेंजन ने इस विमर्श में मुसलमान स्रोतों का भी पर्याप्त हवाला दिया है। इसमें दसवीं सदी के फ़ारसी साहित्य और अल बरूनी के वृत्तांत शामिल हैं।

हिंदू पहचान की इस पाठीय यात्रा पर एक अधिक व्यवस्थित विचार करने का अकादमिक उद्यम अरविंद शर्मा ने किया है। उन्होंने इसे समझने के लिहाज़ से तीन हिस्सों में बाँटा है। पहला, बाहरी लोगों ने और ग़ैर-हिंदुओं ने हिंदुओं को हिंदू कहना कब शुरू किया, स्वयं हिंदुओं ने ख़ुद को हिंदू कहना कब शुरू किया, और हिंदुओं के बीच हिंदुत्ववादी दावेदारी (अरविंद शर्मा इस पक्ष में हैं कि हिंदू और हिंदुत्व को व्यवस्थित रूप से अलग करके देखा जाना चाहिए) कब से परवान चढ़नी शुरू हुई। वे अपने विमर्श में इस बात पर भी चर्चा करते हुए चलते हैं कि कब हिंदू शब्द का इस्तेमाल भौगोलिक संदर्भ में हुआ, और कब धर्मावलम्बियों के संदर्भ में। अरविंद शर्मा द्वारा प्रदत्त ब्योरे के अनुसार 712 में मुहम्मद बिन क़ासिम के सिंध पर आक्रमण और परिणामस्वरूप राजा दाहिर की पराजय के परिणामस्वरूप विजित ग़ैर-मुसलमानों को हिंदू कहने की प्रक्रिया की शुरुआत होती है। इस आक्रमण और फिर महमूद गज़नवी के सोमनाथ पर आक्रमण के मिले-जुले प्रभाव से हिंदू मन पर मुसलमान असहिष्णुता की छाप मज़बूत होती जाती है। फिर ग्यारहवीं सदी में अल बरूनी (जिनकी पीठ पर महमूद का हाथ था) अपने वृत्तांत में हिंदुओं को अपना धार्मिक प्रतिरोधी क़रार

देते हैं। अल बरूनी भारत में तीन धर्मों को चिह्नित करते हैं : हिंदू, इस्लाम और बुद्ध धर्म। साथ ही वे मानते हैं कि हिंदुओं और बौद्धों में बहस ज़रूर है, पर बौद्ध हिंदुओं के कहीं ज़्यादा नज़दीक हैं।

इरफ़ान हबीब के हवाले से अरविंद शर्मा बताते हैं कि मुग़ल दौर में *दाबिस्तान-ए-मज़ाहिब* के लेखक ने हिंदुओं को परिभाषित करते हुए कहा है कि वे सदियों से एक-दूसरे से एक ही बौद्धिक संरचना के दायरे में वाद-विवाद कर रहे हैं। ब्राह्मणों को ख़ारिज करते हुए उनसे बहस करने वाले जैन हों या कोई और, सभी हिंदू हैं क्योंकि वे बहस के ज़रिये ही एक-दूसरे को मान्यता देते हैं। मुसलमान इस बहस के दायरे से बाहर हैं, और वे उस शब्दावली में भी भागीदार नहीं हैं जो बहस में इस्तेमाल होती है। अरविंद शर्मा इस मामले में रोमिला थापर से इत्तेफ़ाक रखते हैं कि हिंदुओं ने स्वयं को हिंदू के रूप में कहना और समझना पंद्रहवीं और सोलहवीं सदी में शुरू किया। सोलहवीं सदी के संत एकनाथ कहते हैं कि अगर उन्होंने स्वयं को हिंदू कहा तो उनकी पिटाई होगी, और मुसलमान वे हैं नहीं। यह सिलसिला मुसलमान सल्तनतों की तर्ज़ पर हिंदू राजशाहियों और साम्राज्यों से होता हुआ आगे बढ़ा। इस सिलसिले में राजस्थान के राणा कुम्भा हैं, विजयनगर साम्राज्य के राय कृष्णदेव राय हैं, महाराष्ट्र के शिवाजी हैं।[14] (दिलचस्प बात यह है कि रोमिला थापर और अरविंद शर्मा दोनों ही अपने ब्योरों में नौवीं से तेरहवीं सदी तक रहे चोलों के विशाल दक्षिण भारतीय साम्राज्य का ज़िक्र करना भूल जाते हैं। शक्तिशाली चोल राजा धर्म के लिहाज़ से शैव थे, लेकिन मुसलमान सुल्तानों की शैली में स्वयं को 'हिंदू सुरतराना' या हिंदू सुल्तान कहना पसंद करते थे। लोरेंजन की रचना में यह तथ्य उभर कर आता है।)

इसी मुक़ाम पर रोमिला थापर के विमर्श की संक्षिप्त समीक्षा करना ज़रूरी है। दिलचस्प बात यह है कि रोमिला का इरादा तो उन विद्वानों के साथ खड़े होने का है जो मानते हैं कि हिंदू अस्मिता उन्नीसवीं सदी में ही गढ़ी गयी और उससे पहले उसका नामो-निशान नहीं माना जाना चाहिए। लेकिन, अपने विश्लेषण में वे अनभिप्रेत रूप से कुछ और ही इशारे कर बैठती हैं, ऐसे इशारे जो उनके विमर्श का पलड़ा लोरेंजन और अरविंद शर्मा वग़ैरह की तरफ़ झुका देता है।

---

[14] अरविंद शर्मा (2002), वही.

रोमिला थापर इस प्रश्न के साथ शुरुआत करती हैं : प्राचीन भारत में बहुत से समुदाय अपनी अलग-अलग अस्मिताओं के साथ रहते थे। उन्हें एकल हिंदू समुदाय के रूप में दिखाने के लिए एक ख़ास तरह के इतिहास-लेखन का सहारा लिया जाता है। ब्राह्मणवादी धर्म पर सवालिया निशान लगाने वाले बुद्ध धर्म और जैन धर्म को भी इसमें समेट कर उन्हें उनके अलग अस्तित्व से वंचित कर दिया जाता है। इस तरह इस्लाम से पहले के भारत को एक ऐसी सभ्यता के रूप में दिखाया जाता है जो एक सर्वसमावेशी हिंदू धर्म की सभ्यता थी। जबकि सही दृष्टि यह होनी चाहिए कि इसे एक हिंदू धर्म बताने के बजाय अलग-अलग आस्थाओं, दर्शनों और सांगठनिक ढाँचों का पालन करने वाले सम्प्रदायों के रूप में देखा जाए। इन्हें अलग-अलग जातियों, स्थानिकताओं और भाषाओं के संदर्भ में देखा जाना चाहिए, न कि एक बड़े हिंदू समुदाय के रूप में।[15]

दिलचस्प बात यह है कि अपनी इसी रचना में रोमिला थापर ने इन अलग-अलग अस्मिताओं के बीच समानता के सूत्रों को भी रेखांकित कर दिया है। मसलन, वे यह मानती हैं कि ग़ैर-हिंदू इन समुदायों को अपने-से अलग दिखाने के लिए हिंदू के नाम से पुकारते थे; ये अलग-अलग अस्मिताएँ एक मुश्तरका सभ्यतामूलक प्रतीकों में बँधी हुई थी; ईसा पूर्व चौथी सहस्राब्दी के बाद से ही स्वस्तिका (सतिया) के चिह्न का प्रचलन हो गया था और अलग-अलग समुदायों के लिए यह चिह्न शुभ और मंगल का प्रतीक समझा जाने लगा था; अप्सराओं से सज्जित पितृलोक की वैदिक कल्पना का भी व्यापक प्रभाव था; दक्षिण से उत्तर तक हर जगह पालन की जाने वाली धर्मविधियाँ (कर्मकाण्ड) काफ़ी-कुछ एक जैसे थे; कुछ समुदायों को छोड़ कर मृत्यु के उपरांत जीवन के मामले में ये धार्मिक आस्थाएँ कर्म और पुनर्जन्म को समान रूप से स्वीकार करती थीं; पुराणों से निकले *महाभारत* और *रामायण* जैसे महाकाव्यों ने पूरे भारत में फैले तरह-तरह के समुदायों को अलग-अलग ढंग से प्रभावित किया था; दूसरी सहस्राब्दी के मध्य से ही कृष्ण और राम की जन्मभूमियों को ठीक-ठीक इंगित करने की चाहत की अहमियत बढ़ने लगी थी; और पंद्रहवीं सदी से लोगों ने ख़ुद को हिंदू कहने की शुरुआत कर दी थी।

---

[15] देखें, रोमिला थापर (1989), 'इमेजिंड रिलीजस कम्युनिटीज़? एंशिएंट हिस्ट्री ऐंड द मॉडर्न सर्च फ़ॉर अ हिंदू आइडेंटिटी', *मॉडर्न एशियन स्टडीज़*, खण्ड 23, अंक 2 : 209-231.

रोमिला थापर के अनुसार ही अंग्रेज़ों के ज़माने में मुसलमान और ईसाई समुदाय अपनी एकल संरचना के ज़रिये संसाधनों में हिस्सेदारी और राजनीतिक होड़ के लिए दावेदारी पेश कर रहे थे। लेकिन, वे इस प्रश्न का जवाब देने से परहेज़ करती हैं कि ऐसी परिस्थिति में उन बिखरी हुई अस्मिताओं को (जिनमें स्वयं उनके अनुसार तरह-तरह की समानताएँ थीं) क्या करना चाहिए था जिन्हें उनकी निगाह में हिंदुत्ववादियों ने हिंदू बताने की आपत्तिजनक कारिस्तानी की? (रोमिला थापर को इस पर आपत्ति नहीं है कि ग़ैर-हिंदू इन समुदायों को अपने से अलग करके दिखाने के लिए हिंदू को नकारात्मक श्रेणी में रखें)। क्या इन अस्मिताओं को इसी तरह से बिखरा छोड़ देना चाहिए था, या उनके समान पहलुओं को रेखांकित करते हुए उनके बीच किसी तरह की एकता निकालने की कोशिश की जानी चाहिए थी? ज़ाहिर है कि रोमिला थापर और लोरेंज़न-शर्मा के हिंदू पहचान संबंधी विमर्श अलग-अलग हैं। रोमिला को ग़ैर-हिंदुओं द्वारा स्थापित हिंदू श्रेणी पर नहीं, बल्कि हिंदुओं द्वारा स्वयं को एक सीमा के बाद हिंदू कहने से दिक़्क़त है, जबकि शर्मा नकारात्मक से सकारात्मक तक हिंदू श्रेणी की यात्रा को पेश करते हैं। लोरेंज़न-शर्मा एक समरूप हिंदू पहचान के कारण हिंदुओं की भीतरी विविधता और बहुलता पर पड़ने वाले प्रभाव के बारे में कुछ नहीं कहते। रोमिला यह ज़रूर कहती हैं कि यह हिंदू पहचान विविधता पर पाटा लगा देगी और समरूप पहचान का राजनीतिक उद्देश्यों के लिए दोहन किया जाएगा, लेकिन वे हिंदुओं की सामाजिक-धार्मिक विविधता के समरूप होते जाने का कोई प्रमाण नहीं पेश करतीं, उल्टे वे वैष्णो देवी जैसी नयी देवी की गढ़ंत का उल्लेख करके इस विविधता के बढ़ने का सबूत ही देती हैं।

दोनों विमर्शों के मुश्तरका पहलू : हिंदू पहचान उन्नीसवीं सदी में गढ़ी गयी हो या वह बारहवीं से पंद्रहवीं सदी में स्थापित हुई हो; वह नयी हो या पुरानी— हर हालत में हिंदू पहचान एक उत्तर-औपनिवेशिक यथार्थ है। यहीं सवाल उठता है कि क्या इस पहचान की प्रकृति दुष्ट क़िस्म की है? क्या इसके कारण हिंदू कहे जाने वाले समाज की अस्मिता संबंधी विविधता-बहुलता पर समरूपता का बुलडोज़र चल रहा है या चल सकता है?

जिन दो विमर्शों की रूपरेखा ऊपर पेश की गयी है, उसमें औपनिवेशिक गढ़ंत वाला विमर्श तो साफ़ तौर पर 'भव्य हिंदू परम्परा' को सर्वसमावेशी,

ग्रहणशील और उदार के रूप में पेश करता है। लेकिन इसके बावजूद मध्यमार्गी विमर्श का मुखर पक्ष इस गढ़ी गयी लेकिन अत्यंत प्रभावी 'भव्य हिंदू परम्परा' को मोटे तौर पर तीन तरह से ख़ारिज करता है। वह उसे ब्राह्मणवाद तक सीमित करता है, और इस तरह ब्राह्मण धर्म के ख़िलाफ़ विक्षोभ के गर्भ से पैदा हुई बौद्ध, जैन और ख़ालसा परम्परा को उससे बाहर कर देता है। इसके बाद जैसे ही संघ के उग्र हिंदूवाद का संदर्भ आता है, मुखर पक्ष के एक प्रमुख पैरोकार एक लम्बा ऐतिहासिक विश्लेषण करते हुए प्रश्न उठाते हैं कि क्या हिंदू प्रवक्ताओं के लिहाज़ से बौद्ध, जैन, कबीरपंथी, वल्लभाचार्य के अनुयायी, अछूत और आदिवासियों को हिंदुओं में शामिल किया जा सकता है? क्या हिंदू प्रवक्ताओं की दुनिया में हिंदू सिर्फ़ पुरुष, उच्चवर्णीय और उत्तर भारतीय ही नहीं है? यानी इस प्रमुख पैरोकार के हिसाब से हिंदू प्रवक्ता स्त्रियों को भी हिंदू मानने से संकोच करते हैं।

दिलचस्प बात यह है कि यह पूरा 'अकादमीय' और 'शोधपरक' विश्लेषण गुरु गोलवलकर, स्वामी श्रद्धानंद, सावरकर, भाई परमानंद और लाला लाजपत राय की बातों के आधार पर एक वरिष्ठ इतिहासकार द्वारा नब्बे के दशक में किया गया था। इसमें न तो एक समरूप हिंदू परम्परा बनाने की प्रक्रियाओं और उसके अंतर्वेशी चरित्र के प्रति कोई चेतना दिखती है, और न ही यह विश्लेषण सत्तर के दशक में हिंदुत्ववादी विचार में हुए उल्लेखनीय परिवर्तनों से सूचित है। अंततः यह विश्लेषण कुछ इस तरह की बात कहता नज़र आता है कि हिंदू दरअसल एक सुपरिभाषित श्रेणी है ही नहीं, और अगर है भी तो वह एक निहायत ही सीमित क़िस्म की श्रेणी है। इस तरह के विमर्श में ख़ुशफ़हमी पैदा करने की ज़बरदस्त क्षमता होती है। ऐसे 'प्रमाण-आधारित' लेखों के बिना पर जो बौद्धिक संसार बनता है उसमें हिंदू राष्ट्रवाद भारतवासियों के एक बहुत छोटे से तबक़े को सम्बोधित करते हुए मान लिया जाता है।[16] धर्म कुमार ने अपने एक लेख की पाद टिप्पणी में इस प्रवृत्ति का व्यंग्यात्मक अर्थग्रहण इस प्रकार किया है, 'मेरे अंदेशे के मुताबिक़ सावधानी से पढ़ने पर इस तरह के लेखन में किसी भी क़िस्म के हिंदू धर्म को अविश्वसनीय माना गया है (मनोवैज्ञानिकों के लिए यह एक अच्छा सोचने लायक़ विषय है)। मुश्किल यह है कि बहुत बड़ी संख्या में

[16] देखें, ज्ञानेंद्र पांडेय (1993), 'हममें से हिंदू कौन है? उग्र हिंदूवाद की संरचना का एक अध्ययन', अभय कुमार दुबे (सं.), *साम्प्रदायिकता के स्रोत*, विनय प्रकाशन, नयी दिल्ली : 1-25.

'उत्पीड़ित' लोग स्पष्ट रूप से हिंदू हैं, इसलिए इस (वामपंथी-सेकुलर) लेखन को यह अंतर (ब्राह्मणवादी हिंदू धर्म और लोक-प्रचलित हिंदू धर्म के बीच) करना ज़रूरी हो जाता है।' दरअसल, धर्म कुमार कहना यह चाहती हैं कि अगर 'हिंदू' शब्द का इस्तेमाल पहली बार अरब और ईरानी दस्तावेज़ों में देखा गया था तो भी उससे पहले के ज़मानों में कुछ आस्था-प्रणालियों के लिए हिंदू शब्द का इस्तेमाल क्यों नहीं किया जा सकता। विभिन्न युगों में हिंदू दायरे में आने वालों के बीच अंतरों का संधान करके नवीन, प्राचीन, मध्ययुगीन या कई तरह की हिंदू संरचनाओं की शिनाख़्त की जा सकती है।[17]

मध्ययुग में विकसित धर्मशास्त्रीय विमर्श, पुराण आधारित विकास-क्रम और भक्ति आंदोलन के दौरान उपजे साहित्य से हिंदू पहचान निकलते हुए देखने वाला विमर्श भी इस विराट अस्मिता को बहुलता और विविधता के उन्मूलन के रूप में नहीं देखता। यह विमर्श एक कहीं अधिक संकुल और परिष्कृत प्रक्रिया को रेखांकित करता है। इसके अनुसार वैदिक और पुराणिक शास्त्रीयता से निकले कुछ बुनियादी विचारों और स्थानीय समुदायों की आस्थाओं और दैनंदिन व्यवहारों के बीच हुई दीर्घकालीन ऐतिहासिक अन्योन्यक्रिया से यह हिंदू पहचान धीरे-धीरे पुष्ट हुई है। इस पर तुर्क-अफ़गान आक्रमणों, सल्तनत-युग, मुग़ल शासन और फिर बाद में ब्रिटिश उपनिवेशवाद का निश्चित रूप से असर पड़ा है।

इस चर्चा का मक़सद यह दिखाना है कि भारतीय बहुलतावाद को अभेद्य मानने वाला विमर्श, जातियों के लोकतांत्रिक उभार में रैडिकल सम्भावनाएँ तलाशने वाला विमर्श, आम्बेडकरवादी विमर्श और मार्क्सवादी विमर्श समाज में हिंदू पहचान की पैठ और उसे मिलने वाली वैधता को हमेशा कम करके आँकता रहा। इसे 'ब्राह्मणवादी हिंदूवाद' कह कर कमतर और सीमित दिखाने का प्रयास किया जाता रहा। लेकिन उधर समाज में बहुलतावाद के साथ-साथ बनती हुई 'हिंदू आत्मछवि' भी मज़बूत होती रही। बहुलतावाद और हिंदू-आत्मछवि के इस सहअस्तित्वमूलक अंतर्विरोध से ही हिंदुओं के आधुनिक मानस की भित्ति तैयार हुई। इस सहअस्तित्वमूलक अंतर्विरोध में जो आदान-प्रदान शामिल था, उसके तहत ऐसे क्षण न आने की गारंटी नहीं की जा सकती थी जब बहुलता

---

[17] देखें, धर्म कुमार (1994), 'लेफ़्ट सेकुलरिस्ट्स ऐंड कम्युनलिज़म', *इकॉनॉमिक ऐंड पॉलिटिकल वीकली*, खण्ड 29, अंक 28 : 1802-1809, ख़ासकर देखें पाद टिप्पणी संख्या 31.

स्वयं ही हिंदू-आत्मछवि से मण्डित होती दिखाई दे और ख़ुद को अनिवार्यतः हिंदू मानते हुए एक बहुलतापूर्ण सामाजिक अस्तित्व बनाए रखने की परिघटना आम होती हुई प्रतीत हो।

इस चर्चा का पटाक्षेप करने से पहले एक प्रश्न उठाना ज़रूरी है कि क्या इस हिंदू पहचान ने बनती हुई मुस्लिम पहचान की प्रतिक्रिया में जड़ पकड़ी या इसकी प्रतिक्रिया में मुस्लिम पहचान को पनपने का मौक़ा मिला? इस अहम सवाल पर मैं लेख के सामासिक संस्कृति वाले हिस्से में चर्चा करूँगा। दरअसल, हिंदू पहचान को मध्ययुग से ही और मुसलमान उपस्थिति के साथ घर्षण-संबंधों के तहत विकसित होते हुए दिखाने वाले विमर्श के संदर्भ में यह चर्चा और भी प्रासंगिक हो जाती है। आख़िरकार मध्यमार्गी विमर्श समाज में दैनंदिन जीवन के स्तर पर जिस हिंदू-मुसलमान सामासिकता को रेखांकित करते नहीं थकता, उसे हिंदू पहचान का यह इतिहास प्रश्नांकित करता है। देखने की बात यह है कि क्या मुसलमान पहचान की निर्मिति में वे तत्त्व थे जिनकी वजह से ग़ैर-मुसलमान स्वयं को शैव, शाक्त और वैष्णव के विभिन्न खानों से निकल कर हिंदू कहने को मजबूर हुए।

जनगणना, प्रातिनिधिक राजनीति और उत्तर-औपनिवेशिक क़ानूनी प्रावधान : हिंदू पहचान का विस्तार

हिंदू को एक सकारात्मक श्रेणी के रूप में पेश किये जाने के आग्रह पर आपत्ति करने वाला मध्यमार्गी विमर्श का मुखर हिस्सा हिंदू पहचान को एक साज़िश और गढ़ंत के रूप में तो देखता है, पर यह तजवीज़ नहीं करता कि आधुनिक मुसलमानों और ईसाइयों के एकताबद्ध दावों के मुक़ाबले हिंदू कहे जाने वाले समुदायों के लिए सही रणनीति-कार्यनीति क्या होनी चाहिए थी? जो भी हो, हिंदू परम्परा द्वारा अपने आगोश में ईसाइयों, मुसलमानों, यहूदियों और पारसियों को छोड़ कर सभी तरह के भारतवासियों को समेट लेने के प्रयासों को सफलता की ओर ले जाने में कुछ और आयामों की भूमिका भी थी। दरअसल, ये आयाम हिंदू पहचान की उत्तरोत्तर पुष्टि के साथ जुड़ कर निर्णायक हो गये थे। ये थे अंग्रेज़ों के ज़माने में शुरू हुई जनगणना और प्रातिनिधिक राजनीति, और आज़ाद भारत में किये गये कुछ क़ानूनी प्रावधान। मध्यमार्गी विमर्श का यह मौन हिस्सा बताता है कि किस तरह औपनिवेशिक जनगणना ने एक हिंदू दायरे की रचना

की। इसके तहत आधुनिक अर्थों में किसी समान अस्मिता से वंचित समझी जाने वाली विभिन्न जातियों और समुदायों ने हिंदू पदानुक्रमता में ऊपर उठने के लिए आपसी होड़ शुरू की। इस प्रतिद्वंद्विता ने उन्हें आधुनिक अर्थों में आग्रहपूर्वक हिंदू बना दिया। चर्चा का यह हिस्सा बताता है कि किस प्रकार औपनिवेशिक सरकार द्वारा खड़े किये गये प्रातिनिधिक सरकार के ढाँचे के तहत हुई राजनीतिक प्रतियोगिता ने स्वयं को हिंदू मानने वाले राजनीतिक समाज को यह जताया कि उनकी राजनीति मुसलमानों की राजनीति से भिन्न ही नहीं, उनकी प्रातिनिधिक राजनीति के साथ अकसर टकरावपूर्ण रिश्ता रखती है। यह हिस्सा तीसरी बात यह भी बताता है कि आज़ादी के बाद बने संविधानसम्मत क़ानूनों ने भी न केवल हिंदू बहुमत की रचना करने में योगदान किया बल्कि उसका विस्तार भी कर दिया।

औपनिवेशिक जनगणना : समाज-विज्ञान हमें यह तो बताता है जनगणना भारतवासियों के लिए आधुनिकता की वाहक रही है, लेकिन इस पहलू पर प्रकाश नहीं डालता कि जनगणना ने भारतीय आबादी के बहुलांश को हिंदू होने की पहचान देने की भूमिका भी निभाई है। जनगणना के ज़रिये होने वाले हिंदूकरण की कहानी कुछ इस प्रकार है।

भारत के चौथे वायसराय लॉर्ड मेयो ने 1871 में अखिल भारतीय जनगणना शुरू की। इसके दायरे में वे इलाक़े भी आये जिन पर अंग्रेज़ों की सीधी हुक़ूमत थी, और वे भी जो देशी रियासतों के तहत आते थे। इसकी ज़िम्मेदारी प्रशासनिक सेवा के अफ़सरों को दी गयी। प्राच्यवादी विमर्श के प्रभाव में ये अधिकारी वर्णाश्रम के विचार से लैस हो कर भारतवासियों की गिनती करने निकले। उन्होंने न केवल भारतीय आबादी की गिनती की, बल्कि मुसलमानों, यहूदियों, ईसाइयों, बौद्धों, सिखों और जैनों को छोड़ बाक़ी पूरे भारतीय समाज को चार वर्णों में श्रेणीबद्ध करने की कोशिश भी की। लेकिन, यह काम आसान साबित नहीं हुआ। जनगणना कर्मचारी जब आम जनता के बीच गये तो उन्होंने पाया कि लोगों के दिमाग़ में अपने वर्ण को लेकर स्पष्ट धारणा नहीं है। एक तरह से कहा जा सकता है कि धर्मशास्त्रों से सीख कर चातुर्वर्ण्य के आईने में देखी गयी भारतीय समाज की छवि ग़लत साबित हुई। स्वयं अंग्रेज़ों ने माना कि यह जनगणना त्रुटिपूर्ण है और पूरे भारत की आबादी को वर्गीकृत करने का कोई सामान्य सिद्धांत प्रोजेक्ट करने में नाकाम रही है। भारत की आबादी कोई 23 करोड़ निकली

जिनमें मोटे तौर पर पंद्रह फ़ीसदी ब्राह्मण, क्षत्रिय और वैश्य द्विज घोषित हो गये, 35 से 40 फ़ीसदी आबादी शूद्र क़रार दी गयी, और बाक़ी को 'आउटकास्ट', 'एब्रोजिनल' और 'ट्राइबल' बताया गया। इसमें एक श्रेणी 'सेमी हिंदुआइज़्ड' लोगों की भी थी। दिलचस्प बात यह है कि चातुर्वर्ण्य पर आधारित सामाजिक संरचना की व्यापक नामौजूदगी के बावजूद जनगणना करने वालों पर प्राच्यवादी विमर्श के धर्मशास्त्रीय रवैये का प्रभाव बना रहा। भारतवासियों को चार वर्णों में वर्गीकृत करने की सरकारी ज़िद ख़त्म नहीं हुई।[18] 1871 के बाद जनगणना हर दस साल बाद होने लगी। 1901 में जनगणना आयुक्त रिज़ली ने नये सिरे से तय किया कि वे हिंदू जातियों को उनके स्थानीय संदर्भ में वर्णानुसार श्रेणीबद्ध करेंगे। पहली जनगणना के मुक़ाबले यह एक कहीं नफ़ीस क़वायद थी।

अंग्रेज़ों पर यह आरोप आसानी से लगाया जा सकता है कि उन्होंने जनगणना के ज़रिये जाति-वर्ण विभाजन को आधिकारिक स्वरूप दे कर हिंदू समाज में विभाजन के बीज बो दिये। यह भी आरोप लगाया जाता है कि जनगणना में ईसाइयों की बहुत कम गिनती आने के बावजूद उन्होंने उन्हें दृश्यमानता देने के लिए उनकी अलग से श्रेणी बनवाई गयी। लेकिन, इससे एक और प्रक्रिया शुरू हुई जिसका कम ज़िक्र किया जाता है और जो सामाजिक होने के साथ-साथ मनोवैज्ञानिक आयामों से भी परिपूर्ण थी। जिन असंख्य, असमान और तितर-बितर जातियों ने औपनिवेशिक जनगणना अधिकारियों का दिमाग़ घुमा दिया था, उन्हें जनगणना के माध्यम से पहली बार इस बात का पुख़्ता एहसास मिला कि वे 'हिंदू' हैं। इसके बाद उन्हें अपनी आत्म-छवि के तौर पर यह परिचय धारण करना ज़रूरी हो गया कि उनका धर्म 'हिंदू' है। यह कोई मामूली घटना नहीं थी। इससे पहले अपने-अपने जाति-समूह के भीतर जीवन गुज़ारते हुए लोग एक सांस्कृतिक

---

[18] 1871 की जनगणना की समस्याओं के लिए देखें, https://www.scribd.com/document/192702765/Census-of-India-1871, 20 जुलाई, 2017 को देखा गया. इसके अलावा देखें, पद्मनाभन समरेंद्र (2011), 'सेंसस इन कोलोनियल इण्डिया ऐंड द बर्थ ऑफ़ कास्ट', *इकॉनॉमिक ऐंड पॉलिटिकल वीकली*, खण्ड 46, अंक 33 : 51-58. यहाँ नोट करने लायक़ बात यह है कि फ्राइकेनबर्ग जैसे विद्वान पहली औपनिवेशिक जनगणना की बिल्कुल ग़लत तस्वीर पेश करते हैं. उन्होंने दिखाया है कि 1871 की जनगणना में ही अंग्रेज़ भारतीय समाज को चार वर्णों में श्रेणीबद्ध करने में कामयाब हो गये थे. हो सकता है कि ब्राह्मणवाद विरोधी उत्साह में और 'हिंदू' नामक श्रेणी को ही पुनरुत्थानवादी और बुनियादपरस्त साबित करने की उत्सुकता में उन्होंने यह लिख दिया हो, लेकिन तथ्य यह है कि इस इरादे के बावजूद 1901 में भी हर्बर्ट रिज़ली जैसे जनगणना आयुक्त चातुर्वर्ण्य की ग्रिड भारतीय समाज पर आरोपित करने की जद्दोजहद में लगे हुए थे लेकिन उन्हें सफलता नहीं मिल पा रही थी.

एहसास से अवश्य जुड़े रहते होंगे (जिसे प्राच्यवादियों ने हिंदू के रूप में रूढ़ कर दिया था), पर जनगणना से पहले प्रशासनिक और प्रकारांतर से संरचनात्मक रूप से किसी अखिल भारतीय हिंदूपन से उनका सीधा संबंध नहीं था।

जनगणना और हिंदूपन के बीच एक और संबंध बना। जाति-समूहों को लगा कि वे सेंसस द्वारा प्रदत्त दर्जे में सुधार करने के लिए दबाव बना सकते हैं और उसके माध्यम से उन्हें मिले सामाजिक रुतबे, सरकारी मदद और अन्य सुविधाओं में बढ़ोतरी हो सकती है। जाति सभाओं का गठन और दबाव-गुट के रूप में उनकी गतिविधियों के पीछे यह आग्रह निश्चित रूप से काम कर रहा था। इस तरह हर जनगणना जाति-समूहों को हिंदू दायरे में अपना दर्जा सुधारने के मौक़े की तरह दिखने लगी। मसलन, 1911 में सोलह जातियों ने दावा किया कि उन्हें जनगणना द्वारा क्षत्रिय कोटि में रखा जाना चाहिए। 1921 में कुर्मियों, गड़रियाओं, काछियों, लोधों और अहीरों समेत बीस जातियों ने दावा किया कि उन्हें क्षत्रिय कहा जाना ही उचित है। क्षत्रिय मान लिए जाने से एक फ़ायदा यह भी था कि इन किसान जातियों को सिपहपेशा समुदायों में शामिल किया जा सकता था और उनकी ब्रिटिश फ़ौज में भर्ती हो सकती थी।[19] पिछड़ी जातियों में नामों के साथ सिंह लगाने और बच्चों के संस्कृतनिष्ठ नाम रखने का उत्तरोत्तर बढ़ता हुआ रुझान इसी की देन है। यह भी एक जाना-माना तथ्य है कि आम्बेडकर तक ने महाराष्ट्र के महारों (जो उनकी अपनी बिरादरी थी) को ऐसे क्षत्रियों की तरह पेश किया था जो किसी ऐतिहासिक अन्याय के चलते नीचे गिर कर अछूत बन गये थे। द्विज बनने की कोशिश या जनेऊ पहनने का अधिकार प्राप्त करने के सामुदायिक प्रयासों से तो हमारा सामाजिक इतिहास भरा पड़ा है। बिहार के भूमिहारों ने स्वामी सहजानंद सरस्वती का नेतृत्व इसी उम्मीद में स्वीकार किया था कि वे उन्हें यज्ञोपवीत संस्कार करने का कर्मकाण्डीय हक़ दिला सकेंगे।

श्रीनिवास ने इसी प्रक्रिया को संस्कृतीकरण का नाम दिया है। संस्कृतीकरण से जुड़ी जो भी सांस्कृतिक और मानसिक दुविधाएँ या पीड़ाएँ (कोठारी ने इनका ज़िक्र किया है) हों, यह एक ऐसी प्रक्रिया है जो जाति-समूहों को अनिवार्यतः न केवल हिंदू पहचान के साथ जोड़ देती है, बल्कि जाने-अनजाने सबसे ऊँचे

---

[19] क्रिस्तॉफ़ जैफ्रेलो (2003), *इण्डियाज़ साइलेंट रेवोल्यूशन : द राइज़ ऑफ़ लोअर कास्ट्स इन नॉर्थ इण्डिया*, हर्स्ट्र ऐंड कम्पनी, लंदन : 148.

वर्ण जैसा बनने या ब्राह्मणीकरण के रास्ते पर धकेल देती है। हर कमज़ोर जाति या वर्णक्रम में निचले पायदान पर आने वाली जाति के अभिजन अपने राजनीतिक-सामाजिक जीवन का एक बड़ा हिस्सा ऊँचा पायदान हासिल करने की कोशिशों में गुज़ार देते हैं।

औपनिवेशिक काल में प्रातिनिधिक राजनीति : मुसलमानों को अंग्रेज़ों द्वारा पृथक् मतदातामण्डल प्रदान करने के बावजूद परवान चढ़ी हिंदुओं और मुसलमानों की मिली-जुली उपनिवेशवाद विरोधी राजनीति किस तरह हिंदू बनाम मुसलमान में बदली; और किस तरह सहयोग से टकराव में पतित हुए इस रिश्ते ने पहले से पनप रही हिंदू छवि को मुसलमान के विपरीत ध्रुव पर खड़े हो कर सोचने का मौक़ा दिया— इस ऐतिहासिक परिघटना को इसलिए समझना आवश्यक है कि बिना इसके हिंदू मन की मुसलमान विरोधी ग्रंथि के राजनीतिक पहलू पकड़ में नहीं आ सकते। नीचे दिया गया विवरण 1937 से 1947 के बीच का है। यही थी वह अवधि जब क्षेत्रीय समर्थन की मदद से मुस्लिम अलगाववादी राजनीति पनपी और द्विराष्ट्र सिद्धांत को बल मिला। इसने हिंदू आत्मछवि में मुसलमान विरोध के समावेश का स्थायी आधार बना दिया।

तीस के दशक में मुस्लिम लीग कांग्रेस पर लगातार आरोप लगाती रहती थी कि वह मुख्यतः हिंदू पार्टी है और इसीलिए उसे मुसलमानों की नुमाइंदगी करने का अधिकार नहीं है। लेकिन इसके बावजूद जिन्ना जिन मुसलमानों की नुमाइंदगी का दावा कर रहे थे, वे उन्हें और उनकी लीग को शक की निगाह से भी देखते थे। 1937 में हुए प्रांतीय विधायिकाओं के चुनावों में तो जिन्ना और लीग के उन इरादों पर तक़रीबन पानी ही फिर गया जिनके तहत वे राष्ट्रीय स्तर पर मुसलमानों के प्रवक्ता बन जाना चाहते थे। जिन्ना का विचार था कि अगर मुसलमान बहुल प्रांत सिंध, उत्तर-पश्चिम सीमांत प्रांत और बंगाल का पूर्वी हिस्सा लीग के झण्डे तले आ जाए, और यदि मुसलमान अल्पसंख्या वाले प्रांतों में लीग अच्छे नतीजे निकाल सके तो वे अपने मक़सद में कामयाब हो जाएँगे। लेकिन ऐसा नहीं हो सका। बंगाल में कृषक प्रजा पार्टी के फ़ज़लुल हक़ ने हिंदू महासभा के श्यामा प्रसाद मुखर्जी और कांग्रेस के शरत चंद्र बोस से मिल कर सरकार बनायी। उत्तर-पश्चिम सीमा प्रांत में तक़रीबन पूरी आबादी ही मुसलमान थी, पर उसने कांग्रेस को समर्थन दिया। सिंध में भी मुसलमान बहुमत था पर वहाँ निर्दलीय सरकार बनी। अब जिन्ना के पास अपनी नेतागीरी चमकाने के लिए केवल संयुक्त प्रांत (आज

का उत्तर प्रदेश) की कुछ मुसलमान सीटें ही बची थीं जो उन्होंने कांग्रेस के साथ गठजोड़ करके जीती थीं। इस तरह जिन्ना कांग्रेस की तरफ़ से सरकार बनाने में भागीदारी के निमंत्रण की प्रतीक्षा करने लगे। जिन्ना की स्थिति किस क़दर रक्षात्मक थी इसका अंदाज़ा इस तथ्य से लगाया जा सकता है कि प्रतीक्षा के इस दौर में उन्होंने अपनी एक ख़ाली सीट कांग्रेस के रफ़ी अहमद किदवई को भेंट स्वरूप दे दी, हालाँकि वे इस सीट पर आसानी से अपना प्रतिनिधि बैठा सकते थे।

उस समय तक मुस्लिम लीग ने इस्लामिक आधार पर अलग राष्ट्र अर्थात् पाकिस्तान बनाने का कोई आग्रह नहीं किया था। संयुक्त प्रांत में नेहरू ने लीग के और जिन्ना ने कांग्रेस के उम्मीदवारों का चुनाव प्रचार किया था। नतीजा आया कि कांग्रेस ने अकेले बहुमत हासिल कर लिया, पर न तो नेहरू ने अकेले सरकार बनाई और न ही लीग को सरकार में शामिल होने के लिए निमंत्रित किया। उनके सामने समस्या यह थी कि उनका कोई मुसलमान उम्मीदवार चुनाव नहीं जीत पाया था और वे मुस्लिम लीग के साथ सरकार बनाने को तैयार नहीं थे। जब कांग्रेस ने सरकार नहीं बनाई तो नेहरू की इस दुविधा को भाँप कर अंग्रेज़ों ने दाँव मारा और लीग के साथ कांग्रेस की खाई चौड़ी करने के लिए अपनी कठपुतली सरकार स्थापित कर दी। अंग्रेज़ों ने नवाब छतारी और राजा सलेमपुर जैसे लीगियों को सरकार में निमंत्रित किया। नवाब छतारी ने यह पेशकश ठुकरा दी, पर राजा सलेमपुर लालच में आ गये। लीग के नेता चौधरी ख़लीकुज्जमा ने इसके बदले राजा सलेमपुर को पार्टी से निकाल दिया। लीग केवल कांग्रेस के साथ ही सरकार बनाना चाहती थी। लीग द्वारा इस बीच रफ़ी अहमद किदवई को अपनी सीट दे दिये जाने के कारण संयुक्त प्रांत की विधायिका में कांग्रेस के पास एक मुसलमान प्रतिनिधि हो गया। नेहरू ताक में रहे और लीग से इस्तीफ़ा देने वाले एक अन्य प्रतिनिधि हाफ़िज़ मुहम्मद इब्राहीम को कांग्रेस में शामिल कर लिया। इस तरह उनके पास दो मुसलमान प्रतिनिधि हो गये। चुनाव में सभी मुसलमान सीटें हारने वाली कांग्रेस को एक प्रतिनिधि लीग से और दूसरा तिकड़म से हासिल हुआ। फिर कांग्रेस ने इस तरह एक कथित सेकुलर सरकार बनाई, पर लीग के साथ सत्ता में भागीदारी नहीं की।

अगर कांग्रेस को लीग के साम्प्रदायिक चरित्र से चिढ़ थी तो उसे देश की अन्य ग़ैर-लीगी मुसलमान शक्तियों के साथ सरकार में साझेदारी करनी चाहिए थी। पर उसने ऐसा भी नहीं किया। बंगाल में कृषक प्रजा पार्टी के फ़ज़लुल हक़ द्वारा सरकार बनाने का प्रस्ताव भी कांग्रेस ने ठुकरा दिया। असम और उत्तर-

पश्चिम सीमा प्रांत के मुसलमान नेताओं को भी कांग्रेस ने स्वीकार नहीं किया। जिन्ना को लगभग ऐसे ही मौक़े का इंतज़ार था। उन्होंने इस अवसर से स्वयं भी सबक़ सीखा, और दूसरों को समझाने के लिए दलील भी विकसित की। अब जिन्ना की दलील थी कि अत्यंत सीमित अधिकारों वाली विधायिकाओं में कांग्रेस मुसलमानों के साथ सत्ता में हिस्सेदारी नहीं कर सकती तो आज़ाद भारत की सर्वाधिकार सम्पन्न संसद में कैसे करेगी। कांग्रेस के सुलूक से क्षुब्ध वे क्षेत्रीय मुसलमान नेता भी इस तर्क को स्वीकार कर बैठे जो कभी जिन्ना को मुँह लगाने के लिए तैयार नहीं थे। कांग्रेस का 'एक पार्टीवाद' इस तरह लीग की मुसलमान साम्प्रदायिकता को क्षेत्रीय समर्थन की ज़मीन मुहैया करा गया।

1937 से 1947 की पूरी अवधि साम्प्रदायिक राष्ट्रवाद के विकास की अवधि समझी जानी चाहिए क्योंकि इसी बीच में क्षेत्रीयता की मुसलमान शक्तियों ने इस्लाम के आधार पर अलग राष्ट्र की धारणा को अपना समर्थन दिया। मुसलमान व्यापारियों और उद्योगपतियों के बीच मुस्लिम चैम्बर्स ऑफ़ कॉमर्स की स्थापना के प्रयास भी पहले से चल रहे थे। साम्प्रदायिक आधार पर पूँजीपति वर्ग के विभाजन के बिना इस्लामिक राष्ट्रवाद की पूरी इमारत खड़ी नहीं रह सकती थी। यहाँ स्पष्ट करना ज़रूरी है कि मुसलमान क्षेत्रीय शक्तियों द्वारा इस्लामिक राष्ट्रवाद को दिया गया यह समर्थन ख़ासा हिचक भरा था। 1940 के मार्च में हुए लीग अधिवेशन में बंगाली नेता फ़ज़लुल हक़ ने पाकिस्तान का प्रस्ताव ज़रूर रखा, लेकिन वे जल्दी ही लीग व जिन्ना से अलग हो गये थे। इसके बाद से उन्होंने हमेशा इस विचार का विरोध किया। बाद में उन्होंने दो निर्वाचन क्षेत्रों से लीग के उम्मीदवारों को हराया भी। अपने अंतिम समय में वे भारत–पाकिस्तान का संघ बनाने के पक्ष में थे। वे पूर्वी पाकिस्तान के प्रधानमंत्री भी रहे, पर अंत में उन्हें भारत से लौटते हुए गिरफ़्तार कर लिया गया। दरअसल, 1937 में कांग्रेस द्वारा साझा सरकार बनाए जाने से इंकार करने पर वे जिन्ना के साथ जाने पर मजबूर हो गये थे। इसी तरह सिंध और उत्तर–पश्चिम सीमा प्रांत में कांग्रेस के एक पार्टीवाद ने मुसलमान नेताओं को धकेल कर जिन्ना के झण्डे तले एकत्रित कर दिया। क्षेत्रीयता द्वारा मुसलमान राष्ट्रवाद की इस रचना ने प्रतिक्रिया में हिंदू राष्ट्रवाद के लिए एक ऐसी गुंजाइश पैदा कर दी जिसमें वह लगातार धीरे–धीरे अपना काम करता रह सकता था।[20]

---

[20] 1937 की राजनीति के विविध आयामों के लिए देखें, शरत चंद्र सरकार (1989), 'जिन्ना, मुस्लिम ऐंड पाकिस्तान', *फ्रंटियर*, जनवरी 28; सुनीती कुमार घोष (1989), *इण्डिया ऐंड द राज : 1919–1947*, प्राची,

यहाँ इस इस्लामिक राष्ट्रवाद और उसके आधार पर बने मुस्लिम पृथकतावाद के एक और पहलू का ज़िक्र करना आवश्यक है। मध्यमार्गी विमर्श के मुखर पक्ष की निगाह से यह पहलू अकसर सुविधापूर्वक ओझल रहता है। यह है इस मुसलमान पृथकतावाद का सामाजिक चरित्र। जिस तरह कांग्रेसी राष्ट्रवाद पर द्विज जातियों से आये अभिजन हावी थे, उसी तरह उदीयमान इस्लामिक राष्ट्रवाद पर अशराफ़ बिरादरियाँ हावी थीं। उस समय पसमांदाओं (पिछड़े मुसलमानों) को तो वोट डालने का भी हक़ नहीं था। आगे मुस्लिम पहचान पर किये गये विश्लेषण में यह पहलू और साफ़ किया जाएगा।

उत्तर-औपनिवेशिक क़ानूनों की भूमिका : आम्बेडकर किसी भी मायने में हिंदू राष्ट्रवादी नहीं थे। लेकिन क़ानून मंत्री के तौर पर उनके बनाए गये हिंदू विवाह क़ानून के कारण भी हिंदुत्ववादियों को आज 'हिंदू' दायरे का ज़बरदस्त विस्तार करने का मौक़ा मिल गया है। सावरकर की यह थीसिस कि जिनकी पुण्य भूमि और पितृ भूमि भारत है, वे सभी हिंदू हैं— हिंदू होने की क़ानूनी परिभाषा में साकार होती हुई दिख रही है। 1955 के हिंदू विवाह क़ानून और 1956 के हिंदू उत्तराधिकार क़ानून के दायरे में न केवल स्वयं को सनातनी, आर्यसमाजी, वैष्णव, शाक्त, शैव मानने वालों के साथ-साथ द्विज और शूद्र जातियाँ आती हैं, बल्कि इस दायरे में सभी अनुसूचित जातियाँ और अनुसूचित जनजातियाँ भी आती हैं। केवल इतना ही नहीं यह दायरा बौद्धों, जैनों और सिखों को भी अपने आगोश में ले लेता है। इन ग़ैर-हिंदू धर्मों (जिनकी पुण्य भूमि और पितृ भूमि भारत है) का पारिवारिक जीवन हिंदू क़ानून से ही संचालित होता है। यहाँ यह देखना दिलचस्प होगा कि डॉ. आम्बेडकर ने इस विषय पर क्या कहा था :

> जब क़ानून मंत्री डॉ. आम्बेडकर ने पहली बार 1951 में हिंदू कोड बिल पेश किया तो सिखों के प्रवक्ता सरदार हुकुम सिंह ने उस विधेयक को 'हिंदुओं द्वारा सिखों को भी अपने दायरे में समा लेने वाले संदिग्ध प्रयास के रूप में देखा'। इस पर डॉ. आम्बेडकर का जवाब था : 'सिखों, बौद्धों और जैनों पर हिंदू कोड लागू करना एक ऐतिहासिक विकासक्रम का परिणाम है और इस पर समाजशास्त्रीय दृष्टि से

कलकत्ता; उमर खालिदी (1993), 'मुस्लिम इन इण्डियन पॉलिटिकल प्रॉसेस', *इकॉनॉमिक ऐंड पॉलिटिकल वीकली*, 2-9 जनवरी; और अभय कुमार दुबे (2016), 'क्षेत्रीय समर्थन से पनपी हिंदुत्ववादी राजनीति : केंद्रीकरण, क्षेत्रीयता और हिंदुत्व', *सेकुलर/साम्प्रदायिक : एक भारतीय उलझन के कुछ आयाम*, वाणी-सीएसडीएस, नयी दिल्ली : 165-196.

आपत्ति बहुत देर से की जा रही है। जब बुद्ध ने वैदिक ब्राह्मणों से असहमति व्यक्त की थी, तो उन्होंने ऐसा केवल धर्मसार (क्रीड) के संदर्भ में किया था। उन्होंने हिंदू क़ानूनी ढाँचे को वैसा का वैसा ही रहने दिया था। उन्होंने अपने अनुयायियों के लिए अलग से क़ानून का प्रवर्तन नहीं किया था। महावीर और दसों सिख गुरुओं के मामले में भी ऐसा ही है। 1830 में प्रिवी काउंसिल ने भी फ़ैसला दिया था कि सिख हिंदू क़ानून से ही शासित होंगे।'[21]

यही कारण है कि आम्बेडकर के नव-बौद्ध अनुयायियों ने धर्म-परिवर्तन के बाद कभी हिंदू होने की क़ानून-सम्मत श्रेणी पर आपत्ति नहीं की। इसके पीछे की राजनीति भी समझने की आवश्यकता है। नव-बौद्धों को अस्सी के दशक तक अनुसूचित जाति का दर्जा प्राप्त नहीं था, और न ही उन्हें आरक्षण के लाभ मिलते थे। सिख धर्म स्वीकार करने वाले पूर्व-अछूतों को पचास के दशक से ही आरक्षण के लाभ मिल रहे थे। यह एक ऐसा उदाहरण था जिससे बौद्ध बने आम्बेडकर के अनुयायियों को उम्मीद बँधी रहती थी कि आख़िरकार उन्हें भी अनुसूचित जातियों में शामिल कर लिया जाएगा। देर से सही, पर हुआ ऐसा ही। नब्बे के दशक में संविधान संशोधन करके उन्हें अनुसूचित जाति मान कर आरक्षण देने का फ़ैसला किया गया। ऐसा करते ही क़ानूनी रूप से उनका शुमार उन हिंदू जातियों में हो गया जिनके बारे में माना जाता है कि उन पर परम्परा ने अस्वच्छ पेशे थोप दिये थे। इस तरह नव-बौद्धों ने क़ानूनी दृष्टि से हिंदू होना स्वीकार करके धर्मांतरण के बावजूद हिंदू दायरे में अपना विनियोग होने दिया।

यह जानना भी दिलचस्प है कि स्वयं आम्बेडकर ने इस्लाम और ईसाईयत अपनाने के प्रस्ताव को ठुकराते हुए बौद्ध धर्म चुनने के बाद क्या कहा था? उनके जीवनीकार धनंजय कीर उनका यह कथन उद्धृत करते हैं : 'मैं देश के लिए सबसे कम हानिकारक रास्ते का चुनाव करूँगा। बुद्ध धर्म अपना कर मैं देश का सबसे ज़्यादा भला कर रहा हूँ, क्योंकि बुद्ध धर्म भारतीय संस्कृति का ही हिस्सा है। मैंने ध्यान रखा है कि मेरे धर्मांतरण से इस धरती की संस्कृति और इतिहास को कोई नुक़सान न पहुँचे।'[22] निश्चित रूप से आम्बेडकर के इस वक्तव्य का कम से कम एक मतलब तो यह निकाला ही जा सकता है कि इस्लाम और ईसाईयत के भारतीय

---

[21] आम्बेडकर के इस वक्तव्य के लिए देखें, धनंजय कीर (1962), डॉ. आम्बेडकर : लाइफ़ ऐंड मिशन, पॉपुलर प्रकाशन, बम्बई : 427. कीर ने इसके लिए सात फ़रवरी, 1951 के *द टाइम्स ऑफ़ इण्डिया* का हवाला दिया है.

[22] देखें, धनंजय कीर (1962) : 498.

धर्म न होने के सावरकर के सूत्रीकरण पर उन्हें कोई आपत्ति नहीं थी।

क़ानूनी रूप से हिंदू दायरे में जैसे ही हिंदू परम्परा से विद्रोह करने वाले धार्मिक समुदाय आते हैं, वैसे ही हिंदू बहुमत की रचना-प्रक्रिया और पुष्ट हो जाती है। आज़ाद भारत में धर्म और क़ानून की अन्योन्यक्रिया का अध्ययन करने वाले दो विद्वानों के अनुसार संविधान की भाषा और बाद में बने क़ानूनों की भाषा पर अगर ग़ौर किया जाए तो भारत की सरकार ने हिंदू होने की परिभाषा वही स्वीकार की है जो सावरकर ने दी है : हिंदू वह है जो भारत में जन्मे धर्मों का अनुयायी है। इस तरह हिंदू होने की दो परिभाषाएँ सामने आती हैं : एक वे जो धर्म से हिंदू हैं, और एक वे क़ानूनन हिंदू हैं।[23]

जिस हिंदू बहुमत का आग्रह संघ परिवार करता है, उसे बनाने में किस तरह भारत के उदारतावादी लोकतंत्र का हाथ है— इसे समाजशास्त्री दीपंकर गुप्ता ने इस प्रकार सूत्रबद्ध किया है :

> ... जिसे हम हिंदू 'बहुमत' कहते हैं वह दरअसल आज़ादी के बाद बने इन क़ानूनों की देन है। इनके बनने से पहले न केवल विवाह बल्कि उत्तराधिकार और अभिभावकत्व के मानक भारत में एक जगह के दूसरी जगह से और एक समुदाय के दूसरे समुदाय से अलग होते थे। कहीं उत्तराधिकार मिताक्षरा प्रणाली से तय होता था तो कहीं दयाभाग से, और इनमें से हर प्रणाली के पास विभिन्न विचार-सम्प्रदाय थे। न ही इस बात से इंकार किया जा सकता है कि कई मातृवंशीय समुदायों को भी इस नये बने एकसमान मानक को स्वीकार करना पड़ा। ... पचास के दशक के मध्य से पहले हिंदू अगर तरह-तरह के रीति-रिवाजों के साथ बिखरे हुए नहीं थे तो और क्या थे? आज जिस समुदाय को हम विशाल 'बहुमत' मानते हैं वह इन्हीं क़ानूनों की देन है और इनसे पहले उसका वजूद नहीं था। दूसरे शब्दों में यह भी कहा जा सकता है कि यह 'बहुमत' उदारतावादी लोकतंत्र की रचना है। संविधान की सतर्क निगाह के तहत बहुत से मिल कर एक हो गये हैं।[24]

दीपंकर गुप्ता के इस अवलोकन और आम्बेडकर व सरदार हुकुम सिंह के बीच हुई बहस की तसदीक़ हमें कुमकुम संगारी द्वारा बहुसंस्कृतिवाद पर व्यक्त किये गये विचारों में मिलती है। वे ध्यान दिलाती हैं कि धार्मिक बहुलता को

---

[23] ये दोनों विद्वान हैं : रॉबर्ट बेयर्ड (सं.) (1993), *रिलीजन ऐंड लॉ इन इंडिपेंडेंट इण्डिया,* मनोहर, नयी दिल्ली; और जे. डंकन एम. डेरेट (1968), *रिलीजन, लॉ ऐंड स्टेट इन इण्डिया,* द फ्री प्रेस, न्युयॉर्क.

[24] दीपंकर गुप्ता (2017), 'डेमॉक्रैसी मेक्स मैजोरिटीज़ : हाउ इण्डियाज़ हिंदू 'मैजोरिटी' इज़ एन आउटकम ऑफ़ इंडिपेंडेंस ऐंड कांस्टीट्यूशनल प्रोसेस', *द टाइम्स ऑफ़ इण्डिया,* 25 फ़रवरी.

बुलंद करने के नाम पर बने क़ानूनों ने किस तरह धर्मों, ख़ासकर हिंदुओं' के समरूपीकरण का रास्ता साफ़ किया है और इससे जो नतीजा निकला है वह अपने किरदार में बिल्कुल हिंदुत्व जैसा ही लगता है :

> धार्मिक समूहों को विनियमित करने वाले उन विवाह क़ानूनों पर ग़ौर कीजिए जिन्हें धार्मिक बहुलतावाद की मिसाल माना जाता है। असलियत में इन क़ानूनों ने पाँच तयशुदा धार्मिक पहचानों का समरूपीकरण करने में मदद की है। ये हैं हिंदू, इस्लामिक, ईसाई, यहूदी और पारसी। ... हिंदू विवाह क़ानून ने तो अज्ञेयवादियों, आंशिक रूप से धर्मांतरितों, नास्तिकों या स्वयं को 'हिंदू' की तरह परिभाषित करना न पसंद करने वालों के लिए दरवाज़े पूरी तरह से बंद कर दिये हैं। यह सब तो उस हिंदुत्व जैसा लगता है जो अतीत के सभी धार्मिक विभेदों और असहमतियों को हिंदुओं के भीतरी विभेदों और असहमतियों की श्रेणी में डाल देता है— जैसे कि आदिवासी अधूरे हिंदू हों, बौद्ध और सिख अलग हुए हिंदू हों जिन्हें बीच-बीच में शामिल किया जा सकता हो— और एक ऐसा हिंदू धर्म पेश करता है जिसमें आत्मसातीकरण की महान शक्ति है और जो मुख़्तलिफ़ परम्पराओं और रिवाजों को पचाने का अभ्यस्त हो। हिंदुओं की इस अति-समावेशी और अति-लचीली क़ानूनी परिभाषा ही अनुसूचित जातियों को परिभाषित करने के केंद्र में है।[25]

सुदीप्त कविराज की एक रचना इस मसले को उदारतावाद के भारतीय संस्करण तक ले जाती है। यह उदारतावाद का वही भारतीय संस्करण है जिसकी दुहेरी वैचारिक संरचना (संस्थागत चुनावी लोकतंत्र+भारतीय बहुलतावाद) का विश्लेषण इस निबंध के दूसरे हिस्से में किया जा चुका है। कविराज का विश्लेषण रेखांकित करता है कि बहुसंख्यकवाद को लोकतंत्र का पर्याय क़रार देने की कारिस्तानी केवल हिंदू राष्ट्रवादियों की ही नहीं थी। उदारतावाद का भारतीय संस्करण भी इसका ज़िम्मेदार रहा है। उसने शुरू से ही राजनीतिक बहुमत और राजनीतिक अल्पमत के आधार पर चलने वाले लोकतंत्र के साथ बहुसंख्या और अल्पसंख्याओं के घालमेल की इजाज़त दी है। लोकतंत्र में बहुमत शासन तो करता है, पर अल्पमत उसके अधीन नहीं होता। अल्पमत हमेशा बहुमत में विकसित होने और बहुमत को अल्पमत में सीमित करने की कोशिश करता रहता है और लोकतांत्रिक प्रक्रिया ऐसा करने के लिए गुंजाइशें पैदा करती है। यानी

---

[25] देखें, कुमकुम संगारी (1999), 'विच डायवर्सिटी ?', http://www.india-seminar.com/1999/484/484%20sangari.htm#top पर उपलब्ध. 23 अगस्त, 2017 को देखा गया.

लोकतंत्र में बहुमत और अल्पमत अस्थायी और परिवर्तनशील होते हैं। इसी कारण वे अस्मिताओं का आधार बन नहीं पाते। इसके उलट अल्पसंख्यक होना और बहुसंख्यक होना कमोबेश स्थायी संरचनाएँ हैं, जो अस्मिताओं का आधार बनती हैं। अस्मिताओं के अपने तर्क होते हैं। एक सीमा के बाद उनकी निगाह में भेदभाव और वर्चस्व की अनुभूति विधेयक रूप ग्रहण कर लेती है। किसी समुदाय का अल्पसंख्यक होना दुर्बलता की स्थायी अभिव्यक्ति भी है और इस दुर्बलता के स्थायी निवारण के लिए वह समुदाय ख़ुद को बहुसंख्यक में तब्दील करने की मुहिम चला सकता है। ऐसा करने के लिए उसे बहुसंख्यकों से अलग होने की मुहिम चलानी पड़ती है और ख़ुद को अलग राष्ट्र के रूप में कल्पित करना पड़ता है। भारत विभाजन अल्पसंख्यकों के एक हिस्से द्वारा बहुसंख्यक बन जाने के प्रयास की कामयाब मिसाल है। उदारतावादी चिंतक हिंदुओं की सांस्कृतिक बनावट की अंतर्निहित बहुलता को लेकर कुछ ज़्यादा ही निश्चिंत रहते आये हैं। उन्हें लगता रहा है कि जाति बहुल और श्रेणी बहुल हिंदू आपस में जुड़ कर सियामी धर्मों की तरह एकाश्म समाज नहीं बन सकते। अर्थात् लोकतांत्रिक बहुमत के चरित्र में बहुसंख्यकवादी होने की सम्भावना नहीं है। उदारतावादियों ने इस विकल्प पर पर्याप्त विचार नहीं किया कि सांस्कृतिक बनावट में बहुलतावादी रहते हुए भी हिंदू राजनीतिक नज़रिये से एकाश्म बहुसंख्या बनने की तरफ़ क़दम बढ़ा सकते हैं। सेकुलरीकरण की प्रक्रिया उन्हें जैसे-जैसे पहले के मुक़ाबले ज़्यादा एक करेगी, वैसे-वैसे वे ख़ुद को सेकुलर मक़सदों से ही नहीं साम्प्रदायिक मक़सदों से भी इस्तेमाल किये जा सकने लायक़ बनाते चले जाएँगे।[26]

विधि का क्षेत्र किस तरह हिंदू बहुसंख्या को बहुसंख्यकवाद की तरफ़ धकेलता है, इसका एक बहुत बड़ा सबूत अयोध्या प्रकरण से जुड़े मुक़दमे से भी मिलता है। रत्ना कपूर ने अपनी दो विश्लेषणात्मक रचनाओं में दिखाया है कि भारतीय हाई कोर्टों और सुप्रीम कोर्ट के कई फ़ैसले साठ के दशक के बाद से ही दो रास्ते खोलते हुए दिखाई पड़ते हैं : पहला, वे हिंदू धर्म को एक समरूप

[26] बहुमत-अल्पमत के राजनीतिक और परिवर्तनशील चरित्र के साथ-साथ बहुसंख्या-अल्पसंख्या की अपेक्षाकृत स्थायी संरचना की बेहतरीन व्याख्या के लिए सुदीप्त कविराज की रचना (1995) 'रिलीजन, पॉलिटिक्स ऐंड मॉडर्निटी' देखें. कविराज ने इस लेख में हिंदू बहुसंख्या के राजनीतिक चरित्र पर भी एक अंतर्दृष्टिपूर्ण टिप्पणी की है. यह लेख संकलित उपेंद्र बख़्शी और भीखू पारेख द्वारा सम्पादित पुस्तक *क्राइसिस ऐंड चेंज इन कंटेम्परेरी इण्डिया,* सेज दिल्ली में संकलित है.

शास्त्रोक्त संहिता के तहत परिभाषित करने की गुंजाइशें बनाते हैं और अयोध्या प्रकरण आते-आते यह प्रक्रिया अपने चरम पर पहुँच कर हिंदुत्ववादी दावेदारियों को मज़बूत करती हुई दिखती है; दूसरा, हमारी ऊँची अदालतें धर्म की स्वतंत्रता के प्रश्न पर होने वाली बहस में जाने-अनजाने हिंदुत्ववादी एजेंडे को सुदृढ़ करती हैं। बहुचर्चित हिंदुत्व मुक़दमे में वे 'हिंदुत्व' और 'हिंदू धर्म' के बीच अंतर करने से इंकार करती हैं, और फिर अयोध्या के मसले पर हिंदुत्ववादी पक्ष की यह दलील मान लेती हैं कि हिंदुओं के लिए धार्मिक स्वतंत्रता का मतलब उपासना की व्यक्तिगत स्वतंत्रता ही नहीं है, बल्कि एक ख़ास जगह पर सामूहिक रूप से पूजा करने का अधिकार भी उनके धर्म का अनिवार्य अंग है। ख़ास बात यह है कि अल्पसंख्यक समुदायों के संदर्भ में हिंदुत्व का आग्रह यह होता है कि धार्मिक स्वतंत्रता का अधिकार सामूहिक नहीं बल्कि व्यक्तिगत होना चाहिए। भाजपा अपने संविधान में धार्मिक स्वतंत्रता की परिभाषा इसी तरह से करती है, लेकिन अयोध्या मसले पर उसके पक्षकार अपना रवैया बदल कर सामूहिक रूप से पूजा करने के अधिकार की वकालत करने लगते हैं, पर इस तब्दीली पर सवालिया निशान लगाने के बजाय क़ानून हिंदुत्ववादी हाथों में खेलता नज़र आता है।[27]

यहाँ जिन प्रक्रियाओं का विवरण दिया गया है वे शासकीयता (जनगणना), सांविधिक (क़ानूनी) और प्रातिनिधिक (चुनावी) हैं और उदारतावादी राजनीति के तहत वैध मानी जाती हैं। ज़ाहिर है कि इन प्रक्रियाओं का पहला और प्रत्यक्ष मक़सद हिंदू बहुसंख्यकवाद को प्रोत्साहन देना नहीं था। इन प्रक्रियाओं में तत्कालीन हिंदू राष्ट्रवादियों की भूमिका लगभग नहीं के बराबर थी। लेकिन, आज हमारे पास घटनाओं की पश्चात्-दृष्टि है, और हम देख सकते हैं कि ये प्रक्रियाएँ जिस तरह से चलीं उनका एक फलितार्थ हिंदू बहुसंख्यकवाद को बल देने में निकल सकता था। इस इतिहास पर नयी नज़र डालने पर हमें भीखू पारेख जैसे राजनीतिक सिद्धांतकार का वह मानीख़ेज़ अवलोकन याद आता है जिसमें उन्होंने नेहरू और कांग्रेस के नेतृत्व में बनी भारत की पहली और ज़बरदस्त बहुमत से निर्वाचित सरकार की आत्मछवि को 'हिंदू' क़रार दिया था। पारेख का

[27] देखें, रत्ना कपूर (2014), 'अ लीप ऑफ़ फ़ेथ : द कंस्ट्रक्शन ऑफ़ हिंदू मैजोरिटेरियनिज़म थ्रु सेकुलर लॉ', द साउथ अटलांटिक क्वार्टरली, खण्ड 113, अंक 1 : 109-120; इसके अलावा देखें, रत्ना कपूर (2014), 'द 'अयोध्या' केस : हिंदू मैजोरिटेरियनिज़म ऐंड द राइट टू रिलीजस लिबर्टी', *मैरीलैंड जरनल ऑफ़ इंटरनैशनल लॉ,* खण्ड 29, अंक 1 : 305-365.

यह प्रेक्षण साफ़ तौर पर इशारा करता है कि भारतीय संदर्भ में लोकतांत्रिक बहुमत पहले दिन से ही बहुसंख्यकवाद की तरह परिभाषित होने के अंदेशे से ग्रस्त था। पारेख के साथ-साथ त्रिलोकी नाथ मदन भी इस नतीजे पर पहुँचे हैं कि नेहरू सरकार अपने सेकुलर और आधुनिकतावादी इरादों के कार्यान्वयन में कई बार ख़ुद को राजनीतिक बहुमत के आधार पर चुनी गयी सरकार न समझ कर हिंदू बहुसंख्या की नुमाइंदगी करने वाली सरकार की तरह आचरण करती नज़र आती थी :

> नेहरू का राज्य हिंदुओं के संदर्भ में हिंदू की भाँति ही आचरण करता था और हिंदुओं पर अपने हक़ का दावा करने में भी वह हिंदू राज्य की तरह ही था। ... क्योंकि न केवल नेहरू और उनके साथी हिंदू थे बल्कि ख़ुद को हिंदू मानते भी थे। ... इसलिए उन्होंने हिंदुओं के सांस्कृतिक जीवन में हस्तक्षेप किये, पर मुसलमानों और यहाँ तक कि सिखों के संदर्भ में वैसे ही हस्तक्षेप करने की हिम्मत वे नहीं जुटा पाये।[28]

पारेख की मान्यता है कि इसके पीछे कहीं गहरा कारण था। नेहरू और संविधान के अन्य निर्माता भारतीय सामाजिक यथार्थ को ग़ैर-हिंदू अल्पसंख्यकों और हिंदू बहुसंख्यकों के दो भागों में बाँट कर पहचानते थे। यह समझ संविधान-सम्मत भी थी, क्योंकि संविधान कभी तो सिर्फ़ हिंदुओं की चर्चा करता है, तो कभी बौद्धों, जैनों और सिखों को भी हिंदुओं के खाने में रख देता है। संविधान आदिवासियों को भी हिंदू के रूप में ही देखता है। भारत में पैदा हुए ग़ैर-हिंदू धर्मों को हिंदू की श्रेणी में रख कर और भारत के बाहर जन्मी ईसाई, इसलामी, पारसी और यहूदी धार्मिक परम्पराओं को हिंदू श्रेणी से बाहर रख कर संविधान ने 'अपनी' और 'पराई' धार्मिकताओं के सूत्रीकरण का तर्क प्रदान किया, बावजूद इसके कि इसलाम और ईसाईयत की सिखों से काफ़ी पहले इस देश की धरती पर मौजूदगी थी। इस तरह संविधान हिंदू बहुसंख्या को और भी बड़ी बहुसंख्या बना कर अभेदित एकाश्म के रूप में समझने की ज़मीन तैयार करता है। 1952 का आम चुनाव जीतते ही नेहरू ने हिंदुओं के सेकुलरीकरण के लिए एक के बाद एक क़दम

---

[28] त्रिलोकी नाथ मदन भीखू पारेख (1991) के इस निष्कर्ष से सहमत हैं कि नेहरू की सरकार में ख़ुद को हिंदुओं की सरकार की तरह देखने की प्रवृत्ति थी। मदन ने पारेख का यह नतीजा अपने चर्चित लेख 'विदर इण्डियन सेकुलरिज़्म' में उद्धृत किया है। भीखू पारेख, 'नेहरू ऐंड द नैशनल फ़िलॉसफ़ी ऑफ़ इण्डिया', *इकॉनामिक ऐंड पॉलिटिकल वीकली*, 5-12, जनवरी : 42.

उठाने शुरू कर दिये। नेहरू और उनके साथियों के मन में ऐसा करने के पीछे एक ख़ास तरह की भावना थी जिसकी व्याख्या पारेख ने इस प्रकार की है :

> संविधान ने भी उन्हें ऐसा करने की इजाज़त दी क्योंकि राज्य के हस्तक्षेप के ख़िलाफ़ सुरक्षा केवल अल्पसंख्यकों को मिली हुई थी। नेहरू की ही तरह संविधान मान कर चलता था कि हिंदुओं के लिए राज्य के हस्तक्षेप से डरने की कोई वजह नहीं होनी चाहिए।... संविधान ने अनजाने में यह मान लिया था कि भारतीय राज्य हिंदुओं द्वारा संचालित किया जाएगा या उस पर हिंदुओं का वर्चस्व तो होगा ही। इसलिए हिंदुओं के लिए 'अपनी' सरकार से डरने का कोई कारण नहीं हो सकता। अगर संविधान के निर्माताओं ने किसी ग़ैर-हिंदू सरकार के सत्ता में आने की कल्पना भी की होती तो वे बहुसंख्यक समाज के रीति-रिवाजों को बदलने के लिए राज्य द्वारा किये जाने वाले हस्तक्षेप की कुछ सीमाएँ निर्धारित करते। हिंदू निजी क़ानून को सुधारने, हिंदू मंदिरों के प्रबंधन को विनियमित करने जैसे क़दम उठाते समय नेहरू सरकार एक हिंदू सरकार की ही तरह अपने अधिकारों का इस्तेमाल कर रही थी।[29]

पारेख के अनुसार सेकुलरीकरण के इन प्रयासों का विरोध होने पर नेहरू चिढ़ कर हिंदुओं के धार्मिक जीवन में राज्य के हस्तक्षेप की किसी भी मुखालफ़त को साम्प्रदायिकता क़रार देने की हद तक चले जाते थे। उनकी इस परियोजना का लाभ हिंदुओं को निश्चित रूप से मिला। वे आधुनिक राष्ट्र के निर्माण की प्रक्रिया के हरावल में आये, जबकि अल्पसंख्यक उसके हाशिये में ही रह गये। लेकिन, इसका एक पहलू यह भी था कि हिंदुओं के एक हिस्से के भीतर सांस्कृतिक-उत्पीड़न का पहले से चला आ रहा एहसास मजबूत हुआ। 'गर्व से कहो, हम हिंदू हैं' जैसा नारा नेहरू के ज़माने में ही बुदबुदाया जाने लगा था। बनती हुई हिंदू बहुसंख्या के सेकुलर होने के अलावा कुछ और होने की गुंजाइशें भी मौजूद थीं। हिंदुत्ववादी ताक़तें 1925 से ही सांस्कृतिक उत्पीड़न की ऐतिहासिक अनुभूति का दोहन करने के लिए मौजूद थीं। 1950 में राजनीति में कूदने के बाद से ही उन्हें इस बात का एहसास हो गया कि वे संविधान और क़ानून के तर्क से भी हिंदू बहुसंख्यकवाद को मज़बूत कर सकती हैं। अरविंद शर्मा के हवाले से हम ऊपर देख चुके हैं कि यह समझ बनते ही उनकी शब्दावली बदलती चली गयी और उन्होंने भारत और भारतीयकरण को हिंदुत्व और हिंदूकरण के पर्याय की तरह इस्तेमाल करना शुरू कर दिया। संघ का यह

---

[29] भीखू पारेख (1991), 'नेहरू ऐंड सेकुलरिज़्म', *नेहरू रिविजिटेड*, 5-12, जनवरी : 42.

राजनीतिक प्रयोग सफलताओं-विफलताओं के उतार-चढ़ाव से गुज़रता हुआ जैसे-जैसे आगे बढ़ा, लाल क़िले से हिंदू राष्ट्र की घोषणा[30] करने का स्वप्न ग़ैर-ज़रूरी होता चला गया। बीसवीं सदी के आख़िरी दौर में गठजोड़ राजनीति के ज़रिये मिली चुनावी सफलताओं ने हिंदुत्व के प्रतिनिधियों को लाल क़िले की प्राचीर पर आरूढ़ होने का मौक़ा दिया, और नयी सदी में हिंदुत्व के प्रतिनिधियों ने पूर्ण बहुमत प्राप्त करके संविधान की किताब को अपना एकमात्र धार्मिक ग्रंथ घोषित कर दिया।

हिंदू बहुसंख्यकवाद : लोकतांत्रिक व्यवस्था की अंतर्वस्तु की तार्किक परिणति

मध्यमार्गी विमर्श के दायरे में जिस तरह आज पारेख और मदन का विमर्श ठण्डे बस्ते में पड़ा हुआ है, वैसा ही सुलूक रजनी कोठारी की एक रचना के साथ किया गया है। नब्बे के दशक में 'जातियों के राजनीतीकरण' और 'भारतीय समाज की अल्पसंख्यकपरक संरचना' जैसे स्वयं-प्रतिपादित सिद्धांतों की प्रासंगिकता की जाँच करने से काफ़ी पहले 1985 में रजनी कोठारी ने एक बेहद महत्त्वपूर्ण लेख लिखा था जिसे न केवल मध्यमार्गी विमर्श ने भुला दिया, बल्कि मुझे लगता है कि स्वयं रजनी कोठारी ने भी अपने इस लेख को कभी लौट कर याद नहीं किया। इसका शीर्षक था, 'चुनावी खेल से निकली साम्प्रदायिकता : बहुसंख्यावाद की विकृति पर एक टिप्पणी'।[31] इस लेख में कोठारी ने चुनाव आधारित लोकतंत्र और भारतीय बहुलतावाद को कड़ाई से प्रश्नांकित किया था।

नब्बे के दशक की शुरुआत में जब कारसेवकों ने बाबरी मस्जिद पर हमला बोला, तो कई विद्वान साम्प्रदायिकता के चुनावी रूप को बहुसंख्यकवाद की तरह समझने की कोशिश करने लगे थे। लेकिन, कोठारी ने न केवल इनसे कहीं पहले मैजोरिटेरियनिज़ की भारतीय समस्या पर अपनी उँगली रख दी थी (पश्चिमी

---

[30] दक्षिण दिल्ली लोकसभा निर्वाचन क्षेत्र से कई बार सांसद चुने गये बैकुंठ लाल शर्मा प्रेम ने आशिस नंदी को दिये गये अपने एक साक्षात्कार में यह दावा किया था कि भारत तो पहले ही हिंदू राष्ट्र है, बस ज़रूरत केवल इसे घोषित करने की है.

[31] अंग्रेज़ी में यह लेख पढ़ने के लिए देखें, *लोकायन बुलेटिन*, 1985, और हिंदी के लिए देखें कोठारी (1993), वही.

विद्वानों का ध्यान तो इस समस्या की तरफ़ 2000 के बाद ही गया),[32] बल्कि वे अन्य विद्वानों की तरह लोकतंत्र की इस विकृति को हिंदुत्ववादियों द्वारा बाहर से लगाए गये विष भरे इंजेक्शन की तरह न देख कर उदारतावादी लोकतांत्रिक 'व्यवस्था की अंतर्वस्तु की तार्किक परिणति' की तरह उसकी शिनाख़्त कर रहे थे। मुझे नहीं याद पड़ता कि इससे पहले भी कभी किसी भारतीय विद्वान ने बहुसंख्यावाद या बहुसंख्यकवाद के प्रत्यय पर सैद्धांतिक और विवरणात्मक रूप से विचार किया होगा। दरअसल, यह लेख मध्यमार्गी विमर्श के भीतर शुरू हुए समांतर डिस्कोर्स की शुरुआत माना जा सकता है, इसलिए इस पर विस्तार से चर्चा करना ज़रूरी है। ध्यान रहे कि 1985 में ही आशिस नंदी का विचारोत्तेजक लेख 'द एंटी-सेकुलरिस्ट मेनिफ़ेस्टो' प्रकाशित हुआ था जिसमें आधुनिकतावाद और प्रोटेस्टेंट ईसाईयत के गर्भ से निकले सेकुलरवाद को साम्प्रदायिकीकरण के लिए ज़िम्मेदार ठहराया गया था, लेकिन कोठारी ने राजनीतीकरण की प्रक्रिया, चुनाव जीतने के लिए वोटों की गोलबंदी करने के तरीक़ों और राजनीतिक लोकलुभावनवाद के उदय के साम्प्रदायिक दुष्परिणामों को कहीं ज़्यादा ठोस तरीक़े से रेखांकित करते हुए कहा कि इस तरह के अंदेशे कहीं बाहर से नहीं आते, वरन स्वयं व्यवस्था के भीतर मौजूद रहते हैं।

इस लेख में कोठारी ने सूत्रीकरण किया कि राजनीति को अनिवार्यतः चुनावी खेल में घटा देने की अवधारणा और प्रवृत्ति ने लोकतंत्र की अंतर्वस्तु को साम्प्रदायिक बहुसंख्यकवाद में बदल दिया है। उनका कहना था कि राज्य और नागरिक समाज के बीच मध्यस्थता करने वाली मध्यवर्ती संस्थाओं और राजकीय संस्थाओं को दरकिनार करके जनता से सीधे अपील करने की राजनीतिक प्रौद्योगिकी का इस्तेमाल करके ऐसा किया जाता है। कभी यह ग़रीबों के नाम पर किया जाता है, और कभी विकास के नाम पर। कोठारी के मुताबिक़ यह प्रक्रिया

[32] यहाँ स्पष्ट कर देना ज़रूरी है कि पश्चिमी समाज-विज्ञान जिस मैजोरिटेरियनिज़म का आलोचनात्मक स्वर में ज़िक्र करता है, वह वैसा बहुसंख्यकवाद नहीं है जिसके ख़िलाफ़ भारत में लोकतांत्रिक शक्तियाँ जूझ रही हैं. पश्चिमी संदर्भों में माइक्लि मान (2005) ने अपनी रचना द *डार्क साइड ऑफ़ डेमॉक्रैसी : एक्सप्लेनिंग एथ्निक क्लीनज़िंग*, कैम्ब्रिज युनिवर्सिटी प्रेस, कैम्ब्रिज के ज़रिये यह बहस उठाई थी. उनकी मुख्य चिंता बहुसंस्कृतिवाद के क्षय को लेकर थी न कि लोकतंत्र के ही बहुसंख्यकवाद में बदलने को ले कर. इसी विषय पर एक और रचना के लिए देखें, डेनियल कनवर्सी (2012), 'मैजोरिटेरियन डेमॉक्रैसी ऐंड ग्लोबलाइज़ेशन वर्सेज़ एथ्निक डायवर्सिटी', *डेमोक्रेटाइज़ेशन*, http://dx.doi.org/10.1080/13510347.2011.626947 पर उपलब्ध, 27 मई, 2017 को देखा गया.

1969 से ही चल रही थी, जब कांग्रेस के नेतृत्व में मुसलमान, अनुसूचित जातियाँ-जनजातियाँ, कुछ पिछड़ी जातियाँ और ब्राह्मणों का ध्रुवीकरण किया गया। साथ ही एक सर्वोच्च नेता पर ज़ोर दिया गया। नतीजा यह निकला कि सभी तरह की राजनीतिक प्रक्रियाओं और संहिताओं का स्थान चुनावी विजय की लहरों ने ले लिया। पार्टियों को व्यापक बदलाव के यंत्र की तरह न देख कर सत्ता में बनाए रखने वाले औज़ार की तरह देखा जाने लगा। चुनाव अपने आप में लक्ष्य बनते चले गये। अल्पसंख्यकों की तुलना में बहुसंख्यकों की संख्यात्मक ताक़त पर ज़ोर दिया जाने लगा। यह काम केवल साम्प्रदायिक शक्तियाँ ही नहीं कर रही थीं, बल्कि स्वयं को सेकुलर कहने और मानने वाले भी यही करते नज़र आये। परिणामस्वरूप साम्प्रदायिकता सेकुलर राजनीति की उपज बन गयी और एक तरह से वह आदर्शों से रहित सेकुलर राजनीति के रूप में उभर आयी।

कोठारी ने बारीक़ी में जाते हुए दिखाया कि किस तरह संख्या के इस खेल के साम्प्रदायिक परिणाम फ़ौरन स्पष्ट नहीं हुए और संख्याओं को जाति और क्षेत्र के रूप में देखा जाता रहा। इस तरह एक नृवंशीय गणनशास्त्र ने जन्म लिया। यह गणनशास्त्र महानगरीय इलाक़ों में कुछ कम, देहाती क्षेत्र में अधिक और आदिवासी क्षेत्रों में सबसे ज़्यादा प्रभावी साबित हुआ। इस राजनीति ने उन क्षेत्रों को भी प्रभावित करना शुरू कर दिया जिन पर आम तौर पर साम्प्रदायिक विचारों का असर नहीं पड़ता था। जैसे, मज़दूर वर्ग, छात्र समुदाय और आम तौर पर युवा वर्ग। यह देख कर ताज्जुब होता है कि कोठारी ने 1985 में ही, सत्ता ने अपने विरोध में खड़े लोगों और दलों को राष्ट्रद्रोही और देश की एकता-अखण्डता का दुश्मन क़रार देने के, हथकण्डे की शिनाख़्त कर ली थी। उस समय यह हथकण्डा इंदिरा गाँधी और कांग्रेस अपना रहे थे। उन्होंने यह भी देख लिया था कि हिंदुत्ववादी नारे ग़रीबों, कमज़ोर जातियों, आदिवासियों और पहाड़ी लोगों को प्रभावित करते हैं। कोठारी ने ज़िक्र किया कि 'पंजाब में सैनिक कार्रवाई के तुरंत बाद श्रीमती गाँधी गढ़वाल गयीं और उन्होंने वहाँ खुले आम कहा कि पंजाब में हिंदू धर्म पर हमला हो रहा है। उन्होंने सिखों, मुसलमानों और दूसरे अन्य लोगों के हमलों से हिंदू संस्कृति की रक्षा करने की ज़ोरदार अपील की।'

इस लेख में आज से सत्ताईस साल पहले कोठारी सार्वजनिक हिंदूवाद के उभार की चर्चा करते हुए नज़र आते हैं। यहाँ उद्धृत उनका एक-एक शब्द वही है जिसकी हम सब लोग आजकल अकसर चर्चा करते रहते हैं :

> विभिन्न इलाक़ों में धार्मिक उत्सवों के स्वरूप में आ रहे बदलावों पर नज़र दौड़ाना काफ़ी दिलचस्प है। पहले उनका स्वरूप स्थानीय होता था। स्थानीय तौर पर अनुष्ठान होते थे, देवी-देवता भी स्थानीय थे, इत्यादि। धीरे-धीरे न सिर्फ़ उत्सवों की अवधि लम्बी होती जा रही है, बल्कि उनके स्वरूप में भी काफ़ी फ़र्क़ नज़र आ रहा है। गणेश चतुर्थी अब सिर्फ़ एक दिन तक सीमित नहीं है, बल्कि उसने गणेश महोत्सव का रूप ले लिया है और यह सब पंद्रह-पंद्रह दिन तक चलता रहता है। दुर्गा पूजा पहले चंद दिनों में ख़त्म हो जाती थी, लेकिन अब व्यावसायिक हितों के चलते इसकी अवधि बढ़ती ही जा रही है। हर गली के नुक्कड़ पर लाउडस्पीकर शोर मचाते रहते हैं। कोई न कोई उत्सव चलता रहता है। यह लगभग अंतहीन सिलसिला बनता जा रहा है। लेकिन सवाल सिर्फ़ अवधि का नहीं है। बल्कि स्थानीय देवी-देवताओं और स्थानीय अनुष्ठानों की जगह तथाकथित सार्वजनिक हिंदूवाद ले रहा है। इस प्रकार सबसे पहले दुर्गा और गणेश की मूर्तियों का राष्ट्रीयकरण किया गया और फिर स्थानीय देवी-देवता के बदले उनकी पूजा को बढ़ावा दिया गया। यह पूरी तरह से एक नयी परिघटना है। अब धर्म का प्रचार वैसी तथाकथित 'धर्मनिरपेक्ष' शक्तियाँ कर रही हैं जिनका उद्देश्य लोगों को अशक्त और साम्प्रदायिक बनाना है।

जब ये शब्द लिखे जा रहे थे उस समय देश पर राजीव गाँधी के नेतृत्व में कांग्रेस का शासन था और भारतीय जनता पार्टी संसद में सिर्फ़ दो सांसद ले कर कृष्णलाल शर्मा कमेटी बना कर अपनी चुनावी दुर्गति के कारणों की तलाश कर रही थी। कोठारी ने यहाँ नृवंशीय गणनशास्त्र के आधार पर की जाने वाली राजनीति की शुरुआत 1969 में रेखांकित की है। ज़ाहिर है कि जिन सामाजिक-धार्मिक प्रक्रियाओं का वे यहाँ वर्णन कर रहे हैं, उनके बारे में माना जा सकता है कि वे कम से कम दस साल पहले शुरू हुई होंगी। यानी साठ के दशक के आख़िर और सत्तर के दशक की शुरुआत या मध्य से ही चुनाव संख्या के खेल में बदलने लगता है, और हिंदुओं की बहुप्रशंसित विविधता एक राष्ट्रीय समरूपीकरण के दौर से गुज़रती हुई दिखाई देती है। वे पूछते हैं कि 'क्या चुनाव आधारित जनतंत्र उग्रराष्ट्रवादी भावनाओं को भड़काता है और साम्प्रदायिकता को बढ़ावा देता है? हम बुद्धिजीवी अकसर इस मुद्दे से कतराने की कोशिश करते रहे हैं। ... निश्चय ही यह एक आधुनिक परिघटना है और इसका सबसे घातक पहलू है भारत की विविधता, यानी अल्पसंख्यक बहुल समाज की अवधारणा का परित्याग और बहुसंख्यकवादी एकरूपीकरण व सामान्यीकरण की अवधारणा का थोपा जाना।' बिना किसी शक के कोठारी 1985 में इस निष्कर्ष पर पहुँच चुके थे कि न तो चुनाव आधारित उदारतावादी लोकतंत्र और न ही भारत का

सामाजिक बहुलतावाद बहुसंख्यकवादी परिघटना को रोक पाने में समर्थ हैं। एक तरह से ये तो उसे बढ़ावा देने की ज़मीन मुहैया करा रहे हैं। हालाँकि अस्सी के दशक में कोठारी को साफ़ दिख रहा था कि कांग्रेस चुनावी फ़ायदे के लिए बहुसंख्यकवादी आवेग को हवा दे रही है, लेकिन वे उस समय कमज़ोर लग रहे हिंदुत्ववादी संगठनों को नज़रअंदाज़ करने के लिए तैयार नहीं थे। इसलिए उन्होंने स्पष्ट रूप से लिखा था, 'ढेर सारे उग्र मसीही क़िस्म के हिंदूवादी संगठन पैदा हो गये हैं जिनका उद्देश्य हिंदुओं के बीच इस भावना को पनपाना है कि वे एक एकताबद्ध, एकरूप, केंद्रीकृत अस्मिता के अंग हैं। ऐसे ही संगठन हैं— विश्व हिंदू परिषद, बजरंग दल, हिंदू एकता मंच, हिंदू रक्षा समिति, पतित पावन संगठन और राष्ट्रीय स्वयंसेवक संघ सरीखे पुराने संगठन, जो कुछ समय के लिए राजनीतिक रूप से सुप्त पड़े थे, लेकिन आज काफ़ी सक्रिय हो गये हैं।'

कोठारी अगर अपनी इसी बेहतरीन टेक को जारी रखते तो उनकी निगाह 'तथाकथित सार्वजनिक हिंदूवाद' के विकास-क्रम पर टिकी रहती। इस तरह से वे देख पाते कि जिस लोकप्रिय हिंदू धार्मिकता का तेज़ी से प्रचार-प्रसार हो रहा है वह आधुनिक राज्य के साथ कौन-सा रिश्ता बना रही है। आधुनिक राज्य और धर्म के बीच पश्चिम में जो रिश्ते बने, भारत में भी उन्हीं में से कोई एक रिश्ता बनने जा रहा है— या भारतीय परिस्थितियाँ किसी अन्य रिश्ते (सम्भवत: राज्य को बहुसंख्यकवाद का सहोदर बनाने का रिश्ता) की तामीर करने की तरफ़ जा रही हैं। जो भी हो, कोठारी के निष्कर्ष कम से कम वे तो नहीं ही होते जो उन्होंने बाबरी-ध्वंस के बाद 1993 में उत्तर प्रदेश के ऐतिहासिक चुनाव में सपा-बसपा गठजोड़ के हाथों हुई अचानक पराजय से उत्साहित हो कर लिखे अपने लेखों में निकाले। 1993 के पहले वे कह रहे थे कि हिंदुत्व की राजनीति अपना प्रभाव-क्षेत्र धीरे-धीरे बढ़ा रही है और उसमें न उदारतावादी राज्य बाधक बन पा रहा है और न सामाजिक बहुलतावाद। लेकिन, 1993 के बाद उन्होंने कमज़ोर जातियों को एक साम्प्रदायिकता-विरोधी संसाधन के रूप में देखना शुरू कर दिया। हो सकता है कि कोठारी की इस मुद्रा के पीछे पिछड़े वर्गों के उभार को महज़ भौंडे क़िस्म के जातिवाद के उभार में सीमित करके देखने की सेकुलर-लिबरल प्रवृत्ति के ख़िलाफ़ प्रतिक्रिया की भूमिका रही हो। वैसे भी वे शुरू से 'राजनीति में जातिवाद' की परिघटना का प्रति-विमर्श तैयार करने वाले सिद्धांतकार के रूप में जाने जाते हैं। लेकिन इस सूरत में भी हम यह नज़रअंदाज़ नहीं कर सकते कि

1985 में वे जिस चुनावी गोलबंदी को नृवंशीय गणनशास्त्र की तरह देख रहे थे, उसी तरह की गोलबंदी को उन्होंने बिना कोई नया तर्क दिये भारतीय लोकतंत्र को मज़बूत करने की सम्भावनाओं से सम्पन्न मान लिया। यह विमर्श द्विज जातियों के मुक़ाबले कमज़ोर जातियों को खड़ा करके एक द्विभाजन गढ़ रहा था। उनके विमर्श से मतलब निकल रहा था कि यह द्विज जातियों की भूमिका आम तौर पर साम्प्रदायिक और कमज़ोर जातियों की भूमिका आम तौर पर सेकुलर हो गयी है, और यह द्विभाजन समाज और राजनीति के लिए रैडिकल सम्भावनाओं से लैस भी है। शायद इसीलिए 1993 के बाद उन्होंने हिंदुओं के राष्ट्रवादी समरूपीकरण की चिंताजनक परिघटना पर विचार करना बंद कर दिया।

'नये सामाजिक क्रांतिकारी' बनाम सामाजिक न्याय की दरकती हुई राजनीति

मध्यमार्गी विमर्श के तहत मौन कर दिये गये विमर्शों को रेखांकित करने के इस हिस्से में तीन पहलुओं की चर्चा की जाएगी। पहला आयाम है नये सामाजिक क्रांतिकारियों की दावेदारियों से निकली 'पॉलिटिकल करेक्टनेस'; दूसरा आयाम है सामाजिक न्याय की राजनीति के प्रमुख वाहक के रूप में बहुजनवाद की विफलता; और तीसरा है इस विफलता के प्रमुख कारण के रूप में कमज़ोर जातियों के बीच प्रभुत्वशाली जातियों का उभार।

नये सामाजिक क्रांतिकारी : सामाजिक न्याय की जिस राजनीति ने मुखर हो कर कोठारी पर अपने ही विमर्श को मौन करने का दबाव डाला, उसी राजनीति ने विमर्श के संसार में 'नये सामाजिक क्रांतिकारियों' को स्थापित करने की ज़मीन बनायी। यहाँ स्पष्ट कर देना ज़रूरी है कि ये सामाजिक क्रांतिकारी राजनीति की व्यावहारिक ज़मीन से न के बराबर ताल्लुक़ रखते थे। यह मुख्य तौर पर सिद्धांतकारों की एक जमात थी और है। एक तरफ़ ये नये सामाजिक क्रांतिकारी ज्ञानोत्पादन की दुनिया और सेमिनारों के संसार में अपनी बढ़ी-चढ़ी दावेदारियाँ करते रहे, और दूसरी तरफ़ सामाजिक न्याय की व्यावहारिक राजनीति शुरुआती उछाल के बाद गिरावट के दौर से गुज़रती रही।

सामाजिक न्याय की राजनीति की इस गिरावट में हिंदू राष्ट्रवाद की कोई भूमिका नहीं थी। एक हद तक यह गिरावट आरक्षण और सत्ता से नज़दीकी के

परिणामस्वरूप मिलने वाले लाभों के असमान बँटवारे की देन थी, और एक दूसरी हद तक लोकतांत्रिक राजनीति में पनपी राजनीतिक भ्रष्टाचार की विकृति का परिणाम थी। इस गिरावट के दो नतीजे हुए।

पहला : सामाजिक न्याय की राजनीति ने कमज़ोर जातियों को एकजुट करके सामाजिक क्रांति का वाहक बनाने के बजाय उन्हें दो भागों में बाँट दिया। एक हिस्सा कमज़ोर जातियों की मलाईदार परत का था। इस परत के रूप में कमज़ोर जातियों में कुछ प्रभुत्वशाली समुदाय उभर आये। यह प्रभुत्वशाली हिस्सा मुसलमान वोटरों के साथ मिल कर नाममात्र की सेकुलर राजनीति करता रह गया। दूसरा हिस्सा उन छोटी-छोटी अनगिनत बिरादरियों का था जो सामाजिक न्याय की राजनीति के लाभों से वंचित रह गयी थीं। उन्हें न राजनीतिक नुमाइंदगी नसीब थी, न ही आर्थिक विकास। अपनी सामाजिक संरचना में लघु और बिखरी हुई पहचानों वाली ये बिरादरियाँ एक तरह से उस 'भव्य हिंदू परम्परा' के आगोश में जाने का इंतज़ार कर रही थीं जिसका तिरस्कार सेकुलर ख़ेमे द्वारा उसे ब्राह्मणवादी कह कर किया जा चुका था, और जो केवल हिंदुत्ववादियों के काम की रह गयी थी। सामाजिक न्याय की राजनीति की इस गिरावट पर मध्यमार्गी विमर्श के मुखर हिस्से का ध्यान कैसे जा सकता था—वह तो 'नये सामाजिक क्रांतिकारियों' की सोहबत में अपने अपराध-बोध के प्रक्षालन का आनंद प्राप्त कर रहा था।

दूसरा : सामाजिक न्याय की राजनीति का अस्सी और नब्बे के दशक में उभरा नेतृत्व शुरू में राजनीतिक नवाचार का वाहक प्रतीत हो रहा था। ऐसा लग रहा था कि इन लोगों की राजनीति न केवल सामाजिक अवमानना के शिकार तबक़ों को आशा और विश्वास का नया संदेश देगी, बल्कि ये लोग राजनीति की नयी भाषा गढ़ेंगे और नयी संस्थागत संरचनाओं की गुंजाइश भी खोलेंगे।[33] लेकिन

[33] नब्बे के दशक में बिहार के मुख्यमंत्री पद पर आसीन हुए लालू यादव राजनेताओं के शहरी भद्रलोक में अपनी गँवई हाज़िरजवाबी और ग़रीब जनता के साथ नये तरह का संवाद स्थापित करने के लिए लम्बे अरसे तक दाद पाते रहे. इसी तरह कांशी राम और मायावती ने भारतीय जनता पार्टी के साथ छह-छह महीने तक मुख्यमंत्री बनने का समझौता करके सुदीप्त कविराज और धीरूभाई शेठ जैसे समाज-वैज्ञानिकों से शाबाशी प्राप्त की. समझा गया कि कांशी राम का यह कथन कि हम तो अवसरवादी हैं क्योंकि हमें तो अवसर मिले ही नहीं हैं—अपने नवीन अर्थों के लिए प्रशंसित हुआ. मुलायम सिंह यादव द्वारा हिंदी को उत्तर प्रदेश सरकार के कामकाज की भाषा घोषित करने जैसे साहसिक क़दम पर लम्बे-लम्बे समाज-वैज्ञानिक तबसिरे लिखे गये.

जैसे-जैसे उसकी सत्ता से नज़दीकी बढ़ी, उनकी सकारात्मकताएँ घटती गयीं और उनके भीतर राजनीतिक भ्रष्टाचार, भाई-भतीजावाद, नंगा जातिवाद, गुण्डागर्दी, आपराधिक तत्त्वों को पालने-पोसने और परले दर्जे के परिवारवाद की विकृतियाँ पनपती दिखाई देने लगीं। जब भी कभी इन विकृतियों की तरफ़ इशारा किया गया, बदले में जवाब मिला कि दलित और पिछड़े वर्ग की संतानों के ख़िलाफ़ ये आरोप ब्राह्मणवादी या मनुवादी साज़िश हैं। चूँकि इस आलोचना का इन नेताओं के बुनियादी जनाधार पर कोई असर नहीं हुआ, इसलिए सार्वजनिक जीवन में शुचिता के प्रश्न को ठेंगे पर मारते हुए इस नेतृत्व की सीनाज़ोरी बढ़ती चली गयी। फिर सामाजिक न्याय की 'पॉलिटिकल करेक्टनेस' के तहत एक फूहड़ तर्क विकसित किया गया कि बेचारे पिछड़ों, दलितों और आदिवासियों को भ्रष्टाचार करने का शऊर ही नहीं है। इसलिए उनकी पोल जल्दी खुल जाती है, जबकि ब्राह्मणों और अन्य द्विज जातियों के नेता अधिक कुशलता से भ्रष्टाचार करते हैं इसलिए उनकी हरकतें छिपी रह जाती हैं।[34] सामाजिक न्याय की राजनीति के नेतृत्व की इस कार्यशैली का दूरगामी परिणाम यह हुआ है कि लालू यादव, मायावती और मुलायम सिंह या अखिलेश यादव जैसे नेताओं की राजनीतिक वैधता का उनकी अपनी बिरादरी के दायरे को छोड़ कर काफ़ी हद तक क्षय हो गया है। समाज के दूसरे हिस्सों में इन नेताओं की छवि भ्रष्ट, चरित्रहीन, व्यभिचारी, परिवारवादी और अविश्वसनीय क़िस्म की बन गयी है।[35]

सामाजिक न्याय की राजनीति शुरुआत से ही दो ख़ानों में बँटी रही है। एक ख़ाना अन्य पिछड़े वर्ग का है, और दूसरा अनुसूचित जातियों का। यहाँ मैं जिन नये सामाजिक क्रांतिकारियों की चर्चा कर रहा हूँ, वे अनुसूचित जातियों वाले हिस्से की देन थे। उनकी उसूली इच्छा थी कि अन्य पिछड़े वर्गों को भी उनकी

---

[34] यह तर्क वैसे तो अनौपचारिक तौर से दिया जाता है, लेकिन धीरे-धीरे यह एक काफ़ी प्रचलित तर्क बन गया है. झारखण्ड मुक्ति मोर्चा रिश्वत काण्ड में जब आदिवासी सांसदों के खातों में करोड़ों रुपयों की आमद आसानी से पकड़ी गयी तो पहली बार यह दलील दी गयी थी. और यह देख कर अफ़सोस होता है कि आशिस नंदी जैसे विद्वान भी इस तरह की दलीलों का सहारा लेते हैं.

[35] इन सभी नेताओं पर आमदनी से ज़्यादा सम्पत्ति के मुक़दमे चल रहे हैं. चाहे कांग्रेस की सरकार हो या भाजपा की, सीबीआई के पास इन नेताओं के ख़िलाफ़ फ़ाइलें हैं जिनका भय दिखा कर इन नेताओं को अपनी राजनीति बदलने और कई निर्णायक मोड़ों पर केंद्रीय सरकार को समर्थन देने के लिए मजबूर किया जा चुका है. समाजवादी पार्टी का पूरा सत्तारूढ़ नेतृत्व (जिसमें एक ही परिवार के लोग हैं) लखनऊ के सार्वजनिक मंच पर 2016 में एक-दूसरे को भ्रष्ट और व्यभिचारी कहते हुए आपस में लतियाव तक हो चुका है. समझा जाता है कि दरिद्र पृष्ठभूमि से आये इन नेताओं ने अपने पदों का दुरुपयोग करके हज़ारों करोड़ रुपये की अवैध सम्पत्ति अर्जित की है.

क्रांति में शामिल हो जाना चाहिए, इसलिए वे उन्हें अपनी मर्ज़ी से अपने साथ जोड़ लेते थे— पर व्यावहारिक रूप से पिछड़ी जातियों का इस सामाजिक क्रांति से कोई ख़ास रिश्ता नहीं था। न ही शक्तिशाली और संख्याबल से सम्पन्न पिछड़े समुदायों के समर्थन पर आधारित राजनीतिक दलों को दलित राजनीति से जुड़ने में कोई दिलचस्पी थी। दिलचस्प बात यह थी कि अनुसूचित जातियों की चुनावी राजनीतिक सफलता केवल उत्तर प्रदेश और जाटव जनाधार वाली बहुजन समाज पार्टी (बसपा) तक सीमित थी, पर 'नये सामाजिक क्रांतिकारियों' का प्रत्येक सूत्रीकरण राष्ट्रीय-अंतर्राष्ट्रीय परिप्रेक्ष्य में यह मान कर हो रहा था कि ओबीसी जातियों और दलित जातियों का सामाजिक समरूपीकरण हो चुका है। साथ ही वह मान कर चल रहा था कि यह विशाल दलित-पिछड़ा दायरा उसके अपने डूब-क्षेत्र में है। हालाँकि उनकी दावेदारियों को बसपा द्वारा की जा रही सत्ता की राजनीति के आईने में ही प्रामाणिकता मिलती थी, पर उत्तर प्रदेश को अपना 'आधार इलाक़ा' मानने के बजाय इन नये सामाजिक क्रांतिकारियों का एक बड़ा हिस्सा बसपा की राजनीति को समझौतापरस्त और प्रतिगामी मान कर ख़ारिज भी करता था।

इन सामाजिक क्रांतिकारियों का सपना एक नये तरह की लोकतांत्रिक क्रांति थी जिसके पास नाना प्रकार के सिद्धांतकार थे। इनमें प्रमुख थे शरद पाटिल, कांचा ऐलय्या, चंद्रभान प्रसाद, गेल ओम्वेट और गोपाल गुरु। इस नव-लोकतांत्रिक क्रांति में कई तरह के सपने गड्डमड्ड हो रहे थे। किसी के पास दलित पूँजीवाद के विकास का स्वप्न था, किसी के पास अनुसूचित जातियों के समरूपीकरण और सारे हिंदू समाज के दलितीकरण का दावा था, कोई इस्लामिक भाईचारे के पैटर्न पर भारतीय समाज की पुनर्रचना के ख़यालों में था, किसी को लग रहा था कि बाज़ार और भूमण्डलीकरण में से मुक्ति का रास्ता निकलेगा, कोई कास्ट-क्लास का संश्रय निकालते हुए अनुसूचित जातियों को सामाजिक मुक्ति के हरावल दस्ते की तरह देख रहा था और कोई मार्क्स-आम्बेडकर-फुले-पेरियार को मिला कर नयी विचारधारा बनाना चाहता था। ज़ाहिर है कि इन लोगों में वैचारिक एकता नहीं थी, पर मोटे तौर पर *कम्युनिस्ट मेनिफ़ेस्टो* के मुहावरे में इन लोगों का ऐलान था, 'भारत में अभी तक का सामाजिक इतिहास जाति-संघर्ष का इतिहास ही है।' सबसे ज़्यादा रैडिकल मुद्रा कांचा ऐलय्या ने अख़्तियार की और दावा किया कि मण्डल कमीशन की रपट के कार्यान्वयन के

बाद अनुसूचित जातियों के आपसी सामाजिक विभेद ख़त्म हो गये हैं और एक समरूप दलित समाज उभर आया है। इन नये सिद्धांतकारों के विमर्श में एक नैतिक तेवर था जो पहले से मौजूद सभी विमर्शों को धिक्कारते हुए और अपराध-बोध से पीड़ित करते हुए पूछता था कि वे नब्बे के दशक के बाद उस रैडिकल क्षण का अंदाज़ा लगाने से कैसे चूक गये जब 'दलित वर्चस्व' की सम्भावनाएँ उभरी थीं। इस विमर्शी हमले से मार्क्सवादी विमर्श के स्थापित इदारे भी अपनी 'जाति-अंधता' को लेकर प्रतिरक्षा की मुद्रा में आ गये। पूरे नब्बे के दशक और इक्कीसवीं सदी के पहले दशक में इस विमर्श ने 'दलित', 'दलित आंदोलन' और 'बहुजन', 'दलित-बहुजन' जैसी विचार-श्रेणियों को स्थापित-पुनर्स्थापित किया।

ये सभी श्रेणियाँ राजनीतिक थीं, पर सामाजिक होने का भ्रम देती थीं। नव-लोकतांत्रिक क्रांति के मोहक स्वप्न ने इन श्रेणियों को 'स्वयंसिद्ध' बनाते हुए उन्हें 'पॉलिटिकल करेक्टनेस' का रूप दे दिया, और बौद्धिक फ़ैशन के दबाव में विद्वानों और प्रेक्षकों द्वारा इन्हें प्रश्नांकित करना उत्तरोत्तर मुश्किल होता चला गया। मसलन, यह केवल अपवाद स्वरूप ही पूछा गया कि जिन्हें हम दलित नेता होने का श्रेय दे रहे हैं वे किसी एक संख्या-बहुल और राजनीतिक रूप से प्रभावशाली अनुसूचित जाति समुदाय के नेता हैं, या सभी तरह की छोटी-बड़ी पूर्व-अछूत बिरादरियों के। इस प्रकार की जाँच-पड़ताल को गम्भीरता से नहीं लिया गया कि जिन्हें पिछड़ी जातियों का नेता कहा जा रहा है उनका बुनियादी जनाधार क्या है और उसकी सीमाओं से बाहर के छोटे-बड़े अनगिनत पिछड़ी जाति-समूहों से उस नेता या उसकी पार्टी के ताल्लुक़ातों का आधार क्या है। न तो समाजशास्त्रियों ने और न ही राजनीतिशास्त्रियों ने अपनी अनुसंधान-प्रौद्योगिकी का यह पता लगाने में इस्तेमाल किया कि इन कमज़ोर जातियों के बीच सत्ता के लाभों और आरक्षण से मिलने वाले लाभों का निहायत असमान बँटवारा क्या गुल खिला रहा है।

यहाँ एक बात माननी पड़ेगी कि नये सामाजिक क्रांतिकारियों ने कम से कम एक सवाल पर ईमानदारी का रवैया अपनाया है। वे मानते हैं कि अनुसूचित जातियों के दमन-शोषण के ख़िलाफ़ भारतीय इस्लाम, मुसलमान समाज और उसके अभिजन ने कभी हमदर्दी तक नहीं दिखाई, संघर्ष में साथ रहना तो दूर रहा :

> जाति और छुआछूत के मुद्दों के प्रति बेपरवाह होने का ज़िम्मेदार मुसलमान बुद्धिजीवियों को भी ठहराया जाना चाहिए। अंग्रेज़ों के आने से पहले ऐतिहासिक

रूप से मुसलमान शासकों ने जाति के प्रश्न को समझने की जहमत नहीं उठायी। भारत यात्रा करने वाले अल बरूनी जैसे विद्वान ने तो इस सवाल पर एक सरसरी नज़र डाली, लेकिन किसी भारतीय विद्वान या कवि ने इस विषय पर कुछ भी विस्तार से नहीं लिखा। ताज्जुब की बात है कि उन्होंने दलित-बहुजनों के बीच कोई सामाजिक या शैक्षिक काम नहीं किया। ... आधुनिक युग में, ख़ासकर आज़ादी के बाद की अवधि में कोई भी मुसलमान बुद्धिजीवी दलितों, आदिवासियों और पिछड़ों में काम करने नहीं गया। जब आम्बेडकर ने दलितों का मुक्ति-संघर्ष शुरू किया तो कोई मुसलमान बुद्धिजीवी उनके साथ नहीं खड़ा हुआ। मण्डल आंदोलन के बाद भी किसी मुसलमान विद्वान ने जाति और छुआछूत की इस्लामिक समझ का सूत्रीकरण करने वाली कोई गम्भीर पुस्तक नहीं लिखी। ... इस्लाम की स्थिति तो यह है कि जब तक कोई इस्लाम क़बूल न कर ले उसके बारे में सामाजिक अन्योन्यक्रिया के संदर्भ में न तो कोई जाँच-पड़ताल की कोई परम्परा है, न ही समाज-सेवा की।[36] ... अधिकतर दलित आज भी न तो 'हिंदुओं' से जुड़ना चाहते हैं, न 'मुसलमानों' से। मुसलमान इस बात को नहीं समझते और जातिप्रथा के दमनकारी किरदार की समझ बनाने की कोशिश नहीं करते। ... आम्बेडकर और अन्य जाति-विरोधी सुधारकों ने ब्राह्मणवाद और जाति के मुश्तरका विरोध में एकता के भिन्न आधार की प्रस्तावना की थी। लेकिन उदार मुसलमानों ने इसे नज़रअंदाज़ कर दिया। कट्टरपंथी मुसलमानों ने इसके उलट धर्मांतरण पर बल दिया। अंत में दलित-मुसलमान गठजोड़ के समर्थकों, विशेषकर स्वतंत्र मुसलमान राज्य के समर्थक दलितों को बहुत बुरा तजरुबा हुआ। हैदराबाद में ग्रामीण दलितों को एक तरफ़ तो मुसलमान रज़ाकारों का और दूसरी तरफ़ लौटते हुए हिंदुओं के अत्याचार झेलने पड़े। पूर्वी पाकिस्तान में मुसलमानों का समर्थन करने के बावजूद दलितों को 'हिंदू' मान कर हिंसा का शिकार होना पड़ा, और जोगेंद्रनाथ मण्डल जैसे नेताओं को अंततः भाग कर भारत चला जाना पड़ा।[37]

ख़ास बात यह है कि सामाजिक क्रांतिकारियों द्वारा की गयी दलितों के प्रति मुसलमानों के रवैये की यह आलोचना मध्यमार्गी विमर्श के मुखर पक्ष द्वारा शायद ही कभी रेखांकित की जाती हो। यह पक्ष संघ परिवार के इस दावे को बड़े शौक़ से (और सही रूप से) आड़े हाथों लेता है कि छुआछूत की समस्या मुसलमान शासन की देन है, लेकिन भारतीय इस्लाम और मुसलमान समाज के दलित संबंधी दृष्टिकोण की जानकारी होते हुए भी इस विषय में

---

[36] देखें, कांचा ऐलय्या (2002), 'दलित, ओबीसी ऐंड मुस्लिम रिलेशंस', *द हिंदू*, ऑनलाइन एडिशन, 29 मई.

[37] देखें, गेल ओम्वेट (2005), 'मुस्लिम-दलित रिलेशंस', https://www.countercurrents.org/dalit-omvedt220505.htm पर उपलब्ध, 13 अगस्त, 2017 को देखा गया.

केवल खानापूरी की जाती है, और इस आधार पर मुसलमान समाज की कोई तत्संबंधित आलोचना की कोशिश नहीं की जाती। वस्तुतः भारत में छुआछूत के प्रश्न पर मुस्लिम समाज की स्थिति हिंदू समाज से ज़्यादा नहीं तो कम बुरी भी नहीं है। कम से कम हिंदू समाज में इस कुप्रथा के प्रति स्वीकारोक्ति है, जागरूकता और संघर्ष की धारा तो है, पर आँखों में चुभने वाले समाज-वैज्ञानिक शोध के बावजूद भारतीय इस्लाम तो यह मानने के लिए ही तैयार नहीं है कि उसके दायरे में जाति-प्रथा का बोलबाला[38] है, छुआछूत होने की स्वीकारोक्ति तो छोड़ ही दीजिए।[39]

मध्यमार्गी विमर्श के मुखर पक्ष ने पसमांदा आंदोलन[40] को प्रशंसात्मक निगाहों से तो देखा है, लेकिन इस आंदोलन का इस्तेमाल करके भारतीय इस्लाम या मुसलमान समाज की कोई सेकुलर आलोचना विकसित की गयी हो, इसका कोई प्रमाण नहीं मिलता। और तो और, जब भी राजनीति में मुसलमान-उपस्थिति के विभिन्न आयामों पर चर्चा की जाती है, मध्यमार्गी विमर्श पसमांदा आंदोलन की चतुराईपूर्वक उपेक्षा करता है। इसका एक प्रमाण द *इंडियन एक्सप्रेस* के सम्पादकीय और उसके सामने वाले पृष्ठ पर मार्च, 2018 के कई अंकों में छपी बहस से मिलता है। मध्यमार्गी विमर्श के कई मुखर हस्ताक्षर इस बहस में भागीदारी करते हुए इसी चर्चा में लगे दिखाई पड़ते हैं कि मुसलमानों को अपनी दृश्य धार्मिकता क़ायम रखनी चाहिए या उसे छोड़ कर राजनीति में भागीदारी करनी चाहिए। इस पूरी चर्चा में मुसलमान नागरिक की हस्ती स्वाभाविक रूप से एकाश्म और समरूप की तरह ग्रहण की गयी है।[41] वामपंथी और उदारतावादी

---

[38] देखें, योगिंदर सिकंद (2000), 'इस्लाम ऐंड कास्ट इनईक्वलिटी अमंग इंडियन मुस्लिम्ज़', https://www.countercurrents.org/dalit-sikandvz®w®y.htm पर उपलब्ध, 13 अगस्त, 2017 को देखा गया.

[39] देखें, प्रशांत के. त्रिवेदी, श्रीनिवास गोली, फ़हीमुद्दीन और सुरिंदर कुमार (2016), 'डज़ अनटचेबिलिटी एग्ज़िस्ट अमंग इंडियन मुस्लिम्ज़ : एविडेंस फ्रॉम उत्तर प्रदेश', *इकॉनॉमिक ऐंड पॉलिटिकल वीकली*, खण्ड 51, अंक 15 : 32-36.

[40] पसमांदा आंदोलन के लिए देखें, अली अनवर (2001), *मसावात की जंग : बिहार के पसमांदा मुसलमान*, वाणी प्रकाशन, नयी दिल्ली.

[41] देखें, 'द माइनॉरिटी स्पेस' के शीर्षक से चली बहस जिसकी शुरुआत हर्ष मंदर के लेख 'सोनिया सैडली' के 17 मार्च, 2018 को प्रकाशन से हुई. इसका उत्तर रामचंद्र गुहा ने 20 मार्च को 'लिबरल्स, सैडली' शीर्षक से दिया. इसके बाद इस बहस में ख़ालिद अनीस अंसारी, सईदा हमीद, अपूर्वानंद, सुहास पल्शीकर, अब्दुल ख़ालिक, इरेना अकबर, हरबंस मुखिया और मुकुल केशवन ने भी हिस्सा लिया. यह पुस्तक लिखे जाने तक बहस जारी है.

लेखकों ने मुस्लिम प्रश्न पर विचार करते हुए किस तरह अशराफ़-पसमांदा विभाजन को स्वीकार करने से इंकार किया है— इसे ख़ालिद अनीस अंसारी ने इस तरह स्पष्ट किया है :

> वाम-उदारतावादी आम तौर पर जाति के बारे में अपनी आँखें बंद ही रखते हैं। यह बात ख़ास तौर से भारतीय इस्लाम के बारे में और भी सही है। जैसे ही 'मुस्लिम-प्रश्न' में जाति के सवाल के ज़रिये कोई हस्तक्षेप करता है, वैसे ही बहस की शर्तें बदल जाती हैं। जैसे ही अशराफ़ हितों की भूमिका सामने लाई जाती है, मुसलमानों के तुष्टीकरण, पंचमार्गियों की तरह उनके चित्रण, मुसलमान साम्प्रदायिकता, फटाफट दिये जाने वाले तीन तलाक़, आरक्षण, अलीगढ़ मुस्लिम विश्वविद्यालय, बाबरी मस्जिद, उर्दू जैसे दक्षिणपंथी बुहसंख्यकवादियों द्वारा उठाए जाने वाले मुद्दे अपना प्रभाव खो देते हैं। जाति की श्रेणी को अलग करके 'मुस्लिमपन' में कमी पर चलाई जाने वाली वामपंथी-उदारतावादियों की बहस लफ़्फ़ाज़ी से परे नहीं जा पाती। जैसे ही मुसलमान राजनीति के साथ अशराफ़ हितों का जोड़ स्पष्ट होता है, वैसे ही यह देखना मुश्किल नहीं रह जाता कि पसमांदा तबक़े मुस्लिमपन के तथाकथित ख़ात्मे पर अफ़सोस क्यों नहीं करेंगे। बजाय इसके वे इसे विच्छिन्नता के ऐसे क्षण के रूप में देखेंगे जो नाना प्रकार की लोकतांत्रिक सम्भावनाओं से धड़क रहा है।[42]

वाम-उदारतावादियों को आड़े हाथों लेने वाली इस बेहतरीन आलोचना में अंसारी ने इतिहास में पीछे जाते हुए तथ्यगत रूप से हमीद दलवई के हवाले से यह भी दिखाया है कि किस तरह आज़ादी से पहले अशराफ़ों ने उपनिवेशवादियों से अपनी साँठगाँठ के चलते सत्ता में पचास फ़ीसदी की हिस्सेदारी (15 फ़ीसदी मुस्लिम आबादी से बहुत ज़्यादा) हासिल करने की कोशिश की। यह समानता की नहीं समकक्षता की राजनीति थी। जब यह माँग पूरी नहीं हुई तो वे स्वतंत्र और सम्प्रभु मुसलमान राज्य की माँग करने लगे। अंसारी यह भी बताते हैं कि 1946 के चुनाव को मुस्लिम लीग ने जीता, लेकिन इसमें केवल अशराफ़ों को वोट डालने का अधिकार था, पसमांदाओं को नहीं।

मध्यमार्गी विमर्श के मुखर पक्ष के मुसलमान संबंधित इस रवैये का ठोस नतीजा क्या निकला है? संघ परिवार होशियारी दिखाते हुए भारतीय इस्लाम पर यह आरोप कभी नहीं लगाता कि उसने अपने बीच छुआछूत को बढ़ावा दे रखा है। संघ परिवार नहीं चाहता कि मुसलमान अपने बीच छुआछूत के ख़िलाफ़ संघर्ष करें। उसे डर है कि अगर वे ऐसा करेंगे तो हिंदुओं के बीच मौजूद

---

[42] ख़ालिद अनीस अंसारी (2018), 'इट्स नॉट जस्ट रिलीजन, इट्स आलसो कास्ट', द *इंडियन* एक्सप्रेस, 29 मार्च.

अनुसूचित समुदायों से उनका कोई गठजोड़ निकल सकता है। मध्यमार्गी विमर्श का मुखर हिस्सा मुसलमानों के बीच छुआछूत के प्रश्न को न उठा कर संघ की इस रणनीति को जाने-अनजाने प्रभावी बना देता है, और 'दलितों' और मुसलमानों के बीच ज़मीनी एकता कभी क़ायम नहीं हो पाती।

इसी तरह नये सामाजिक क्रांतिकारियों ने मज़बूत पिछड़ी जातियों और पूर्व-अछूत बिरादरियों के बीच ज़मीन पर जारी तक़रीबन शत्रुतापूर्ण अंतर्विरोध की तरफ़ इशारा करने वालों को तिरस्कार की दृष्टि से देख कर कह दिया है कि इन अंतर्विरोधों का कारण पिछड़ों के बीच घुसपैठ करने वाला ब्राह्मणवाद है और अंतिम विश्लेषण में ये अंतर्विरोध शत्रुतापूर्ण न हो कर मुख्यतः मित्रतापूर्ण हैं। कुल मिला कर बहुजन एकता की भव्य सम्भावनाओं पर किये जाने वाले हर बौद्धिक संदेह को कालीन के नीचे सरका दिया गया। विचारधारात्मक आग्रह के तहत यह मान लिया गया कि इन दोनों सामाजिक समुच्चयों के बीच एकता होना स्वाभाविक है। जबकि सामाजिक वस्तुस्थिति हमेशा से इसके विपरीत रही है। 1928 में उत्तर प्रदेश में अछूतों के नेता स्वामी अछूतानंद द्वारा अपने संगठन आदि-हिंदू सभा के अन्य सदस्यों के साथ माँगपत्र पेश करके कहा था, 'अछूतों के प्रति शूद्रों का रवैया अन्य तीन वर्णों से भी ख़राब है, और अगर उन्हें एक पृथक् समुदाय के रूप में अछूतों के साथ रख दिया गया और दोनों को संयुक्त रूप से पृथक् प्रतिनिधित्व दिया गया तो हमारी स्थिति सुधरने के बजाय और बुरी हो जाएगी क्योंकि संख्यात्मक रूप से मज़बूत और आर्थिक-राजनीतिक रूप से हमारे मुक़ाबले बेतहाशा ताक़तवर होने के नाते वे सभी सीटें हड़प लेंगे।'[43] रिकॉर्ड बताता है कि बीसवीं सदी के दूसरे हिस्से में पिछड़ी जातियों ने एक तरफ़ तो ब्राह्मणों के शोषण के ख़िलाफ़ झण्डा उठाया, लेकिन दूसरी तरफ़ उन्होंने अनुसूचित जातियों के विरुद्ध हिंसा का एक लम्बा सिलसिला शुरू किया। इस विडम्बनापूर्ण यथार्थ का सबसे बड़ा उदाहरण ब्राह्मणवाद विरोधी राजनीति का प्रतीक तमिलनाडु बना रहा है जहाँ द्रविड़ियन राजनीति ने इस राज्य के उन्नीस फ़ीसदी पूर्व-अछूतों को न केवल लगातार अपने दायरे से बाहर रखा, बल्कि इस आंदोलन द्वारा सबलीकृत हुए थेवरों, नाडारों और वन्नियारों ने उन पर जम कर बेरहम हिंसा बरपायी। शूद्र-अंत्यज संबंधों की यही स्थिति महाराष्ट्र और बिहार

---

[43] देखें, चार्टर ऑफ़ डिमांड्स ऑफ़ आदि-हिंदू सभा, यूपी, 1928, *सेमिनार* 558 से उद्धृत : 22-23.

में रही। इस स्थिति का पुख़्ता सबूत समाज-वैज्ञानिक अध्ययनों और सरकारी रपटों में उपलब्ध है।[44]

बहुजनों का बहुसंख्यकवाद : इस तरह एक तरफ़ पिछड़ों और पूर्व-अछूतों को केंद्र बना कर की जाने वाली राजनीति को सामाजिक रैडिकलिज़म के साथ जोड़ा जा रहा था, और दूसरी तरफ़ यही प्रक्रिया चुनावी लोकतंत्र के संदर्भ में उस नृवंशीय गणनशास्त्र को और बल दे रही थी जिस पर कोठारी ने 1985 में अपनी उँगली रखी थी। यह गणनशास्त्र लोकतंत्र को एक चुनावी खेल में समेटने की तरफ़ ले जा रहा था जिसके बहुआयामी परिणाम निकल रहे थे। भले ही कोठारी ने इन अहम सवालों पर ख़ामोश हो कर अपना रास्ता बदल लिया हो, पर मध्यमार्गी विमर्श के ही दायरों में ख़ामोशी के साथ भारत के उदारतावादी चुनावी लोकतंत्र और भारतीय बहुलतावाद के भीतर हो रहे उत्क्रमण के इर्द-गिर्द विचारोत्तेजक सूत्रीकरणों का एक भिन्न सिलसिला तैयार होता रहा।

इस सिलसिले की पहली कड़ी थी वह शिनाख़्त जो रेखांकित कर रही थी कि राजनीति के धरातल पर एक नहीं, बल्कि दो बहुसंख्यकवादों की प्रतियोगिता की हो रही है। केवल हिंदुत्ववादी बहुसंख्यकवाद ही मैदान में नहीं है, बल्कि एक जातिगत बहुसंख्यकवाद भी अपनी दावेदारी पेश कर रहा है। यानी कोठारी द्वारा प्रतिपादित भारतीय बहुलतावाद की अल्पसंख्यक प्रदान संरचना को दो तरफ़ से चुनौती दी जा रही है। जिस तरह चुनावी खेल से निकलने वाली साम्प्रदायिकता पर रोशनी डालने वाला कोठारी का वह लेख 'दलित-बहुजन सहीपन' के प्रबल दबाव में भुला दिया गया था, उसी तरह दो बहुसंख्यकवादों की प्रतियोगिता को सामने लाने वाली एक रचना भी विस्मृत की जा चुकी है। दिवंगत राजेंद्र वोरा ने 2004 में उस समय यह असाधारण विश्लेषण किया था जब लोकसभा चुनाव में भाजपा की पराजय के कारण बहुजन राजनीति का नैतिक तेवर अपने चरम पर था और उसे एक अन्य बहुसंख्यकवाद के रूप में पहचानने के लिए ख़ासी बौद्धिक हिम्मत की ज़रूरत थी।

---

[44] इन तमाम तथ्यों के एक संदर्भ सहित संकलन के लिए देखें, 'द सो काल्ड ओबीसीज़ : हू आर द रियल परपेट्रेटर्स ऑफ़ क्राइम अगेंस्ट दलित्स?',

www.youthforequality.com/...actions/THE%20SO%20CALLED%20OBC-final-3.doc, पर उपलब्ध. 21 अगस्त, 2017 को देखा गया. यह दस्तावेज़ीकरण करने वाला संगठन घोषित रूप से आरक्षण-विरोधी है. लेकिन, कोई आरक्षण समर्थक इस तरह के तथ्यों को एक जगह पर लाने के लिए तैयार ही नहीं है.

वोरा ने अपने इस लेख में राजनीतिक रणनीतियों के तथ्यगत विवरण के माध्यम से दिखाया कि पिछड़ी जातियों, अनुसूचित जातियों और धर्म-परिवर्तन कर चुके मुसलमानों की एकता करके राजनीतिक वर्चस्व क़ायम करने वाले बहुसंख्यकवादी प्रोजेक्ट क्यों विफल होने के लिए अभिशप्त है और किस तरह हिंदुत्ववादी बहुसंख्यकवाद नियोजित हस्तक्षेप करके अपने प्रतियोगी को किस तरह क़दम-ब-क़दम प्रभावहीन करने की तरफ़ धकेल रहा है। आज हमारे पास पिछले पच्चीस साल में चले राजनीतिक घटनाक्रम की पश्चात्-दृष्टि है जिसकी रोशनी में वोरा की बातों का महत्त्व समझ में आता है। वोरा ने यह तो माना कि बहुजन-बहुसंख्यकवाद ने लोकतांत्रिक राजनीति को समृद्ध किया है, पर किसी रैडिकल चौंधियाहट से अपनी आँखें बंद करने के बजाय उन्होंने उन सीमाओं पर उँगली रखी जिनसे यह राजनीतिक प्रवृत्ति पीड़ित थी।

ये सीमाएँ इस प्रकार थीं : राजनीति के भौंडे सरलीकृत सूत्रों के आधार पर बनाई गयी प्रतीकों और जातिगत गोलबंदी की लोकलुभावन रणनीति, किसी भी तरह के आर्थिक और वैकासिक ब्लू-प्रिंट का अभाव, एक सर्वोच्च अनुसूचित जाति या पिछड़े नेता पर निर्भरता, पार्टीगत ढाँचे में किसी भी तरह के नियम या पद्धति का अभाव, विमर्श के स्तर पर जाति और पार्टी के बीच के अंतर ख़त्म हो जाना, किसानों और पिछड़ी जातियों को एक-दूसरे का पर्यायवाची बना देना।[45] बहुजनों के बहुसंख्यकवाद की एक विशेषता यह भी थी कि यह उसूलन एकता का दावा तो करता था, पर अनेकता इसकी मुख्य प्रवृत्ति थी। बजाय इसके कि बहुजन विमर्श के प्रभाव में कोई विशाल ओबीसी या दलित एकता निकलती, नब्बे के दशक से नयी सदी में प्रवेश करते समय स्थिति यह थी कि पिछड़ी जातियों और अनुसूचित जातियों की अलग-अलग पार्टियाँ बन चुकी थीं। इनके पीछे विभिन्न कारण थे, पर यादवों की उप्र स्थित पार्टी (समाजवादी पार्टी), यादवों की बिहार स्थित पार्टी (राष्ट्रीय जनता दल), जाटों की उप्र स्थित पार्टी (राष्ट्रीय लोक दल), जाटों की हरियाणा स्थित पार्टी (इंडियन नैशनल लोक दल), लोधियों की पार्टी (राष्ट्रीय क्रांति पार्टी), कुर्मियों की उप्र में पार्टी (अपना दल), कुर्मियों की बिहार में पार्टी (समता पार्टी), बिंदों की पार्टी (प्रगतिशील मानव समाज पार्टी), जाटवों की पार्टी (बहुजन समाज पार्टी), राजभरों की पार्टी

[45] राजेंद्र वोरा (2004), वही.

(सुहैल देव समता पार्टी), बिहार में पासवानों की पार्टी (लोसपा) और कुशवाहाओं की पार्टी (राष्ट्रीय लोक समता पार्टी) बन चुकी थी। इस सूची में दक्षिण भारत में चुनाव लड़ने वाली ऐसी ही कई छोटी-छोटी लेकिन राजनीति को प्रभावित कर सकने वाली पार्टियों के नाम भी जोड़े जा सकते हैं। यह सूची स्पष्ट करती थी कि बहुजन राजनीति का दावा करने वाले समुदाय न केवल जातिगत आधार पर बँटे हुए थे, बल्कि उनकी क्षेत्रीय और प्रादेशिक अभिव्यक्तियाँ भी अलग-अलग थीं। इन्हें एक मंच पर लाना विमर्श के काल्पनिक संसार में तो सम्भव था, पर व्यावहारिक रूप से यह नामुमकिन साबित होने वाला था।

यहाँ इन जातियों की व्यावहारिक राजनीति के एक पहलू को रेखांकित करना आवश्यक है। आर्थिक-सामाजिक और संख्यात्मक रूप से शक्तिशाली ओबीसी (यादव और कुर्मी) या अनुसूचित जातियाँ (जाटव और पासी या पासवान) मान कर चलती हैं कि बहुजन एकता अन्य जातियों द्वारा उनके नेतृत्व को स्वीकार करने पर ही बन सकती है। इसलिए राजनीतिक मजबूरियों के तहत जब दो शक्तिशाली जातियों को एक-दूसरे के साथ आना पड़ता है तो वह एकता क्षणभंगुर साबित होती है। 1993 में उप्र की राजनीति में हुई भाजपा विरोधी यादव-जाटव एकता अपनी सेकुलर सम्भावनाओं के कारण बहुप्रशंसित हुई, पर कितनी बुरी तरह से टूटी यह इतिहास में दर्ज में हो चुका है।[46] आज जब ये ताक़तें एक बार फिर गठजोड़ बनाने की तरफ़ बढ़ रही हैं, तो उसके टिकाऊ होने के बारे में वही पुराने अंदेशे बार-बार पेश किये जा रहे हैं। इसी तरह बिहार में लालू यादव के नेतृत्व वाले राष्ट्रीय जनता दल (यादवों की पार्टी) और नीतीश कुमार के नेतृत्व वाले जनता दल-एकीकृत (कुर्मियों की पार्टी) के भाजपा विरोधी गठजोड़ का हश्र बताता है कि दो शक्तिशाली ओबीसी जातियों के बीच राजनीतिक एकता टूटने के लिए ही अभिशप्त होती है। 2014 के लोकसभा चुनाव में बुरी तरह पिटाई होने के कारण 2015 में होने वाले विधानसभा चुनाव के लिए दोनों को एकता करनी पड़ी। लोकसभा चुनाव के दौरान किये गये सर्वेक्षण से साफ़ हो गया था कि लालू का जनाधार नीतीश को नापसंद करता है,

[46] उत्तर प्रदेश में बनी भाजपा विरोधी यादव-जाटव एकता के टूटने की प्रक्रिया के ब्योरे के लिए देखें, अभय कुमार दुबे (2002), 'बहुजन समाज पार्टी और 'गुरु किल्ली' : दलितों के हाथ में राजसत्ता', अभय कुमार दुबे (सं.), *आधुनिकता के आईने में दलित,* सीएसडीएस-वाणी प्रकाशन, नयी दिल्ली : 268-316.

और नीतीश का जनाधार भी लालू के लिए ऐसी ही भावनाएँ रखता है। विधानसभा के लिए वोट पड़ने से ठीक पहले किये गये सर्वेक्षण से पता चला कि नीतीश के सामाजिक आधार को अभी भी लालू के मुक़ाबले भारतीय जनता पार्टी के साथ गठजोड़ अधिक पसंद है। इस अंतर्विरोध का परिणाम क्या हुआ? दोनों ने मिल कर भाजपा को पराजित ज़रूर कर दिया, लेकिन दोनों के बीच जिस तरह की राजनीति खेली गयी उससे निकट भविष्य में टूट के अंदेशे प्रबल हो गये। चुनाव के बाद किये गये सर्वेक्षण से जानकारी मिली कि लालू की पार्टी जिन सीटों पर लड़ रही थी, वहाँ महागठबंधन को यादवों के तीन-चौथाई वोट मिले, लेकिन जहाँ नीतीश की पार्टी लड़ रही थी वहाँ यादवों ने महागठबंधन को केवल 59 फ़ीसदी ही वोट दिये और बाक़ी वोट भाजपा को चले गये। अगर यादव वोटों का तबादला गठबंधन-धर्म के मुताबिक़ होता तो भाजपा को जितनी सीटें मिलीं, उतनी भी नहीं मिलतीं।[47]

कमज़ोर जातियों में प्रभुत्वशाली जाति : बहुजन एकता की सम्भावनाओं पर जिस नयी सामाजिक परिघटना ने दूरगामी दृष्टि से विपरीत असर डाला, वह है कमज़ोर जातियों में प्रभुत्वशाली समुदायों का उभार। यह एक ऐसी परिघटना थी जिसके बारे में किसी को पहले से अंदाज़ा नहीं था। यहाँ तक कि बहुजन बहुसंख्यकवाद की विफलता पर रोशनी डालते समय राजेंद्र वोरा ने भी इस तरफ़ इशारा नहीं किया था। समाज-विज्ञान ने भी अभी हाल ही में इसका नोटिस ले पाया है।

जिस तरह कभी दक्षिण में हुआ था, उसी तरह नब्बे के दशक और नयी सदी के पहले दशक में उत्तर भारत में भी राजनीतिक सत्ता की लगातार निकटता, आरक्षण से मिलने वाले फ़ायदों और सामाजिक न्याय की राजनीति ने धीरे-धीरे पर निश्चित रूप से पूर्व-अछूतों और पिछड़ी जातियों के बीच कुछ प्रभुत्वशाली जातियों (इन्हें दबंग जाति भी कहा जा सकता है) की रचना करनी शुरू कर दी।[48] ये प्रभुत्वशाली समुदाय थे यादव, जाटव और कुछ इलाक़ों में पासवान,

---

[47] देखें, राहुल वर्मा और प्रणव गुप्ता (2017), 'नीतिशिज़ नेकिड प्रैग्मैटिज़्म', *द हिंदू*, 3 अगस्त, नयी दिल्ली.

[48] प्रभुत्वशाली जाति की अवधारणा के लिए देखें श्रीनिवास (1987) की रचना, *द डोमिनेंट कास्ट ऐंड अदर एसेज़*, ऑक्सफ़र्ड युनिवर्सिटी प्रेस, नयी दिल्ली; यद्यपि इस अवधारणा का विकास उन्होंने अपनी कम से कम तीन रचनाओं में क्रमशः किया था. ये रचनाएँ थीं : *सोशल सिस्टम इन अ मैसूर विलेज, डोमिनेंट कास्ट इन रामपुरा* और *कास्ट सिस्टम ऐंड इट्स फ़्यूचर*.

कुर्मी और कुशवाहा। हालाँकि इन्हें दक्षिण के रेड्डी, कम्मा, वोक्कलिगा या लिंगायत जैसी पूरे समाज के पैमाने पर प्रबल हैसियत पाने में अभी काफ़ी समय लगने वाला था, पर सत्ता और आरक्षण के लाभ इन जातियों को कम से कम पूर्व-अछूत और पिछड़ी जातियों के दायरे में प्रभुत्वशाली तो बना ही रहे थे। एम.एन. श्रीनिवास द्वारा प्रतिपादित दबंग जाति की परिघटना के एक-दो आयामों को छोड़ कर बाक़ी सभी लक्षण यादवों और जाटवों में देखना आसान है। जाटवों में अन्य जातियों के ख़िलाफ़ हिंसा के पहलू नहीं हैं, पर अन्य पूर्व-अछूतों को हाशिये पर रखने की प्रवृत्ति उनमें भरपूर पाई जाती है, और यह सब दलित-एकता के तेवर के तहत किया जाता है। इस विकास-क्रम की पूर्व-अछूत और पिछड़े दायरों में प्रतिक्रिया होना स्वाभाविक ही था। इस प्रतिक्रिया को रचनात्मक साहित्य के दायरों में देखा-समझा जा सकता था,[49] पर राजनीति के दायरों में यह प्रतिक्रिया सामाजिक न्याय के मुहावरे से निकले 'राजनीतिक सहीपन' के पीछे छिप गयी थी। चूँकि इस प्रतिक्रिया की राजनीति अभिव्यक्ति होने में देर लगी, इसलिए यादवों और जाटवों के बीच उभरे सत्ताधारी राजनीतिक अभिजन ने सामाजिक न्याय की राजनीति की आड़ में कुशासन, नंगे जातिवाद और आर्थिक भ्रष्टाचार का बोलबाला कर दिया। (यहाँ यह स्पष्ट कर देना ज़रूरी है कि दबंग जाति के रूप में उभर आने का मतलब यह क़तई नहीं है कि यादव या जाटव समुदाय के सभी सदस्यों की माली हालत में सुधार हो गया है। इस प्रक्रिया ने इन समुदायों में एक छोटा-सा उच्च वर्ग तैयार कर दिया है जिसकी सफलता की आभा से पूरे समुदाय की आत्म-छवि और दूसरे समुदायों की उनके बारे में राय प्रभावित हुई है। इस उच्च वर्ग की आलोचना से इन समुदायों के वे हिस्से भी बुरा मान जाते हैं जिन्हें दरअसल इस प्रक्रिया से कुछ ख़ास नसीब नहीं हुआ है।)

श्रीनिवास द्वारा प्रतिपादित प्रभुत्वशाली जाति की अवधारणा पर समाजशास्त्र के हलक़ों में ख़ासी बहस हो चुकी है। श्रीनिवास के अनुसार प्रभुत्वशाली जाति का दर्जा हासिल करने के लिए किसी जाति को कुछ ख़ास शर्तें पूरी करनी होती हैं। एक, उसके सदस्यों का संख्या बल अन्य जातियों के मुक़ाबले ज़्यादा हो। दो, उसकी आर्थिक और राजनीतिक ताक़त भी ज़्यादा होनी चाहिए। तीन, किसी

---

[49] कमज़ोर जातियों में प्रभुत्वशाली जाति की परिघटना की तरफ़ मानीख़ेज़ इशारे करने वाली साहित्यिक रचनाओं के लिए उदय प्रकाश की हिंदी कहानी 'मोहनदास' और ओमप्रकाश वाल्मीकि की हिंदी कहानी 'शवयात्रा' देखी जा सकती है.

जाति के प्रभुत्वशाली बनने की यह प्रक्रिया तब और आसान हो जाती है अगर संख्या बल और ताक़त के अलावा जातियों के स्थानीय पदानुक्रम में ऐसी जाति का दर्जा बहुत निम्न न हो। जिस जाति के पास प्रभुत्व के सबसे ज़्यादा कारक या तत्त्व होते हैं, वह अन्य जातियों पर निर्णायक प्रभुत्व स्थापित करने की स्थिति में आ जाती है। श्रीनिवास बताते हैं कि समय के साथ ग्रामीण भारत में प्रभुत्व के इन कारकों में शिक्षा और उससे मिलने वाले रोज़गार का कारक लगातार अहम होता गया है। यानी अगर किसी जाति के सदस्य ज़्यादा शिक्षित और नौकरीपेशा होते हैं तो इससे उस जाति को अपना प्रभुत्व स्थापित करने में सहूलियत मिलती है। ध्यान रहे कि यहाँ शिक्षा का अर्थ पश्चिमी और ग़ैर-पारम्परिक शिक्षा प्रणाली से है। श्रीनिवास के अनुसार ग्रामीण जनता शिक्षा की अहमियत को लेकर लगातार सजग होती गयी है। इन मानकों की श्यामा चरण दुबे, योगेश अटल और टी.के. उम्मन की तरफ़ से यह कह कर आलोचना हुई कि ये मान्यताएँ विवादास्पद हैं। आलोचकों के अनुसार श्रीनिवास का यह मानना उचित नहीं है कि प्रभुत्वशाली जाति एक सुगठित और एकमत समूह होती है, सत्ता किसी एक जाति में केंद्रित होती है, शक्ति केवल प्रदत्त लक्षण अर्थात् जन्मजात है और गाँव की शक्ति संरचना कभी बदलती नहीं है। उम्मन ने लिखा कि प्रभुत्वशाली होने के लिए अपेक्षित साधनों के होते हुए भी जातियाँ परस्पर विरोधी गुटों में बँटी होती हैं और इस प्रकार उनके प्रभुत्व पर विपरीत प्रभाव पड़ता है। जाति-व्यवस्था का विभिन्न इकाइयों में बँटना प्रत्येक जाति को कुछ सीमा तक स्वायत्तता प्रदान करता है। इससे सत्ता का छितराव होता है, सकेंद्रण नहीं। उम्मन का कहना था कि भारत का गाँव अलग-थलग नहीं है। वह अन्य गाँवों से जुड़ा है। इसलिए किसी भी जाति के दबदबे को क्षेत्रीय या उपक्षेत्रीय परिप्रेक्ष्य में देखना चाहिए। इन आलोचनाओं का श्रीनिवास ने जवाब भी दिया था।

ताज़े उत्तर भारतीय संदर्भों में प्रभुत्वशाली जाति की इस परिघटना में नये अनुसंधानकर्ताओं ने कुछ और मानक जोड़े हैं। मसलन, पश्चिमी उत्तर प्रदेश में जाटवों/चमारों के संदर्भ में प्रभुत्वशाली जाति की राजनीतिक-सामाजिक गतिशीलता का लम्बे अरसे से अध्ययन करने वाले जगपाल सिंह ने अपने एथ्नोग्राफ़िक अध्ययन के ज़रिये दिखाया है कि प्रभुत्वशाली जाति होने के लिए जातियों के स्थानीय पदानुक्रम में ऐसी जाति का दर्जा बहुत निम्न न होना ज़रूरी नहीं है। बहुत निम्न दर्जा रखने वाली जाति भी किसी दूसरी प्रभुत्वशाली जाति के

ख़िलाफ़ प्रतियोगिता करते–करते प्रभुत्वशाली हैसियत प्राप्त कर सकती है। इसी तरह उत्तर प्रदेश के यादवों के प्रभुत्वशाली जाति बनने की प्रक्रिया का अध्ययन करने वाले वीरेंद्र प्रताप यादव ने निष्कर्ष निकाला है कि श्रीनिवास द्वारा बताए गये मानकों पर खरा उतरना तो ज़रूरी है ही, साथ ही नौकरशाही और सरकार में रंग–रुतबा होना भी आजकल ऐसी हैसियत पाने के लिए एक ज़रूरी शर्त बन गयी है।

जगपाल सिंह का अध्ययन दिखाता है कि पिछले तीन दशकों में पश्चिमी उत्तर प्रदेश की कई जगहों पर जाटवों ने अपने सामाजिक रुतबे को जाटों से भी अधिक बढ़ा लिया है। जाटों से ज़्यादा ज़मीन उनके पास है और स्थानीय पंचायती राज संस्थाओं के चुनावों में भी वही जीतते हैं। वे दिखाते हैं कि पचास के दशक से सत्तर के दशक के बीच में जाटों ने यह हैसियत पारम्परिक अभिजन से प्रतियोगिता करके छीनी थी, और इसके बाद जाटवों ने जाटों को पीछे छोड़ कर यह हैसियत हासिल कर ली। इस प्रक्रिया में बहुजन समाज पार्टी के राजनीतिक उभार और मायावती के मुख्यमंत्रित्व में जाटवों की राजसत्ता से नज़दीकी की अहम भूमिका रही है। जगपाल सिंह यह भी बताते हैं कि जातिगत पदानुक्रम में बहुत नीचे रहने वाले समुदाय जब प्रभुत्वशाली बनते हैं और उसका संदर्भ स्थानीय अधिक रहता है। क्षेत्रीय या प्रादेशिक संदर्भों में वे अपनी प्रभुत्वशाली हैसियत क़ायम नहीं रख पाते।[50]

भारतीय राजनीति में पिछड़े वर्गों के उभार पर विशेष ध्यान देने वाले क्रिस्तॉफ़ जैफ़्रेलो तो यहाँ तक मानते हैं कि इस उभार के केंद्र में दरअसल यादवों और कुर्मियों के प्रभुत्वशाली बनने की कहानी है।[51] नब्बे के दशक में ओलिवर मेंडलसन ने भारत के ग्रामीण क्षेत्र में प्राधिकार की संरचनाओं में हो रहे परिवर्तन की तरफ़ ध्यान खींचा था।[52] उनके अनुसार भूमि सुधारों, शिक्षा, शहरीकरण, आव्रजन और सबसे ज़्यादा चुनावी राजनीति ने लोगों के मानस में इस हद तक बदलाव कर दिया है कि वे प्राधिकार की संरचनाओं को पुराने तरीक़े से देखने से इंकार करने लगे हैं। चुनाव के समय तो 'पुरानी व्यवस्था की नैतिक आर्थिकी'

---

[50] जगपाल सिंह (2011), 'कैन दलित आल्सो फ़ॉर्म अ डोमिनेंट कास्ट ?— चेंजिंग पैटर्न ऑफ़ पॉवर रिलेशंस इन रूरल उत्तर प्रदेश', आईआईएएस, येल युनिवर्सिटी और स्कूल ऑफ़ एडवांस स्टडी, युनिवर्सिटी ऑफ़ लंदन द्वारा आयोजित कांफ़्रेंस में प्रस्तुति.

[51] देखें, क्रिस्तॉफ़ जैफ़्रेलो (2000), 'द राइज़ ऑफ़ द अदर बैकवर्ड क्लासेज़ इन हिंदी बेल्ट', द *जरनल ऑफ़ एशियन स्टडीज़,* अंक 59 : 86–106, विशेषकर पृ. 100.

[52] देखें, ओलिवर मेंडलसन (1993), 'द ट्रांसफ़र्मेशन ऑफ़ एथॉरिटी इन रूरल इण्डिया', *मॉडर्न एशियन स्टडीज़,* खण्ड 27, अंक 4 : 805–842.

से यादवों और अहीरों का संबंध पूरी तरह से टूट जाता है। प्रभुत्वशाली जाति के रूप में यादवों के उदय की परिघटना पर राजनीतिक मानवशास्त्र के अनुशासन के तहत भी अध्ययन हुआ है। लूसिया मिशेलुटी ने जिसे 'वर्नाकुलराइज़ेशन ऑफ़ इंडियन पॉलिटिक्स' कहा है, वह दरअसल यादवों के बढ़ते हुए राजनीतिक-सामाजिक और आर्थिक दबदबे की कहानी ही है जो भूमि सुधारों से शुरू होती है, हरित क्रांति के दौरान बल पकड़ती है और सत्तर के दशक में आपातकाल के बाद से चुनाव के ज़रिये राजसत्ता पाने की प्रबल कामना की उत्तरोत्तर सफलता बनती चली जाती है। इसमें चरण सिंह के नेतृत्व में बने अजगर गठजोड़ (अहीर, जाट, गूजर और राजपूत) की उल्लेखनीय भूमिका है। मिशेलुटी ने 2002 से 2007 के बीच में अपनी कई रचनाओं में इस यादव-कथा का एथ्नोग्राफ़िक आख्यान पेश करते हुए बताया है कि समाजवादी पार्टी जैसे राजनीतिक संगठन का सांगठनिक ढाँचा भले ही बहुत सुपरिभाषित न हो, लेकिन आल इण्डिया यादव महासभा के राजनीतिक नेटवर्क उसके साथ गुँथा हुआ है, और मुलायम सिंह यादव जैसे नेता उसका ख़ूब लाभ उठाते हैं।[53]

वीरेंद्र प्रताप यादव ने उत्तर प्रदेश के बलिया, जौनपुर, लखनऊ और राय बरेली ज़िलों के पाँच गाँवों में यादव समुदाय का अध्ययन करते हुए नतीजा निकाला है कि वे प्रभुत्वशाली समुदाय के सभी मानकों पर खरे उतरते हैं।[54] यादवों द्वारा अपना दबदबा क़ायम करने के लिए अनुसूचित जातियों पर बलात्कार और हिंसा की परिघटना नब्बे के दशक से ही कई तरह की ख़बरों, रिपोर्ताजों और विश्लेषणों में सामने आ चुकी है।[55] उत्तर प्रदेश में समाजवादी पार्टी के शासनकाल पर जंगल राज के बार-बार लगे आरोपों, रोज़गार और व्यवसाय के सभी अवसरों को हड़प लेने, किसी के भी मकान-

[53] लूसिया मेशुलिटी (2007), 'द वर्नाकुलराइज़ेशन ऑफ़ डेमॉक्रैसी : पॉलिटिकल पार्टिसिपेशन ऐंड पॉपुलर पार्टिसिपेशन इन नॉर्थ इण्डिया', *द जनरल ऑफ़ रॉयल एंथ्रोपोलिजिकल इंस्टीट्यूट*, खण्ड 13, अंक 3 : 639-656.

[54] महात्मा गाँधी अंतरराष्ट्रीय हिंदी विश्वविद्यालय, वर्धा के मानवशास्त्र विभाग के अनुसंधानकर्ता वीरेंद्र प्रताप यादव का अनुसंधान 'इमरजेंस ऑफ़ ओबीसीज़ एज़ डोमिनेंट कास्ट्स इन इंडिपेंडेंट इण्डिया' http://www.serialsjournals.com/ serialjournalmanager /pdf/1435296635.pdf पर उपलब्ध, 25 जुलाई, 2017 को देखा गया.

[55] संजय कुमार झा (1998), 'रेपिस्तान!!! : देयर इज़ अ रेप एवरी सिक्स ऑवर इन द स्टेट. डोमिनेंट कास्ट्स आर यूज़िंग इट एज़ अ टूल ऑफ़ इस्टैब्लिश सुप्रीमेसी', file:///D:/%E0%A4%89%E0%A4%AA%E 0%A5%8D%E0%A4%B0%20%E0%A4%9A%E0%A5%81%E0%A4%A8%E0%A4%BE%E0%A4%B5/Dominant%20castes%20in%20Bihar%20use%20rape%20as%20a%20tool%20to%20establish%20supremacy%20_%20STATES%20-%20India%20Today%202111998.html, 25 जुलाई, 2017 को देखा गया.

ज़मीन व जायदाद पर सरकारी शह से कब्ज़ा कर लेने और सभी तरह के ग़ैर-यादवों के ख़िलाफ़ ज़बरदस्त जुल्म-ज़्यादतियाँ करने की चर्चा आम हो चुकी है। बिहार में लालू यादव के नेतृत्व में चले यादव राज की चर्चा थोड़ी पुरानी ज़रूर पड़ गयी है, पर उसकी अनुगूँजें अभी तक बाक़ी हैं। बिहार के संदर्भ में तो इसके ऊपर विस्तृत समाज-वैज्ञानिक अनुसंधान हो चुके हैं।[56]

एक प्रभुत्वशाली समुदाय के रूप में यादवों के उभार की परिघटना एक और लिहाज़ से विशिष्ट है। लालू यादव और मुलायम सिंह यादव ने पिछले पच्चीस वर्षों में एक ख़ास तरह के परिवारवाद का विकास किया है जो सम्भवतः तमिलनाडु में करुणानिधि के परिवारवाद, महाराष्ट्र में बाल ठाकरे के परिवारवाद और दिल्ली में गाँधी परिवार के वंशवाद से भिन्न तरह का है। दरिद्र और मेहनतकश पृष्ठभूमि से आये इन दोनों नेताओं ने धीरे-धीरे सुनियोजित ढंग से अपने निजी परिवार को यादवों के विशाल परिवार में बदल दिया है। इस परियोजना की सफलता का पता लगाने के लिए उप्र और बिहार के राजनीतिकृत यादवों की आत्मछवि की जाँच की जा सकती है। छोटे-छोटे स्थानीय स्तर पर राजनीति में सक्रिय ये यादव कहीं न कहीं यह मानते हैं कि वे लालू यादव या मुलायम सिंह के रिश्तेदार हैं। न केवल लालू और मुलायम ने बड़े पैमाने पर राजनीतिकृत यादवों के साथ वैवाहिक संबंधों के ज़रिये रिश्तेदारियों का विकास किया है, बल्कि राजनीतिकृत यादव परिवारों को एक-दूसरे के साथ जोड़ कर राजनीतिक नेटवर्क को परिजनों के नेटवर्क की शक्ल दे दी है। ऐसा करने के लिए एक ज़िले के पार्टी अध्यक्ष का नाता विवाह के ज़रिये दूरदराज स्थित दूसरे ज़िले के पार्टी अध्यक्ष से जोड़ने को प्रोत्साहित किया गया है। लालू और मुलायम के परिवारों के बीच आपसी रिश्तेदारी क़ायम होने के साथ ही उत्तर प्रदेश से बिहार तक यादवों का एक विशाल राजनीतिक समुदाय बन गया है जो मोटे तौर पर एक-दूसरे के राजनीतिक हितों को तरजीह देता हुआ अपनी योजनाएँ बनाता है। पारिवारिक और राजनीतिक नेटवर्क की इस परस्परव्यापी संरचना के कारण ही भारतीय जनता पार्टी कई प्रमुख यादवों को अपने संगठन में जगह देने के बावजूद लालू और मुलायम के यादव-प्रभुत्व को वेध पाने में असमर्थ है।

---

[56] मनीष कुमार झा और पुष्पेंद्र (2012), *गवर्निंग कास्ट ऐंड मैनेजिंग कॉन्फ़्लिक्ट्ज : बिहार, 1990-2011*, पॉलिसीज़ ऐंड प्रैक्टिसेज़ रिसर्च पेपर सीरीज़, महानिरहन कलकत्ता रिसर्च ग्रुप, कोलकाता.

बहुलतावाद और सेकुलरवाद : बदलती हुई विमर्शी संरचनाएँ और दलीय प्रणाली का अपूरणीय क्षय

मध्यमार्गी विमर्श के मौन आयामों के इस लम्बे सिलसिले का पटाक्षेप मैं उन विमर्शों से करूँगा जो बताते हैं कि बहुत लम्बे अरसे से भारत के सार्वजनिक जीवन में बहुलतावाद और सेकुलरवाद की प्रकृति में न केवल परिवर्तन आ रहा है, बल्कि उनके आपसी संबंधों में भी तब्दीली आती जा रही है। साथ ही इन विमर्शों से सबूत मिलता है कि भारत के आम लोगों का एक बड़ा हिस्सा लोकतंत्र का मतलब बहुसंख्यकवाद के रूप में निकालने लगा है। कुल मिला कर ये परिवर्तन हिंदुत्ववादी राजनीति के लिए मुफ़ीद बन रहे हैं। साथ ही इस खण्ड में मैं उन विमर्शों का भी हवाला दूँगा जो सेकुलरवाद के अल्पसंख्यकवाद की बीमारी से ग्रस्त होने के बारे में चर्चा करते हैं, और जो 'ब्राह्मणवाद' व 'सामासिक संस्कृति' की विमर्शी श्रेणियों पर अत्यधिक भरोसे के कारण हिंदुओं के बीच सेकुलरवाद के अलगाव में पड़ जाने को रेखांकित करते हैं। साथ ही मैं मध्यमार्गी विमर्श के मुखर बुद्धिजीवियों की उस प्रवृत्ति पर भी रोशनी डालूँगा जिसके तहत वे अस्सी के दशक के बाद कांग्रेस की खुली और निरंतर साम्प्रदायिक हथकण्डेबाज़ियों के बावजूद उसके प्रति एक आरामदेह क़िस्म की रियायत बरतते हैं, और उनका जुझारूपन केवल भाजपा का विरोध करने के लिए सुरक्षित रहता है।

हमें याद होगा कि 2014 में लोकसभा चुनाव की मुहिम के दौरान कांग्रेस अध्यक्ष सोनिया गाँधी ने दिल्ली की जामा मस्जिद के शाही इमाम के नेतृत्व में गये प्रतिनिधिमण्डल से भेंट करने के बाद अपील की थी कि 'सेकुलर वोटों' को विभाजित नहीं होना चाहिए। सेकुलर वोटों से उनका सीधा मतलब था मुसलमानों के वोट। सोनिया की इस अपील को मुखर विमर्श की तरफ़ से आड़े हाथों नहीं लिया गया, और उसकी तरफ़ से एक सामरिक चुप्पी जारी रही। केवल भाजपा ने यह कह कर आपत्ति की कि वे चुनाव को धार्मिक आधार पर ध्रुवीकृत करना चाहती हैं।[57] लेकिन, यह आपत्ति नाममात्र की थी। भाजपा तो चाहती ही थी कि कांग्रेस मुस्लिम कार्ड खेले ताकि उसकी प्रतिक्रिया में उसे हिंदू कार्ड खेलने का मौक़ा मिले। ध्यान देने की बात यह है कि नागरिक समाज हिंदू और मुसलमान

---

[57] देखें, 2 अप्रैल, 1914 को *इंडिया टुडे* की ख़बर, http://indiatoday.intoday.in/story/sonia-gandhi-meets-shahi-imam-bukhari-says-secular-votes-should-not-split/1/352562.html पर उपलब्ध, 30 जुलाई, 2017 को देखी गयी.

कार्डों की इस परस्पर निर्भर साम्प्रदायिक चुनावी राजनीति का संज्ञान तो लेता है, लेकिन धीरे-धीरे उसकी प्रतिक्रिया कुछ इस क़िस्म की होती जा रही है जैसे कि भारतीय राजनीति में तो यह सब होता ही रहता है। ध्यान रहे कि इससे पहले राष्ट्रीय सलाहकार परिषद की अध्यक्ष के रूप में सोनिया गाँधी सिफ़ारिश कर चुकी थीं कि राष्ट्रीय ग्रामीण रोज़गार गारंटी योजना के तहत अल्पसंख्यकों का विशेष ध्यान रखा जाना चाहिए। कांग्रेसी प्रधानमंत्री मनमोहन सिंह कह चुके थे कि विकास पर पहला हक़ अल्पसंख्यकों का होना चाहिए। इन प्रस्तावों ने हिंदुत्ववादियों को ख़ासा मसाला प्रदान किया जिसका इस्तेमाल करके वे कांग्रेस सरकार पर मुसलमान समर्थक और हिंदुओं का ध्यान न रखने वाला बताने का ठप्पा लगाने में जुट गये। ये वक्तव्य न तो सेकुलरवादी दृष्टिकोण से उचित थे, न ही राजनीतिक रणनीति के लिहाज़ से। लेकिन मुखर विमर्श इन्हें चुपचाप देखता रहा।

मुझे लगता है कि मध्यमार्गी विमर्श के प्रमुख हस्ताक्षर रजनी कोठारी (मेरे विचार से रजनी कोठारी की कुछ रचनाएँ मध्यमार्गी विमर्श के मुखर हिस्से में आती हैं और कुछ भुला दी गयी रचनाएँ मौन हिस्से में) इस तरह के रवैये के अपवाद रहे हैं। उन्होंने 1992 में कारसेवकों द्वारा बाबरी मस्जिद के ध्वंस के तुरंत बाद (छह दिसम्बर को मस्जिद ढहाई गयी, और दो हफ़्ते बाद ही उनका यह लेख प्रकाशित हुआ) मुस्लिम समाज से यह अपील करने की हिम्मत दिखाई थी। इसमें कुछ खरी-खरी बातें भी थीं—

> मेरी आख़िरी बात मुसलमानों को सम्बोधित है जो स्पष्ट रूप से भारतीय राज्य और समाज के होने वाले ध्रुवीकरण, हिंदुत्व के बढ़ते हुए जन-समर्थन और 'सेकुलर' राज्य-व्यवस्था में अपने अलगाव और बहिर्वेशन के अंदेशे को झेलने के लिए अभिशप्त हैं। अब समय आ गया है कि उन्हें भी मौजूदा और आने वाली परिस्थितियों में टिके रहने के लिए धार्मिक रवैया छोड़ देना चाहिए। एक हद तक मुसलमान आज जिस दशा में खुद को पा रहे हैं, उसकी ज़िम्मेदारी मुसलमानों के नेतृत्व की भी है। आज वे ख़ुद को असुरक्षित और डरा हुआ पाते हैं। शांतिपूर्वक जीने के लिए वे कोई भी क़ीमत चुकाने के लिए तैयार हैं। उनके आत्म-विश्वास और गरिमा के ह्रास, उनकी अवमानना और गिरावट के हालात तब तक बदले नहीं जा सकते जब तक वे अपनी धार्मिक मुक्ति राज्य के समर्थन और सुरक्षा में देखना बंद नहीं कर देते। अपनी ख़ुदी में और उस देश में जिसका उन्होंने अपने जीवन और ख़ुशहाली के लिए चयन किया उनका यक़ीन फिर से तभी क़ायम हो सकता है जब वे लोकतांत्रिक प्रक्रिया में पूरी तरह से भागीदारी करेंगे और अपनी ज़रूरतों

को सामाजिक-आर्थिक, शैक्षिक और रोज़ी-रोटी के दूसरे संदर्भों (जैसे रोज़गार और अन्य अवसर) में परिभाषित करना शुरू करेंगे। अल्पसंख्यकों पर अल्पसंख्यक साम्प्रदायिकता का आरोप आडवाणी ने सही ही लगाया है। यह अल्पसंख्यकों का ज़िम्मा है कि वे आडवाणी और उनकी पार्टी को इस आधार पर बहुसंख्यक साम्प्रदायिकता भड़काने का मौक़ा न दें। ... जितनी जल्दी मुसलमान अल्पसंख्यक राजनीति को पालना-पोसना और उसे राज्य का संरक्षण प्राप्त करने का ज़रिया बनाना बंद कर देंगे, उतनी ही जल्दी वे 'हिंदुत्व' की राजनीति का पर्दाफ़ाश करके समाज के इस मुख्य रूप से 'हिंदू' ढाँचे के बीच टिकने में समर्थ होंगे।[58]

तत्कालीन हालात को देखते हुए देश के एक अग्रिम सेकुलर बुद्धिजीवी द्वारा की गयी यह एक असाधारण अपील थी। एक अन्य समाज-वैज्ञानिक ने इसी दशक के मध्य में अल्पसंख्यक और बहुसंख्यक चेतना के जड़ पकड़ लेने के परिणामों पर इस तरह उँगली रखी थी :

अल्पसंख्यक और बहुसंख्यक चेतना के जड़ पकड़ते ही लगेगा कि जैसे सेकुलरवाद का काम पूरा हो गया। होता यह है कि अल्पसंख्यक समुदायों को उनके नेताओं और प्रवक्ताओं के अल्पसंख्यक अधिकार आयोग की सदस्यता या विधायक व सांसद के रूप में विनियोग के ज़रिये निष्क्रिय बना दिया जाता है। बहुसंख्यक/अल्पसंख्यक चेतना को पानी देने वाली इस राजनीतिक रणनीति का बड़ा अच्छा उदाहरण इंदिरा गाँधी का पंद्रह सूत्रीय कार्यक्रम है। इस पंद्रह सूत्रीय कार्यक्रम में अल्पसंख्यकों के लिए हर स्तर पर ढेर सारे प्रावधान हैं : कर्ज़ों के लिए, आवास के लिए, शिक्षा के लिए आदि। लेकिन यह कार्यक्रम इन वायदों को न तो सांविधिक बनाता है, और न ही राज्य के लिए बाध्यकारी। प्रतीत यह होता है कि अगर मुसलमानों को किसी तरह की शिक्षा मिल रही है तो वह या तो इंदिरा गाँधी की मेहरबानी के कारण है या फिर किसी अल्पसंख्क नेता के जुझारूपन के कारण है। उसका कारण एक नागरिक के रूप में मुसलमानों का वह अधिकार नहीं है जिसके तहत वे समता के अधिकार की दावेदारी कर सकते हैं। इस माई-बाप सरकार के नज़रों में पर्दे के पीछे की राजनीति करने और अल्पसंख्यक समुदायों की रहनुमाई करने का पूरा मौक़ा होता है।[59]

व्यावहारिक राजनीति के मैदान में सेकुलरिज़्म के नाम पर अल्पसंख्यकवाद और बहुसंख्यकवाद की यह प्रतियोगिता इन चेतावनियों के बावजूद मध्यमार्गी

[58] देखें, रजनी कोठारी (1992), 'प्लूरलिज़्म ऐंड सेकुलरिज़म : लेसंस ऑफ़ अयोध्या', *इकॉनॉमिक ऐंड पॉलिटिकल वीकली*, खण्ड 27, अंक 51/52 : 2695-2698.

[59] देखें, दीपंकर गुप्ता (1995), 'सेकुलराइज़ेशन ऐंड माइनारिटाइज़ेशन : लिमिट्स ऑफ़ हीरोइक थॉट', *इकॉनॉमिक ऐंड पॉलिटिकल वीकली*, खण्ड 30, अंक 35 : 2203-207.

विमर्श की मुख्य धारा के लिए विचारणीय नहीं हो पायी। छह साल की भाजपा-नीत सरकार और दस साल की कांग्रेस-नीत सरकार के दौरान यह प्रवृत्ति अपने चरम पर पहुँच चुकी थी। धीरूभाई शेठ ने इस पर उस समय रोशनी डाली जब कांग्रेस ने रामभक्तों को लगातार दूसरी बार 2009 का लोकसभा चुनाव जीत कर लम्बे वनवास में धकेल दिया था। भाजपा की यह पराजय पिछले चुनाव से कहीं ज़्यादा बड़ी थी। लेकिन धीरूभाई ने सेकुलरवाद की जीत के उत्सव में भाग लेने से इनकार करते हुए दिखाया इसके बावजूद हिंदुत्ववादी शक्तियों का प्रभाव-क्षेत्र लगातार बढ़ रहा है, और इसका कारण है राष्ट्रीय स्तर पर चुनावी राजनीति में टिके रहने के लिए हिंदुत्व के मुक़ाबले एक ऐसा विमर्श खड़ा करना जो अंततः हिंदुत्व को ही मज़बूत करने वाला साबित हुआ है :

> जो प्रति-विमर्श उभरा वह हिंदुत्ववादी आंदोलन द्वारा अन्य (अल्पसंख्यक) धार्मिक समुदायों और उनके सांस्कृतिक अधिकारों-अस्मिताओं के लिए पैदा किये गये ख़तरे की शब्दावली में रचा गया था। ... प्रभावी रूप से सेकुलर विमर्श संकीर्ण चुनावी मौक़ों के साथ बँध कर रह गया। हिंदुत्व विरोधी और अल्पसंख्यक समर्थक मुहिम राष्ट्रीय पैमाने पर चलाई गयी जिससे विमर्श का विस्तार सेकुलर पदावली में न हो कर प्रति-साम्प्रदायिक पदावली में हुआ। इस प्रति-विमर्श ने भाजपा को चुनावी दृष्टि से निशाना बनाने में तो सफलता हासिल की, पर इस कामयाबी से उस राष्ट्रीय-सेकुलर स्पेस में विमर्श की वापसी नहीं हो सकी जिसके भीतर पहले हिंदू राष्ट्रवाद से प्रभावी ढंग से निबटा जाता रहा था। ... अगर प्रति-विमर्श ने भाजपा द्वारा लगाए गये छद्म-सेकुलरवाद के आरोप से आमने-सामने मुठभेड़ करते हुए उसे सच्चे सेकुलरवाद की अपनी दावेदारी को बुलंद करने की चुनौती दी होती, तो 'सेकुलर' पार्टियाँ सांस्कृतिक राष्ट्रवाद की राजनीति के सेकुलर विरोधी और राष्ट्र-विरोधी किरदार का पर्दाफ़ाश कर सकती थीं। चूँकि ऐसा नहीं किया गया, इसलिए प्रति-विमर्श ने सेकुलर तटस्थता के उसूल को ग़ायब करने की हद तक मंद कर दिया।[60]

धीरूभाई की निगाह में चुनाव की ख़ातिर चल रही अल्पसंख्यक और बहुसंख्यक साम्प्रदायिकताओं की यह प्रतियोगिता आने वाले बहुसंख्यकवादी संकट की पूर्व-घोषणा थी। उन्होंने अपने विश्लेषण में सर्वेक्षणगत आँकड़ों का भी इस्तेमाल किया और विमर्श के स्तर पर भी तत्कालीन हालात को एक बृहत्तर

---

[60] देखें, डी.एल. शेठ (2009), 'पॉलिटिकल कम्युनलाइज़ेशन ऑफ़ रिलीजंस ऐंड द क्राइसिस ऑफ़ सेकुलरिज़्म', *इकॉनॉमिक ऐंड पॉलिटिकल वीकली*, खण्ड 44, अंक 39 : 71-79.

परिप्रेक्ष्य में देखा। आँकड़ों के स्तर पर उन्होंने ध्यान दिलाया कि कांग्रेस ने सीटें ज़रूर ज़्यादा जीतीं, लेकिन उसके चुनावी समर्थन में आनुपातिक रूप से उल्लेखनीय सुधार नहीं हुआ है। उन्होंने कहा कि संविधान द्वारा स्वीकार किये गये व्यक्ति के बुनियादी अधिकारों और समुदायों के सांस्कृतिक और जातीय अधिकारों को बुलंद करते हुए भारतीय राज्य ने अपने साथ समुदायों के संबंधों को नये सिरे से परिभाषित करने के ज़रिये भारतीय लोकतंत्र को एक टिकाऊपन और निरंतरता प्रदान की थी। लेकिन नयी परिस्थितियों में इस विमर्श का स्थान एक नये तरह का बहुलतावादी विमर्श लेता जा रहा है जिसके तहत सामुदायिक हितों और अस्मिताओं ने लोकतांत्रिक प्रक्रियाओं पर अपना प्रभुत्व जमा लिया है।[61]

आधुनिकतावादी सेकुलरीकरण (जो व्यक्ति को समुदाय पर तरजीह देता है) और लोकतांत्रिक राजनीति के ज़रिये होने वाला सेकुलरीकरण (जो सामुदायिकताओं को राजनीति में आने की इजाज़त दे कर उनके माध्यम से व्यक्तियों के लिए ऊर्ध्वगामिता सुनिश्चित करता है) के बीच फ़र्क़ करते हुए धीरूभाई ने कहा राजनीतिक सेकुलरीकरण ने आधुनिकतावादी आग्रहों से कतराते हुए दो काम किये। पहला, उसने अनगिनत सामाजिक-सांस्कृतिक समूहों को अपने अधिकारों के प्रति सजग बनाते हुए इंसाफ़ की माँग करने का प्रोत्साहन दिया; दूसरा, इसके तहत भारतीय राज्य ने राजनीति-प्रक्रिया में प्रवेश करने वाली इन सामाजिक-सांस्कृतिक अस्मिताओं की आत्माभिव्यक्तियों के साथ समायोजन करने वाली प्रक्रियाओं, नियम-क़ानूनों और संस्थागत उपायों को स्थापित किया। यह स्वागतयोग्य सिलसिला लोकतंत्र की वैधता का विस्तार करने वाला साबित हुआ, लेकिन इसने एक नयी द्वंद्वात्मकता को जन्म दिया जिसके तहत राज्य के क्षेत्र के ऊपर सामाजिक-सांस्कृतिक क्षेत्र हावी होने की कोशिश करने लगा। सामाजिक-सांस्कृतिक समूहों से उम्मीद थी कि वे अपनी भाषा को उदारतावादी लोकतंत्र की मानकीयता के मुताबिक़ संशोधित कर लेंगे, लेकिन ऐसा नहीं हुआ। दोनों के बीच अंतराल बढ़ता रहा। नये सामाजिक-सांस्कृतिक समूह अकसर सत्ता पर अपनी दावेदारियों को लोकतंत्र की मानकीय शब्दावली में व्यक्त न करके अपने संख्याबल के बूते करने लगे। जब पहले से स्थापित राजनीतिक अभिजन ने इसे विकृति के रूप में देखा तो इन समूहों ने इस आपत्ति को सत्ता में

---

[61] देखें, डी.एल. शेठ (2009), वही.

अपनी भागीदारी रोकने की कोशिश के रूप में चिह्नित किया। प्रातिनिधिक राजनीति की इस खुली प्रतियोगिता समय के साथ विशुद्ध संख्या के खेल में बदलती चली गयी। ध्यान रहे धीरूभाई यहाँ एक-दूसरे ढंग से उसी निष्कर्ष पर पहुँचते दिखाई दे रहे हैं जिसे 1985 में रजनी कोठारी ने लोकतंत्र के नाम पर 'नृवंशीय गणनशास्त्र' की संज्ञा दी थी।

धीरूभाई की मान्यता के अनुसार यह समस्या भी लोकतंत्र को कुल मिला कर फ़ायदा पहुँचा सकती थी अगर सामुदायिक आवेगों और धार्मिक-सांस्कृतिक संकीर्णताओं के बावजूद राजनीतिक शर्तों पर हुए गठजोड़ों के ज़रिये इन समुदायों के व्यक्तिगत सदस्यों की प्राथमिकताएँ सेकुलर धरातल पर अपना विस्तार पातीं। लेकिन हुआ कुछ और। अपनी एक अन्य रचना में धीरूभाई ने इस सिलसिले का अधिक स्पष्ट और सुग्राह्य ख़ाका खींचा है। उन्हीं के शब्दों में :

> पहचान की राजनीति करते हुए हमने हिंदू, मुसलमान, सिक्ख और ईसाई को अपनी लोकतांत्रिक व्यवस्था की इकाई बना दिया है। यह परिघटना पिछले बीस वर्षों में ज़्यादा मज़बूत हुई है। मैं इस परिघटना को अनुज्ञप्त साम्प्रदायिकता— राज्य द्वारा प्रमाणित या प्रेरित परमिसिव कम्युनलिज़्म— कहता हूँ। इसके तहत एक सामान्य नागरिक से ज़्यादा किसी धार्मिक समुदाय के सदस्य होने को महत्त्व मिलता है। उसकी पहचान और अधिकार धार्मिकता के आधार पर तय होते रहे हैं। इस दौरान यह चीज़ राज्य की नीति के तौर पर प्रतिष्ठित होती गयी है। राज्य साम्प्रदायिकता के कुछ प्रकारों को अनुमति प्रदान करने लगा है। यह एक ऐसा इतिहास रहा है जिसे आप जिस तरह चाहे पढ़ सकते हैं। अगर हम इस बात को मानते हैं तो फिर हिंदू-अधिकारों का आग्रह नहीं ठुकरा सकते। हिंदुत्व के कर्ताधर्ता यही तो चाहते हैं कि सारे हिंदुओं को एकजुट करके उनके अधिकारों की बात की जाए। असल में हर क़िस्म के अधिकार व्यक्ति के लिए हैं जो नागरिक है, लेकिन राजनीति ने नागरिकों को पार्श्व में धकेल दिया गया है। उसने नागरिकों को बेचेहरा करके उनकी जगह समूहों को प्रतिष्ठित कर दिया है। पहले चरण में यह प्रक्रिया जाति पर आधारित थी। जाति का उल्लेख मैं बहुलता या पिछड़ेपन के अर्थ में कर रहा हूँ। वह धर्म आधारित साम्प्रदायिकता की भाँति उतनी ख़तरनाक नहीं हो सकती क्योंकि लोकतांत्रिक प्रक्रिया में जातिवाद पर राजनीतिक नियंत्रण बना रहता है तथा जातिवादी राजनीति बृहत्तर लोकतांत्रिक राजनीति में ही समाई रहती है। जातिगत वि-नागरिकीकरण से बढ़ कर इंदिरा गाँधी के काल से ले कर इस बीच ये धार्मिक समूह— हिंदू, मुस्लिम, सिक्ख और ईसाई देश की बुनियादी अधिकार-धारक इकाइयों में रूपांतरित हो गये हैं। इसके कारण हिंदुओं में एक प्रतिक्रिया पैदा हुई कि अगर बाक़ी धार्मिक समूहों को अमुक अधिकार है तो वह हमारे पास क्यों नहीं

होना चाहिए। इस तरह जब राष्ट्रवाद और प्रातिनिधिक लोकतंत्र एक दूसरे से अन्योन्यक्रिया करते हैं तो एक पहचान की राजनीति आकार लेती है जो संविधान को पीछे धकेल देती है।[62]

अनुज्ञप्त साम्प्रदायिकता की परिघटना जिस गुंजाइश में और मज़बूत होती रही, वह धीरूभाई के मुताबिक़ नेहरू के सेकुलरवाद ने मुहैया कराई थी। यह सेकुलरवाद 'राज्य की नीति के तौर पर' लोगों के लिए 'अजनबी' था। वह उनके 'जीवन या कहें कि अंतर-सामुदायिक सहजीवन के वास्तविक अनुभवों से संदर्भित नहीं था।' धीरूभाई का तर्क है कि इसी कारण से इस सेकुलरवाद को समाज के धरातल पर 'बहुलतावाद के बहाने स्थापित करने की मशक़्क़त करनी पड़ी। नेहरू के सेकुलरवाद में बहुलतावाद की कोई ख़ास जगह नहीं है। आख़िर ऐसा क्यों हुआ कि हम सेकुलरवाद की बात करते-करते बहुलतावाद के मुहावरे में जा फँसे? यह तो कुछ ऐसा हुआ कि जैसे हम सेकुलरवाद की नींद में चलते चलते बहुलतावाद के इलाक़े में पहुँच गये हों। क्या आप सेकुलरवाद को बहुलतावाद की जगह रख सकते हैं?' धीरूभाई के अनुसार :

> मेरे हिसाब से बहुलतावाद और सेकुलरिज़म की अवधारणाएँ एक दूसरे के अंतर्विरोध में खड़ी हैं। क्योंकि बहुलतावाद तो समुदायों का सिद्धांत है। और समुदायों का यह सिद्धांत एक ख़ास मायने में समुदायवादी या एक प्रकार की साम्प्रदायिकता में परिणत हो जाता है क्योंकि समूहों के बीच प्रतिस्पर्धी राजनीति के कारण साम्प्रदायिकता का सिद्धांत सेकुलरवाद के साथ सीधे टकराने लगता है। अंततः यह प्रतिस्पर्धी साम्प्रदायिकता सेकुलरिज़म का पर्याय बन जाती है। वास्तव में, हमारे यहाँ बहुलतावाद के नाम पर यही प्रक्रिया चलती रही है। मेरा कहना है कि नेहरू के सेकुलरवाद ने राज्य की सेकुलैरिटी को विकृत करने का काम किया क्योंकि इसके कारण राज्य की निष्पक्षता और क़ानून के शासन को सेकुलरवाद में प्रदत्त मान लिया गया। यही नहीं, उसका सार्वजनिक विमर्श भी सेकुलरवाद की बहस को धर्म व जाति-आधारित समूहों के बीच समानता और न्याय स्थापित करने की युक्तियाँ तथा नीतियाँ बनाने तक सीमित हो कर रह गया। उसके तहत राज्य की निष्पक्षता तथा क़ानून की बात पीछे रह गयी और इसे राज्य के सेकुलरवाद के रूप में प्रतिष्ठित कर दिया गया। हालाँकि नेहरू के सेकुलरवाद का मूल सिद्धांत आधुनिकता से प्रेरित था और नेहरू अपनी नीतियों को आधुनिकता का वाहक बनाना चाहते थे। लेकिन यह काम अधूरा ही रह गया।
>
> मैं इस बात का हिमायती हूँ कि समाज में बहुलता और वैविध्य बना रहना

[62] धीरूभाई शेठ (2015), वही.

चाहिए लेकिन एक बहुलता-प्रधान देश में राज्य को अपनी सेकुलैरिटी बनाए रखने के लिए बहुत मुस्तैद होना पड़ता है। बहुलता का परिदृश्य किसी एक जगह या समय में जड़ हो कर नहीं रह जाना चाहिए परंतु बहुलता की राजनीति ठीक इसी दिशा में चल रही है। इसका परिणाम यह होता है कि बदलते समय में धर्म और जाति-आधारित समुदायों का सेकुलरीकरण रुक जाता है। बहुलतावादी सेकुलर नीतियों का यह एक बड़ा दुष्परिणाम रहा है। यह गुत्थी आज तक सुलझ नहीं पाई कि नेहरू के आधुनिकता आधाारित सेकुलरवाद का यह हश्र क्यों हुआ। मुझे लगता है कि नेहरू को हिंदुओं के बहुसंख्यकतावाद का शुरू से ही इतना ज़्यादा डर था कि उन्होंने यह मान लिया था कि भारत की कई समस्याओं का निराकरण सेकुलरवाद के ज़रिये ही सम्भव है। उन्होंने भारतीय समाज की संकीर्णताओं, धर्म-जाति आधारित असमानता और पिछड़ापन आदि से निपटने के लिए सेकुलरवाद की नीतियों को ही आगे बढ़ाया। भारत में आधुनिकता लाने और वैज्ञानिक मानस का विकास— इन सरोकारों से जुड़ी बहस सेकुलरवाद में ही सिमट कर रह गयी। आम हिंदू जनता के लिए सेकुलरवाद का विचार बहुत दूरस्थ और पराया-सा बना रहा जबकि उनके रोज़-ब-रोज़ के जीवन में विभिन्न धर्मों के बीच सहिष्णुता, सह-जीवन और सहकार के पर्याप्त उदाहरण और सांस्कृतिक संसाधन मौजूद थे। आप ग़ौर से देखेंगे तो पाएँगे कि राज्य की निष्पक्षता और क़ानून के शासन पर आधारित हमारे संविधान में नागरिकों को मूलभूत अधिकार दिये गये थे— वस्तुतः सेकुलरवाद का सच्चा आधार यही है, लेकिन सेकुलरवादी राजनीति और विमर्श में इसकी जगह समूह के अधिकारों ने ले ली। राज्य के बहुलतावादी सेकुलरिज़म का यह दूसरा बड़ा दुष्परिणाम था।[63]

नागरिकों की जगह राजनीतिक प्रतियोगिता में समूहों/समुदायों की प्रतिष्ठा के परिणाम धीरूभाई के मुताबिक़ कई तरह के और लोकतंत्र के लिए हानिकारक निकले। मसलन, समुदायों की कमान एक बार फिर उनके परम्परागत सामाजिक अभिजन के हाथ में चली गयी और वे बड़ी चतुराई से न केवल राजनीति के ज़रिये मिलने वाले फ़ायदे हड़पने लगे, बल्कि उन्होंने उस समुदाय के धार्मिक नेतृत्व के साथ साठगाँठ कर ली। इस तरह ये दोनों मिल कर समुदायों के एकमात्र प्रवक्ता होने का दावा करने लगे। समुदायों के भीतर से उठने वाली पिछड़ों और कमज़ोरों की माँगों को अनसुना करके ख़ामोश करने का प्रयास होने लगा। इसके उदाहरण मुसलमान अभिजन द्वारा पसमांदाओं की माँगों की उपेक्षा या मुस्लिम

---

[63] धीरूभाई शेठ (2015), वही.

समुदाय के भीतर छुआछूत की परिघटना से इनकार करने, ईसाइयों के भीतर अनुसूचित जातियों से ईसाई बनने वालों की उपेक्षा, दलित आंदोलन में दलित नारीवादियों की उपेक्षा, या छोटे समुदायों को मिलने वाले लाभों से वंचित रखने में बड़े समुदायों की भूमिका के रूप में देखे जा सकते हैं। समुदाय आधारित राजनीति का एक परिणाम यह भी निकला कि सामुदायिक अभिजनों ने अपनी सभी समस्याओं को अपने दायरे के बाहर चिह्नित करना शुरू कर दिया, ताकि समुदाय के भीतर उनके नेतृत्व पर कोई आँच न आ सके। एक तरह से बहुलतावादी सेकुलर विमर्श की यह मुख्य प्रवृत्ति बन गयी। सरकार द्वारा बनाए आयोगों और उच्चस्तरीय कमेटियों (जैसे सच्चर कमेटी)[64] ने भी समुदायों के भीतर होने वाले अन्यायों और विषमताओं पर पर्दा डालने की भूमिका निभायी।

बहुलतावाद और सेकुलरवाद के आपसी संबंधों में आयी तब्दीली का यह क़ीमती सूत्रीकरण आज भी मध्यमार्गी विमर्श के उसी खाते में पड़ा हुआ है, जिसे मैं उसका मौन पक्ष कहता हूँ। अपनी इस महत्त्वपूर्ण रचना में धीरूभाई ने 'स्टेट-नैशनलिज़म, स्टेटिज़म और प्रातिनिधिक लोकतंत्र के त्रिकोण' की यह कह कर चर्चा की है यह बहुसंख्यकवाद के लिए मुफ़ीद साबित हो सकता है। इसी के साथ उन्होंने हिंदुत्व की सेकुलर निर्मिति का भी उल्लेख किया है। लेकिन, उनका विश्लेषण संगीन इशारे करने वाले इन सूत्रीकरणों को पूरी तरह से साफ़ नहीं करता। इसलिए इन्हें आगे की बहस के लिए छोड़ कर मैं अब राजीव भार्गव के दो लेखों के ज़रिये उनके विमर्श के कुछ संबंधित पहलुओं को रेखांकित करूँगा।

एक राजनीतिक दार्शनिक के रूप में भार्गव ने भारतीय सेकुलरवाद को मौलिक ढंग से समझने में उल्लेखनीय योगदान किया है। नब्बे के दशक में वे भी यह मानते थे कि हिंदुत्ववादी शक्तियाँ उदारतावाद के मानकीय दर्शन और संविधान के सेकुलर, बहुलतावादी और समावेशी आग्रहों के दबाव में अपनी अतिवादी विचारधारा में संशोधन करने के लिए मजबूर होंगी। इस तरह वे अपने ढंग से मॉडरेशन थीसिस के समर्थक थे। भार्गव के ये विचार लेख के दूसरे खण्ड में बताए जा चुके हैं। लेकिन हाल ही प्रकाशित अपनी दो रचनाओं में वे अपने

[64] धीरूभाई शेठ ने सच्चर कमेटी की रपट को कांग्रेस हुकूमत के अल्पसंख्यकवाद की मिसाल क़रार दिया है. देखें, शेठ (2015). सच्चर कमेटी की रपट की एक और आलोचनात्मक व्याख्या के लिए देखें, स्टीव विल्किंसन (2007), 'अ कमेंट ऑन द एनालैसिस इन सच्चर रिपोर्ट', *इकॉनॉमिक ऐंड पॉलिटिकल वीकली*, खण्ड 42, अंक 10 : 832-836.

इस विचार में तब्दीली करते नज़र आते हैं।[65] इन लेखों में उन्होंने भारतीय सेकुलरवाद की उन समस्याओं पर प्रकाश डाला है जिनके कारण सेकुलर विमर्श हिंदू विरोधी न होने के बावजूद वैसा प्रतीत होने लगता है। साथ ही वे यह भी मानने लगे हैं कि हिंदुत्ववादी शक्तियों ने अपना वह संकोच छोड़ दिया है जिनके कारण वे अपने साम्प्रदायिक रवैये से हटते दिखाई देते थे। भार्गव के नव-विकसित विचारों का नीचे दिया गया कोलाज उनकी इस अवस्थिति को समझने में हमारी मदद कर सकता है :

> दरअसल समुदायवादी (कम्युनिटेरियन) और सम्प्रदायवादी (कम्युनल) के बीच अंतर किये जाने की आवश्यकता है। ... मान लीजिए कि हम हिंदू समुदाय से जुड़े हुए हैं और अपने-आपको हिंदू कहते हैं। कई हिंदू चीज़ों के लिए आप गर्व का अनुभव भी करते हैं। इस संदर्भ में हम मदन मोहन मालवीय का उदाहरण ले सकते हैं। वे समुदायवादी मॉडल के अंतर्गत ही आते हैं। इस मॉडल में यह बात भी शामिल है कि यदि आप कोई ऐसा काम करते हैं जिससे हिंदू समुदाय के नाम और प्रतिष्ठा को धक्का लगता है तो आप शर्म भी महसूस करते हैं। ... साम्प्रदायिक भावना तब होती है, जब अपनी धार्मिक सामुदायिक भावना की अभिव्यक्ति के साथ मैं अन्य धार्मिक समुदायों को नीचा मानता हूँ या उन्हें कमतर दिखाने का प्रयास करता हूँ। या फिर दूसरे धार्मिक समुदायों को हीन मानना, उनके साथ टकराव और वैमनस्य को बढ़ावा देना साम्प्रदायिक राजनीति का लक्षण है। ... हम लोगों ने अपने सेकुलरवाद को धर्म-विरोधी के रूप में प्रस्तुत करके समुदायवादी और सम्प्रदायवादी के बीच के फ़र्क़ को ख़त्म कर दिया तथा हर समुदायवादी तत्त्व को भी साम्प्रदायिक ख़ाने में डाल दिया है। लेकिन ऐसा बहुसंख्यकों के साथ ही हुआ। दूसरी ओर, अल्पसंख्यक समुदायों की साम्प्रदायिक गतिविधि को हमने समुदायवादी ही माना। यह समस्या रही है। ... हम सेकुलरवाद के इस पहलू को तक़रीबन भूल गये हैं कि यह एक धर्म के भीतर एक समूह द्वारा दूसरे समूह के शोषण या दमन का निषेध करता है। अब सारा का सारा ज़ोर इस बात पर हो गया है कि एक धर्म को मानने वाले लोगों द्वारा दूसरे धर्म के लोगों को किसी भी तरह से परेशान न किया जाए या उनका शोषण-दमन न हो। अल्पसंख्यक अधिकार सेकुलरवाद का एक अत्यंत महत्त्वपूर्ण घटक है, लेकिन यह इसका एकमात्र घटक नहीं है। इसमें हर धर्म के लोगों को उनके अतिवादी तत्त्वों से बचाना, महिलाओं को समान अधिकार देना, हर धर्म के हाशिये के समूहों को सशक्त बनाना आदि भी शामिल हैं। ये भी सेकुलरवाद

[65] देखें, राजीव भार्गव (2015), 'अपनी मनोवैज्ञानिक सीमाओं का अतिक्रमण कर चुका 'नया हिंदुत्व', *प्रतिमान समय समाज संस्कृति,* खण्ड 3, अंक 1 (जनवरी-जून, 2015) : 6-16; राजीव भार्गव (2017), 'नेहरू अगेंस्ट नेहरूवियंस : ऑन रिलीजन ऐंड सेकुलरिज़्म', *इकॉनॉमिक ऐंड पॉलिटिकल वीकली,* खण्ड 42, अंक 8 : 34-40.

के अभिन्न हिस्से हैं। लेकिन इस पहलू को पूरी तरह उपेक्षित कर दिया गया है और अब सिर्फ़ सेकुलरवाद के एक आयाम पर ही बल दिया जाता है। इसीलिए अब हम यह आसानी से देख सकते हैं कि सेकुलर विमर्श और दलित या स्त्री-विमर्श अलग-अलग हैं। हमारा सेकुलर विमर्श केवल अल्पसंख्यक मुद्दे तक ही सीमित है। कई लोगों को यह इसीलिए अल्पसंख्यकवाद लगता है। लेकिन मैं ऐसा नहीं मानता। अल्पसंख्यक अधिकार और उनकी सुरक्षा सेकुलरवाद का अभिन्न हिस्सा है और मुझे लगता है कि उस पर बल देने में कोई गड़बड़ी नहीं है। यह हिंदू-विरोधी बिल्कुल नहीं है। कमी यह हुई है कि हमने सेकुलरवाद के एक बड़े और महत्त्वपूर्ण आयाम की पूरी तरह उपेक्षा की है। इसी कारण अब यह अल्पसंख्यकवाद (माइनॉरिटिज़्म) जैसा लगने लगा है। ...

... वाजपेयी या आडवाणी देश के जिस वैचारिक माहौल में राजनीतिक रूप से पले-बढ़े थे, उसमें वे एक सीमा से ज़्यादा हिंदुत्व की बात नहीं कर सकते थे। वाजपेयी ने और उनसे ज़्यादा आडवाणी ने राष्ट्रीय स्वयंसेवक संघ के विचारों का राजनीति में प्रयोग किया, लेकिन इन दोनों के भीतर एक तरह की मानसिक झिझक थी। वाजपेयी में यह झिझक ज़्यादा थी, आडवाणी में कम। ... यह जो नया हिंदुत्व है वह पुराने हिंदुत्व के साये से पूरी तरह बाहर आ चुका है। यह सेकुलर, उदारतावादी, लोकतांत्रिक विमर्श से पूरी तरह कटा हुआ है। पहले जो बातें छोटे स्तर पर, दबे-छिपे रूप में और अपने जैसे लोगों के बीच शाखाओं आदि में होती थीं, अब बाहर पब्लिक में आ कर पूरी तरह फैल गयी हैं। इसका कारण यह है कि पहले जो नेतृत्व ने ख़ुद पर एक आंतरिक सीमा आरोपित कर रखी थी, वह अब नहीं है।

धीरूभाई और राजीव भार्गव के इन विचारों को रजनी कोठारी के 1985 में व्यक्त किये गये ऊपरलिखित विचारों की श्रेणी में रखकर देखा जाना चाहिए। भार्गव मानते हैं कि उन्होंने सेकुलरवाद और लोकतंत्र के प्रश्न पर सैद्धांतिक रूप से ज़्यादा विचार किया है और व्यावहारिक राजनीति के आईने में कम झाँका है। यहाँ कोठारी, धीरूभाई और भार्गव तीनों ने ही सिद्धांतीकरण के उन्नासिक संसार से निकल कर ही अपनी सैद्धांतिकी को राजनीति के दायरे में हो रहे विकासक्रम की कसौटी पर कस कर निष्कर्ष निकालने की कोशिश की है।

यहाँ एक मसले पर कुछ और ग़ौर करने की ज़रूरत है। वह अल्पसंख्यकवाद का मसला है। भार्गव बताते हैं कि किन-किन वजहों से लोगों को भारतीय सेकुलरवाद अल्पसंख्यकवाद लगने लगा है। असलियत यह है कि हमारा सेकुलरवाद लोगों को ग़लतफ़हमी में अल्पसंख्यकवाद नहीं लगता, बल्कि उसे तब अल्पसंख्यकवाद समझा जाता है जब उसके ठोस प्रमाण सार्वजनिक जीवन में आसानी से उपलब्ध होने लगते हैं। 2014 के चुनाव में जामा मस्जिद

के शाही इमाम से मिल कर सोनिया गाँधी का यह अपील करना कि सेकुलर वोट (यानी मुसलमान वोट) एकजुट होने चाहिए, और स्वयं को सेकुलर कहने वाले बुद्धिजीवियों द्वारा ऐसे वक्तव्य को सेकुलर मानने से इंकार करने का साहस न करना अगर इसका ताज़ा प्रमाण है, तो 1989 में पश्चिम बंगाल की मार्क्सवादी सरकार द्वारा राजाज्ञा जारी करके यह आदेश देना इस प्रवृत्ति का पहले से चला आ रहा प्रमाण है, 'मुसलमानों के शासन की कोई आलोचना कभी नहीं की जानी चाहिए। मुसलमान शासकों और हमलावरों द्वारा मंदिरों के विध्वंस का उल्लेख नहीं किया जाना चाहिए।'[66]

बहुसंख्यकवाद का बढ़ता हुआ बोलबाला : मध्यमार्गी विमर्श दावा करता है कि भारत जैसे बहुलतापरक समाज में लोकतांत्रिक प्रतियोगिता की प्रकृति बहुसंख्यकवादी रुझानों को हतोत्साहित करती है, तो उसके पास अपनी बात को प्रमाणित करने के लिए नब्बे के दशक तक के आँकड़े होते हैं।[67] लेकिन नयी सदी के आँकड़े इस दावेदारी के उलट यह दिखाते हैं कि अब चुनावी प्रतियोगिता एक ऐसे माहौल में हो रही है जहाँ आम वोटर की समझ में लोकतंत्र और बहुसंख्यकवाद एक-दूसरे के पर्याय बनते जा रहे हैं।

नयी सदी के पहले दशक में (2004 का लोकसभा चुनाव) जिस समय कांग्रेस ने गठजोड़ राजनीति की प्रतियोगिता में भाजपा को पराजित करके सत्ता हासिल की, तो आम समझ यह बनी कि यह सेकुलरवाद की जीत है। भाजपा

---

[66] देखें, राजीव श्रीनिवासन (2002), 'इंडियंस विल नो लोंगर बी इम्प्रेस्ड बाइ मार्क्सिस्ट हिस्ट्रियोनिक्स', पर उपलब्ध, 23 अगस्त, 2017 को देखा गया. श्रीनिवासन ने अपने लेख में पश्चिम बंगाल की हायर सेकंडरी पाठ्यपुस्तकों में मुसलमान शासन की आलोचना करने वाली पंक्तियों को छाँट-छाँट कर निकालने के इस आदेश को सिलसिलेवार दस्तावेज़बंद किया है. दरअसल, यह काम सबसे पहले अरुण शौरी ने अपनी रचना *एमिनेंट हिस्टोरियंस* में किया था. इस हवाले को श्रीनिवासन ने वहीं से उठाया है. शौरी द्वारा पेश किये गये इस प्रमाण का आज तक खण्डन नहीं किया गया है. इस संबंध में एक टीवी चैनल पर अरुण शौरी और के.एम. श्रीमाली के बीच हुई चर्चा के ब्योरे के लिए देखें, 'ऑब्जेक्टिव व्हाइटवाश फ़ार ऑब्जेक्टिव हिस्ट्री', http://arun-shourie.Objective%20Whitewash%20for%20Objective%20History%20(PART%20I%20of%20II)%20!%20by%20Arun%20Shourie.htmlपर उपलब्ध, 23 अगस्त, 2017 को देखा गया.

[67] 1996 में जब लोकनीति (सीएसडीएस) द्वारा किये गये राष्ट्रीय चुनाव अध्ययन के तहत बाबरी मस्जिद के ध्वंस के बारे में लोगों से सवाल पूछा गया तो केवल 30 फ़ीसदी लोगों ने उसे जायज़ ठहराया था. 55 फ़ीसदी लोग उसके ख़िलाफ़ थे. जो लोग इस कृत्य को उचित मानते थे उनमें से भी भाजपा को केवल चालीस फ़ीसदी लोगों ने ही वोट दिये थे. इन आँकड़ों से इशारा मिलता है कि नब्बे के दशक के मध्य तक रामजन्मभूमि आंदोलन की आक्रामकता के बावजूद आम राय अल्पसंख्यक हितों के विरोध में नहीं खड़ी थी.

की इण्डिया शाइनिंग मुहिम की विफलता को साम्प्रदायिक राजनीति की विफलता माना गया। लेकिन, सुहास पल्शीकर[68] ने अपने गहन सर्वेक्षण-आधारित आँकड़ागत विश्लेषण से न केवल इस धारणा को चुनौती दी, बल्कि भारतीय राजनीति में बहुसंख्यकवादी आग्रहों के पुष्ट होते जाने की प्रक्रिया की शिनाख़्त की। पल्शीकर ने जिन अहम बिंदुओं पर रोशनी डाली वे इस प्रकार हैं :

1. 2004 में भाजपा चुनाव अवश्य हार गयी लेकिन अंदेशा साफ़ तौर पर दिखा कि दूरगामी दृष्टि से उसने साम्प्रदायिक विभाजन की राजनीति में सफलता प्राप्त कर ली है। वह भाजपा की पराजय थी, पर भाजपा के विचारों की नहीं। सेकुलरवाद जीत गया था, पर वह जीत क्षणभंगुर थी।

2. इस चुनाव में पार्टी और धर्म के बीच एक नाता बनता हुआ दिखा। भाजपा और उसके सहयोगियों को चालीस फ़ीसदी हिंदुओं ने वोट दिया, जबकि कांग्रेस और उनके सहयोगियों को केवल 34 फ़ीसदी हिंदुओं ने ही वोट दिये। यह इसके बावजूद हुआ कि भाजपा ने चुनाव में स्पष्ट रूप से हिंदू ध्रुवीकरण का प्रयास नहीं किया। इण्डिया शाइनिंग मुहिम विकास के बारे में थी, न कि हिंदू ध्रुवीकरण के बारे में। यानी बिना साम्प्रदायिक कार्ड खेले हुए भाजपा हिंदुओं को यह संदेश पहुँचाने में सफल रही कि वह उनकी पार्टी है और ज़्यादातर हिंदुओं ने उसके इस दावे को क़बूल भी किया।

3. दक्षिण और वाम सिरों के बीच में भारतीय राजनीति का मध्यमार्ग स्वयं को पुनः परिभाषित करता हुआ लगा। यह नयी परिभाषा बता रही थी कि ज़्यादातर लोग लोकतंत्र का मतलब बहुसंख्यकवाद के रूप में समझने लगे हैं, धार्मिकता की अभिव्यक्तियाँ सघन रूप से बढ़ती जा रही हैं, अपने-अपने समुदाय के प्रति निष्ठा रखने का आग्रह इस हद तक बढ़ गया है कि लोग अंतर-धार्मिक और अंतर-जाति विवाहों पर प्रतिबंध लगाने की बात करने लगे हैं (ज़्यादातर लोग धर्मांतरण पर भी पाबंदी चाहते हैं और वे अलग-अलग विवाह क़ानूनों का समर्थन करते हैं, अर्थात् वे समान नागरिक संहिता के पक्ष में नहीं हैं), साम्प्रदायिकता को खुल कर बढ़ावा देने वाली घटनाओं के बारे में स्पष्ट जागरूकता का अभाव होता जा रहा है, अल्पसंख्यक हितों को मान्यता देने का आग्रह कमज़ोर होता जा

[68] देखें, सुहास पल्शीकर (2004), 'मैजोरिटेरियन मिडिल ग्राउंड?', *इकॉनॉमिक ऐंड पॉलिटिकल वीकली*, खण्ड 39,अंक 51 : 5426-5430. इस विश्लेषण में पल्शीकर ने 2004 में लोकनीति (सीएसडीएस) द्वारा कराए गये राष्ट्रीय चुनाव सर्वेक्षण के आँकड़ों का इस्तेमाल किया था.

रहा है, और लोग स्पष्ट रूप से यह नहीं समझते कि उनके इन रवैयों का भाजपा के पक्ष में उनके रुझान से कोई ताल्लुक़ है।

4. जब लोगों से पूछा गया कि क्या लोकतंत्र में बहुसंख्यक समाज का दृष्टिकोण ही सर्वोपरि होना चाहिए, तो 35 फ़ीसदी लोगों ने इसके पक्ष में मत दिया, 35 फ़ीसदी लोग इसके विरोध में थे, और 30 फ़ीसदी अनिर्णय के शिकार रहे। लेकिन ख़ास बात यह थी कि पक्ष में मत देने वाले 35 फ़ीसदी लोगों के बीच 34 फ़ीसदी कांग्रेस के समर्थक थे और 39 फ़ीसदी भाजपा के। यानी, बहुसंख्यकवादी दृष्टिकोण भाजपा ही नहीं, ग़ैर-भाजपा दायरों में भी पनपता दिखाई पड़ा। शिक्षित लोग ही सबसे ज़्यादा बहुसंख्यकवादी निकले (कॉलेज में शिक्षित 44 फ़ीसदी और हाई स्कूल तक पढ़े 40 फ़ीसदी)।

5. क्या बहुसंख्यकवाद के प्रति लोगों का रुझान हमेशा ही हिंदू होने के आग्रह से ही जुड़ा है? सुहास पल्शीकर के मुताबिक़ हिंदू होना तो इसका एक उल्लेखनीय पहलू है ही, बहुसंख्यकवाद की शक्लसूरत समुदाय, जाति और क्षेत्रीय संदर्भों में भी बनती है। जहाँ इनमें से दो या तीन पहलू एक साथ आ जाते हैं, वहाँ बहुसंख्यकवाद के प्रति आग्रह प्रगाढ़ हो जाता है। जहाँ समुदाय, जाति और क्षेत्रीयता के स्तर पर कई तरह की टूट है, वहाँ बहुसंख्यकवाद की अभिव्यक्तियाँ कमज़ोर या मंद हैं।

सुहास पल्शीकर ने भारतीय राजनीति में बहुसंख्यकवाद की जिस बढ़ते हुए रुझान को आँकड़ागत तरीक़े से रेखांकित किया है, उसे एक अन्य दृष्टिकोण की रोशनी में देखने पर उसका संगीन किरदार और स्पष्ट हो जाता है। मैं ऊपर दिखा चुका हूँ कि बहुजनों का जाति-आधारित बहुसंख्यकवाद किस तरह से हिंदुत्व आधारित बहुसंख्यकवाद से राजनीतिक होड़ में पिछड़ गया है। दरअसल, भारतीय राजनीति के विकास-क्रम पर इस दृष्टि से भी विचार किया जाना चाहिए कि क्या वह बहुलतावाद की क़ीमत पर तरह-तरह के बहुसंख्यकवादों की प्रतियोगिता तो नहीं बनती जा रही है? राजनीतिक ताक़तें चुनाव जीतने के लिए कमोबेश स्थायी क़िस्म की राजनीतिक एकताएँ बनाने की जुगाड़ में लगे रहते हैं। बहुलतावाद के प्रति श्रद्धा केवल किताबी है, और इस मैदान के सभी खिलाड़ी ख़ुद समरूपीकरण करते हैं और अपने प्रतिद्वंद्वी पर बहुलता का विरोधी और समरूपीकरण का पक्षधर होने का आरोप लगाते हैं। बहुजनवाद अनुसूचित जातियों को दलित एकता के ग्रिड में बाँधने, ओबीसी जातियों को सामाजिक न्याय के ग्रिड में बाँधने और मुसलमान जातियों को सेकुरलवाद के ग्रिड

में बाँधने के बाद इन तीन विशाल एकताओं को आपस में जोड़ कर एक महा-एकता या महा-समरूपीकरण करने के काल्पनिक विचार की देन है। इसी तरह हिंदुत्ववादी बहुसंख्यकवाद दलित, ओबीसी और मुस्लिम समरूपीकरण की प्रक्रिया को तोड़ कर समाज के ग़ैर-इस्लामी और ग़ैर-ईसाई समाज के हिस्सों का हिंदुत्व के तले समरूपीकरण करने की चाहत का नाम है। इसी तरह पंजाब का सिख बहुसंख्यकवाद है जो अकाली-खालसा-पंथिक ग्रिड में प्रत्येक सिख को लाना चाहता है। अपनी-अपनी वैचारिक-राजनीतिक सुविधा के अनुसार विद्वानगण और एक्टिविस्ट एक बहुसंख्यकवादी कोशिश की तरफ़ से आँख बंद करके दूसरे की आलोचना करते रहते हैं।

पार्टी प्रणाली का क्षय : ऊपर मध्यमार्गी विमर्श के भीतर मौन रह गये विमर्शों का जो संक्षिप्त मानचित्र पेश किया गया है, वह उस समय तक अधूरा ही रहेगा जब तक भारत की पार्टी प्रणाली में आने वाले उन परिवर्तनों की चर्चा न कर ली जाए जिसके तहत चलने वाले राजनीतिक घटनाक्रम का अवलोकन करते हुए ये अवलोकन किये गये हैं। इस परिवर्तन पर योगेंद्र यादव और सुहास पल्शीकर ने गहराई से विचार किया है।[69] इन्हीं दोनों विद्वानों के काम का सहारा लेकर धीरूभाई शेठ ने दिखाया है कि किस तरह पार्टी प्रणाली की इन समस्याओं के कारण हिंदुत्व के लिए अनुकूल ज़मीन बन रही है।

दरअसल, यह समस्या उत्तर-कांग्रेस राजनीति की देन है। इसे अस्सी के दशक से चल रहे कांग्रेस के क्रमशः राष्ट्रीय संकुचन का संचित परिणाम कहा जा सकता है। 1989 में हुए लोकसभा चुनाव से यह स्पष्ट होने लगा था कि राजनीतिक प्रतियोगिता का विनियमन करने वाली वह पार्टी-प्रणाली अब प्रभावी नहीं रह गयी है जो बहुमत वाली सरकार बना कर लोकतांत्रिक व्यवस्था को राजनीतिक स्थिरता देने का काम करती थी। इस प्रणाली को साधने वाली केंद्रीय शक्ति कांग्रेस का राष्ट्रव्यापी प्रभुत्व था जिसमें 1967 के चुनावों के बाद क्षय होने लगा था। लेकिन इसके बावजूद केंद्र में बहुमत की स्थिर सरकारें बनती रहती थीं। 1989 के बाद पाँच सालों में दस लोकसभा चुनाव हुए। यह निरंतर

---

[69] 2004 के लोकसभा चुनाव के बाद हुई राजनीति के आँकड़ा आधारित विश्लेषण के लिए देखें, योगेंद्र यादव और सुहास पल्शीकर (2009), 'रिविज़िटिंग थर्ड इलेक्टोरल सिस्टम : मैपिंग इलेक्टोरल ट्रेंड्स इन इण्डिया-2004-9', संदीप शास्त्री, के.सी. सूरी और योगेंद्र यादव (सं.), *इलेक्टोरल पॉलिटिक्स इन इंडियन स्टेट्स*, ऑक्सफ़र्ड युनिवर्सिटी प्रेस, नयी दिल्ली.

राजनीतिक उथल-पुथल का समय था। इसी दौरान राजनीतिक दलों के जनाधार में बड़े-बड़े परिवर्तन हुए। पिछड़ी जातियों के समर्थन से पहले ही वंचित हो चुकी कांग्रेस इस चुनाव के बाद से अनुसूचित जातियों, मुसलमानों और ऊँची जातियों का समर्थन भी खोती लगने लगी।[70] उसके ग्राफ़ में आयी गिरावट के मुक़ाबले भारतीय जनता पार्टी के पाँव ऊँची जातियों में जमते चले गये और कुछ कम हद तक ही सही आदिवासी और अनुसूचित जातियों के वोट भी उसके साथ जुड़ने लगे। कांग्रेस की क़ीमत पर पूरे देश में क्षेत्रीय पार्टियाँ भी पनपीं। किसी एक पार्टी को बहुमत न मिलने के कारण गठजोड़ राजनीति का बोलबाला हो गया। सत्ता में हिस्सेदारी के लिए राजनीतिक सौदेबाज़ी का माहौल बना। परिणामस्वरूप क्षेत्रीय शक्तियों और एक जातिगत समुदाय की गोलबंदी पर टिकी हुई पार्टियों का महत्त्व उनकी वास्तविक राजनीतिक ताक़त से अधिक बढ़ गया। धीरे-धीरे कोई भी पार्टी सही अर्थों में राष्ट्रीय नहीं रह गयी। पार्टी-प्रणाली एक से अधिक प्रांतों में प्रभावी दलों और एक क्षेत्र में प्रभावी दलों की प्रतियोगिता का नाम बन गयी।

धीरूभाई के मुताबिक़ इस प्रक्रिया के चार परिणाम निकले : **पहला,** क्षेत्रीय दलों ने पार्टी प्रणाली में अपने पैर गहराई से जमा लिए। राष्ट्रीय पार्टियाँ कमज़ोर हो कर केंद्र में बहुमत बनाने के लिए उन पर निर्भर हो गयीं। सरकार गिरा देने की धमकी के कारण छोटी पार्टियों द्वारा अपने बड़ी ताक़तों को ब्लैकमेल करने की घटनाएँ आम हो गयीं। साथ ही बार-बार चुनावों को रोकने के नाम पर सरकार बनाने के लिए चुनाव में एक-दूसरे के ख़िलाफ़ लड़ने वाली पार्टियाँ चुनाव के बाद मौक़ापरस्त गठजोड़ बनाने लगीं। इसे रोका जा सकता था चुनाव-पूर्व गठजोड़ों के लिए विधिक मान्यता के संवैधानिक प्रावधान किये जाते। लेकिन ऐसे संस्थागत उपाय नहीं किये गये। नतीजा यह निकला कि राजनीतिक नैतिकता को एक मज़ाक बना दिया गया। **दूसरा,** इस परिस्थिति ने लोकतंत्र को चुनावबाज़ी में घटा दिया। 'जीतने की क्षमता' सबसे बड़ा मानक बन गयी। **तीसरा,** राजनीतिक

---

[70] 1984 के चुनाव में कांग्रेस को अंतिम बार अपने दम केंद्र में बहुमत (48 फ़ीसदी वोट और 415 सीटें) मिला था. इसके बाद 1989 के चुनाव में कांग्रेस को चालीस फ़ीसदी से कम वोट मिले और दो सौ से कम सीटें मिलीं. तब से लेकर 2004 तक उसके प्रभाव-क्षेत्र में लगातार गिरावट होती रही. इसमें अपवाद केवल 1991 का चुनाव था जब राजीव गाँधी की हत्या के कारण बने माहौल में उसे केंद्र में अल्पमत सरकार बनाने का मौक़ा मिल गया. लेकिन उसके बाद गिरावट फिर शुरू हो गयी. 1996 से 2004 के बीच कांग्रेस 26 से 28 फ़ीसदी वोटों के बीच अटकी रही.

दल राज्य और समाज के बीच विभिन्न हितों और पहचानों के बीच मध्यस्थ की भूमिका निभाने लायक़ नहीं रह गये। क्षेत्रीय स्तर पर पार्टियाँ पूरे क्षेत्र के समग्र हितों की नुमाइंदगी करने के बजाय कुछ ख़ास जातियों, जातीयताओं या धर्मों की नुमाइंदगी करने वाले संगठनों में घट गयीं। **चौथा,** गठजोड़ों का नेतृत्व करने वाली राष्ट्रीय पार्टियाँ ऐसे 'राष्ट्रीय मुद्दों' की शिनाख़्त करने पर मजबूर हो गयीं जो जाति, धर्म और क्षेत्र की सीमाओं से परे जाते हों। सर्वभारतीय राजनीति की खोज ने भी राजनीति के साम्प्रदायिकीकरण को बढ़ावा दिया। विडम्बना यह हुई कि इस चक्कर में जाति और जातीयता आधारित क्षेत्रीय शक्तियाँ साम्प्रदायिक राजनीति की प्रतिसंतुलनकारी ताक़त समझी जाने लगीं। ग़ैर-सेकुलर धर्म-आधारित राजनीति का मुक़ाबला ग़ैर-सेकुलर जाति-आधारित राजनीति से करने की कोशिश होने लगी और इस प्रक्रिया में जाति-आधारित राजनीति करने वाले संगठन ख़ुद को सेकुलरवाद का रहनुमा बनने का दावा करने लगे।

VI
सामासिक संस्कृति, दुष्ट ब्राह्मणवाद, मुस्लिम पहचान और कांग्रेस के प्रति नरमी

मध्यमार्गी विमर्श के मुखर पक्ष की ओर से हिंदुत्व के सांस्कृतिक राष्ट्रवाद का प्रतिकार करने के लिए जिन दो विमर्शी श्रेणियों का बड़े भरोसे के साथ इस्तेमाल किया जाता है वे हैं ब्राह्मणवाद और सामासिक संस्कृति (कम्पोज़िट कल्चर)। ब्राह्मणवाद के विरोध और सामासिक संस्कृति की विरुदावलि ने साम्प्रदायिकता के ख़िलाफ़ लड़ने के लिए तक़रीबन आस्थागत उपादानों की हैसियत प्राप्त कर ली है। इन्हें प्रश्नांकित करना किसी भी बुद्धिजीवी के लिए बर्रे के छत्ते में हाथ डालने जैसा है। इसका एक कारण यह भी है कि सेकुलरवादियों और आधुनिकतावादियों ने ही नहीं, आशिस नंदी जैसे उनके आलोचकों ने भी ब्राह्मणों द्वारा प्रतिपादित उन्नासिक शास्त्रोक्त हिंदू परम्परा को रोज़मर्रा के प्रचलित हिंदू धार्मिक दायरे के अंतर्विरोध क़रार दिया है। यानी इसे प्रश्नांकित करने वाले की सेकुलर ख़ेमे से भी पिटाई होनी लाज़िमी है और ग़ैर-सेकुलर ख़ेमे की तरफ़ से भी।

सामासिक संस्कृति का प्रत्यय और उसकी सीमाएँ

मेरे लिए यह संतोष का विषय है कि अकेले पड़ जाने के ख़तरे के बावजूद कम से कम चार विद्वानों ने कम्पोज़िट कल्चर की दावेदारियों की मानीख़ेज़ आलोचना मुहैया कराई है। जैसा कि होता रहा है, इन आलोचनाओं को मुखर पक्ष के प्रभुत्व के तले भुला दिया गया है।

1994 में धर्म कुमार[1] को और 2002 में प्रलय क़ानूनगो[2] को सामासिक संस्कृति की आलोचना का विमर्श संघ-विरोध और सेकुलरवाद के समर्थक नज़रिये से पेश करने का श्रेय जाता है। धर्म कुमार से तक़रीबन तीन दशक पहले समाजशास्त्री इम्तियाज़ अहमद[3] ने अपनी एक बेहतरीन रचना में सामासिक संस्कृति की विस्तृत आलोचना पेश की थी जिसे बड़ी ख़ामोशी से ठण्डे बस्ते में डाल दिया गया था। इसके अलावा सतीश सबरवाल ने अपने विवेचन में सामासिक संस्कृति की कमज़ोरी और सीमाएँ प्रदर्शित करते हुए दिखाया है कि हिंदू और मुसलमान धाराएँ कहाँ मिलती हैं, कहाँ अलग हो जाती हैं और किस तरह संस्थागत और राजनीतिक आधार न होने के कारण वे नये ज़माने के तनावों और टकरावों का सामना नहीं कर पातीं।[4]

क़ानूनगो ने अपने तर्क धर्म कुमार से ही उठाए हैं, इसलिए यहाँ पहले धर्म कुमार, फिर इम्तियाज़ अहमद और फिर सतीश सबरवाल की चर्चा की जाएगी। उल्लेखनीय है कि धर्म कुमार ने बहस के चुनौतीपूर्ण अंदाज़ में अपनी बात रखी थी, फिर भी उनके द्वारा उठाए गये सवालों को मध्यवर्गीय विमर्श का मुखर पक्ष ख़ामोशी से पी गया। न तो उनका जवाब दिया गया, और न ही आज तक उन पर चर्चा होती है। उनकी बातों को कुछ विस्तार से रखना ज़रूरी है, क्योंकि उनके बिना मध्यमार्गी विमर्श के मौन पक्षों की पूरी नुमाइंदगी नहीं हो पाएगी। सबसे पहले वे मार्क्सवादी इतिहासकारों के सेकुलरवाद (जैसे रोमिला थापर, ज्ञानेंद्र पांडेय, सर्वपल्ली गोपाल, रामशरण शर्मा, बिपन चंद्र वग़ैरह) का सूत्रीकरण एक मॉडल के तौर पर करती हैं।

मोटे तौर पर यह मॉडल इस प्रकार है :

(1) धर्म के सवाल पर कुछ स्थानीय क़िस्म के छिटपुट विवादों के बावजूद मध्ययुग में हिंदू और मुसलमान हिलमिल कर रहते थे और उनके मैत्रीपूर्ण

---

[1] धर्म कुमार (1994), 'लेफ़्ट सेकुलरिस्ट्स ऐंड कम्युनलिज़म', *इकॉनॉमिक ऐंड पॉलिटिकल वीकली*, खण्ड 29, अंक 28 : 1803-1809.

[2] प्रलय क़ानूनगो (2002), वही : 101-103.

[3] इम्तियाज़ अहमद (1969), 'सेकुलरिज़म ऐंड कम्युनलिज़म', *इकॉनॉमिक ऐंड पॉलिटिकल वीकली*, खण्ड 4, अंक 28/30 : 1137-1158.

[4] देखें, सतीश सबरवाल (2008), *स्पाइरल्स ऑफ़ कंटेशन : व्हाई इण्डिया वाज़ पार्टीशंड इन 1947*, रौटलेज, नयी दिल्ली : 95-109.

रिश्तों का आधार सामासिक संस्कृति थी, (2) उनके बीच में साम्प्रदायिकता के बीज अंग्रेज़ों ने बोये और इसके लिए इतिहास-लेखन की विधा का इस्तेमाल किया गया, (3) मुख्यत: औपनिवेशिक नीतियों और अन्य संबंधित कारणों से हिंदुओं और मुसलमानों के बीच टकराव बढ़ता चला गया, (4) सबसे बड़ा ख़तरा हिंदू साम्प्रदायिकता है क्योंकि बहुसंख्यकों की साम्प्रदायिकता फ़ासीवाद की तरफ़ ले जाती है और अगर बहुसंख्यक हिंदू सेकुलर रहेंगे तो उससे मुसलमानों (जिनकी साम्प्रदायिकता अलगाववादी राजनीति को जन्म देती है) को सेकुलर बनने में मदद मिलेगी, (5) हिंदू साम्प्रदायिकता ने उपनिवेशवादियों द्वारा प्रस्तावित इतिहास की भ्रांत धारणाओं का इस्तेमाल किया है, (6) हिंदू धर्म का एक हिस्सा ब्राह्मणवादी है जो जातिवादी, वर्णवादी, छुआछूतवादी, हिंसक, संस्कृतनिष्ठ और कर्मकाण्डी होने के नाते दुष्टता से भरा हुआ है (यह इतना दुष्ट है कि इसने समतामूलक बुद्ध धर्म का हिंसा के दम पर उन्मूलन कर दिया, और इसी दुष्टता के कारण बड़े पैमाने पर हिंदू दायरे से लोग धर्मांतरण करने के लिए मजबूर हुए) और दूसरा हिस्सा लोक-प्रचलित बहुलतावादी हिंदू धर्म है जिसमें मुख्यत: ग़ैर-द्विज जातियाँ आती हैं और यही सच्चा हिंदू धर्म है (यह अलग बात है कि इस हिस्से में ब्राह्मणवाद के कारण कुछ बुराइयाँ आ गयी हैं जिनका प्रक्षालन ज़रूरी है)।

धर्म कुमार ने इस मॉडल के सभी पहलुओं के साथ एक-एक करके बहस की है और इसके लिए अकादमिक साक्ष्य भी पेश किये हैं। नि:संदेह उनका इरादा यह जताने का है कि इस मॉडल को ही सेकुलर सामान्य-ज्ञान की तरह ग्रहण करने से बचते हुए इसे अनुसंधानपरक तथ्यों की कसौटी पर कसा जाना चाहिए। मैं यहाँ धर्म कुमार के तर्कों को आगे बढ़ाते हुए इस मॉडल के दो पहलुओं पर ख़ास तौर से ग़ौर करूँगा जो इस 'थमाए गये सेकुलर ज्ञान' के केंद्र में हैं। ये आयाम हैं सामासिक संस्कृति का झण्डा बुलंद करना और दुष्ट ब्राह्मणवाद के ख़िलाफ़ संघर्ष करना, क्योंकि इन्हीं दो विमर्शी श्रेणियों के ज़रिये मध्यमार्गी विमर्श का मुखर पक्ष हिंदुत्व का मुक़ाबला करना चाहता है।

न केवल सदियों से बल्कि सहस्राब्दियों से भारतीय समाज में सामासिक संस्कृति की मौजूदगी एक निर्विवाद ऐतिहासिक तथ्य है। इस सामासिकता को केवल हिंदू-मुसलमान के बीच की परिघटना (गंगा-जमनी संस्कृति) के रूप में सीमित करने के बजाय (जो यह सेकुलर मॉडल कभी सायास और कभी अनायास

करता दिखाई देता है)[5] भारतीय समाज के मूलभाव की तरह देखा जा सकता है। प्राचीन काल और मध्ययुग की सामासिकता को प्रमाणित करने वाली विद्वत्तापूर्ण रचनाएँ मौजूद हैं, लेकिन धर्मों, सम्प्रदायों और विभिन्न विचारों-जीवनशैलियों का यह शांतिपूर्ण सहअस्तित्व इन रचनाओं में अंग्रेज़ों के आते ही गड़बड़ाता हुआ दिखा दिया जाता है।[6] यह देख कर हैरत होती है कि यह विद्वत्ता साम्प्रदायिकता का ठीकरा जेम्स मिल और एच.एम. इलियट के लेखन और उपनिवेशवादी नीतियों पर फोड़ कर अपना काम चला लेती है, और सामासिकता की आंतरिक संरचना का अन्वेषण करने की ज़हमत नहीं उठाती। नतीजा यह निकाला जाता है कि यह सामासिकता उपनिवेशवाद द्वारा डाले गये बाहरी दबावों के सामने नहीं टिक पाई— लेकिन यह निष्कर्ष सामासिकता के भीतर उसके विभिन्न घटकों की हैसियत और उनके बीच के तनावों के बारे में कुछ नहीं बताता, जैसे कि सामासिकता के भीतर उसके विभिन्न घटकों की हैसियत कम-ज़्यादा न हो कर एक-दूसरे के समान रही हो।

लेकिन, प्राचीन काल और मध्ययुग में भी सामासिकता की भीतरी संरचना विशुद्ध समानता का नज़ारा नहीं पेश करती। मसलन, पल्लवों की राजधानी कांचीपुरम (तमिल भूमि) में जैनों का धर्मांतरण तो शैव सम्प्रदाय में हो जाता था, पर शैवों का धर्मांतरण जैन धर्म में नहीं होता था। वजह सीधी थी। पल्लव राजा और उनके बाद के चोल राजा शैव थे। उन्होंने गंगा के तटों से शैव ब्राह्मणों को ला कर कांची में बसाया भी था। बल्लीगाँव (कन्नड़ भूमि) की सामासिकता में शैवों का वर्चस्व आसानी से चिह्नित किया जा सकता था। वहाँ मौजूद तेरह मठों में से छह केवल शैवों के थे और बाक़ी सात में वैष्णव, जैन, श्रोत्रिय और बौद्ध मठ आते थे। इस क्षेत्र में भी सामासिकता भंग करने का काम शैव राजाओं की जैन विरोधी आक्रामकता ने किया।[7] यह कहानी तो शुरुआती मध्ययुग की और ग़ैर-मुस्लिम धर्मों के बीच सामासिकता की है। मुस्लिम और हिंदू सामासिकता का भीतरी ढाँचा भी बताता है कि राजसत्ता जिसके हाथ में होती है, सामासिकता के भीतर का वर्चस्व उसी तरफ़

---

[5] इसके एक प्रमाण के लिए देखें, जे.जे. रॉय बर्मन (1996), 'हिंदू-मुस्लिम सिंक्रेटिज़म इन इण्डिया', *इकॉनॉमिक ऐंड पॉलिटिकल वीकली,* खण्ड 31, अंक 20 : 1211-1215.

[6] संबंधित अकादमीय साहित्य की इस प्रवृत्ति के प्रमाणस्वरूप देखें, पी.के. शुक्ला (2001), 'प्रि-कोलोनियल कल्चरल लीगेसी ऐंड कोलोनियल इंटरवेंशन : एन हिस्टोरिकल अप्रेज़ल', *सोशल साइंटिस्ट,* खण्ड 29, अंक 3/4 : 61-73. यही तर्क रोमिला थापर और रामशरण शर्मा की रचनाओं में मिलता है.

[7] पी.के. शुक्ला (2001), वही.

झुक जाता है। ज़ाहिर है कि जब तक सामासिकता के जातीय, प्रजातीय और सांस्कृतिक पहलुओं की चर्चा के साथ-साथ उसके राजनीतिक पहलुओं पर ध्यान नहीं दिया जाएगा, उसकी भीतरी हक़ीक़त स्पष्ट नहीं होगी।

इसीलिए धर्म कुमार मध्ययुग में राज्य की प्रकृति का सवाल उठाती हैं। वे पूछती हैं कि क्या राज्य धार्मिक मामलों में कोई भूमिका निभाता था? क्या उस ज़माने के शासक आधिकारिक रूप से किसी न किसी धर्म का अनुपालन करते थे? क्या इससे उनकी नीतियों को कोई धार्मिक रंग मिलता था? क्या किसी एक धर्म का पालन करने वाला शासक जब दूसरे धर्मों के लिए भी अनुदान और संरक्षण देता था, तो क्या उस मामले में वह सभी धर्मों के साथ समान व्यवहार करता था?

धर्म कुमार राजसत्ता की हिंदू और इस्लामिक थियरी के हवाले से कहती हैं कि हिंदू शासक अपनी प्रजा द्वारा अनुपालित सभी धर्मों के संरक्षण का कर्तव्य मुसलमान शासकों के मुक़ाबले बेहतर ढंग से निभाते होंगे, क्योंकि इस्लामिक धर्मशास्त्र मुसलमान शासकों को आदेश देता है कि उन्हें न केवल इस्लाम का संरक्षण करना है बल्कि उसका संदेश भी फैलाना है। वे पूछती हैं कि ऐसी स्थिति में तत्कालीन सामासिक संस्कृति के तहत मुसलमान शासकों की हिंदू रियाया क्या महसूस करती होगी? धर्म कुमार के ही शब्दों में :

> दुख की बात है कि विभिन्न मुसलमान शासकों के तहत गुज़ारे गये सामाजिक जीवन के वृत्तांत बहुत कम ही उपलब्ध हैं। जो हवाले हैं ... वे अकसर दरबारी जीवन के और केवल उत्तर भारतीय दरबारी जीवन के हैं।... निःसंदेह इस उत्तर भारतीय दरबारी संस्कृति को सटीकता के साथ सामासिक संस्कृति का नाम दिया जा सकता है, और मेरे विचार से स्थापत्य और संगीत में इसकी उपलब्धियाँ शानदार हैं। लेकिन उत्तर भारत के सामाजिक जीवन का यह बहुत छोटा हिस्सा ही था। ताजमहल की ख़ूबसूरती हमें उसकी तामीर के समय हिंदुओं और मुसलमानों के बीच के टकराव के बारे में कुछ नहीं बताती। न ही वह मुसलमानों की हेकड़ी या हिंदुओं की दबी हुई भावनाओं या विभिन्न समुदायों के बीच अविश्वास की कोई जानकारी देती है। शायद अविश्वास और सत्ता के डर को हमें दो पंक्तियों के बीच ख़ाली रह गये अनकहे स्पेस में पढ़ना होगा। यही कारण है कि औपनिवेशिक अवधि के शुरुआती दौर के एक इतिहासकार को चलते-चलते एक टिप्पणी करनी पड़ी थी, 'इस तथ्य को बहुत कम स्वीकार किया जाता है कि उन्नीसवीं सदी के दौरान हिंदू उत्सवधर्मिता कितने बड़े पैमाने पर प्रस्फुटित हुई।'[8] ... मुसलमान

[8] धर्म कुमार ने मुस्लिम शासनकाल में हिंदुओं की दबी हुई धार्मिक उत्सवधर्मिता की तरफ़ इशारा करने वाला यह मानीख़ेज़ उद्धरण कैथरीन प्रायर (1993), 'मेकिंग हिस्ट्री : द स्टेट्स इंटरवेंशन इन अरबन रिलीजस डिस्प्यूट्स इन द नॉर्थ वेस्टर्न प्रॉविंसेज़ इन द अर्ली 19थ सेंचुरी', *मॉडर्न एशियन स्टडीज़*, खण्ड 27 : 180.

बादशाहों और राजाओं ने अंग्रेज़ों के मुक़ाबले बहुत लम्बे समय तक हुकूमत की। उन्होंने राजनीतिक ज़रूरतों के हिसाब से जो भी किया हो, लेकिन वे राज्य की नीति में तटस्थता की आधुनिक समझ पर नहीं चलते थे। इस साधारण तथ्य ने मुसलमानों और हिंदुओं के मानस पर निश्चित रूप से गहरा असर डाला होगा। इतिहासकारों को उन वृत्तांतों में कमी की भरपाई ज़रूर करनी होगी जिनसे पता लग सकेगा कि हिंदू उस समय कैसा अनुभव करते होंगे। मध्ययुग में जीवन कैसे जिया जाता था, इसके वृत्तांतों की कमी भी पूरी की जानी होगी। इससे हमें यह सोचने में मदद मिलेगी कि अनुभव को नज़रअंदाज़ करने, नाख़ुशगवार तथ्यों को ख़ामोश करने की वे प्रवृत्तियाँ हिंदुओं में क्यों हैं जिनका मुजाहिरा वे आज तक करते हैं।

यहाँ ध्यान देने की बात है कि धर्म कुमार ने यह दावा मध्ययुगीन इतिहास के संदर्भ में किया है। इनसे दीर्घकालीन मुस्लिम शासन के बारे में पेश की गयी इस तरह की छवियों पर प्रश्नचिह्न लग जाता है जिनके प्रभाव में यह सोचना भी मुश्किल हो जाता है कि हिंदुओं को उन शताब्दियों में किसी भी तरह के सांस्कृतिक उत्पीड़न के मनोभावों से गुज़रना पड़ा होगा। उस उद्धरण में कैथरीन प्रायर का एक हवाला ऐसा भी है जो इशारा करता है कि मुस्लिम शासन के ख़ात्मे की प्रतिक्रिया में हिंदुओं द्वारा सांस्कृतिक और धार्मिक रूप से राहत की साँस ली गयी थी, और वे अपनी धार्मिक गतिविधियाँ करने के मामले में अधिक उन्मुक्त महसूस कर रहे थे।

मेरे विचार से इस प्रश्न को केंद्र में रख के अकादमिक काम करना ज़रूरी है कि क्या भारत की हिंदू बहुसंख्या मुस्लिम शासन के दौरान सांस्कृतिक दमघोंटू एहसासों से गुज़र रही थी? अगर ऐसा था तो उसे छिपाने से वे 'सेकुलर लाभ' नहीं होने वाले जो अस्सी और नब्बे के दशक तक होते रहे हैं, और अगर ऐसा नहीं था तो धर्म कुमार के इस अंदाज़ के विपरीत प्रमाण मिलने से सेकुलर पक्ष बहुत मज़बूत हो कर निकलेगा।

इस चर्चा को आगे बढ़ाने से पहले यहाँ रजनी कोठारी द्वारा अपनी क्लासिक कृति *पॉलिटिक्स इन इण्डिया* में मुसलमान शासन के चरित्र-निर्धारण का एक उद्धरण प्रस्तुत करना विषयानुकूल होगा। 1969 में प्रकाशित इस पुस्तक में कोठारी भारतीय समाज पर मुसलमान शासन के प्रभाव का वर्णन करते हुए उस मुक़ाम पर भी उँगली रखते हैं जहाँ से मुसलमानों और हिंदुओं में सांस्कृतिक आदान-प्रदान शुरू हुआ होगा और हिंदुओं के उस संत्रस्त मानस के बारे में भी बताते हैं जो इस हुकूमत का एक नतीजा था।

कोठारी अपने विचारों को सीधी और स्पष्ट भाषा में रखते हैं :

> मुसलमान शासकों ने धर्म-परिवर्तन को भी बढ़ावा दिया। मौलवियों और सूफ़ियों को, ख़ासकर उत्तर भारत में स्थानीय आबादी का धर्म-परिवर्तन करने के लिए जम कर प्रोत्साहित किया गया। इसी के कारण दोनों पक्षों की तरफ़ से कई बार कट्टरता, उत्पीड़न और परस्पर घृणा की लहरें भी आयीं। इसकी वजह से सहिष्णुता की पारम्परिक भारतीय अवधारणा अकसर कारगर नहीं रह गयी। सामाजिक आत्मसातीकरण की प्रक्रिया नहीं चल पायी। धीरे-धीरे दोनों समाजों के बीच कुछ-कुछ समायोजन हुआ और दोनों एक-दूसरे से प्रभावित भी हुए। मुसलमानों ने हिंदुओं में प्रचलित जाति और व्यवसाय के कुछ रूप भी अपनाए और इस कारण हिंदुओं ने उन्हें पड़ोसी के रूप में स्वीकारना शुरू किया। लेकिन, ये पहलू मुसलमान सत्ता में आयी गिरावट के बाद ही ज़्यादा पनपे। हिंदुओं ने भी मुसलमानों के कई सामाजिक रीति-रिवाज, कला-रूप, प्रशासनिक तौर-तरीक़े और मुग़लों की दरबारी शिष्टता अपना ली। ... इस सामासिकता के बावजूद दो धर्म और दो समाज-व्यवस्थाएँ अलग-अलग चलती रहीं। भारत में मुसलमानों की सत्ता एक तरफ़ धर्म-प्रचारक की भूमिका अपनाए हुई थी और दूसरी तरफ़ अपने फ़ौजी प्राधिकार को भी लागू करती थी। ... मुसलमानों का शासन स्थानीय संस्थाओं और ग्राम समाज के जीवन पर कोई ख़ास असर नहीं डाल सका। ... स्थानीय और केंद्रीय सत्ता में अंतराल बना रहा। अपने सामाजिक और नागरिक कामकाज में स्थानीय संस्थाएँ स्वायत्त बनी रहीं। ... वे भारतीय समाज में गहराई तक प्रवेश पाने में नाकाम रहे। बृहत्तर समाज के लिए उनकी प्रकृति विजातीय ही रही, और भारतीय समाज के साथ उनका समागम सिर्फ़ शहरी केंद्रों तक ही सीमित रहा। ... मुसलमान शासन का हिंदू समाज पर एक विपरीत असर ज़रूर पड़ा ... दरअसल, मुसलमान शासन की पूरी अवधि भारतीय समाज के लिए अशांत-अवधि कही जा सकती है। इसके कारण समाज और धर्म के नेतृत्व का आत्मविश्वास गड़बड़ा गया। पूरी हिंदू समाज अस्त-व्यस्तता और पराजय की मानसिकता का शिकार हो गया। हिंदुओं ने इसका मुक़ाबला अंतर्मुखी हो कर किया। वे जाति और नातेदारियों को घने संजाल में ख़ुद को ज़्यादा सुरक्षित मानने लगे। पराजय और अवमानना की परिस्थितियों में सांसारिकता के प्रति निरपेक्ष भाव हिंदू मूल्यवत्ता की प्रमुख अभिव्यक्ति होती चली गयी। नतीजे के तौर पर हिंदू समाज अपनी जीवंतता और गतिशीलता खो बैठा, उसकी आंतरिक संरचना अधिक कठोर हो गयी और बाहरी दुनिया के प्रति उसका रवैया उत्तरोत्तर भाग्यवादी और निराशावादी होता चला गया।[9]

---

[9] देखें, रजनी कोठारी (2005), *भारत में राजनीति : कल और आज, प्रस्तुति और सम्पादन-अभय कुमार दुबे,* सीएसडीएस-वाणी, नयी दिल्ली : 65-66.

धर्म कुमार ने जिस बात के लिए इशारा किया है, उसके बारे में रजनी कोठारी सुनिश्चित तरीक़े से कहते हैं कि हिंदू मुसलमान शासन के दौरान क्या महसूस करते थे। सतीश सबरवाल ने भी सत्रहवीं सदी के जैन व्यापारी बनारसी दास की बहुचर्चित रचना *अर्धकथानक* का हवाला देकर जौनपुर की एक घटना के बारे में बताया है कि मुसलमान हुक़्मरान जब हिंदुओं पर अत्याचार करने पर उतरते थे तो उसका रूप क्या होता था :

> शहर के तत्कालीन गवर्नर नवाब क़िलिज ख़ान ने वहाँ रहने वाले क़ीमती जवाहरातों के प्रत्येक व्यापारी और जौहरी पर अपने भीषण गुस्से का कहर बरपाया। उसने सभी को जेल में डाल दिया और एक ऐसी माँग की, जिसे पूरा करने की औक़ात उन जौहरियों की नहीं थी। माँग पूरी न होने पर उसे लगा कि उसकी बेइज़्ज़ती हुई है इसलिए एक सुबह गुस्से में उबलते हुए उसने सबको एक पंक्ति में खड़ा किया ... और उन पर कोड़े बरसाने शुरू किये तब तक ... जब तक अपने दर्दनाक घावों से वे सब मौत की कगार पर नहीं पहुँच गये। लेकिन फिर उसने उनकी जान बख़्श दी और उन्हें रिहा कर दिया।[10]

ये सभी व्यापारी या तो हिंदू थे या जैन। बहरहाल, ग़ैर-मुसलमानों ने मुसलमान शासन के दौरान जो भी महसूस किया हो, सामासिक संस्कृति की मौजूदगी से न धर्म कुमार इंकार करती हैं और न ही कोठारी। लेकिन, कोठारी का कहना है कि हिंदू-मुसलमान सांस्कृतिक आदान-प्रदान उस समय का नहीं है जब मुसलमान हुकूमत अपने शिखर पर थी, बल्कि तब का है जब मुसलमान शासन के पराभव के दौर से गुज़र रहा था। ऊपर से यह आदान-प्रदान शहरों तक ही सीमित रहा। इसी तरह धर्म कुमार भी सामासिक संस्कृति को उत्तर भारतीय दरबारी जीवन का पर्यायवाची बताती हैं। प्रलय क़ानूनगो को भी इस दावे पर पूरा यक़ीन है। लेकिन कुछ अन्य विद्वान सामासिक संस्कृति के इस सीमित दायरे से सहमत नहीं हैं। पापिया घोष यह तो मानती हैं कि गंगा-जमनी संस्कृति के अधिक जेण्डरीकृत, विभिन्न अवधियों में विकसित और क्षेत्रवार ब्योरे अभी आने बाक़ी हैं,[11] लेकिन इस कमी के बावजूद वे इस बात के पर्याप्त प्रमाणों का उल्लेख करती हैं जिनके मुताबिक़ यह संस्कृति न केवल दोनों धर्मों

---

[10] बनारसी दास की रचना *अर्धकथानक* के भाष्य के लिए देखें, मुकुंद लाठ (सं.) (1981), *अर्धकथानक : हाफ़ अ टेल, अ स्टडी इन द रिलेशनशिप बिटवीन ऑटोबायोग्राफ़ी ऐंड हिस्ट्री*, राजस्थान प्राकृत भारती संस्थान, जयपुर. सबरवाल (2008), वही : 11 ने यह उद्धरण लाठ की इसी रचना से लिया है.

[11] देखें, पापिया घोष (2006), 'राइटिंग गंगा-जमनी : इन द 1940ज़ ऐंड आफ़्टर', *सोशल साइंटिस्ट*, खण्ड 34, अंक 11/12 : पृ.-33.

के अभिजन के बीच बल्कि तत्कालीन जन-साधारण (क़स्बाई और ग्रामीण) के जीवन और आपसी संबंधों को विनियमित करती रही है।[12] यह सही है कि अभी इतिहासकारों द्वारा मध्ययुगीन सामाजिक जीवन के व्यापक और विस्तारित चित्रों की रचना होनी बाक़ी है, लेकिन रचनात्मक सहित्य इस मामले में पीछे नहीं है। इस 'लिटरेरी एविडेंस' को पूरा प्रमाण नहीं तो प्रमाणों की तरफ़ किया जाने वाला संकेत तो माना ही जा सकता है। इसलिए सामासिक संस्कृति को केवल संगीत और स्थापत्य की उपलब्धियों में सीमित करना उसके प्रभाव, विस्तार और गहराई के साथ अन्याय करना होगा। लेकिन, धर्म कुमार ने जो अन्य संबंधित प्रश्न उठाए हैं और उन्हें नज़रअंदाज़ करने पर मध्यमार्गी विमर्श के मुखर पक्षों द्वारा की जाने वाली ज्ञान की राजनीति के फेर में फँसने का ख़तरा पैदा हो जाएगा।

मसलन, पापिया घोष ने जिस तरह बीसवीं सदी के पहले पचास सालों में गंगा-जमनी संस्कृति के मुक़ाबले तत्कालीन राजनीति को रख कर देखा है, उससे धर्म कुमार की इस बात को और बल मिलता है कि सामासिकता की समझ उसकी भीतरी संरचना में मौजूद पदानुक्रम और उसके साथ जुड़े राजनीतिक प्रश्न को परे रख कर हासिल नहीं की जा सकती। पापिया ऐसे कई हवाले देती हैं कि जिनमें मुसलमानों की तरफ़ से यह दावा किया जाता दिखता है कि गंगा-जमनी तहज़ीब दरअसल उनकी निर्मिति है। लेकिन, हिंदुओं की तरफ़ से इस तहज़ीब के बारे में ऐसी कोई आत्मछवि प्रक्षेपित होती नहीं दिखती। यानी हिंदू प्रवक्ता औपनिवेशिक काल में इस तहज़ीब से ख़ुद को जोड़ने से बच रहे थे। दूसरी तरफ़ इस दौरान यह तहज़ीब एक ऐसी आड़ के रूप में सामने आती है जिसका सहारा लेकर मुसलमान राजनेता जब चाहे लीगी हो कर द्विराष्ट्र सिद्धांत का झण्डा बुलंद करते थे, और जब उन्हें लगता था कि पाकिस्तान जाना उनके लिए मुफ़ीद

---

[12] सामासिक संस्कृति के विस्तार और गहराई के लिए देखें, पीटर मैनुअल (1996), 'म्यूज़िक, द मीडिया, ऐंड कम्युनल रिलेशंस इन नॉर्थ इण्डिया, पास्ट ऐंड प्रज़ेंट', डेविड लुडेन (सं.), *कंटेस्टिंग द नेशन : रिलीजन, कम्युनिटी, ऐंड द पॉलिटिक्स ऑफ़ डेमॉक्रैसी इन इण्डिया,* युनिवर्सिटी ऑफ़ पेंसिलवानिया प्रेस, फ़िलाडेल्फ़िया : 119-39 में हिंदुस्तानी संगीत के क्लासिकल से लेकर लोक संगीत के दायरों तक व्यापक प्रभाव के प्रमाण उपलब्ध हैं. इसके अलावा मुशीरुल हसन (2004), *फ्रॉम प्लूरलिज़म टू सेपरेटिज़म : क़स्बा इन कोलोनियल अवध,* ऑक्सफ़र्ड युनिवर्सिटी प्रेस, नयी दिल्ली ने अवध की क़स्बाई संस्कृति के संदर्भ में सामासिक संस्कृति के प्रभाव के ब्यौरे दिये हैं. कुमकुम संगारी (1999), *पॉलिटिक्स ऑफ़ द पॉसिबिल : एसेज़ ऑन जेंडर, हिस्ट्री,* नैरेटिव, कोलोनियल इंग्लिश, तूलिका, नयी दिल्ली ने उप्र में भू-स्वामियों से लेकर श्रमिकों तक यानी हर स्तर पर हिंदू-मुस्लिम सामासिकता की चर्चा की है.

नहीं होगा, वे इस तहज़ीब की पैरोकारी करते हुए कम्पोज़िट नैशनलिज़्म के गीत गाने लगते थे।[13]

इम्तियाज़ अहमद द्वारा की गयी सामासिक संस्कृति की आलोचना की विशेषता यह है कि वे इसे मुख्यतः मुसलमान और भारतीय इस्लाम के संदर्भ में बड़े बेबाक तरीक़े से पेश करते हैं। उनका कहना है कि उपनिवेशवाद विरोधी संघर्ष के दौरान द्विराष्ट्र सिद्धांत का मुक़ाबला करने के लिए हिंदुओं और मुसलमानों के सामासिक राष्ट्रवाद की संकल्पना कांग्रेस के शीर्ष नेतृत्व के उस हिस्से द्वारा विकसित की गयी थी जो सेकुलरवाद और आधुनिकता में विचारधारात्मक यक़ीन करता था। आज़ादी के बाद पाकिस्तान के इतिहासकारों ने हिंदू-मुस्लिम विभेद को उभार कर द्विराष्ट्र सिद्धांत का औचित्य-प्रतिपादन करने के लिए इतिहास-लेखन किया। उसकी प्रतिक्रिया में भारत के इतिहासकारों ने इस तरह की दावेदारियाँ कीं जिनमें हिंदू-मुस्लिम पहचान की पृथकता के बजाय उनके मिश्रित रूप पर बल दिया गया। इतिहासकारों की इस होड़ में भारत का सामाजिक यथार्थ पृष्ठभूमि में डाल दिया गया। इस प्रक्रिया के सातत्य ने एक 'दुर्भाग्यपूर्ण परिणाम' को जन्म दिया जिसके तहत बड़ी संख्या में बुद्धिजीवी और सार्वजनिक जीवन में सक्रिय लोग यह मानने लगे कि स्वातंत्र्योत्तर सेकुलर राज्य का आधार भारतीय समाज में बहुत पहले से मौजूद है। असलियत यह थी कि आज़ाद भारत 'सेकुलर राज्य और कम्युनल समाज' की स्थिति में था, और समाज की साम्प्रदायिकता राज्य के सेकुलरत्व के कार्यान्वयन के अकसर आड़े आती हुई दिखती थी। इम्तियाज़ अहमद के शब्दों में :

> अन्योन्यक्रिया के धरातल पर दोनों धर्मों के बीच वास्तव में अनगिनत सम्पर्क-सूत्र थे, हालाँकि इन सूत्रों की मज़बूती दोनों धर्मावलम्बियों के सामाजिक और सांस्कृतिक स्तर के हिसाब से बदलती रहती थी। सम्भवतः समाज-व्यवस्था के सबसे निचले पायदान पर दोनों समुदायों के बीच के सूत्र सर्वाधिक सुदृढ़ थे जहाँ उनका मिलन एक-दूसरे साथ सकारात्मक ढंग से होता था। ... दूसरी तरफ़ दोनों समुदायों के शिक्षित या सांस्कृतिक रूप से परिष्कृत सदस्य आपसी फ़र्क़ को रेखांकित करते हुए अलग-अलग सामाजिक दायरों में सक्रिय रहते थे। मसलन, मध्यवर्गीय हिंदू, ख़ासकर द्विज, अपने मुसलमान पड़ोसियों के साथ कभी सहज

---

[13] देखें, पापिया घोष (2006), वही : उनके लेख का आख़िरी हिस्सा जहाँ उन्होंने लीगी से सामासिकता के समर्थक बने बिहार के नेता बदरुद्दीन अहमद की आत्मकथा *हक़ीक़त भी कहानी भी : अज़ीमाबाद की तहज़ीबी दास्तान* की चर्चा की है.

नहीं हो पाता था। वह मुसलमानों के तौर-तरीक़ों को अशिष्ट और रीति-रिवाजों को अस्वच्छ मान कर चलता था। और, मुसलमान अपनी तरफ़ से यह भूलने के लिए तैयार नहीं थे कि वे कभी भारत के विजेता रह चुके हैं। इसी प्रभाव में उनके द्वारा जताई गयी अहमियत हिंदुओं में चिढ़ और नाराज़गी का कारण बन जाती थी। एक मूर्तिपूजक के रूप में हिंदू के प्रति मुसलमान अपना तिरस्कार छिपाने में भी नाकाम था। ज़ाती तौर पर हिंदुओं और मुसलमानों के बीच निकटता और स्नेह की मिसालें थीं, पर आम रवैया मैत्रीपूर्ण नहीं था। एक तरफ़ अक़बर और दारा शिकोह द्वारा और दूसरी तरफ़ नानक और कबीर द्वारा किये उच्चस्तरीय सामासिक प्रयासों के बावजूद 'न शिक्षित हिंदुओं और न शिक्षित मुसलमानों ने सांस्कृतिक सहअस्तित्व को सांस्कृतिक आत्मसातीकरण की स्वाभाविक आहट के तौर पर स्वीकार किया। मध्ययुगीन मुसलमान भारत में सांस्कृतिक विजय के स्वाभाविक परिणाम के रूप में रंगभेद की तरह का सांस्कृतिक भेदभाव ही प्रधान आदर्श था।'

यहाँ इस बात पर ज़ोर दिया जाना चाहिए कि सभी धर्म-प्रदत्त निर्देशों को स्वीकार करने वालों और इस्लामिक क़ानून के बजाय गाँव के रीति-रिवाजों का पालन करने वालों के बीच का अंतर बहुत साफ़ नहीं था। इन विभिन्न श्रेणियों के बीच ख़ासी तरलता थी और आधार से ऊपर की तरफ़ व्यक्तियों की आवाजाही लगातार होती रहती थी। अपनी आस्थाओं में पैग़म्बर की शिक्षाओं के साथ-साथ जड़ात्मवाद, जादू और रहस्यवाद की मिलीजुली मौजूदगी होने के बावजूद एक व्यक्ति अपेक्षाकृत परम्परानिष्ठ क़िस्म का मुसलमान बन सकता था। ... कुछ सांस्कृतिक प्रक्रियाओं के कारण दोनों समुदायों के बीच विभेद तीखे हुए हैं और साम्प्रदायिक भावनाएँ बढ़ी हैं। और बेहतर शब्दों के अभाव में मैं इन्हें 'संस्कृतीकरण' और 'इस्लामीकरण' की प्रक्रियाओं का नाम दूँगा जो हिंदू और मुसलमानों की बीच चलती हैं।[14]

ज़ाहिर है कि यहाँ इम्तियाज़ भी रजनी कोठारी के स्पष्ट विचारों और धर्म कुमार के इस इशारे से सहमत हैं कि मुसलमान शासन में हिंदू सांस्कृतिक रूप से उत्पीड़ित महसूस करते थे। वे एक जगह कहते भी हैं कि मुसलमानों की विजय के बाद 'हिंदू धर्म ने आत्मरक्षा के तौर पर ख़ुद को सिकोड़ लिया। हिंदू समाज-व्यवस्था बचाव की मुद्रा में आ कर पहले से कहीं ज़्यादा आत्मसजग हो गयी।' धर्म कुमार की तरह वे यह भी मानते हैं कि प्राक्-आधुनिक भारत के हिंदू राजा हों या मुसलमान हुक्मरान, अपने से अलग धर्मों के अनुयायियों को दिये गये अधिकार अपने जैसे धर्मावलम्बियों को दिये जाने वाले अधिकारों के कमतर ही होते थे। इम्तियाज़ यह भी कहते हुए दिखते हैं कि धर्म के लोक-

---

[14] देखें, इम्तियाज़ अहमद (1969), वही.

प्रचलित रूपों और सुपरिभाषित शास्त्रोक्त धार्मिकता को अलग-अलग खानों में बाँट कर देखना कितना भ्रामक हो सकता है। उनका यह प्रेक्षण जितना इस्लाम पर लागू होता है, उतना ही हिंदू संदर्भ पर भी।

इम्तियाज़ अहमद को यह कहने में कोई संकोच नहीं है कि धर्मों और परम्पराओं की बहुलता के बावजूद भारतीय सभ्यता प्रधानतः हिंदू सभ्यता ही रही है और अभी भी है :

> जो भी हो, इस संस्कृति का प्रधान सूत्र हिंदू धर्म का ही रहा है। भारतीय सभ्यता इसी हद तक सरंध्र रही है कि राष्ट्रीय संस्कृति में अन्य सांस्कृतिक धाराएँ आंशिक रूप से ही समेकित हुई हैं। इसीलिए मेरे विचार से तो भारतीय सभ्यता एक ऐसी दीवार की तरह है जिसमें हिंदू धर्म की पृष्ठभूमि पर विभिन्न संस्कृतियों और लोगों के तत्त्व ढीले-ढाले ढंग से खूँटियों से लटके हुए हैं। अगर यह दीवार ज़रा सी भी तिरछी हुई तो दूसरी संस्कृतियों के लटके हुए तत्त्व अपनी खूँटियों समेत गिर कर बिखर जाएँगे।[15]

अंग्रेज़ों के ज़माने में हिंदू और मुसलमान परम्पराएँ कहाँ मिलती थीं, और कहाँ अलग-अलग हो जाती थीं— इस प्रक्रिया पर सतीश सबरवाल ने भी गहरी नज़र डाली है।[16] उनके अनुसार हिंदुओं और मुसलमानों के बीच एकजुटता पैदा करने वाली सामाजिक व्यवस्थाएँ और दैनंदिन अन्योन्यक्रियाएँ संस्थागत और विचारधारात्मक मज़बूतियों से वंचित थीं और रहीं। उन्नीसवीं सदी में जब पुरानी व्यवस्था ख़त्म हो रही थी, ऐसे राजनीतिक बंदोबस्त नहीं के बराबर थे जिन पर नाना प्रकार के भारतीय समूह अपनी निरंतरता के लिए निर्भर महसूस करते हों। उल्टे उन्हें एक-दूसरे से अलग करने वाले दबाव कई दिशाओं से पड़ रहे थे। 'सामासिक प्रवृत्तियाँ अकसर तर्कहीन क़िस्म की साझा भक्ति और अंधविश्वास का रूप ले लेती थीं। उन्नीसवीं सदी में हिंदू और मुसलमान दोनों के ही धार्मिक सुधार आंदोलन अनिवार्यतः ऐसे सम्प्रदायों और कर्मकाण्डों को अपने-अपने धर्म की प्राचीन शुद्धता में लाई गयी गिरावट के तौर पर देखते थे।'[17] सबरवाल

---

[15] देखें, इम्तियाज़ अहमद (1969), वही.

[16] सबरवाल (2008) के अलावा इस मसले पर अलग से विचार के लिए देखें, सतीश सबरवाल (2005), 'इंटीग्रेशन और सेपरेशन ऑफ़ ट्रेडिशंस : मुस्लिम्ज़ ऐंड हिंदूज़ इन कोलोनियल इण्डिया', सतीश सबरवाल और सुप्रिया वर्मा (सं.), *ट्रेडिशंस इन मोशन : रिलीजन ऐंड सोसाइटी इन हिस्ट्री,* ऑक्सफ़र्ड युनिवर्सिटी प्रेस, नयी दिल्ली : 272-295.

[17] यह उद्धरण सबरवाल (2008) ने सुमित सरकार (1973), *स्वदेशी मूवमेंट इन बंगाल 1903-198,* पीपुल्स पब्लिशिंग हाउस, नयी दिल्ली : 409 से लिया है.

निष्कर्ष निकालते हैं कि सच्ची इस्लामिक जीवन-शैली और सच्चे हिंदू धर्म के आग्रहों के साथ-साथ उपनिवेशवादियों द्वारा बदली जा रही अर्थव्यवस्था में अपने-अपने हिस्से के लिए होने वाली प्रतियोगिता और ईसाई धर्मप्रचारकों की हिंदू, इस्लामिक और सिख विरोधी आक्रामक मुहिमों ने जो तनावपूर्ण हालात पैदा किये, उनके सामने सामासिक संस्कृति की संरचनाएँ नहीं टिक पायीं।

आगे चल कर इम्तियाज़ और सबरवाल के प्रेक्षणों के आधार पर मैं चर्चा करूँगा कि मिलन और अलगाव के समीकरण से मुसलमान को धर्मनिष्ठ मुसलमान बनाने की प्रक्रिया कैसे चली।

मुस्लिम पहचान की निर्मिति

धर्म कुमार द्वारा सामासिकता से जुड़ा राजनीतिक प्रश्न उस समय और महत्त्वपूर्ण हो जाता है जब सतीश सबरवाल द्वारा भारत में मुस्लिम पहचान के बनने की ऐतिहासिक प्रक्रियाओं पर रोशनी डाली जाती है।[18] आम तौर पर मध्यमार्गी विमर्श के मुखर पक्ष को हिंदू पहचान से जुड़े सवालों में ज़्यादा रुचि रहती है। लेकिन, सबरवाल पाकिस्तान की यात्रा के दौरान पूछे गये एक सवाल के अपने जवाब से स्वयं असंतुष्ट होने के नाते मुस्लिम पहचान की निर्मिति की खोज करने निकल पड़ते हैं। वे ख़ुद को औपनिवेशिक काल तक ही सीमित नहीं रखते, बल्कि वे उन प्रक्रियाओं से अपनी शुरुआत करते हैं जिनका ताल्लुक़ मध्ययुग में व्यक्तियों के 'मुसलमान' श्रेणी में दाख़िल होने से है।

सबरवाल के लिए मुसलमान बनना और धर्मनिष्ठ मुसलमान दायरे में प्रवेश करना दो अलग-अलग बातें हैं। उनके लिहाज़ से मुसलमान बनने की प्रक्रियाएँ मुख्य तौर से दो रही हैं : वनों में रहने वाले समुदायों, कमज़ोर जातियों और समाज के निचले पायदानों पर पड़े लोगों पर इस्लामिक धार्मिक हस्तियों (सूफ़ियों) के प्रभाव के कारण; और मुसलमान हुक़ूमतों के दबाव के कारण। सबरवाल पूरी तरह से साफ़ हैं कि इन दोनों में ज़्यादातर धर्मांतरण पहली प्रक्रिया के ज़रिये ही हुआ। दूसरी प्रक्रिया भी चली, पर वह प्रधान नहीं थी। वे कोठारी से सहमत हैं कि पहली वाली प्रक्रिया में सरकारी ज़ोर-जबरदस्ती तो नहीं थी,

---

[18] देखें, सतीश सबरवाल (2006), 'ऑन द मेकिंग ऑफ़ मुस्लिम इन इण्डिया हिस्टोरिकली', *सोसियोलॉजीकल बुलेटिन*, खण्ड 55, अंक 2 : 237-266.

लेकिन 'कुछ ऐसे बंदोबस्त अवश्य थे जिनमें इस्लामीकरण का एक चालाक क़िस्म का दबाव काम करता था। यह दबाव उलेमाओं के अनौपचारिक नेटवर्कों और सूफ़ियों को जोड़ने वाले सिलसिलों के ज़रिये डाला जाता था।' इम्तियाज़ अहमद के हवाले से ही सतीश बताते हैं कि हिंदू से मुसलमान बने व्यक्ति की हैसियत मुस्लिम समाज में तय होने का आधार क्या था। अपने हिंदू अतीत को वह जितना ख़ूबी से मिटाता था, उतनी ही बेहतर हैसियत उसकी अपने नये धर्म में होती थी। बाहर से आये मुसलमान डरे हुए थे कि विशाल हिंदू धर्म कहीं उनके एक हिस्से को अपने में समा न ले। अपनी संख्या थोड़ी बढ़ा लेने से उन्हें लगता था कि शायद उस सूरत में उन पर हिंदू प्रभाव नहीं पड़ेगा। उनके डर का कारण काल्पनिक नहीं था। आगे चल कर बीसवीं सदी के दूसरे दशक में आर्य समाज ने आगरा–मथुरा क्षेत्र में शुद्धि यानी उल्टे धर्मांतरण के ज़रिये क़रीब डेढ़ लाख ऐसे मुसलमानों को पुन: हिंदू बना लिया जो पहले मलकाना राजपूत थे। मुसलमानों को बाक़ायदा मुसलमान बनाने के लिए चले इस्लामीकरण की प्रक्रिया में प्रमुख भूमिका निभाने वाली तबलीग़ी जमात के गठन के पीछे इस घटना की प्रतिक्रिया भी थी।[19]

जो भी हो, मध्ययुग में हिंदू से मुसलमान बनने की ये प्रक्रियाएँ कुछ इस तरह से चलती थीं कि समाज–व्यवस्था पर कोई असर नहीं पड़ता था। सबरवाल के अनुसार मुसलमानों को एक धर्मनिष्ठ समरूप स्पेस यानी उम्मा में लाने की कोशिश उन्नीसवीं सदी की शुरुआत में होती दिखाई देती है। यह परवान तब चढ़ी जब 1857 की घटनाओं के बाद मुसलमान इस मुल्क के हुक्मरान नहीं रह गये। जो मुस्लिम अभिजन (अशराफ़) कमज़ोर मुसलमान तबक़ों (अजलाफ़) की तरफ़ देखते भी नहीं थे, वे शासन करने के अधिकार से वंचित होने की दुश्चिंताओं के दबाव और अठारहवीं सदी के इस्लामिक धर्मशास्त्री शाह वलीउल्लाह की शरियत के मुताबिक़ जीवन गुज़ारने की शिक्षाओं से प्रभावित हो कर उम्मा की रचना में दिलचस्पी दिखाने लगे। इसका परिणाम 1867 में देवबंद के असाधारण रूप से विशाल और सुसंगठित मदरसे की ओर फिर सैयद अहमद ख़ाँ द्वारा अलीगढ़ में कॉलेज की स्थापना में निकला। सबरवाल के अनुसार :

> उम्मा बनने के प्रति आग्रह का विकास सबसे ज़्यादा अगर किसी वजह से हुआ तो वह थी हिंदुओं की मुख़ालफ़त का आग्रह। मैं अन्यत्र विस्तार से चर्चा कर चुका हूँ

---

[19] देखें, सतीश सबरवाल (2008), वही : xxxiv.

कि कम से कम उत्तर भारत में उन्नीसवीं सदी की शुरुआत से ही हिंदू-मुसलमान संबंधों में तब्दीली आनी शुरू हो चुकी थी। इसका कारण था दोनों के बीच सामाजिक होड़ में धीमी सर्पिलाकार बढ़ोतरी जो पीढ़ी-दर-पीढ़ी सामाजिक आक्रामकता में बदलती जा रही थी। इसकी अभिव्यक्तियाँ प्रतीकात्मक रूप से भड़काऊ धार्मिक जुलूसों, सामाजिक रूप से धर्मांतरण और शुद्धि के प्रयासों में, और शारीरिक रूप से साम्प्रदायिक दंगों में होने लगी थीं। ... निरंतर जारी इस साम्प्रदायिक टकराव के माहौल से उम्मा के एहसास ने और जड़ पकड़ी, यद्यपि उसकी दिशा वैसी नहीं थी जैसी देवबंद के सिद्धांतकारों ने कल्पित की थी।[20]

इस लेख के तीसरे खण्ड में मैं चर्चा कर चुका हूँ कि 1937 से 1947 के बीच किस तरह मुसलमानों की क्षेत्रीय राजनीति ने मुस्लिम लीग के द्विराष्ट्र सिद्धांत को पसंद करना शुरू किया। यह मुख्यत: कांग्रेस के रवैये की प्रतिक्रिया में था, लेकिन निश्चित रूप से इसके पीछे आधार-भूमि मुहैया कराने की भूमिका उन्नीसवीं सदी के बाद हिंदुओं के साथ होड़ में रची गयी उम्मा की रही है। मुस्लिम पहचान, मुस्लिम राष्ट्रवाद और उम्मा की रचना के तीन आयाम ऐसे हैं जो हिंदू राष्ट्रवाद, हिंदू पहचान और हिंदुत्ववादी राजनीति को दी जाने वाली प्रमुखता की वजह से मध्यमार्गी विमर्श के भीतर अकसर चर्चा के केंद्र में आने से रह जाते हैं। साम्प्रदायिक राजनीति की व्याख्याओं और साम्प्रदायिकता विरोधी एजेंडे से इन तीन आयामों को ग़ायब रखे जाने का परिणाम हिंदुत्व के ख़िलाफ़ सेकुलर दलील के कमज़ोर होने में निकला है।

सुपरिभाषित मुस्लिम पहचान की निर्मिति पर यह चर्चा उस समय तक पूरी नहीं हो सकती जब तक राजनीतिक क्षेत्र में मुसलमानों की भागीदारी पर इस पहचान के असर की चर्चा न कर ली जाए। हाल ही में हिलाल अहमद ने अपने एक लेख में इससे संबंधित समाज-वैज्ञानिक तर्कों का इस प्रकार ज़िक्र किया है :

दक्षिण एशिया में मुस्लिम पहचान संबंधी तीन विचार प्रचलित हैं। पहला, आत्मसातीकरण का सिद्धांत। यह सिद्धांत बताता है कि दक्षिण एशिया में उच्च इस्लामी आदर्शों और रीति-रिवाज केंद्रित परम्पराओं के बीच एक सम्मिश्रण हुआ है, जिसके चलते वे एक सामान्य धार्मिक व्यवस्था के आंतरिक और अभिन्न अंग की भाँति साथ-साथ रहते हैं। यह सिद्धांत दक्षिण एशियाई इस्लाम की बहुलपरकता पर ज़ोर देता है और मुसलमानों के लिए किसी भी तरह के 'समान एजेंडे' को ख़ारिज कर देता है। लेकिन, इतिहासकार फ्रांसिस रॉबिंसन ने इस सिलसिले में

[20] देखें, सतीश सबरवाल (2006), वही.

एक अलग बात कही है। रॉबिंसन के मुताबिक़ दक्षिणी एशिया के मुसलमानों में एक परिनिष्ठित तथा विशुद्ध इस्लाम की प्रवृत्ति शुरू से मौजूद रही है। इस विचार के मुताबिक़ भारत में इन समुदायों की राजनीतिक गतिविधियाँ कहीं न कहीं आदर्श समझे जा सकने वाली इस्लामी मूल्यों से जुड़ी होती हैं। फ़रज़ाना शेख ने इसी तर्क को आगे बढ़ाते हुए उन्नीसवीं सदी के आख़िरी वर्षों और बीसवीं सदी के शुरुआती वर्षों के दौरान भारत में इस्लामी समुदाय की धारणा का पता लगाने का प्रयास किया है। हाल ही में रिचर्ड ईटन ने यह तर्क दिया है कि ऐतिहासिक रूप से इस क्षेत्र में एक 'दोहरी गतिशीलता' चल रही थी, जिसका दक्षिण एशिया की इस्लामी पहचान पर संरचनात्मक असर पड़ा है। ईटन कहते हैं कि, '1711 और 1750 के बीच पनपने और विकसित होने वाली भारतीय-इस्लामी परम्पराओं ने एक ओर इस्लाम की शक़्लो-सूरत को दक्षिण एशिया की क्षेत्रीय संस्कृतियों की रंगत प्रदान की, तो दूसरी ओर इन संस्कृतियों के मुसलमानों को इस्लाम के विश्वव्यापी समुदाय से जोड़ने का भी काम किया।' ईटन का तर्क पहले दो विचारों का संश्लेषण करता है। क़ुरान और हदीस जैसे धार्मिक ग्रंथों की व्याख्याएँ, समाज-व्यवस्था की पदानुक्रमता एवं आर्थिक-राजनीतिक सत्ता की संरचनाएँ जगह के मुताबिक़ बदलती ज़रूर रहती हैं, लेकिन उन अलग-अलग व्याख्याओं के बीच एक नैसर्गिक सम्पर्क भी होता है। इसका कारण वही दोहरी गतिशीलता है जिसके तहत एक तरफ़ इस्लामिक उसूल का स्थानीयकरण होता है और दूसरी तरफ़ स्थानीय संस्कृतियों का इस्लामीकरण।[21]

सतीश सबरवाल मुस्लिम पहचान के राजनीतीकरण की और स्पष्ट व्याख्या करते हुए बताते हैं कि राजनीति के मैदान में भारतीय मुसलमान जब सक्रिय होते हैं तो उनकी बहुलपरकता को शुरू से ही उनकी एकजुट राजनीतिक गतिविधियों के आड़े नहीं आने दिया जाता। दरअसल, मुसलमानों की सामाजिक विविधता को हमेशा इस्लामिक लिहाज़ से उनकी ख़ामी के रूप में देख गया :

उन्नीसवीं सदी के मध्य तक अधिकतर मुसलमानों की जातिसूचक या जाति जैसी अस्मिताएँ कमोबेश स्पष्ट हो चुकी थीं। लेकिन भारत में इस्लाम के नाम पर बोलने वालों का जातिपरक समाज के प्रति रवैया नकारात्मक था। नतीजा यह निकला कि मुसलमान सार्वजनिक रूप से जाति के आधार पर शायद ही कभी सक्रिय हो पाए, यानी न तो उन्हें इस आधार पर राजनीतिक रूप से गोलबंद किया जा सका और न ही आधुनिक प्रकृति की कोई संस्था खड़ी करने के लिए संसाधन जमा किये गये। बावजूद इसके कि भारतीय मुसलमानों के बीच दर्जनों सम्प्रदाय पनपे, इस

[21] देखें, हिलाल अहमद (2017), 'सैयद शहाबुद्दीन : एक मुस्लिम भारतीय की वैचारिक कल्पनाशीलता', *प्रतिमान समय समाज संस्कृति*, वर्ष 5, अंक 9 : 45-65.

> विकासक्रम को भी इस्लाम की भावना के प्रतिकूल समझा गया। यही कारण है कि इन सम्प्रदायों की ऊर्जा भी व्यापक सार्वजनिक उद्देश्यों के लिए उपलब्ध नहीं हो सकी।[22]

अर्थात्, मुसलमानों को शुरू से ही उनके नेताओं द्वारा बहुलतापरक राजनीति करने के प्रति हतोत्साहित किया गया। उनके इस्लामीकरण के भीतर एक इबारत हमेशा लिखी हुई थी कि राजनीतिक रूप से एक समुदाय के रूप में ही काम करना उनके लिए श्रेयस्कर है। इसीलिए हिलाल अहमद के अनुसार मुसलमानों के 'सेकुलर' सिद्धांतकार सैयद शहाबुद्दीन उन्हें एक राजनीतिक समुदाय के रूप में ही देखने पर ज़ोर देते हैं, एक ऐसे राजनीतिक समुदाय के रूप में जो समरूप इस्लामी धार्मिक पहचान के आधार पर बना है :

> शहाबुद्दीन भारतीय मुस्लिम समुदाय के दो महत्त्वपूर्ण समाजशास्त्रीय पहलुओं पर प्रकाश डालते हैं। पहले तो वे एक बहुलतापरक भारतीय मुस्लिम समुदाय के पक्ष में दलील देते हैं। वे इस तथ्य से अच्छी तरह वाक़िफ़ हैं कि भारत में ऐसे अनेक अलग-अलग सामाजिक और भाषाई समुदाय हैं जो एक धर्म के रूप में इस्लाम का अनुसरण करते हैं। दरअसल, इन समुदायों में इस्लाम की समझ भी एक समान नहीं है और इस तरह भारत में अनेक मुस्लिम सम्प्रदाय और उप-सम्प्रदाय हैं। दूसरी तरफ़ शहाबुद्दीन बहुलतापरक मुस्लिम समुदाय की समान चिंताओं/सरोकारों पर बलपूर्वक तर्क देते हैं। उनकी राय में मुस्लिम समुदाय के बहुलतापरक होने का यह मतलब नहीं है कि वे अपनी इस्लामी अस्मिता को नहीं पहचानते। इस बिंदु पर शहाबुद्दीन स्वीकार करते हैं, 'समान सरोकारों और समस्याओं पर अकसर स्थानीय सरोकार और चिंताएँ हावी हो जाती हैं।' एक राजनीतिक समुदाय होने और एक राजनीतिक समुदाय बनने का सवाल असल में 'बाहरी दबावों' और अपने भीतरी आत्मबोध पर भारतीय मुस्लिम समुदायों की प्रतिक्रियाओं पर निर्भर करता है। इसलिए शहाबुद्दीन के लिए व्यापक और राष्ट्रीय अर्थों में राजनीतिक समुदाय बनना और एक धार्मिक समुदाय के रूप में एक राजनीतिक समुदाय बनना एक ही सिक्के के दो अविभाज्य पहलुओं के समान है।'[23]

इस चर्चा से दो बातें स्पष्ट होती हैं कि मुसलमानों की सामाजिक विविधता उन्हें एक राजनीतिक समुदाय बनाने की चेष्टा के ख़िलाफ़ नहीं जाती, और दूसरी यह कि उनकी यह स्थिति कमोबेश शुरू से ऐसी थी जैसी आज हिंदुओं की है जिसके मुताबिक़ हिंदुओं की सामाजिक विविधता उनके एक राजनीतिक समुदाय बनने में बाधक नहीं बन पा रही है।

---

[22] देखें, सतीश सबरवाल (2008), वही : xxx.

[23] देखें, हिलाल अहमद (2017), वही.

'दुष्ट ब्राह्मणवाद' के स्रोत

मध्यमार्गी विमर्श के मुखर पक्ष द्वारा की गयी सामासिकता की दावेदारी अगर सिक्के का एक पहलू है, तो ब्राह्मणवाद का विरोध उसका दूसरा पहलू है। प्राचीन काल से ही समाज के धार्मिक-सामाजिक जीवन के नियामक के रूप में ब्राह्मणों की भूमिका, परम्परा के निर्माता और संरक्षक के रूप में उनकी सामाजिक और कर्मकाण्डीय श्रेष्ठता, उस श्रेष्ठता को बनाए रखने के प्रयासों के बरअक्स समय-समय पर ब्राह्मणों के वर्चस्व को जैन-बौद्ध आदि प्रति-विमर्शों द्वारा प्रभावी चुनौती, प्राच्यवादियों के साथ मिल कर अठारहवीं और उन्नीसवीं सदी में ब्राह्मणों द्वारा धार्मिक परम्परा के समरूप सूत्रीकरण की कोशिश और समाज के अन्य हिस्सों से अन्योन्यक्रिया के दौरान ब्राह्मणों में आया परिवर्तन भारतीय समाज की एक हक़ीक़त है।

ब्राह्मणों की भूमिका के इन पहलुओं पर अकादमीय रूप से विचार किया जाता रहा है, और इस संबंध में विस्तृत चर्चाएँ उपलब्ध हैं। लेकिन, सेकुलर ज्ञान को जिस ब्राह्मणवाद में दिलचस्पी है वह तो कुछ और ही चीज़ है। यह एक हवाई राक्षस है जिसकी शक्ल-सूरत के बारे में किसी तरह का मतैक्य नहीं बन पाया है। मध्यमार्गी विमर्श का मुखर हिस्सा फुले-आम्बेडकर-पेरियार विचारधारा को तथाकथित नव-लोकतांत्रिक सामाजिक क्रांति का वाहक मानता है। लेकिन जिन तीन हस्तियों के नाम पर हाइफ़न लगा-लगा कर यह फ़र्ज़ी बौद्धिक निर्मिति खड़ी की गयी है उनके बीच इस सवाल पर तीखे मतभेद थे। ई.वी. रामस्वामी नायकर पेरियार के अनुसार :

> आप किससे नफ़रत करते हैं? ब्राह्मण से या ब्राह्मणवाद से? ब्राह्मणवाद क्या है? इस तरह के सवालों के जवाब में मेरा कहना है कि ब्राह्मणवाद ब्राह्मणों से निकला है, और इसीलिए ब्राह्मणों का ही संहार होना चाहिए। यह तो कुछ ऐसा पूछना हो गया कि आप चोरी से घृणा करते हैं या चोर से। जब कोई कहता है कि वह चोरी से नफ़रत करता है तो उसका मतलब यह होता है कि वह चोर से भी घृणा करता है। है कि नहीं? इसलिए (मेरा विचार है) ब्राह्मणवाद का जन्म ब्राह्मण से हुआ है और मैं इस जड़ के मूलोच्छेदन में ही लगा हूँ।[24]

---

[24] पेरियार ने यह वक्तव्य 31 अगस्त, 1959 को दिया था. देखें, ', http://keetru.com/index.php/2014-03-08-04-41-26/2014-03-14-11-17-84/27587-2014-12-25-13-07-40?code=1&state=tt. हाल ही में द *वायर* में पेरियार पर हुई विचारोत्तेजक बहस में इसे उद्धृत किया गया है. देखें, पी.ए. कृष्णन (2017), 'व्हाई डू द्रविड़ियन इंटलेक्चुअल्स एडमायर अ मैन एज़ प्रिकली एज़ पेरियार?', https://thewire.in/179688/periyar-ev-ramasamy-dravida-nadu-brahmins-dmk/, 19 अक्टूबर, 2017 को देखा गया.

ब्राह्मणवाद के बारे में आम्बेडकर के विचार पेरियार के ठीक विपरीत थे। उन्होंने अपनी रचना 'कास्ट्स इन इण्डिया : देयर मैकेनिज़म, जेनेसिस ऐंड डिवेलपमेंट' में स्पष्ट रूप से कहा है :

> जाति प्रथा के विस्तार और वृद्धि का कार्यभार इतना विराट और विकट है कि कोई एक व्यक्ति या किसी वर्ग की ताक़त या चालाकी के दम पर उसे अंजाम नहीं दिया जा सकता है। यह थियरी भी इसी तरह का तर्क है कि ब्राह्मणों ने जाति रची। मैं मनु के बारे में जो कह चुका हूँ, उसके बाद कुछ कहना बाक़ी नहीं रह जाता। केवल यह कहा जा सकता है कि विचार के तौर पर यह ग़लत और इरादे के तौर पर दूषित है। ब्राह्मणों पर कई तरह के दोषारोपण किये जा सकते हैं, और मैं कहूँगा कि वे किये जाने चाहिए, पर ग़ैर-ब्राह्मणों की आबादी पर जाति प्रथा थोपने की क्षमता उनके पास नहीं थी। अपने कुटिल-दर्शन से उन्होंने इस प्रक्रिया में मदद ज़रूर की होगी, लेकिन उनमें इस योजना को अपनी सीमाओं से बाहर लागू करने की क्षमता नहीं थी। ... ब्राह्मणवाद से मेरा मतलब एक समुदाय के रूप में ब्राह्मणों की सत्ता, विशेष सुविधाओं और हितों से नहीं है। मैं इस शब्द का इस्तेमाल ऐसे अर्थ में नहीं करता। ब्राह्मणवाद से मेरा मतलब है स्वतंत्रता, समानता और बंधुत्व की भावना का निषेध। इस अर्थ में यह सर्वव्यापी है और सभी वर्गों के विचारों और आचरण में इसकी मौजूदगी एक अकाट्य तथ्य है।[25]

पेरियार की ऐसी ही बातों से सतर्क हो कर डॉ. आम्बेडकर अपनी राजनीति में ग़ैर-ब्राह्मण आंदोलन से सावधानी से दूर रहते थे। सुहास पल्शीकर ने महाराष्ट्र की दलित राजनीति पर लिखते समय इस तथ्य का विशेष रूप से उल्लेख किया है। पल्शीकर के मुताबिक़ आम्बेडकर को पेरियार और उनके साथियों के अछूतों के उत्थान के प्रति प्रतिबद्धता पर संदेह था।[26] इसी तरह ब्राह्मणवाद के सवाल पर आम्बेडकर और फुले के विचारों में भी तीखे मतभेद थे। इन मतभेदों को आम्बेडकर के इस कथन के नीचे दबाना उचित नहीं होगा कि वे फुले को अपने तीन गुरुओं में एक मानते थे (बाक़ी दो बुद्ध और कबीर)। दरअसल, फुले ब्राह्मणों को उन विदेशी आर्यों में शामिल मानते थे जिन्होंने भारत पर आक्रमण किया था।[27] आम्बेडकर ने आर्य-आक्रमण की इस थियरी पर कभी

---

[25] देखें, www.columbia.edu/itc/mealac/pritchett/®®ambedkar/txt_ambedkar_castes.html. 19 अक्टूबर, 2017 को देखा गया. इस उद्धरण का ब्राह्मणवाद वाला अंश आम्बेडकर के उस भाषण से लिया गया है जो उन्होंने जीआईपी रेलवे डिप्रेस्ड क्लास वर्क्समेन कांफ्रेंस, नासिक में दिया था. देखें, http://velivada. com/w®v|/®}/ww/brahmanism/ 19 अक्टूबर, 2017 को देखा गया.

[26] सुहास पल्शीकर (2005), वही : 205.

[27] फुले के इस कथन के लिए देखें, *महात्मा फुले समग्र वाड्मय* (1969), पहला संस्करण, वाई.डी. फड़के (सं.) : 72.

यक़ीन नहीं किया।[28] उन्हें यह कहने में संकोच नहीं था कि

> आर्य-आक्रमण का सिद्धांत एक गढ़ंत है। ... यह थियरी वैज्ञानिक अनुसंधान के नाम पर एक विकृति है। ... यह पहले बना ली गयी और फिर इसे साबित करने के लिए तथ्य छाँट गये। ... वेद इस तर्क का समर्थन नहीं करते कि आर्य दासों और दस्युओं से रंग में अलग थे। ... अगर एंथ्रोपोमीटरी एक विज्ञान है जिस पर लोगों की नस्ल निर्धारित करने के लिए निर्भर हुआ जा सकता है ... तो नापजोख बताती है कि ब्राह्मण और अछूत एक ही नस्ल के हैं। इससे नतीजा निकलता है कि अगर ब्राह्मण आर्य हैं तो अछूत भी आर्य हैं, अगर ब्राह्मण द्रविड़ हैं तो अछूत भी द्रविड़ हैं।'[29]

बाबासाहेब का यह कथन उन्हें आर्य-द्रविड़ विभाजन से भी अलग कर देता है, और फुले की नस्लवाद आधारित सैद्धांतिक कारीगरी से भी। फुले-आम्बेडकर-पेरियार के बीच की इस पॉलिमिक्स से समझा जा सकता है कि इन तीनों का नाम लेकर ब्राह्मणवाद की एक सुसंगत थियरी गढ़ना किस क़दर नामुमकिन है।

एकाश्म और अनैतिहासिक : इस मुकाम पर यह प्रश्न पूछना समीचीन होगा कि आज जिस दुष्ट ब्राह्मणवाद और उसके मुख्य वाहक ब्राह्मण वर्ण और जाति की चर्चा होती है, उसका निकटतम स्रोत कहाँ तलाशा जाना चाहिए? बौद्धों-जैनों और अन्यान्य ग़ैर-ब्राह्मण दर्शनों द्वारा ब्राह्मणों और उनके वर्चस्व को दी गयी चुनौतियों और उससे संबंधित दार्शनिक बहसों में इसका स्रोत तलाशना व्यर्थ है। मध्यमार्गी विमर्श इनका इस्तेमाल तो महज़ ब्राह्मणवाद विरोध के प्रत्यय की पुष्टि के लिए करता है (वैसे भी ब्राह्मणवाद की भर्त्सना करने वालों की बौद्धों और जैनों द्वारा पैदा किये गये ज्ञान में शायद ही कोई दिलचस्पी हो। उनके लिए बौद्ध दर्शन का महत्त्व उतना भी नहीं है जितना डॉ. आम्बेडकर के लिए था)। मध्यमार्गी विमर्श 'दुष्ट ब्राह्मण' की छवियाँ कहाँ से उठाता है? प्राचीन और मध्यकाल के बाद वह कौन सा मुक़ाम था जहाँ शुरुआत में इस छवि को संसाधित किया गया? वे कौन से विद्वान थे जिन्होंने इस छवि को पूरी तत्परता के साथ प्रोजेक्ट किया?

---

[28] आम्बेडकर के इन विचारों के विस्तृत विश्लेषण के लिए देखें, अरविंद शर्मा (2005), 'डॉ. आम्बेडकर ऑन आर्यन इनवेज़न ऐंड द इमरजेंस ऑफ़ द कास्ट सिस्टम इन इण्डिया', *जर्नल ऑफ़ द अमेरिकन एकेडमी ऑफ़ रिलीजन*, खण्ड 73, अंक 3 : 843-870.

[29] देखें, बी.आर. आम्बेडकर (1989-1990), *राइटिंग्ज़ ऐंड स्पीचेज़*, शिक्षा विभाग, महाराष्ट्र सरकार, खण्ड 7 : 85, 410-411.

हालाँकि इस विषय में अभी पर्याप्त शोध होना बाक़ी है और मैं इस विषय का ज़रा सा भी विद्वान नहीं हूँ, फिर भी बर्नार्ड एस. कॉन की मदद से एक हद तक जो जानकारी मुझे मिली है उसका सार यह है कि मध्यमार्गी विमर्श को यह प्रत्यय उपनिवेशवादियों ने थमाया, और ज़्यादातर विद्वानों ने इसे कोई ख़ास जाँच-पड़ताल किए बिना थोड़े-बहुत हीले-हवाले के साथ अपना लिया।

'दुष्ट ब्राह्मण' का प्रत्यय सम्भवत: फ़ोर्ट विलियम कॉलेज के प्राचार्य रहे जॉन बी. गिलक्रिस्ट की 1786 में प्रकाशित एक रचना के प्राक्कथन में पूरे जोर-शोर के साथ प्रकट हुआ था। कलकत्ता से दो भागों में प्रकाशित *अ डिक्शनरी इंग्लिश ऐंड हिंदोस्तानी* के 'प्रिफ़ेस' में गिलक्रिस्ट यह साबित करते हुए दिखते हैं कि भारत में पाई जाने वाली तीन देशी महाभाषाओं में पहली हिंदुवी, दूसरी संस्कृत और तीसरी हिंदोस्तानी थी। गिलक्रिस्ट का दावा था कि कुदरती तौर पर संस्कृत कोई भाषा थी ही नहीं, बल्कि उसे 'कपटी ब्राह्मणों' ने हिंदुवी से 'हड़प' कर गढ़ा था। कॉन द्वारा की गयी गिलक्रिस्ट के संबंधित विचारों की व्याख्या के मुताबिक़ युरोपीय विद्वानों को यह मानने में बहुत मुश्किल आ रही थी कि सभ्यता के इतने शुरुआती दौर में एक ऐसी भाषा कैसे जन्म ले सकती थी जिसके नाम का ही मतलब 'परिष्कृत अथवा कृत्रिम' है। गिलक्रिस्ट ने इस उलझन का हल इस तरह सुझाया :

> (गिलक्रिस्ट का) समाधान यह था कि कुटिल वैयाकरणों ने संस्कृत को पहले से मौजूद आम लोगों की भाषा से गढ़ डाला। लोक भाषा से उन्होंने 'पुरोहित-प्रपंच के प्रयोगार्थ एक रहस्यमय लेकिन बेहतरीन क़िस्म की तथ्यत: अपने आप में सम्पूर्ण (फ़ेक्टम फ़ेक्टोरम) भाषा रच दी।' पुरोहितों की भाषा एक साज़िश का हिस्सा थी जिसका नतीजा 'एक नरम क़िस्म की निरंकुशता' और एक 'कभी न तृप्त होने वाले कैथॅलिक धार्मिक प्रयोजन' के दुहैरे बोझ के रूप में निकला। इस भाषा और उसे रचने वाले ब्राह्मणों ने अपने ज्ञान का इस्तेमाल भारत की हिंदू आबादी को ग़ुलाम बनाने में किया। उन्होंने (गिलक्रिस्ट ने) ब्राह्मणों का चरित्र-चित्रण ऐसे 'दुष्ट पौरोहित्य' के रूप में किया जिसकी शिक्षाएँ 'ब्राह्मणीय भेड़ियों की अस्पष्ट और आडम्बरी चीत्कार' के अलावा कुछ नहीं हैं।'[30]

गिलक्रिस्ट की गाली-गलौज भरी भाषा को नज़रअंदाज़ करते हुए हमें ध्यान देना चाहिए कि वे स्पष्ट रूप से संस्कृत को पौरोहित्य की भाषा में और ब्राह्मणों

---

[30] देखें, बर्नार्ड एस. कॉन (1996), 'द कमांड ऑफ़ लेंग्वेज ऐंड द लेंग्वेज ऑफ़ कमांड', *कोलोनियलिज़म ऐंड इट्स फ़ॉर्म्स ऑफ़ नॉलेज : द ब्रिटिश इन इंडिया,* प्रिंसटन युनिवर्सिटी प्रेस, प्रिंसटन : 16-56.

को कर्मकाण्ड के पेशे में सीमित करने के साथ-साथ उन्हें ईसाइयों के कैथॅलिक़ पौरोहित्य के भारतीय समकक्ष के रूप में देख रहे थे। सम्भवत: यही थी वह कसौटी जिस पर कस कर ब्रिटेन के प्रोटेस्टेंट उपनिवेशवादियों ने ब्राह्मणों पर बिना कोई शोध किये उनकी 'दुष्टता' का पता लगा लिया था। ऐसा लगता है कि प्रोटेस्टेंट बनाम कैथॅलिक की बहस के ढाँचे से धर्म की जो परिभाषा निकल रही थी, उसी की अवधारणात्मक शब्दावली में हिंदुओं के धार्मिक जीवन को परिभाषित किया जा रहा था। यहीं से एक तरह के एकाश्म और अनैतिहासिक ब्राह्मणवाद के प्रत्यय ने जन्म लिया। कई विद्वानों की मान्यता है कि प्रोटेस्टेंटों द्वारा कैथॅलिकों के ख़िलाफ़ संघर्ष की निरंतरता भारत में ब्राह्मण और ब्राह्मणवाद के ख़िलाफ़ जिये जाने वाले बौद्धिक फ़तवों में देखी जा सकती है।[31]

दरअसल, इस प्रकार के एकाश्म और अनैतिहासिक ब्राह्मणवाद को केंद्र बना कर रचा जाने वाला विमर्श ज्ञानोत्पादन की पूरी प्रक्रिया को ही अविश्वसनीय बना देता है। इसके कारण भारत के पूरे अतीत को 'ब्राह्मणवाद बनाम अन्य सभी' के रूप में देखने की प्रबल प्रवृत्ति पैदा होती है, और भारत की छवि एक ऐसी समतल ज़मीन के रूप में सामने आती है जहाँ ब्राह्मणों और ब्राह्मणवादी ज्ञान के अलावा किसी और तरह का ज्ञानोत्पादन हो ही न रहा हो। जबकि, सच्चाई यह है कि भारत का वैचारिक जीवन प्राचीन काल से लेकर मध्य काल तक ज्ञान और उसके संचार के लिहाज़ से ब्राह्मणोन्मुख होने के साथ-साथ ग़ैर-ब्राह्मणोन्मुख भी था। न केवल दोनों तरह के ज्ञान की प्रकृति और बनावट में अंतर था, बल्कि उन्हें रचने वालों और ग्रहण करने वालों के बीच भी अंतर था। प्राचीन भारत के इतिहास कृष्ण मोहन श्रीमाली ने अपनी एक रचना में इस विविधता की तरफ़ पर्याप्त ध्यान खींचा है।[32]

---

[31] इस तरह की विद्वत्ता के कुछ उदाहरणों के लिए देखें, थॉमस ट्राउटमेन (1997), *आर्यंस ऐंड द ब्रिटिश इंडिया,* युनिवर्सिटी ऑफ़ कैलिफ़ोर्निया प्रेस, कैलिफ़ोर्निया : 104-5; इवान एम. ज्यूस (1976), 'द डिजेनरेशन पैराडाइम इन द वेस्टर्न स्टडी ऑफ़ वर्ल्ड रिलीजंस', *जर्नल ऑफ़ इक्यूमेनिकल स्टडीज़,* खण्ड 31, अंक 1 : 15-35; रैफ़ गेल्डर्स और विलेम डेर्डे (2003), 'मंत्राज़ ऑफ़ एंटी-ब्राह्मनिज़म : कोलिनियल एक्सपीरिएंस ऑफ़ इंडियन इंटलेक्चुल्स', *इकॉनॉमिक ऐंड पॉलिटिकल वीकली,* खण्ड 38, अंक 43 : 4611-4617; रैफ़ गैल्डर्स और एस.एन. बालगंगाधर (2011), 'रिथिंकिंग ओरिएंटलिज़म : कोलोनियलिज़म ऐंड द स्टडी ऑफ़ इंडियन ट्रेडिशंस', *हिस्ट्री ऑफ़ रिलीजंस,* खण्ड 51, अंक 2 : 101-128.

[32] देखें, कृष्ण मोहन श्रीमाली (2011), 'नॉलेज ट्रांसमिशन : प्रोसेसेज़, कंटेंट्स ऐंड एप्रेटस इन अर्ली इंडिया', *सोशल साइंटिस्ट,* खण्ड 39, अंक 5/6 : 3-22.

आइए, देखें एकाश्म और अनैतिहासिक ब्राह्मणवाद के नाम पर और क्या-क्या कलाबाज़ियाँ खाई जाती हैं।

मध्यमार्गी विमर्श के मुखर पक्ष को जब सामासिकता दिखानी होती है तो वह बताता है कि पल्लवों की राजधानी कांची और बल्लीगाँव की कन्नड़-भूमि पर न केवल शैव, वैष्णव, शाक्त, बौद्ध और जैन एक साथ शांतिपूर्वक मैत्रीभाव से रहते थे, बल्कि पनपते भी थे। और, जब उसे ब्राह्मणवाद की दुष्टता दिखानी होती है तो ब्राह्मणों द्वारा चलाई गयी बौद्ध-संहार परियोजना पर प्रकाश डालने लगता है। जब हिंदुत्व का विचार राजनीति में प्रभावी नहीं था, तो भी ब्राह्मणवाद का रोना रोया जा रहा था, और जब हिंदुत्व प्रभावी हो गया है तो उसके पीछे भी ब्राह्मणवाद को ही कारण बताया जा रहा है। यानी प्राचीनकाल में ब्राह्मणवाद ने सामासिकता को भंग किया, फिर उसी दुष्ट ब्राह्मणवाद में प्राच्यवाद के ज़रिये उपनिवेशवादियों ने 'भव्य हिंदू परम्परा' गढ़ कर नयी जान फूँकी, और अब वही ब्राह्मणवाद हिंदुत्ववादियों का आधार बना हुआ है। सवाल यह है कि सेकुलर ज्ञान की दृष्टि में भारतीय इतिहास के इस 'स्थायी खलनायक' की भूमिका को कैसे समझा जाए?

धर्म कुमार ने रीज़ डेविड्स के हवाले से ब्राह्मणों द्वारा हिंसा के ज़रिये बुद्ध धर्म के उन्मूलन के आरोप का कड़ा प्रतिवाद किया है। वे सेकुलर ज्ञान के ख़िलाफ़ दामोदर धर्मानंद कोसम्बी का उद्धरण भी देती हैं कि 'संक्षेप में कहा जाए तो बुद्ध धर्म आर्थिक रूप से टिकने योग्य नहीं रह गया था। अनगिनत बौद्ध मठ और उनके खाये-पिये बाशिंदे किसी फ़ौजी बंदोबस्त की ही तरह ख़र्चीले हो गये थे। बुद्ध धर्म शुरू से ही एक ऐसी सार्वभौम क़िस्म की विशाल राजशाही के पक्ष में था जो छोटे-मोटे युद्धों को रोक सके। भारत में इस तरह का आख़िरी साम्राज्य हर्ष का था। उसके बाद इधर-उधर छोटी-छोटी हुक़ूमतों का उस समय तक उभार होता रहा जब तक नीचे से उभरने वाले सामंतवाद ने राज्य की संस्था को सामंती भूस्वामियों का नया आधार मुहैया नहीं करा दिया।' लेकिन इसी के साथ वे यह भी मानती हैं कि बुद्ध धर्म के पतन के पीछे केवल आर्थिक कारण नहीं थे, और इस विषय में अभी काफ़ी शोध की ज़रूरत है।[33] बहरहाल, बुद्ध

[33] धर्म कुमार के अनुसार भारत में बुद्ध धर्म की गिरावट बहुत लम्बे अरसे तक जारी रही. उसके पतन की कहानी बहुत जटिल होगी. उसमें अलग-अलग क्षेत्रों के इतिहास को खँगालना होगा और उनके बीच के अंतर की भी शिनाख़्त करनी होगी. कोसम्बी के उद्धरण के लिए देखें, डी.डी कोसम्बी (1957), 'द डिक्लाइन ऑफ़ बुद्धिज़म इन इण्डिया', *एक्सैज़परेटिंग एसेज़*, इण्डिया बुक एक्सचेंज, कलकत्ता : 64.

धर्म के पतन पर होने वाली बहस को यहीं छोड़ कर मैं पाठकों का ध्यान इस समस्या के दूसरे पक्ष की ओर खींचना चाहता हूँ। मैं यह देखना-दिखाना चाहता हूँ कि हिंदुओं को दुष्ट ब्राह्मण धर्म और लोक-प्रचलित बहुलतावादी हिंदू धर्म में बाँटने की युक्ति किस तरह कई इतिहासकारों द्वारा सपरिश्रम जुटाए गये साक्ष्यों के ख़िलाफ़ जाती है।

अगर इस थमाए गये सेकुलर ज्ञान से हट कर देखा जाए तो धर्मशास्त्रों और स्मृतियों से निकलने वाली ब्राह्मण परम्परा और लोक-प्रचलित ग्रहणशील हिंदू धर्म के आपसी रिश्तों का इतिहास कुछ और ही कहानी कहता है। भारतीय इतिहास कांग्रेस के 61वें अधिवेशन के प्राचीन भारत संबंधी अध्याय का अध्यक्षीय भाषण देते हुए विजय नाथ ने दिखाया था कि जिसे हिंदुइज़्म या हिंदू धर्म कहा जाता है वह दरअसल गुप्तकाल और उत्तर-गुप्तकाल (पहली सहस्राब्दी का दूसरा हिस्सा) की निर्मिति है। यह हिंदू धर्म ब्राह्मणवाद की एकल धारा (जो मुख्यतः वैदिक विचार-परम्परा से बनी थी और अभिजन नज़रिये की नुमाइंदगी करती थी) के पुराणिक हिंदू धर्म (जिसमें तमाम सम्प्रदायों, विचार-परम्पराओं, रीति-रिवाजों और विभिन्न समुदायों को अपने आगोश में लेकर आत्मसात् करने की विपुल क्षमता है) में सांस्कृतिक-संक्रमण से बना है। यह संक्रमण कुछ इस शैली में हुआ कि इससे ब्राह्मण परम्परा से पूर्ण विच्छिन्नता के बजाय धीमे विकासक्रम के ज़रिये वैचारिक और संरचनागत परिवर्तन हुए और एक व्यापक आधार वाले हिंदू धर्म की भित्ति तैयार होती चली गयी। विजय नाथ के अनुसार महायान बौद्ध सम्प्रदाय के बढ़ते हुए प्रभाव के दबाव में ब्राह्मणों को अपना संकीर्ण रवैया त्याग कर वैदिक यज्ञ के बजाय दान, तीर्थ, व्रत, पूजा और जप जैसी आम लोगों (स्त्रियों और शूद्रों समेत) को उपलब्ध धर्मविधियों पर ज़ोर देना पड़ा। उन्हें यह तक मानना पड़ा कि इनके ज़रिये मिलने वाले आध्यात्मिक लाभ यज्ञ के कर्मकाण्ड से भी महत्त्वपूर्ण होते हैं। तीसरी और चौथी ईस्वी से पुराणों की रचना शुरू हुई जिनका पाठ सामूहिक सभाओं में किया जाना था और इसीलिए इन्हें 'आम जनता का धर्मशास्त्र' क़रार दिया गया। इसी पुराणिक धर्म के कारण लोक-प्रचलित हिंदू धर्म का विकास हुआ, वेदों पर एकमात्र निर्भरता ख़त्म हुई, असंख्य देवी-देवताओं (जिनमें ब्रह्मा-विष्णु-महेश और सरस्वती-लक्ष्मी-पार्वती/दुर्गा जैसी दो प्रमुख तिकड़ियों समेत) का जन्म हो गया, तरह-तरह के मिथकों का प्रचलन हुआ, तांत्रिक पहलुओं का हिंदू धर्म में समावेश

किया गया और भागवत पुराण के ज़रिये राम और कृष्ण के किरदारों के इर्द-गिर्द भक्ति पर नया विचारधारात्मक ज़ोर देने की ज़मीन तैयार हुई।

प्राचीन भारत के इतिहासकारों के बीच चर्चित हो चुका यह विजय नाथ का यह व्याख्यान दरअसल ब्राह्मणवाद की एकल परम्परा के लोक-प्रचलित हिंदू धर्म में विलीन होते जाने का सामाजिक-आर्थिक आख्यान है। इस व्याख्यान में वे बदलती हुई सामाजिक-आर्थिक प्रक्रियाओं के दबाव में ब्राह्मण समुदाय के आंतरिक वर्गीकरण में हुई तब्दीलियों की भी दिलचस्प चर्चा करती हैं। अपनी बात का समापन करते हुए विजय नाथ ने कहा :

> समष्टिगत प्रकृति का मेरा अध्ययन दिखाता है कि पुराणिक हिंदू धर्म में भक्ति पर बढ़ता हुआ ज़ोर परिवर्तनशील समाज-व्यवस्था की माँगों की प्रत्यक्ष अनुक्रिया में और धार्मिक धरातल पर चुनौतियों का मुक़ाबला करने की ज़रूरत के मुताबिक़ था। इसके अलावा तत्कालीन ब्राह्मणवाद के देवकुल और कर्मकाण्ड-केंद्रित रवैये में हुई बेतहाशा बढ़ोतरी उसके एजेंटों द्वारा किसी 'वर्चस्वी साम्प्रदायिक विनियोग' का परिणाम न हो कर ब्राह्मणवाद के साथ अलग-अलग लेकिन समान रूप से जीवंत सांस्कृतिक परम्पराओं के सामासिक संगलन का नतीजा था। परिणामस्वरूप हिंदू धर्म में आदिवासी और लोक-तत्त्वों का इस क़दर थोक में समावेशन हुआ कि ब्राह्मणवाद में हुई तब्दीलियों ने उसे पहचानने लायक़ नहीं छोड़ा। इसने हिंदू धर्म के आधार में इतनी व्यापकता पैदा की कि इसकी वजह से सभी प्रतिद्वंद्वी धर्मों का वजूद ख़त्म होने का ख़तरा पैदा हो गया। लेकिन सबसे ज़्यादा अहम बात तो यह रही कि हिंदू धर्म का एकाश्मिक चरित्र और संरचना हमेशा-हमेशा के लिए समाप्त हो गयी।[34]

पंजाब इतिहास कांग्रेस के 33वें अधिवेशन के प्राचीन भारत संबंधी अध्याय का अध्यक्षीय भाषण देते हुए प्रोफ़ेसर भैरवी प्रसाद साहू भी यह मान्यता व्यक्त कर चुके हैं कि जिसे ब्राह्मणवादी विचारधारा कहा जाता है वह दरअसल विभिन्न हिंदू धाराओं की क्षेत्रीय और भाषाई अभिव्यक्तियों को एक सूत्र में जोड़ने वाली युक्ति ही है।[35]

सेकुलर ज्ञान जिस दुष्ट ब्राह्मणवाद की चर्चा करता है, वह क्या और कहाँ है ? क्या जातिप्रथा उसकी मुख्य अभिव्यक्ति है ? अगर ऐसा है तो जातिप्रथा का

---

[34] विजय नाथ (2001), 'फ्रॉम 'ब्राह्मणिज़म' टू 'हिंदुइज़म' : निगोशियेटिंग द मिथ ऑफ़ द ग्रेट ट्रेडिशन', *सोशल साइंटिस्ट*, खण्ड 29,अंक 3/4 : 19-50. इस विषय में विस्तार से पढ़ने के लिए देखें, विजय नाथ (2001), *पुराणाज़ ऐंड एकल्चरेशन : अ हिस्टोरिको-एंथ्रोपोलॅजीकल पर्सपेक्टिव*, मुंशीराम मनोहरलाल, दिल्ली.

[35] देखें, भैरवी प्रसाद साहू (2001), 'ब्राह्मणीकल आइडियोलॅजी, रीजनल आइडेंटिटीज़ ऐंड द कंस्ट्रक्शन ऑफ़ अर्ली इण्डिया', *सोशल साइंटिस्ट*, खण्ड 29, अंक 7/8 : 3-18.

समर्थन कौन करता है? दरअसल मौखिक रूप से सभी लोग जातिप्रथा के ख़िलाफ़ हैं, और व्यावहारिक रूप से सभी उससे लाभान्वित होते हैं। वस्तुस्थिति यह है कि जाति ख़त्म तो नहीं हो रही है, पर वह लगातार बदल रही है, और उसकी यह परिवर्तनशीलता लगातार राजनीतिशास्त्र और समाजशास्त्र के दायरे में अनुसंधानकर्ताओं के निशाने पर है। फिर ब्राह्मणवादी हिंदू धर्म कहाँ है? क्या ब्राह्मणवाद पुराणिक ग्रहणशील हिंदू धर्म की मात्र एक धारा बन कर नहीं रह गया है? सेकुलर ज्ञान के प्रदाता किसके ख़िलाफ़ लड़ रहे हैं? इस प्रश्न का एक उत्तर धीरूभाई और राजीव भार्गव ने देने की कोशिश की है :

> हमें यह भी समझना होगा कि स्वयं हिंदू धर्म के साथ क्या घटा है। प्रातिनिधिक लोकतंत्र के प्रभाव में संगठित हिंदू धर्म की संरचना और उसका मौलिक संघटन पूरी तरह बदल चुका है। अब हिंदू धर्म के केंद्र में ब्राह्मण नहीं रह गये हैं। उसकी मान्यताओं के निर्धारण में भी ब्राह्मणों की कोई विशेष भूमिका नहीं रह गयी है। अब संगठित हिंदू धर्म-व्यवस्था के केंद्र में अन्य पिछड़ी जातियाँ आ गयी हैं। उसकी मान्यताओं के निर्धारण में भी ब्राह्मणों की कोई विशेष भूमिका नहीं रह गयी है। ब्राह्मण न इसके विरुद्ध हैं और न इससे दूर हैं।[36] ... जो नया हिंदुत्व है उसकी एक बड़ी ख़ासियत यह है कि जो लोग इसका नेतृत्व कर रहे हैं, उसमें अन्य पिछड़ी जातियों के लोग सबसे प्रमुख हैं। अभी इसकी उग्र तरफ़दारी करने वाले जितने भी बड़े चेहरों पर नज़र डालें, उनमें से अधिकांश अन्य पिछड़ी जातियों से संबंधित हैं। अगर लोकतंत्र के हिसाब से बात करें तो हम इसे 'लोकतंत्र की तीसरी धारा' कह सकते हैं। ... यह जो तीसरी धारा है, वह इस समझदारी को दिखाती है कि अपने क्षेत्र, जाति या सम्प्रदाय का बंदा चुनना भी अपनी समस्याएँ हल करने या अपना जीवन बेहतर बनाने की गारंटी नहीं है। मैं यह नहीं कह रहा हूँ कि सभी लोगों ने जाति या अन्य अस्मिताओं के आधार पर सोचना बंद कर दिया है। लेकिन लोगों के भीतर इस बात पर संदेह पैदा हुआ है कि अगर मैं अपनी जाति के बंदे को अपना प्रतिनिधि बनाऊँ, तो यह इस बात की गारंटी नहीं है कि इससे मेरी ज़िंदगी बेहतर होगी। इसलिए बड़े पैमाने पर यह सोचने की प्रवृत्ति बढ़ी कि क्यों न मैं एक ऐसे बंदे को अपना प्रतिनिधि निर्वाचित करूँ, जो मेरी ज़िंदगी बेहतर बना सके, भले ही वह मेरी जाति का न हो। हम देख सकते हैं कि दलित, आदिवासी, पिछड़ी जातियों आदि ने काफ़ी हद तक अपनी जाति से अलग हट कर मतदान किया। एक तरह से इसने जाति के ढाँचे को अपने तरीक़े से कमज़ोर किया है। लेकिन हमें यह याद रखना होगा कि यह एक प्रक्रिया की शुरुआत भर है और यह भी ज़रूरी नहीं

---

[36] धीरूभाई शेठ (2015), वही.

है कि यह बहुत आगे बढ़े ही। आने वाले तीन-चार सालों में यह बात ज़्यादा स्पष्टता से सामने आएगी कि यह प्रक्रिया आगे बढ़ी है या फिर पीछे की ओर जा रही है या कुछ नया सामने आ रहा है। बहरहाल, अभी तो यह दिख रहा है कि लोग क्षेत्रीय या जाति की पहचान से अलग हटकर मतदान कर रहे हैं— सब नहीं, लेकिन निश्चित तौर पर यह प्रवृत्ति बढ़ी है। ऐसे लोग अमूमन कांग्रेस की तरफ़ नहीं, बल्कि मोदी की ओर जा रहे हैं। यानी मोदी ने इस तरह की राजनीति को बढ़ावा दिया है।[37]

राजनीति की वस्तुस्थिति यह है कि व्यावहारिक राजनीति में ब्राह्मणवाद का रूपक बहुजन समाज पार्टी ने भी छोड़ दिया है। समाज की समझ यह बनी है कि इस समय व्यवसाय और राजनीति में देश के सबसे विख्यात संत जन्म से यादव स्वामी रामदेव (असली नाम रामकृष्ण यादव) हैं, और राजनीति में सर्वाधिक चर्चित योगी जन्म से ठाकुर आदित्यनाथ (असली नाम अजय सिंह बिष्ट) हैं। नयी धार्मिकता (जिसे कुछ विद्वान ग़लती से शहरी धार्मिकता कहते हैं लेकिन जिसमें ग्रामीण समाज बड़े पैमाने पर भागीदारी कर रहा है) का विकास जिस तरह हुआ है उसमें ब्राह्मणवाद की कोई ख़ास जगह नहीं रह गयी है। हिंदू धर्म बड़े पैमाने पर संघबद्धता की तरफ़ जा रहा है जिसके कारण तरह-तरह के गुरुओं, बाबाओं, कथावाचकों और डेरों की लोकप्रियता बढ़ती जा रही है। इन धार्मिक बाज़ीगरों में सभी जातियों के लोग हैं और इनमें से कुछ एक के लम्पटपन, व्यभिचार और भ्रष्टाचरण के बावजूद ये नौटंकीबाज़ जीवित भगवान होने की दावेदारी करते हुए सम्प्रदायों के संस्थापक की हैसियत ग्रहण करते जा रहे हैं। इन्होंने नयी संचार प्रौद्योगिकी, प्रचार-तंत्र और सामाजिक-आर्थिक प्रबंधन की कला पर महारत हासिल करके उपभोक्तावाद और बाज़ार से रिश्ता क़ायम कर लिया है। चूँकि उनका 'लोक' के आध्यात्मिक जगत पर क़ब्ज़ा है, इसलिए यह बाबावाद हाल ही में लालावाद के साथ जुड़ कर कॉरपोरेट रूप भी लेता दिखाई दे रहा है। इस लोक में कमज़ोर जातियों (अनुसूचितों और पिछड़ों) की भागीदारी बहुत बड़े पैमाने पर है। बजाय इसके कि ग़रीब और उत्पीड़ित जनता के इन हिस्सों को कोई बहुजन समाज पार्टी, कोई लोहियावादी जनता दल, कोई हिंदुत्ववादी भाजपा, कोई माकपा या भाकपा (माले) गोलबंद करती, ये लोग अपने बाबाओं के आदेश पर वोट देने लगे हैं। इस लिहाज़ से ये नयी धार्मिक संरचनाएँ अर्ध-राजनीतिक रूप ले चुकी हैं, और समय-समय पर क़ानून व राज्य

---

[37] राजीव भार्गव (2015), वही.

की ताक़त को भी चुनौती देने में संकोच नहीं करतीं। बजाय इसके कि जनता के ये तबक़े पार्टियों के अनुयायी बनें, पार्टियाँ उनके गुरुओं की कृपा पाने के लिए लाइन लगा कर खड़ी हो गयी हैं। लोकप्रिय धार्मिकता का यह उभार, प्रसार और विविधीकरण राजनीतिक दलों के लिए ही नहीं संगठित धर्मों (जिनमें हिंदू जैसे पदानुक्रमवादी और सिख, बौद्ध, इस्लाम और ईसाईयत जैसे कथित रूप से समतामूलक धर्म शामिल हैं) के लिए भी चुनौती बन चुका है। ज़ाहिर है कि भारत की ग़रीब और दबी-कुचली जनता को मानसिक-सामाजिक राहत देने में न राजनीतिक जगत कामयाब हुआ है और न ही सुपरिभाषित धार्मिक जगत। मध्यमार्गी विमर्श आम्बेडकरवाद के चक्कर में इस क़दर फँसा हुआ है कि वह अनुसूचित जातियों की सामाजिक-राजनीतिक गतिशीलता के ग़ैर-आम्बेडकरवाद पहलुओं पर केवल तभी ध्यान देता है जब किसी डेरे के अनुयायियों और अकालियों के बीच हिंसक टकराव होता है, या कोई डेरा सबाल्टर्न जातियों में अपनी अतिशय लोकप्रियता के चलते राजनीतिक दल जैसी संरचना में बदल जाता है।[38]

यह हक़ीक़त भी हमें नहीं भूलनी चाहिए कि उत्तर भारत के एक बहुत बड़े हिस्से (हरियाणा, पंजाब, दिल्ली, पश्चिमी उत्तर प्रदेश) में ब्राह्मणों की आबादी और प्रभाव न के बराबर रहा है। दरअसल, हिंदुत्व भी उस तरह से ब्राह्मणवादी नहीं रह गया है जिस तरह से सेकुलर ज्ञान के प्रदाता दिखाना चाहते हैं? इन प्रदाताओं की लड़ाई कितनी फ़र्ज़ी है इसका अंदाज़ा धीरूभाई शेठ और राजीव भार्गव के उक्त मिले-जुले वक्तव्य से लगाया जा सकता है। वस्तुस्थिति यह है कि ज्ञान की आम्बेडकरवादी राजनीति ने ब्राह्मणवाद को एक फ़िकरे की तरह प्रचलित करने की प्रमुख भूमिका निभाई है। चूँकि हिंदुत्व के बढ़ते प्रसार को रोकने की ज़िम्मेदारी बहुलतावादी सेकुलरिज़म ने जातिगत और समुदायगत जत्थेबंदियों को दे दी है, इसलिए सेकुलर बुद्धिजीवियों को दलित, दलित चेतना, आम्बेडकर-फुले विचारधारा जैसी श्रेणियाँ बहुत पसंद आने लगी हैं। जैसे-जैसे जातिगत और समुदायगत जत्थेबंदियों की हिंदुत्वविरोधी भूमिका ख़त्म होती जा

[38] लोकप्रिय धार्मिकता और उसके राजनीतीकरण के डेरा संबंधी रूपों के अध्ययन के लिए देखें, रोनकी राम (2007), 'सोशल एक्सक्ल्यूज़न, रेज़िस्टेंस ऐंड डेराज़ : एक्सप्लोरिंग द मिथ ऑफ़ कास्टलेस सिख सोसाइटी इन पंजाब', *इकॉनॉमिक ऐंड पॉलिटिकल वीकली*, खण्ड 42, अंक 40 : 4066-4074; आशुतोष कुमार (2014), 'डेराज़ एज़ साइट्स ऑफ़ इलेक्टोरल मोबिलाइज़ेशन इन इंडियन पंजाब : एक्ज़ामिनिंग द रीज़ंस दैट पॉलिटिकल पार्टीज़ फ़्लॉक टू द डेराज़', *एशियन एथ्निसिटी*, खण्ड 15, अंक 3 : 335-350.

रही है, वैसे-वैसे समझ में आ रहा है कि मध्यमार्गी विमर्श ब्राह्मणवाद के ख़िलाफ़ संघर्ष के प्रत्यय और आम्बेडकरवादी विचार के सामाजिक-राजनीतिक प्रभाव का आकलन बहुत बढ़ा-चढ़ा कर रहा था। दरअसल, कमज़ोर जातियों को राजसत्ता में भागीदारी चाहिए। इसकी थोड़ी-बहुत शुरुआत कांग्रेसी समाजवाद की मदद से हुई, फिर सामाजिक न्याय की राजनीति से उसे एक ज़बरदस्त उछाल मिला। ऊपर बताया जा चुका है कि इस प्रक्रिया में पैदा हुए अंतर्विरोधों को मध्यमार्गी विमर्श के मुखर पक्ष ने पूरी तरह नज़रअंदाज़ किया। निबंध के अगले हिस्से में चर्चा की गयी है कि इन जातियों को हिंदुत्व के झण्डे तले लाने के लिए इन्हीं अंतर्विरोधों का लाभ उठाते हुए हिंदुत्व किस तरह बहिर्वेशन और अंतर्वेशन की राजनीति कर रहा है।

कांग्रेस के प्रति नरमी की समस्या

इस खण्ड के अंत में मध्यमार्गी विमर्श के मुखर पक्ष के एक विशिष्ट रवैये की जाँच करना आवश्यक है। यह विमर्श स्वयं इसके प्रमाण देता है कि अस्सी के दशक से संघ परिवार की परियोजना के लिए धीरे-धीरे अनुकूल ज़मीन मुहैया कराने का काम कांग्रेस की राजनीति ने किया है। मसलन, रजनी कोठारी बताते हैं कि किस तरह अस्सी के दशक में सत्ता में वापिसी करने के बाद इंदिरा गाँधी ने अपनी कुछ जनसभाओं में (ख़ासकर असम और गढ़वाल की सभाओं में) मुसलमानों की देशभक्ति पर शक किया और हिंदू भावनाओं को सहला कर उन्हें कांग्रेस की तरफ़ झुकाने की कोशिश की। इंदिरा गाँधी की हत्या के बाद राजीव गाँधी ने जिस शैली से चुनाव लड़ा, उससे हिंदू मन की उन राजनीतिक दुश्चिंताओं में सघनता आयी जो ऑपरेशन ब्लू स्टार और पंजाब के सिख आतंकवाद (जो स्वयं इंदिरा गाँधी की नीतियों का ही फलितार्थ था) की देन थीं। इसके बाद 1984 से 1989 तक का कांग्रेस शासन काल हिंदू और मुसलमान साम्प्रदायिकताओं की प्रतियोगिताओं का सीधा-सीधा उदाहरण है जिसकी वजह से भारतीय राज्य की प्रवृत्तियाँ बहुसंख्यकवादी होती चली गयीं।[39] इस सिलसिले की चरम परिणति कारसेवकों के हाथों बाबरी मस्जिद ध्वंस में हुई। पी.वी.

[39] इसके एक विश्लेषणात्मक विवरण के लिए देखें, ज़ोया हसन (1990), 'चेंजिंग ओरिएंटेशन ऑफ़ द स्टेट ऐंड द इमरजेंस ऑफ़ मैजोरिटेरियनिज़म इन द 1980ज़', *सोशल साइंटिस्ट*, खण्ड 18, अंक 8/9 : 27-37.

नरसिंह राव के नेतृत्व में चल रही तत्कालीन कांग्रेस सरकार का नज़रिया इस राष्ट्रीय दुर्घटना के प्रति क्या था, इसका राजनीतिक आख्यान मंजू पारेख ने सिलसिलेवार पेश किया है। वे यह भी बताती हैं कि उग्र हिंदुत्व के प्रति कमज़ोर रवैया न केवल भाजपा के साथ साँठगाँठ करके चलने वाली राव की अल्पमत सरकार ने अपनाया, बल्कि तत्कालीन विपक्ष का तौर-तरीक़ा भी बँटा हुआ था।[40] क्षेत्रीय स्तर (महाराष्ट्र) पर कांग्रेस के इस रणनीतिक रवैये का विस्तृत ब्योरा अशोक कुमार की एक रचना में मिलता है।[41]

मंजू पारिख (केवल बाबरी प्रकरण तक सीमित) और अशोक कुमार (केवल महाराष्ट्र में शिव सेना की राजनीति को कांग्रेस द्वारा बढ़ावा देने तक सीमित) की इन रचनाओं और कांग्रेस द्वारा हिंदू कार्ड खेलने की रणनीति का छिट-पुट ज़िक्र कांग्रेस की राजनीति के इस चरित्र को रणनीति की सीमाओं में बाँध देता है। फलस्वरूप मध्यमार्गी विमर्श की दलील यह बनती है कि कांग्रेस चुनावी राजनीति में टिके रहने के मक़सद से साम्प्रदायिक कार्ड खेलने की क़सूरवार तो है, पर उसकी बुनियादी विचारधारा साम्प्रदायिक नहीं है। कुल मिला कर अगर वह साम्प्रदायिक है भी तो भाजपा के मुक़ाबले दूसरे नम्बर की साम्प्रदायिक है, और उससे अभी भी कुछ सेकुलर और बहुलतावादी उम्मीदें की जा सकती हैं। कितनी अजीब बात है कि जो पार्टी विचारधारात्मक रूप से साम्प्रदायिक नहीं समझी जा रही है उसने साम्प्रदायिक कार्ड एक-दो बार नहीं खेला बल्कि वह पिछले पैंतीस साल से इसी तरह की राजनीति कर रही है। भाजपा तो केवल हिंदुत्ववादी है, पर कांग्रेस कभी हिंदू साम्प्रदायिकता का सहारा लेती है तो कभी मुसलमान साम्प्रदायिकता का। मुखर पक्ष के बुद्धिजीवीगण कुछ इस तरह की भाषा का इस्तेमाल करते हैं कि 'इंदिरा गाँधी के मॉडल में घातक साम्प्रदायिक भावना निहित नहीं थी' या कांग्रेस जो कुछ कर रही थी वह 'हिचक' के साथ कर रही थी। इस दृष्टिकोण का परिणाम यह हुआ है कि कांग्रेस की पिछले साढ़े तीन दशक से चल रही कम्युनल कार्ड की राजनीति का कोई ब्योरेवार और बहुआयामी समाज-वैज्ञानिक परिप्रेक्ष्य बहुत कम ही विकसित किया गया, और

[40] देखें, मंजू पारेख (1993), 'द डिबेकिल एट अयोध्या : व्हाई मिलिटेंट हिंदुइज़्म मेट विद अ वीक रेस्पांस', *एशियन सर्वे*, खण्ड 33, अंक 7 : 673–884.

[41] देखें, अशोक कुमार (1993), 'कट्टर हिंदूवाद से कांग्रेस के रिश्ते : संघ और शिवसेना के विकास में कांग्रेसी योगदान', अभय कुमार दुबे (सं.), *साम्प्रदायिकता के स्रोत*, विनय प्रकाशन, नयी दिल्ली : 138–155.

कांग्रेस राजनीति के सेकुलर सिरे पर अपनी दावेदारी सफलतापूर्वक करती रही। यह परिप्रेक्ष्य विकसित करने की जो कोशिशें की भी गयीं, वे वाद-विवाद के केंद्र में नहीं आ पायीं। यहाँ मैं इस तरह की दो कोशिशों के उदाहरण पेश करूँगा। इनमें से एक कांग्रेस की इस हिंदू राजनीति को रणनीतिक दायरे से परे जा कर उसकी एक देर से विकसित हुई बुनियादी प्रवृत्ति के तौर पर पेश करता है, और दूसरा मुस्लिम साम्प्रदायिकता के पहलुओं का ग़ैर-सेकुलर तरीक़े से दोहन करने के कांग्रेसी इतिहास को उपनिवेशवाद विरोधी संघर्ष के ज़माने से चिह्नित करता है।

स्कॉट डब्ल्यू. हिब्बार्ड[42] ने सिलसिलेवार ढंग से दिखाया है कि अस्सी के दशक में सत्ता में अपनी वापिसी के बाद इंदिरा गाँधी ने कांग्रेस की सेकुलर परम्परा के विपरीत किस तरह एक ऐसे राष्ट्रवादी विमर्श को अभिव्यक्ति देनी शुरू की जो मुस्लिम पृथकतावाद के डर और हिंदुओं की हमदर्दी जीतने पर आधारित था। असहमति की प्रत्येक आवाज़ को राष्ट्रीय एकता के लिए ख़तरे के रूप में चित्रित किया गया और दावा किया गया कि केवल कांग्रेसी अभिजन ही राष्ट्र की हिफ़ाज़त कर सकते हैं। बहुसंख्यवादी प्रकृति के इस विमर्श में वह सब कुछ था जो हिंदू राष्ट्रवादियों के विमर्श में पाया जाता है : राष्ट्रीय सुरक्षा के लिए ख़तरे का डर, राष्ट्र के रूप में भारत की हिंदू जातीयतावादी अवधारणा, अल्पसंख्यकों का राक्षसीकरण। श्रीमती गाँधी देश के कई मंदिरों में जा-जा कर अपनी श्रद्धालु छवि उभारी (इन दिनों वे धर्मगुरुओं और बाबाओं के बीच दिखना पसंद करती थीं और अपने भतीजे अरुण नेहरू के ज़रिये इस तरह के तत्त्वों से उनका नियमित सम्पर्क था)। उन्होंने अपने वक्तव्यों में कहना शुरू किया कि 'कुछ जगहों पर' (इसका मतलब था पंजाब और कश्मीर) 'बहुसंख्यक समुदाय दमन किया जा रहा है'।

बलराज पुरी ने इस दौर का विश्लेषण इस प्रकार किया है :

> अफ़गानिस्तान में सोवियत सेनाओं के प्रवेश (जिसने दुनिया भर के मुसलमानों को आहत किया था) की भर्त्सना करने से उनके (इंदिरा गाँधी) इंकार, पाकिस्तान को भारत की सुरक्षा के लिए ख़तरे के स्रोत की तरह पेश करने, और 1981 में मीनाक्षीपुरम में हुए अनुसूचित जातियों के इस्लाम में धर्मांतरण में खाड़ी के धन की सम्भावित भूमिका का हवाला देने से उन हिंदुओं को तसल्ली हुई जो देश के बाहर इस्लामी उभार और देश के भीतर मुसलमानों की दावेदारी से डरे हुए थे।

---

[42] देखें, स्कॉट डब्ल्यू. हिब्बार्ड (2010), *रिलीजन, पॉलिटिक्स ऐंड सेकुलर स्टेट्स : इजिप्ट, इण्डिया ऐंड यूनाइटेड स्टेट्स*, जॉन होपकिंस युनिवर्सिटी प्रेस, बाल्टीमोर : भारत संबंधी चर्चा के लिए देखें पृ. 115-176.

1980 में पंजाब में अकाली सरकार की बर्ख़ास्तगी, 1984 में स्वर्ण मंदिर में फ़ौज की कार्रवाई, इसी साल दलबदल के ज़रिये कश्मीर में फ़ारूक अब्दुल्ला की निर्वाचित सरकार की तथाकथित राष्ट्रविरोधी भूमिका के नाम पर बर्ख़ास्तगी के ज़रिये इंदिरा गाँधी ने हिंदुओं की आक्रामक राष्ट्रवादी भावनाओं को संतुष्ट किया।[43]

ऑपरेशन ब्लू स्टार के बाद तो इंदिरा गाँधी ने खुल कर कहना शुरू कर दिया कि हिंदू धर्म पर हमला किया जा रहा है और यह आक्रमण सिखों, मुसलमानों और अन्य अल्पसंख्यकों की तरफ़ से आ रहा है। 1983 में कश्मीर विधानसभा चुनावों में श्रीमती गाँधी ने नैशनल कांफ्रेंस को राष्ट्र-विरोधी और पाकिस्तान समर्थक चित्रित किया। इसी वर्ष दिल्ली के स्थानीय चुनाव में श्रीमती गाँधी ने पंजाब और कश्मीर की घटनाओं के प्रचार का केंद्र बनाया। यही वह समय था जब कांग्रेस कर्नाटक और आंध्र प्रदेश में चुनाव हार गयी। अब उसके लिए उत्तर भारत में अपनी स्थिति सुदृढ़ करना अतिआवश्यक हो गया। चूँकि उन दिनों भाजपा ने नया-नया गाँधीवाद का दामन थामा था और वह प्रखर हिंदूवादी नहीं दिखना चाहती थी और इसी कारण से संघ उससे बहुत ख़ुश नहीं था; श्रीमती गाँधी ने इसका लाभ उठा कर हिंदू समर्थन को जीतने के लिए भरपूर पहलक़दमी की और इसके लिए संघ के कुछ तत्त्वों की मदद लेने से भी परहेज़ नहीं किया। इस पूरी राजनीति का परिणाम यह हुआ कि साम्प्रदायिक विमर्श (जो पहले हाशिये पर पड़ा रहता था और भाजपा भी यह दिखाने की कोशिश करती थी कि वह सिर्फ़ हिंदूवादी नहीं है बल्कि उसे अल्पसंख्यकों की भी चिंता है) राष्ट्रीय विमर्श के रूप में भारतीय राजनीति की मुख्यधारा में आ गया, और यह काम किया उस कांग्रेस ने जो सेकुलर विमर्श की वाहक समझी जाती थी। केवल विमर्श ही नहीं व्यवहार में भी साम्प्रदायिकता अस्सी के दशक में मुखर हो कर बोलने लगी। मुरादाबाद, बिहारशरीफ़, मेरठ, अहमदाबाद, बम्बई और दिल्ली में हिंदू-मुसलमान दंगे हुए। पंजाब में श्रीमती गाँधी ने ज्ञानी ज़ैल सिंह और जनरैल सिंह भिण्डरावाले के ज़रिये अकाली दल को निष्प्रभावी करने का दाँव खेला, जिसका परिणाम पंजाब के संकट में निकला। ऑपरेशन ब्लू स्टार की नौबत आयी। इंदिरा गाँधी अपने ही सिख अंगरक्षकों के हाथों मारी गयीं। सारे देश ने बड़े पैमाने पर सिख विरोधी निर्मम हिंसा की त्रासदी झेली। सिख आंतकवाद के रूप में भारतीय राजनीति के गर्भ गृह में आंतरिक सुरक्षा की समस्या पनपी।

---

[43] बलराज पुरी (1993), वही.

अपनी माँ की हत्या के बाद राजीव गाँधी ने 1984 में ज़बरदस्त बहुमत के साथ चुनाव जीता। लेकिन यह केवल हमदर्दी की ही लहर नहीं थी। उनके चुनाव प्रचार की रणनीति में राष्ट्रीय एकता-अखण्डता और सुरक्षा के जोखिम में होने के डर, हिंदू आभा वाले राष्ट्रवाद, सिखों और मुसलमानों की निष्ठा पर संदेह और किसी भी क़िस्म की असहमति और प्रतिरोध को राष्ट्रविरोधी क़रार देने के घटकों की प्रमुख भूमिका थी। फ़र्क़ केवल इतना था कि जिस विमर्श के शीर्ष पर संघ परिवार को होना चाहिए था (ठीक इसी तरह के विमर्श के शीर्ष पर संघ परिवार इस समय है), उसके शीर्ष पर उस समय कांग्रेस थी। इस नज़ारे को देख कर *इकॉनॉमिक ऐंड पॉलिटिकल वीकली* ने लिखा था कि राष्ट्रवाद और देशभक्ति के दावों के रूप में बहुसंख्यक साम्प्रदायिकता का खेल चल रहा है। कांग्रेस ने भाजपा के वस्त्र चुरा कर पहन लिए हैं। लेकिन, कांग्रेस और भाजपा के बीच एक फ़र्क़ अवश्य था। भाजपा के विपरीत कांग्रेस के पास अपने सेकुलर अतीत के कारण जब चाहे मुस्लिम कट्टरपंथ का इस्तेमाल करने का अवसर भी था। कांग्रेस का यही दोतरफ़ा दाँव पहले शाहबानो और फिर अयोध्या के मसले पर दोनों साम्प्रदायिकताओं के बीच संतुलनकारी खेल करने की तरफ़ ले गया। आगे जो हुआ वह इतिहास में बख़ूबी दर्ज है। हिब्बार्ड ने इस परिप्रेक्ष्य का उपसंहार करते हुए जो निष्कर्ष निकाला उससे भारतीय सेकुलरवादी आज तक कतरा रहे हैं :

> नब्बे के दशक में भारतीय जनता पार्टी को हुए राजनीतिक लाभ मुख्य रूप से उन हिंदू राष्ट्रवादियों के कारण मिले थे जिन्होंने अस्सी के दशक में हुई गोलबंदियों में इंदिरा और राजीव का साथ दिया था, और जिनका समर्थन नब्बे के दशक की शुरुआत से मध्य के बीच फिर से भाजपा की तरफ़ चला गया। ... भारतीय राजनीति का साम्प्रदायिकीकरण संक्षेप में कहें तो रातोंरात नहीं हुआ, बल्कि पूरे एक दशक के दौरान होता रहा। बहुत हद तक यह हिंदू राष्ट्रवाद का विनियोग करने की कांग्रेस की तत्परता का परिणाम था। कांग्रेस अपनी इस सह-अपराधिता को सेकुलरवाद और अल्पसंख्यक समुदाय की सुरक्षा के लिए की गयी बड़ी-बड़ी बातों के पीछे छुपाती रही। लेकिन यह दक्षिणपंथी लोकलुभावनवादी रणनीति ही थी जिस पर सेकुलर आवरण डाला गया था। हिंदू राष्ट्रवाद को आकर्षित करने के लिए किये गये कांग्रेस पार्टी के प्रयासों ने अस्थायी रूप से संघ और विश्व हिंदू परिषद के तत्त्वों को भी अपनी ओर खींचा, क्योंकि उस समय वे भाजपा को उसके हाल पर छोड़ने के लिए तैयार हो गये थे। लेकिन जब ये हिंदू एक्टिविस्ट नब्बे के दशक में हुए चुनावों में फिर भाजपा की तरफ़ मुड़े तो उसकी राजनीतिक क़िस्मत में ख़ासा उछाल आया।

यह मान्यता गुमराह करने वाली है कि भाजपा और कांग्रेस दो विपरीत विचारधाराओं पर खड़ी हैं और भाजपा ने कांग्रेस को पराजित कर दिया है। अस्सी और नब्बे के दशकों में जो हुआ वह दरअसल उस सांस्कृतिक प्रामाणिकता के लिए दो पार्टियों के बीच हुई प्रतियोगिता थी जो कांग्रेस और भाजपा बहुसंख्यकों की साम्प्रदायिक भावनाओं को अपनी ओर झुका कर हासिल करना चाहती थीं। सेकुलर बनाम धार्मिक का मुद्दा होने के बजाय यह राष्ट्र के नाम पर बोलने की दावेदारी की होड़ थी।[44]

असली बात यह है कि सेकुलर बुद्धिजीवियों को कभी पूरा यक़ीन ही नहीं हुआ कि कांग्रेस हिंदू राष्ट्रवादी राजनीति कर सकती है। यहाँ देखने की बात यह है कि जिनकी आँखों के सामने कांग्रेस का साम्प्रदायिक चेहरा पूरी तरह से साफ़ है, वे भी कांग्रेस का समर्थन करने की 'मजबूरी' से नहीं बच पा रहे हैं। इसका एक उदाहरण विख्यात साहित्यकार और आलोचक शम्सुर्रहमान फ़ारूक़ी के एक लेख में मिलता है। इस लेख में फ़ारूक़ी सिलसिलेवार अस्सी के दशक से भी पीछे जाते हुए दिखाते हैं कि किस तरह 1949 से ही कांग्रेस ने हिंदू साम्प्रदायिकता का खेल खेला और मुसलमानों और उर्दू को हाशिये पर धकेलने का प्रयास किया। लेकिन इसके तुरंत बाद वे कहते नज़र आते हैं कि इसके बावजूद वे कांग्रेस को वोट देंगे। कारण, कम से कम उसके पास बहुलतावाद के लिए ज़ुबानी जमा-ख़र्च तो है और वह भाजपा का खुल कर विरोध तो करती है।[45] अगर फ़ारूक़ी जैसी हस्ती कांग्रेस की साम्प्रदायिक असलियत जानते हुए अपना संसदीय दोहन करने के लिए तैयार हैं, तो सोचा जा सकता है कि आम मुसलमान किस तरह मन मार कर इस पार्टी का समर्थन करता होगा।

इसी राजनीति का दूसरा सिरा मुस्लिम साम्प्रदायिकता के कांग्रेसी इस्तेमाल का है। इस पहलू के बारे में चर्चा आम तौर पर अस्सी के दशक में हुए शाह बानो प्रकरण के संदर्भ में की जाती है, लेकिन हाल ही में सदानंद धूमे ने अपनी एक संक्षिप्त लेकिन गहन टिप्पणी में एक भिन्न परिप्रेक्ष्य मुहैया कराया है।[46] धूमे के इस हस्तक्षेप की विशेषता यह है कि उन्होंने 'इस्लामिज़्म' और 'भारतीय

---

[44] हिब्बार्ड (2010), वही : 175-176.

[45] देखें, शम्सुर्रहमान फ़ारूक़ी (2018), 'एगॅनी ऑफ़ द मार्जिनलाइज़्ड', द *इंडियन एक्सप्रेस,* 5 अप्रैल.

[46] देखें, सदानंद धूमे (2017), 'स्कॅरेज ऑफ़ सिलेक्टिव सेकुलरिज़म : नाइदर बीजेपी नॉर कांग्रेस इज़ कैपेबिल ऑफ़ अ सिम्पल टॉक्स— बैटलिंग इस्लामिस्ट्स व्हाइल एम्ब्रेसिंग मुस्लिम्ज़', द *टाइम्स ऑफ़ इण्डिया,* नयी दिल्ली, 26 अगस्त.

मुसलमानों' को अलग-अलग देखते हुए सवाल उठाया है कि क्या भारत में मुस्लिम राजनीति करने के लिए इस्लामिज़्म (शरिया के मुताबिक़ समाज-व्यवस्था बनाने की मुहिम) से हाथ मिलाना ज़रूरी था और है? इस तरह वे उस दबा दी जा चुकी बहस को एक बार फिर से उठाते हैं कि अंग्रेज़ों के विरोध में इस्लामिस्ट तत्त्वों के साथ संयुक्त मोर्चा बनाने की कांग्रेसी रणनीति क्या उचित थी? ज़ाहिर है कि अगर यह बहस होगी तो उसमें गाँधी के नेतृत्व पर भी सवालिया निशान लग सकते हैं। तब इस पहलू पर ग़ौर करना पड़ेगा कि कांग्रेस का अखिल भारतीय मुस्लिम सम्पर्क अभियान (जो शिक्षित और शहरी मुसलमानों के बजाय ग्रामीण मुसलमानों पर केंद्रित था और इसीलिए लीग और मौलाना मौदूदी को चिढ़ा और डरा देता था कि कहीं गाँधी देहात के मुसलमानों को अपनी ओर फोड़ने में कामयाब न हो जाएँ) और उलेमाओं पर उसकी निर्भरता का समीकरण किस तरह काम करता था। इसी तरह यह बहस आज़ादी के बाद नेहरू द्वारा मुसलमान समाज के आधुनिकीकरण के लिए विधिक हस्तक्षेप न करने की नीति का सवाल भी दोबारा उठा सकती है। सेकुलर दायरों में ये बहसें अब किसी की दिलचस्पी का केंद्र नहीं रह गयी हैं।

ऊपर मैं भीखू पारेख के हवाले से बता चुका हूँ कि किस प्रकार नेहरू सरकार ख़ुद को मुसलमानों के मुक़ाबले हिंदुओं की प्रतिनिधि ज़्यादा समझती थी। मैं यह भी दिखा चुका हूँ कि आचार्य कृपलानी ने इस मुद्दे पर नेहरू के साथ किस तरह की बहस की थी। लेकिन सदानंद धूमे यहाँ इस मसले पर नेहरू के साथ हैं। वे कहते हैं कि 1951 में भारत के पास केवल कुल आबादी के दस फ़ीसदी या साढ़े तीन करोड़ मुसलमान रह गये थे। मुसलमान विश्व में सेकुलरवाद उस अवधि में उछाल पर था। अखिल-इस्लामवाद या इस्लामिक आतंकवाद के अंदेशे दूर-दूर तक लापता थे। ऐसी हालत में सोचा जा सकता था कि जल्दी ही भारतीय मुसलमान भी अपनी पहलक़दमी पर शरिया आधारित प्रतिगामी सामाजिक रीति-रिवाजों से छुटकारा प्राप्त कर लेंगे। लेकिन कांग्रेस द्वारा आज़ादी के बाद इस्लामिस्ट तत्त्वों के साथ हेलमेल जारी रखा गया जिससे मुसलमान समाज को सही और प्रगतिशील क़िस्म के संदेश नहीं मिल सके और कट्टरपंथी तत्त्व समुदाय के भीतर किसी भी क़िस्म के सुधार को वीटो करते रहे। इसके बाद धूमे ने शाहबानो प्रकरण से लेकर दिग्विजय सिंह और सलमान ख़ुर्शीद जैसे कांग्रेसी नेताओं के उन वक्तव्यों का सिलसिलेवार ज़िक्र किया है जो इस्लामिस्ट तत्त्वों पर कांग्रेस की निर्भरता की चुगली खाते हैं।

अपनी इस टिप्पणी में ऐसा लगता है कि धूमे ने एक तथ्य ग़लत रूप से पेश किया है। वे कहते हैं कि कांग्रेस ने मौलाना मौदूदी की जमात-ए-इस्लामी के साथ मिल कर ब्रिटिश विरोधी मोर्चा बनाया था। दरअसल, कांग्रेस का समझौता जमात-ए-उलेमा-ए-हिंद के साथ था जिसे मौदूदी हिंदू एजेंट क़रार देते थे। लेकिन इस गड़बड़ी के बावजूद उनकी यह दलील ठीक है कि कांग्रेस ने शुरू से ही हर तरह के इस्लामिक तत्त्व से बगली गाँठ रखी थी और इस प्रवृत्ति को उसने कभी नहीं छोड़ा। पर धूमे ने जो तथ्यात्मक गड़बड़ी की है, वह मध्यमार्गी विमर्श की एक और समस्या की ओर इशारा करती है। इस विमर्श ने इस्लामिस्ट राजनीति के घटनात्मक और वैचारिक विकास पर हुए गम्भीर समाज-वैज्ञानिक काम को भी ठण्डे बस्ते में डाल रखा है।[47] वह जिन्ना और मुस्लिम लीग पर चर्चाएँ करके अपना काम चला लेता है। लेकिन, उस राजनीति के प्रमुख पहलुओं (जैसे शाह वलीउल्लाह के विचारों का प्रभाव, मौलाना मौदूदी का बेहद दिलचस्प राजनीतिक जीवन, देवबंद के मदरसे की भूमिका, हाजी शरियतुल्लाह का बंगाल के मुसलमानों में काम, भारतीय इस्लाम पर सुन्नी प्रभुत्व और सुन्नियों के साथ शियाओं के टकराव से हिंदुत्व को होने वाला फ़ायदा[48] वग़ैरह) पर इस तरह कभी चर्चा नहीं होती जिस तरह मुंजे, सावरकर, गोलवलकर वग़ैरह की होती रहती है।

जबकि होना तो यह चाहिए था कि मध्यमार्गी विमर्श केवल हिंदू साम्प्रदायिकता पर ही क्रेंद्रित न रह कर साम्प्रदायिक राजनीति की सभी अभिव्यक्तियों की जाँच करता। फिर चाहे वे संघ परिवार की राजनीति की फलितार्थ हों, या कांग्रेस समेत गैर-संघी दलों की राजनीति की या अकाली दल जैसी किसी क्षेत्रीय शक्ति द्वारा की जाने वाली राजनीति की। यहाँ अकाली दल का उदाहरण इस मसले की जटिलता पर उँगली रखने के लिए विषयानुकूल है।

---

[47] इस तरह के बेहतरीन काम के एक उदाहरण के लिए देखें, इरफ़ान अहमद (2009), *इस्लामिज़्म ऐंड डेमॉक्रैसी इन इण्डिया : द ट्रांसफ़र्मेशन ऑफ़ जमात-ए-इस्लामी,* प्रिंसटन युनिवर्सिटी प्रेस, प्रिंसटन, एन.जे.

[48] भारत में मुस्लिम राजनीति पर होने वाली चर्चाओं में इस पहलू से सतर्कतापूर्वक बचने की कोशिश की जाती है. असलियत यह है कि शिया समुदाय में सत्तर के दशक से ही जनसंघ समर्थक रुझान देखे जा सकते हैं. इस दशक में लखनऊ में हुई शिया-सुन्नी हिंसा के समय शियाओं की समर्थन केवल जनसंघियों ने ही खुल कर किया था. उसके बाद से ही जनसंघ में शिया चेहरे दिखने लगे. इस समय भी भाजपा और उसकी सरकार में जो मुसलमान चेहरे दिखते हैं, वे सभी शिया हैं. मेरा विचार है कि भाजपा को मिलने वाले छिटपुट मुसलमान वोटों में इस तरह का समर्थन ही अपनी भूमिका निभाता है.

इंदिरा गाँधी और राजीव गाँधी की राजनीति के आईने में देखने पर अकाली एक सताए हुए अल्पसंख्यक समुदाय के प्रतिनिधि नज़र आते हैं। लेकिन, यही सताई गयी शक्ति आगे चल कर हिंदुत्ववादियों की नुमाइंदगी करने वाली पार्टी की दीर्घकालीन सहयोगी साबित हुई। लेकिन, अकालियों की तोताचश्मी की यह मिसाल मिलने से पहले ही क्या सेकुलर विचारकों को इस पार्टी के मुख्य रूप से साम्प्रदायिक चरित्र की शिनाख़्त नहीं करनी चाहिए थी। मैं पहले ही कह चुका हूँ कि अकालियों की राजनीति का मॉडल सरासर सिखों की धार्मिक गोलबंदी का मॉडल है। अगर सेकुलर शक्तियाँ एक प्रांत में बहुसंख्यकों का बोलबाला स्थापित करने की परियोजना का समर्थन कर सकती हैं या उसके प्रति चुप्पी लगाए रख सकती हैं, तो क्या इससे राष्ट्रीय स्तर पर हिंदुओं का बोलबाला क़ायम करने की परियोजना के ख़िलाफ़ उनकी लड़ाई कमज़ोर नहीं पड़ती? आज यह भी सोचने की ज़रूरत है कि अकालियों को एक साम्प्रदायिक शक्ति के रूप में चिह्नित करने से परहेज़ क्यों की गयी? क्या इसलिए तो नहीं कि पंजाब में मुसलमानों की लगभग अनुपस्थिति है और अकालियों को उनका विरोध नहीं करना पड़ता? क्या इसलिए तो नहीं कि व्यावहारिक रूप से सेकुलरवाद का मतलब मुसलमान अस्पसंख्यकों के अधिकारों की हिफ़ाज़त करना ही रह गया है?

V

संघ की राजनीतिक प्रौद्योगिकी और मध्यमार्गी विमर्श का भविष्य

मध्यमार्गी विमर्श के विभिन्न मौन आयामों को एक साथ रखने और पृष्ठभूमि से निकाल कर सामने लाने के इस बौद्धिक उद्यम से जो मानचित्र उभरता है, उसका संदेश साफ़ है। मध्ययुग से धीरे-धीरे बनने वाली प्रतिक्रियामूलक हिंदू आत्म-छवि से लेकर सामाजिक बहुलतावाद से बिना विशेष छेड़छाड़ किये हुए ऊपर से आरोपित समरूप हिंदू पहचान के राजनीतिक प्रसार तक, सामाजिक न्याय की राजनीति के अंतर्विरोधों से लेकर कमज़ोर समझी जाने वाली जातियों के भीतर प्रभुत्वशाली समुदायों के उदय तक, और पिछले पच्चीस साल में सेकुलरवाद के बहुलतावादी संस्करण से लेकर लोकतंत्र की बहुसंख्यकवादी समझ के प्रचलन तक, समाज और राजनीति की संरचनागत स्थितियाँ हिंदुत्ववादी राजनीति के लिए मुफ़ीद बनती जा रही हैं। यह नहीं माना जा सकता कि मध्यमार्गी विमर्श इस निष्पत्ति से कभी पूरी तरह नावाक़िफ़ था, लेकिन वह इसे एक स्वरचित राजनीतिक सहीपन के प्रभाव में नज़रअंदाज़ ज़रूर करता रहा। भाजपा समेत संघ परिवार के संगठनों ने उसकी इस गफ़लत और मुग़ालते का लाभ उठाया, और निरंतर अनुकूल होती सामाजिक-राजनीतिक ज़मीन पर एक ख़ास तरह की राजनीतिक प्रौद्योगिकी का प्रयोग किया जिस पर उसने विभिन्न अंतर्विरोधों और विरोधाभासों के लम्बे दौर से गुज़रते हुए महारत हासिल की है। यह राजनीतिक प्रौद्योगिकी वैसे तो जटिल और नाना प्रकार के छोटे-छोटे घटकों को मिला कर विकसित की गयी है, लेकिन उसके दो बड़े और मुखर आयाम उल्लेखनीय हैं।

अल्पसंख्यकों का चुनिंदा बहिर्वेशन और साम्प्रदायिक प्रश्न को हल न होने देना

पहला आयाम है साम्प्रदायिक प्रश्न के हल की नौबत न आने देना ताकि उसकी कभी धीमी और कभी तेज़ आँच में हिंदुओं और मुसलमान–ईसाई जैसे अल्पसंख्यक समुदायों के आपसी सामाजिक–राजनीतिक संबंध खदबदाते या खौलते रहें। संघ की दृष्टि में यह स्थिति हिंदुओं में हिंदू होने की तीखी चेतना पनपने के लिए अनुकूल ज़मीन मुहैया कराती है। साम्प्रदायिक प्रश्न को लगातार ताज़ा करते रहने की कुछ मिसालें लव जिहाद, घर वापसी और गौ–रक्षा जैसे साम्प्रदायिक अभियानों के रूप में देखी जा सकती हैं। ये मसले मोटे तौर पर उन्नीसवीं सदी के आख़िरी और बीसवीं सदी के शुरुआती दौर की देन हैं जिन्हें संघ परिवार लगातार जिलाये रखता है। इन अभियानों को भाजपा की सरकारें खुल कर समर्थन देती हैं, भले ही उनके नीतिगत वक्तव्यों में या घोषणा–पत्रों में इनका या तो उल्लेख ही न हो, या फिर प्राथमिकता–क्रम में उनका स्थान काफ़ी नीचे हो। इन साम्प्रदायिक अभियानों में एक बिल्कुल नया आयाम नैशनल रजिस्टर फ़ॉर सिटीज़नशिप (एनआरसी) के ज़रिये जोड़ा गया है। संसद में नागरिकता संशोधन विधेयक पारित करके भारतीय नागरिकता के लोकतांत्रिक और सेकुलर विचार को साम्प्रदायिक स्वरूप देने की कोशिशें की गयी हैं। अल्पसंख्यकों के बहिर्वेशन पर टिकी इस प्रौद्योगिकी का एक उल्लेखनीय पहलू यह है कि संघ परिवार चतुराई से कभी किसी अल्पसंख्यक समुदाय को बहिर्वेशन के लिए चुनता है, तो कभी किसी दूसरे को। मसलन, एनआरसी के ज़रिये पश्चिम बंगाल और उत्तर–पूर्व में वह केवल मुसलमानों को निशाना बना रहा है, और ईसाइयों को आश्वस्त कर रहा है कि उन्हें डरने की ज़रूरत नहीं है। जबकि, देश के अन्य भागों (ख़ासकर आदिवासी क्षेत्रों) में धर्मांतरण के विरोध में उसके बहिर्वेशन के लक्ष्य ईसाई होते हैं। इसके उलट उत्तर–पूर्व में ईसाई बहुल नगालैंड और मिज़ोरम जैसे राज्यों की राजनीति को ध्यान में रख कर संघ की राजनीतिक भुजा भाजपा वहाँ ख़ुद को ईसाई–मित्र के रूप में पेश करती है।

साम्प्रदायिक प्रश्न को जिलाये रखने का सबसे बड़ा उदाहरण रामजन्मभूमि का मसला है जिसे हल करने की कोशिशों को संघ परिवार द्वारा सायास विफल करने के प्रमाण सामने आ चुके हैं। बाबरी मस्जिद के ध्वंस से पाँच साल पहले 1987 में अयोध्या विकास ट्रस्ट की पहलक़दमियों से एक ऐसी नौबत आयी थी

जब मस्जिद की मौजूदगी के साथ-साथ मंदिर बनाने पर सभी संबंधित पक्षों में समझौता होने वाला था। 27 दिसम्बर, 1987 के *पांचजन्य* और *ऑर्गनाइज़र* (दोनों संघ परिवार के मुखपत्र) में इस आशय की ख़बर भी छपी कि मंदिर बनाने के लिए ट्रस्ट बन गया है और कांग्रेस सरकार मंदिर बनाने के लिए मजबूर हो गयी है। इन अख़बारों ने ख़बरों के साथ विश्व हिंदू परिषद के अध्यक्ष अशोक सिंघल की तस्वीर भी छापी थी। अयोध्या विकास ट्रस्ट की अध्यक्षता महंत नृत्यगोपाल दास के हाथ में थी, और रामजन्मभूमि न्यास के अगुआ परमहंस रामचंद्र दास और विहिप के एक और नेता न्यायमूर्ति देवकीनंदन अग्रवाल भी इसमें शामिल थे। गोरख पीठ के तत्कालीन महंत अवैद्यनाथ ने इस पहलक़दमी का तत्परता के साथ समर्थन किया था। लेकिन जैसे ही संघ के तत्कालीन सरसंघचालक बाला साहब देवरस को इस घटनाक्रम की जानकारी मिली, उन्होंने झण्डेवालान, दिल्ली स्थित संघ के कार्यालय केशव पुरम में फ़ौरन एक बैठक बुलवाई और अशोक सिंघल को आड़े हाथों लिया। उन्होंने सिंघल से पूछा, 'तुम इतने पुराने स्वयंसेवक हो। तुमने इस योजना का समर्थन कैसे कर दिया? सिंघल का जवाब था, 'हमारा आंदोलन तो राम मंदिर के लिए ही था। यदि वह स्वीकार होता है तो उसका स्वागत करना चाहिए।' इस पर नाराज़ हो कर देवरस ने कहा कि क्या तुम्हारी अक़्ल घास चरने चली गयी है। इस देश में 800 राममंदिर हैं। एक और बन जाएगा तो 801वाँ होगा। लेकिन, यह आंदोलन जनता के बीच लोकप्रिय हो रहा है। उसका समर्थन बढ़ रहा है जिसके बल पर हम दिल्ली में सरकार बनाने की स्थिति में पहुँच सकते हैं। यह प्रस्ताव स्वीकार करना आंदोलन की पीठ में छुरा भौंकने जैसा है।[1]

देवरस की स्पष्ट मान्यता थी कि अयोध्या विकास ट्रस्ट से सिंघल को बाहर निकल आना चाहिए, बावजूद इसके कि इसमें कई विहिप नेता और भी शामिल थे। संघ परिवार की अंदरूनी जानकारी रखने वाले जानते हैं कि उस समय विहिप के साथ सक्रिय महंत अवैद्यनाथ, जस्टिस अग्रवाल, रामचंद्र दास और नृत्यगोपाल दास मूलतः संघ से संबंधित हिंदुत्ववादी नहीं थे। देवरस सीधे-सीधे उन्हें आदेश नहीं दे सकते थे। इसलिए, सरसंघचालक का आदेश मिलते ही सिंघल के नेतृत्व

---

[1] यह पूरा ब्योरा वरिष्ठ पत्रकार और दैनिक *जन मोर्चा* के संपादक शीतला सिंह (2019) की पुस्तक *अयोध्या/रामजन्मभूमि-बाबरी मस्जिद का सच,* कौशल पब्लिशिंग हाउस, इलाहाबाद से लिया गया है.

में विहिप ने कहना शुरू कर दिया कि मंदिर-निर्माण की इस योजना में मंदिर के गर्भ गृह की जगह तय नहीं है। इस बहाने से अयोध्या विकास ट्रस्ट का यह प्रयास नाकाम कर दिया गया।

हिंदुओं के भीतर बहिर्वेशन और अंतर्वेशन के माध्यम से हिंदू राजनीतिक एकता बनाना

दूसरा आयाम है हिंदुओं के भीतर बहिर्वेशन और अंतर्वेशन की प्रक्रियाएँ चलाना। हिंदुत्व को एक पॉलिटिकल रिलीजन के तौर पर व्याख्यायित करने वाले फ्राइकेनबर्ग ने उसकी संरचना के एक ऐसे पहलू की तरफ़ विशेष रूप से ध्यान दिलाया है जिससे मध्यमार्गी विमर्श केवल पचास फ़ीसदी परिचित है। उनके अनुसार हिंदुत्व एक साथ बहिर्वेशन (एक्सक्ल्यूज़न) और अंतर्वेशन (इनक्ल्यूज़न) की प्रक्रियाएँ चलाता है। वह मुसलमानों, ईसाइयों और यहूदियों को पूरा भारतीय मानने से इंकार करते हुए उनका बहिर्वेशन करता है, क्योंकि यह धरती केवल उनकी जन्मभूमि है, पुण्यभूमि नहीं। लेकिन वह पिछड़ों और अनुसूचित जातियों के साथ-साथ सिखों, बौद्धों और आदिवासियों को पूरा भारतीय मानते हुए उनका अंतर्वेशन करता है, क्योंकि भारत उनकी जन्मभूमि भी है और पुण्यभूमि भी।[2] संघ परिवार की राजनीति ने अपने जीवन के पूरे नौ दशक इसी तरह का बहिर्वेशन और अंतर्वेशन करते हुए गुज़ारे हैं। आम तौर पर मध्यमार्गी विमर्श के मुखर आयामों के तहत संघ द्वारा किये जाने वाले बहिर्वेशन पर विशेष ध्यान दिया जाता है, और अंतर्वेशन की गम्भीर गवेषणा कम ही होती है क्योंकि उसे ब्राह्मणवाद की साज़िश और छल के खाते में डाल दिया जाता है। मैं कहना यह चाहता हूँ कि संघ परिवार द्वारा किया जाने वाला ईसाइयों और मुसलमानों का बहिर्वेशन तो एक खुला और स्वयंसिद्ध तथ्य है। अनुसूचित जातियों और अनुसूचित जनजातियों के अंतर्वेशन की संघी परियोजना, उसकी काफ़ी हद तक सफलता और संघ विरोधी विमर्श द्वारा उसकी कामयाबी की सम्भावना न मानने की प्रवृत्ति पर लेख के पहले खण्ड में चर्चा की जा चुकी है। ज़रूरत तो इस बात की है समाज-विज्ञान उसके द्वारा अपनाई जाने वाली अंतर्वेशन की रणनीतियों पर गम्भीरता और वस्तुनिष्ठता से विचार करे। दरअसल, अंतर्वेशन की यह प्रक्रिया

---

[2] फ्राइकेनबर्ग (2005), वही : 179.

पेचीदा है और अलग-अलग देशकाल के हिसाब से बड़े लचीले ढंग से चलाई जाती है। संघ ने हिंदू समाज के भीतर भी अंतर्वेशन हेतु दबाव पैदा करने के लिए बहिर्वेशन की सुनियोजित कार्यनीति का इस्तेमाल किया है। उसके द्वारा किये जाने वाले बहिर्वेशन में अंतर्वेशन निहित है, इसलिए इसे एक अनूठी राजनीतिक प्रौद्योगिकी के तौर पर चिह्नित किया जाना चाहिए। 2017 का विधानसभा चुनाव 2019 का लोकसभा चुनाव यादवों-जाटवों-मुसलमानों के बहिर्वेशन के ज़रिये जीता गया। लेकिन जीतने के बाद प्रयोग के तौर पर अंतर्वेशन की प्रक्रियाएँ भी चलाई जाती हैं।

जुलाई, 2017 के आख़िरी हफ़्ते में भाजपा अध्यक्ष अमित शाह ने लखनऊ में पार्टी के एक बूथ अध्यक्ष सोनू यादव के घर दोपहर का बहु-प्रचारित भोजन किया। शाह के सामने दो प्रस्ताव थे : किसी अनुसूचित जाति के कार्यकर्ता के घर भोजन करना या किसी यादव कार्यकर्ता के घर। फ़िलहाल उन्होंने यादव का घर पसंद किया ताकि उत्तर प्रदेश में उनका 'मिशन यादव' चालू हो सके।[3] अपने वक्तव्य में शाह ने कहा कि वे यादवों को समाजवादी पार्टी का स्थायी वोटर मानने के लिए तैयार नहीं हैं। उन्होंने प्रदेश के संगठन को निर्देश दिये कि वे यादवों और जाटवों को पार्टी में भर्ती करने का कोई मौक़ा न गवाएँ। शाह का यह वक्तव्य इसलिए विशेष तौर से महत्त्वपूर्ण था कि उनकी पार्टी हाल ही में सम्पन्न हुए विधानसभा चुनावों में यादवों और जाटवों को मुसलमानों के साथ एक खाने में रख कर इन तीनों समुदायों के ख़िलाफ़ बहिर्वेशन की प्रक्रिया चला चुकी थी। ऐसा करके भाजपा ने बाक़ी हिंदू समाज के चालीस से ज़्यादा प्रतिशत वोट यादव-जाटव-मुसलमानों के ख़िलाफ़ गोलबंद करने में सफलता प्राप्त की थी। 2017 के विधानसभा चुनाव में भाजपा की इस विजेता रणनीति की व्याख्या करने वाले एक वरिष्ठ प्रेक्षक का कहना था :

> यूपी-2017 ने 'सब जात बनाम तीन जात' के आधार पर गोलबंदी होते हुए देखी। यह 1991 में भाजपा द्वारा की गयी कल्याण सिंह शैली की सोशल इंजीनियरिंग का 2017 का नया संस्करण था। इसका नतीजा यह निकला कि अति-पिछड़ी जातियों, ग़ैर-यादव ओबीसी जातियों और ग़ैर-जाटव दलितों को भाजपा ने क्रमशः बसपा, सपा और कांग्रेस की तरफ़ झुके जाटवों, यादवों और मुसलमानों के ख़िलाफ़ खड़ा

---

[3] देखें, प्रेमशंकर मिश्रा की रपट 'यूपी में अमित शाह का मिशन यादव', *नवभारत टाइम्स,* 31 जुलाई, 2017, नयी दिल्ली.

कर दिया। अपनी ब्राह्मण-बनिया छवि से छुटकारा पाते हुए भाजपा ने ग़रीबों और पिछड़ों का व्यापक सामाजिक गठजोड़ बनाने में सफलता प्राप्त की। उसने 119 सीटें राजभरों, कुशवाहाओं और मौर्याओं जैसी ग़ैर-यादव ओबीसी जातियों को दीं। उसने राजभरों की छोटी सी सुहैलदेव भारतीय समाज पार्टी के साथ गठजोड़ करके उसे आठ सीटें दीं। भाजपा ने 69 टिकट ग़ैर-जाटव दलितों, जैसे धोबी और खटीक, को दिये।[4]

सागरिका घोष की यह टिप्पणी पत्रकारों द्वारा भाजपा की जीत के एक हद तक बेहतर विश्लेषण के नमूने के तौर पर देखी जा सकती है। राधिका रामशेषन द्वारा किया गया एक अन्य पत्रकारीय विश्लेषण बताता है कि भाजपा ने सोची-समझी योजना के तहत उप्र की ऊँची जातियों को एक सामरिक चुप्पी थमा दी थी (द्विजों के बीच संघ के स्वयंसेवकों का प्रचार यह था कि 'मन ही मन वोट दीजिए, संयम रखिए अपनी वाणी पर') ताकि बिहार के चुनाव वाली ग़लती न दोहराई जा सके जहाँ ऊँची जातियों की मुखर दावेदारियों ने कमज़ोर जातियों को भाजपा के विरोध में कर दिया था। राधिका के मुताबिक़ निचले दोआब, अवध और पूर्वी उत्तर प्रदेश में भाजपा ने यादवों को गुण्डों और उत्पीड़कों के रूप में दिखाया ताकि उनके ख़िलाफ़ ऊँची जातियों और अति-पिछड़ों और आरक्षण के लाभों से वंचित दलितों के वोटों की गोलबंदी की जा सके।[5] लेकिन, ये वोट भाजपा को यूँ ही नहीं मिले। उसने इनके लिए दो साल पहले से सांगठनिक पेशबंदी की थी।

2015 में भाजपा के आला कमान ने सोच-समझ कर फ़ैसला लिया था कि उप्र के पार्टी संगठन को ब्राह्मण-राजपूत-बनिया जकड़ से बाहर निकलना होगा। इसके लिए एक निर्णायक क़दम यह उठाया गया कि पार्टी के ज़िला अध्यक्षों की नियुक्ति के लिए मतदान की प्रक्रिया ख़त्म कर दी गयी, और ज़ोर आम सहमति पर दिया गया।[6] लम्बे अरसे से उप्र की भाजपा पर हावी द्विज जातियों की

---

[4] देखें, सागरिका घोष की टिप्पणी, 'मोदी हिट्स इज़ इंदिरा गाँधी मोमेंट इन उत्तर प्रदेश', blogs.timesofindia.indiatimes.com › Blogs › India Blogs, पर उपलब्ध, 5 अगस्त, 2017 को देखा गया.

[5] देखें, राधिका रामशेषन की टिप्पणी, 'दे मैसेजेज़, मैथेमेटिक्स ऐंड साइलेंसेज़ दैट फ़ॉर्म्स द बीजीपीज़ यूपी विन', *इकॉनॉमिक ऐंड पॉलिटिकल वीकली,* www.epw.in/journal/.../messages-mathematics-and-silences-formed-bjps-win.html पर उपलब्ध, 5 अगस्त, 2017 को देखा गया.

[6] देखें, राजीव श्रीवास्तव की रपट, 'दलित, ओबीसीज़ टू हैव इनक्रीज़्ड रिप्रज़ेंटेशन इन यूपी बीजेपी', द *टाइम्स ऑफ़ इण्डिया,* 20 दिसम्बर, 2015, नयी दिल्ली.

नेटवर्किंग के मुक़ाबले कमज़ोर जातियाँ ज़िला स्तर पर मतदान में अपने उम्मीदवार को अध्यक्ष नहीं चुनवा सकती थीं, लेकिन आलाकमान के निर्देश पर ग़ैर-यादव, अति-पिछड़ी और ग़ैर-जाटव अनुसूचित जातियों के प्रभावी कार्यकर्ताओं को स्थानीय स्तर पर अध्यक्ष बनाने की आम सहमति बनाई जा सकती थी। इसी पेशबंदी का दूसरा क़दम पार्टी ने अति-पिछड़ों को ओबीसी आरक्षण के दायरे में अलग से कोटा देने का वायदा करके उठाया। भाजपा की केंद्र सरकार ने राष्ट्रीय पिछड़ा वर्ग आयोग से कहा कि वह बिहार के कर्पूरी फ़ारमूले की तर्ज़ पर ओबीसी आरक्षण को तीन भागों में बाँटने की प्रक्रिया शुरू करे। यानी 27 फ़ीसदी आरक्षण को नौ-नौ फ़ीसदी क्रमशः अति-पिछड़ों, अत्यधिक पिछड़ों और ओबीसी में वितरित किया जाए।[7]

इन पत्रकारीय सूचनाओं के बावजूद ज़्यादातर समीक्षक चुनाव नतीजों के पहले यही कह रहे थे कि उत्तर प्रदेश में त्रिशंकु विधानसभा आने वाली है। पत्रकारों को तो छोड़ ही दीजिए, प्रमुख चुनावशास्त्री संजय कुमार को भी यक़ीन नहीं था कि बसपा और सपा छोड़ कर भाजपा में जाने वाले नेताओं को भाजपा के समर्थन आधार में बढ़ोतरी का संकेत माना जा सकता है।[8] दरअसल, समझ के स्तर पर मुख्य समस्या यह थी कि बिखरी हुई और राजनीतिक रूप से निष्प्रभावी रही छोटी-छोटी अति-पिछड़ी और अति-दलित जातियों के वोटों की एकताबद्ध दावेदारी की कल्पना करना पत्रकारों और समाज-वैज्ञानिकों के लिए बहुत मुश्किल था। समाज-विज्ञान में दो लोकतांत्रिक उभारों का सूत्रीकरण तो हो चुका था, पर किसी 'तीसरे लोकतांत्रिक उभार' की कल्पना करना उसके लिए एक और कारण से कठिन था। आम तौर से वाम और उदारतावादी रुझान वाले समाज-वैज्ञानिक सामाजिक न्याय की राजनीति के प्रधान मुहावरे से बाहर हिंदुत्ववादी भाजपा को लाभ पहुँचाते हुए दिखने वाले किसी भी उभार को 'लोकतांत्रिक' कहने के लिए तैयार नहीं हो सकते थे। लेकिन, लोकनीति से जुड़े हुए चुनावशास्त्री अनिल कुमार वर्मा को सामाजिक न्याय की दौड़ में पीछे

---

[7] देखें, आर्चिज़ मोहन की रपट, 'बीजेपी ऑफ़र्स कोटा फ़ॉर एक्स्ट्रीमली बैकवर्ड विदिन ओबीसी रिज़र्वेशन', *बिज़नेस स्टैंडर्ड*, 11 जुलाई, 2016.

[8] देखें, संजय कुमार की *मिंट* में टिप्पणी, 'अ लांग रोड फ़ॉर द बीजेपी इन उत्तर प्रदेश', http://www.livemint.com/Opinion/U2OpydsZdf8 KTGHAB1lBHP/A-long-road-for-the-BJP-in-Uttar-Pradesh.html, पर उपलब्ध, 5 अगस्त, 2017 को देखा गया.

छूट गयी जातियों और समुदायों की राजनीतिक महत्त्वाकांक्षाएँ उत्तर प्रदेश की ज़मीन पर उमड़ती हुई दिखाई पड़ रही थीं। 2007 के बाद से ही उनकी उम्मीद जाति आधारित सपा और बसपा के प्रति न हो कर धीरे-धीरे ग़ैर-जाति आधारित पार्टियों की तरफ़ झुकती जा रही थी। 2009 में इन महत्त्वाकांक्षाओं का लाभ कांग्रेस को मिला था, लेकिन 2017 में कांग्रेस के मुक़ाबले भाजपा इसका लाभ उठाने की स्थिति में अधिक थी :

> 2017 के विधानसभा चुनाव की तरफ़ बढ़ता हुआ उत्तर प्रदेश तीसरे लोकतांत्रिक उभार से गुज़र रहा है। दलितों, पिछड़ों और यहाँ तक कि मुसलमानों में कुछ न कुछ खदबदाहट है। कारण यह है कि 'दूसरे लोकतांत्रिक उभार' ने जिन लाभों का आश्वासन दिया था, वे उनके पास समतामूलक ढंग से नहीं पहुँचे हैं। उनका ज्यादातर हिस्सा उन पर चौधराहट जमाए अभिजन ने हड़प लिया है। हाशिये पर सिमटे लोगों को अस्मिता तो मिली, लेकिन सशक्तीकरण नहीं मिला। इसलिए वे उन पार्टियों की तरफ़ आकर्षित हो रहे हैं जिन्होंने उन्हें राजनीतिक-आर्थिक सशक्तीकरण का आश्वासन दिया है। 2007 में मायावती द्वारा किये गये सोशल इंजीनियरिंग के प्रयोग के तुरंत बाद ही इन हाशियाकृत जातियों ने जाति-आधारित पार्टियों को छोड़ना और ग़ैर-जाति आधारित पार्टियों, ख़ासकर कांग्रेस और भाजपा, की तरफ़ झुकना शुरू कर दिया था। हालाँकि मायावती ने राज्य में बहुमत की सरकार बनाई लेकिन वे अस्मिता-सशक्तीकरण के द्वंद्व को हल नहीं कर पाईं, क्योंकि उन्हें दलितों की क़ीमत पर ब्राह्मणों और मुसलमानों को समायोजित करना पड़ा। इसी कारण से तीसरे लोकतांत्रिक उभार के बीज 2007 में ही पड़ गये थे। तीसरे उभार का पहला सुराग़ 2009 के लोकसभा चुनाव में दिखाई पड़ा। सीएसडीएस के आँकड़ों के अनुसार नौ फ़ीसदी अत्यधिक पिछड़ों और एक फ़ीसदी जाटवों ने मायावती का दामन छोड़ दिया। 16 फ़ीसदी मुसलमानों और एक फ़ीसदी कुर्मियों ने समाजवादी पार्टी का साथ छोड़ा। ये वोट कांग्रेस के साथ चले गये। कांग्रेस ने चौतरफ़ा वोट अर्जित किये (छह फ़ीसदी यादव, बीस फ़ीसदी कुर्मी, नौ फ़ीसदी अत्यधिक पिछड़े, 11 फ़ीसदी जाटव, 11 फ़ीसदी मुसलमान)। उस समय भाजपा ने भी दो फ़ीसदी यादव और दस फ़ीसदी अत्यधिक पिछड़े वोट झटके। 2012 के विधानसभा चुनाव में भी यही रुझान जारी रहा। 2007 के मुक़ाबले सपा और बसपा के हाथ से अपने पारम्परिक वोट निकलते रहे। राष्ट्रीय पार्टियों को लाभ हुआ और बसपा ने नौ फ़ीसदी अत्यधिक पिछड़े एवं 23 फ़ीदसी जाटव वोट खोये, एवं सपा के खाते से सात फ़ीसदी यादव और आठ फ़ीसदी मुसलमान वोट निकल गये। ... 2014 के लोकसभा चुनाव में इस रुझान को और ज़्यादा पुष्ट किया। समाजवादी पार्टी बीस फ़ीसदी यादव और 12 फ़ीसदी अत्यधिक पिछड़े वोटों से वंचित हुई, जबकि बसपा आठ फ़ीसदी अत्यधिक पिछड़ों और 16 फ़ीसदी

जाटव वोटों से हाथ धो बैठी। सभी हाशियाकृत समुदायों से वोट भाजपा की तरफ़ गये (यादव 21 %, कुर्मी 33 %, अत्यधिक पिछड़े 31 %, जाटव 13 % और मुसलमान 4 %)।[9]

वर्मा का विश्लेषण भी सुहास पल्शीकर की तरह विशुद्ध आँकड़ागत और ज़बरदस्त रूप से मानीख़ेज़ है। आँकड़ों के सहारे वे एक अहम सवाल उठाते हैं जो राजनीतिक विमर्श की स्थापित श्रेणी 'दलित' को ही प्रश्नांकित कर देता है। वे पूछते हैं कि 1985 के बाद गुज़रे तीस साल में चुनाव आयोग के आँकड़ों के मुताबिक़ उत्तर प्रदेश में औसतन केवल 48 फ़ीसदी अनुसूचित जातियाँ ही वोट करती रही हैं। बाक़ी 52 फ़ीसदी अनुसूचित जातियों के वोटर कौन हैं जो वोट नहीं डालते? उनका राजनीतीकरण कहाँ और कैसे हुआ है? अगर मायावती केवल 48 फ़ीसदी सक्रिय वोटरों के दम पर 'दलित' नेता कहला सकती हैं तो कोई भी पार्टी बाक़ी 52 फ़ीसदी की राजनीति करके अनुसूचित जातियों की राजनीति का खेल पूरी तरह से बदल सकती है। जिस तरह से ग़ैर-जाटव/चमार वोट[10] मायावती को छोड़ कर गये हैं, उससे तो यही लगता है कि वे दलित यानी सभी पूर्व-अछूतों की नेता नहीं हैं। उनकी सही पहचान जाटव नेता की है।

ठीक इसी तरह वर्मा का विश्लेषण एक अनकहा सवाल उठाता है कि क्या मुलायम सिंह की सही पहचान ओबीसी नेता की होनी चाहिए या एक यादव नेता की होनी चाहिए जो अन्य ओबीसी बिरादरियों से लेन-देन के आधार पर सामाजिक-राजनीतिक गठजोड़ बना लेता है। इसी बात को इस तरह से भी कहा जा सकता है कि धीरे-धीरे मुलायम सिंह ने ख़ुद को घटा कर मुख्य तौर पर यादव नेता बना लिया है, क्योंकि जब भी उनकी पार्टी को सत्ता मिलती है यादव समुदाय को हर तरह के फ़ायदे बिना किसी और को कोई मौक़ा दिये हड़पने की सहूलियत मिल जाती है। यही कारण है कि लोकनीति-सीएसडीएस ट्रैकर-I के आँकड़ों के अनुसार समाजवादी पार्टी को यादवों के 67 फ़ीसदी वोट मिलते हैं, पर भाजपा ग़ैर-यादव वोटों (अति-पिछड़े 30% और अत्यधिक पिछड़े 41%) के मामले में उससे काफ़ी आगे निकल गयी है।

---

[9] देखें, ए.के. वर्मा (2016), 'थर्ड डेमॉक्रैटिक अपसर्ज इन उत्तर प्रदेश', *इकॉनॉमिक ऐंड पॉलिटिकल वीकली*, खण्ड 41, अंक 53 : 44–49.

[10] उत्तर प्रदेश की 65 अनुसूचित जातियों में से 55 संख्यात्मक दृष्टि से बहुत छोटी हैं. ये हैं बसोड़, सपेरा, कछबधिया, मुसहर, बेगार, तंतवा, रंगरेज और सारवन, वगैरह. पासियों की संख्या जाटवों के बाद दूसरे नम्बर पर है, पर वे भी संख्यात्मक दृष्टि से जाटवों के मुक़ाबले बहुत पीछे हैं. अन्य उल्लेखनीय जातियाँ हैं धोबी, खटीक और वाल्मीकि.

वर्मा ने उत्तर प्रदेश में छोटी पार्टियों की परिघटना की ओर इंगित किया जिनके कारण हाशियाकृत समुदायों की किसी ख़ास तरह की राजनीति के लिए गोलबंदी अपेक्षाकृत आसान हो गयी है। 2012 के चुनाव में कोई दो सौ के क़रीब छोटी और सीमांत पार्टियाँ सक्रिय थीं। उन्होंने साढ़े तेरह फ़ीसदी से ज़्यादा वोट प्राप्त करके तेरह सीटें भी जीती थीं। वर्मा ने 2016 में ही 'इलेक्टोरल इम्पेक्ट फ़ैक्टर' (ईआईएफ़) और 'एग्रेगेट इलेक्टोरल इम्पेक्ट फ़ैक्टर' (एईआईएफ़) पैमाना प्रस्तावित करके दिखाया कि अत्यंत छोटी और दिखने में पूरी तरह से निष्प्रभावी लगने वाली जातियाँ अपनी छोटी पार्टियों के ज़रिये अगर किसी निर्वाचन क्षेत्र में कटिबद्ध हो कर वोट करें तो वे जीत और हार में फ़र्क़ डाल सकती हैं। उन्होंने हिसाब-किताब लगा कर प्रदर्शित किया कि अगर चुनाव का ऐसा कोई खिलाड़ी किसी की जीत सुनिश्चित कर रहा है या उसकी जीत की सम्भावना बढ़ा रहा है तो उसका इम्पेक्ट फ़ैक्टर क्रमश: +2 और +1 आँका जा सकता है। अगर ऐसा कोई खिलाड़ी किसी की हार सुनिश्चित कर रहा है या हार का ख़तरा बढ़ा रहा है तो उसका इम्पेक्ट फ़ैक्टर दो और एक माना जा सकता है।

लोकसभा चुनाव के दौरान भाजपा ने कुर्मियों की पार्टी अपना दल के साथ गठजोड़ किया था। हालाँकि यह संगठन केवल कुछ इलाक़ों में ही अपना प्रभाव रखता है, लेकिन इस गठजोड़ से पूरे प्रदेश में हवा बनी कि भाजपा छोटी बिरादरियों के हितों के साथ है। इससे पूरे प्रदेश के चुनाव नतीजे प्रभावित हुए। इसी तरह विधानसभा चुनावों में भाजपा ने राजभरों की सुहैलदेव पार्टी के साथ गठजोड़ किया जिससे पूर्वी उत्तर प्रदेश (जहाँ भाजपा हमेशा से कमज़ोर रही है) की 52 सीटों पर उसे लाभ मिला। 2012 में इस छोटी पार्टी ने प्रत्येक सीट पर औसतन 9,200 वोट प्राप्त किये थे, जबकि भाजपा 30 से 60 निर्वाचन क्षेत्रों में पाँच से पंद्रह हज़ार वोटों से हार गयी थी। सेकुलर और कम्युनल राजनीति के लिए ईआईएफ़ की परिघटना उस समय और महत्त्वपूर्ण हो जाती है जब यह दिखाई पड़ता है कि छोटी पार्टियों और छोटी हाशियाकृत बिरादरियों के भाजपा के साथ जुड़ने के कारण मुसलमान वोटों का इलेक्टोरल इम्पेक्ट फ़ैक्टर शून्य हो गया। हिंदुत्ववादी शक्तियाँ ठीक यही तो चाहती थीं कि वे इतने हिंदू वोट गोलबंद कर लें कि मुसलमान मतदाताओं की भाजपा विरोधी वोटिंग चुनाव परिणाम पर कोई असर न डाल सके। दरअसल उत्तर प्रदेश की चुनावी राजनीति ने अल्पसंख्यक मतदाताओं और हमारे लोकतंत्र के आपसी संबंधों को संकटग्रस्त कर दिया है।

पहले 2014 के लोकसभा चुनाव में और इस बार विधानसभा चुनाव में भारत के इस सबसे बड़े प्रदेश के मुसलमान मतदाता आबादी में अपनी तक़रीबन 19 फ़ीसदी हिस्सेदारी के बावजूद चुनाव परिणाम को प्रभावित करने में बिल्कुल नाकाम रहे। 2014 में उनके मतदान की प्रभावहीनता के पीछे एक समझ में आने वाला तर्क था। उस समय उनके वोट समाजवादी पार्टी, बहुजन समाज पार्टी और कांग्रेस के बीच बँट गये थे, इसलिए वे भारतीय जनता पार्टी की ज़बरदस्त आँधी को हल्का कर पाने में विफल रहे थे। लेकिन, इस बार तो उनकी पहली प्राथमिकता समाजवादी पार्टी और कांग्रेस का गठजोड़ था। फिर भी नतीजा वही रहा। उनके भाजपा विरोधी वोटों का कोई असर नहीं पड़ा। मुसलमान मतों को नाकारा कर देने वाली जो आँधी 2014 में थी, वही 2017 में अ ौर 2019 में भी दिखी।

लोकसभा चुनाव से पहले *एनडीटीवी* पर मुख़्तार अब्बास नक़वी ने पार्टी प्रवक्ता के रूप में मुझसे बहस करते हुए स्पष्ट रूप से कहा था कि भाजपा पहले भी बिना मुसलमान वोटों के सत्ता में आयी है, और इस बार भी ऐसा ही होगा। दरअसल, भाजपा की राजनीति के कई बुनियादी लक्ष्यों में एक लक्ष्य मुसलमान मतों को निष्प्रभावी कर देना भी है, और उसके नेता इस इरादे को छिपाते भी नहीं हैं। इस प्रश्न पर सेकुलरवाद से जुड़ी बहसों में न पड़ते हुए इतना ज़रूर कहा जाना चाहिए कि अगर किसी संख्यात्मक रूप से शक्तिशाली अल्पसंख्यक समुदाय के भीतर राजनीतिक व्यर्थता का एहसास पनपने लगे तो उसके दूरगामी परिणाम लोकतंत्र के लिए ख़तरनाक निकल सकते हैं। इसका कारण हमें उन राजनीतिक शक्तियों के रवैये में खोजना चाहिए जिनकी रणनीति में मुसलमान मतों का महत्त्वपूर्ण स्थान होता है। अगर हम यह देख सकें कि ये शक्तियाँ मुसलमान मतों का हिंदू समाज के विभिन्न समुदायों के साथ किस तरह समीकरण निकाल रही हैं, तो शायद यह पता लग सके कि समस्या कहाँ है।

समाजवादी पार्टी चाहती थी कि मुसलमान वोट पिछड़ी जातियों के वोटों से जुड़ कर उसके लिए जिताऊ समीकरण बनाएँ। 2014 के चुनाव में इस पार्टी को ग़ैर-यादव पिछड़ी जातियों के वोट गिने-चुने ही मिले थे। इससे स्पष्ट हो गया था कि पिछड़े समाज में उसके गारंटीशुदा वोट केवल यादव समुदाय से ही आते हैं। यानी उसके पास यादवों के 11 फ़ीसदी वोटों के अलावा हिंदू समुदायों से मिल सकने वाले किसी अन्य वोट की गारंटी नहीं थी। इस प्रकार उसका फ़ारमूला था ग्यारह फ़ीसदी यादव और उन्नीस फ़ीसदी मुसलमान। इसी तरह बहुजन समाज पार्टी मुख्य

तौर पर दलित जातियों के वोटों को मुसलमानों से जोड़ कर चुनाव जीतना चाहती थी। 2014 में इस पार्टी को भी ग़ैर-जाटव दलित जातियों के वोट बहुत कम मिले थे। यानी उसके पास गारंटीशुदा दलित वोट केवल जाटव समाज के थे। इस प्रकार उसका फ़ारमूला था पंद्रह फ़ीसदी जाटव और उन्नीस फ़ीसदी मुसलमान।

ये दोनों रणनीतिक फ़ारमूले पहली नज़र में बताते हैं कि इनमें हिंदू समाज का घटक मुसलमान समाज से छोटा है। अर्थात् ये दोनों पार्टियाँ जाने-अनजाने अल्पसंख्यकों से बहुसंख्यकों का काम लेना चाहती थीं। मुसलमान वोटों की प्रभावकारिता पर यह असाधारण भरोसा इन पार्टियों को व्यापक हिंदू समाज की चुनावी गोलबंदी के प्रति उदासीनता की तरफ़ ले गया। उन्होंने सोचा कि केवल टिकटों के जातिगत बँटवारे से वे गोलबंदी की कमी की भरपाई कर लेंगे। इस मुग़ालते में उन्होंने यादव और जाटव समाज को छोड़ कर बाक़ी सारा हिंदू समाज भाजपा के लिए छोड़ दिया। नतीजतन अगर सारे मुसलमान वोट किसी एक पक्ष को मिल भी जाते, तो भी हिंदू समुदायों के वोटों के अभाव में जीत का आँकड़ा नहीं बन पाता। टिकट बँटवारे की रणनीति के ज़रिये ज़्यादा से ज़्यादा स्थानीय स्तर पर समीकरणों को प्रभावित किया जा सकता है। टिकट तो देने ही पड़ते हैं। प्रदेशव्यापी सामाजिक समीकरण बनाने के लिए किसी समुदाय की समग्र राजनीतिक महत्वाकांक्षाओं को स्पर्श देना पड़ता है। न तो 2014 में और न ही 2017 में सपा और बसपा के पास ऊँची जातियों के लिए इस तरह की कोई योजना थी।

यह एक साधारण-सी समझ है कि लोकतंत्र बहुमत का खेल है, और इस देश में हिंदुओं की बहुसंख्या है। इस हिंदू बहुसंख्या को बहुसंख्यकवादी रूप न ग्रहण करने देने के लिए ज़रूरी है कि उसके साथ अल्पसंख्यक वोटों को जोड़ा जाए। तभी हिंदू वोट सेकुलर वोट बन सकता है, और दूसरी तरफ़ मुसलमान वोट भी हिंदू वोटों के साथ मिल कर ही सेकुलर और प्रभावकारी हो सकते हैं। केवल उसी रणनीतिक परिप्रेक्ष्य में मुसलमान मतों का लाभ भाजपा विरोधी राजनीति को मिल सकता है जिसमें ज़ोर हिंदू समाज की चुनावी गोलबंदी पर हो। 2007 में मायावती ने हिंदू ऊँची जातियों की गोलबंदी की रणनीति बनाई थी, जिसका परिणाम उनकी असाधारण जीत में निकला था। 2012 में समाजवादी पार्टी को अति-पिछड़ों और ऊँची जातियों के एक हिस्से ने भी वोट दिया था जिससे जुड़ कर मुसलमान वोट अपना असर डाल पाए थे।

यही नज़ारा हम बिहार में देखते हैं। चूँकि नीतीश कुमार नब्बे के दशक में

ही लालू यादव की भौंडी यादवशाही के ख़िलाफ़ विद्रोह करके अतिपिछड़ों और अतिदलितों के नेता के रूप में उभर चुके थे, इसलिए तमाम कोशिशों के बावजूद भाजपा वहाँ इन समुदायों के वोट नहीं बटोर पाई और मुसलमान वोटों ने नीतीश की जीत सुनिश्चित कर दी। दिल्ली में मुसलमानों ने अरविंद केजरीवाल को जम कर वोट किया, लेकिन व्यापक हिंदू समाज के समर्थन के बिना केवल मुसलमान वोट उन्हें सत्तर में से सड़सठ सीटें नहीं दिला सकते थे। भाजपा विरोधी राजनीति करने वाले यह समझने में नाकाम रहे कि मुसलमान उनकी चुनावी रणनीति में पूरक भूमिका तो निभा सकते हैं, पर नेतृत्वकारी भूमिका नहीं। इस यथार्थ को न समझने का फ़ौरी परिणाम उनकी पराजय में निकल चुका है, और अगर इस रवैये में संशोधन न किया गया तो दूरगामी परिणाम मुस्लिम समाज के लोकतंत्र से कटते चले जाने में निकलेगा।

मध्यमार्गी विमर्श का भविष्य

विस्तार से की गयी इस विमर्श–नवीसी के अंतिम खण्ड में पूरी बहस का सार–संकलन करने से पहले मैं एक निजी क़बूलनामा दर्ज करना चाहता हूँ।

दरअसल, यह बौद्धिक क़वायद उन उलझनों की देन है जो मेरे दिमाग़ को नब्बे के दशक से ही सता रही थीं। इनका कारण वे विचार–श्रेणियाँ थीं जो मेरे जैसे लोग जीवन के शुरुआती दौर में राजनीतिक–बौद्धिक सोहबतों के असर में आत्मसात् कर लेते हैं, और फिर यह थमाया गया लेकिन सहर्ष स्वीकार किया गया ज्ञान सारी ज़िंदगी के लिए उनके सोचने–समझने के तरीक़े तय कर देता है। वक़्ती फ़ैशन के दबाव में इन थमाई गयी विचार–श्रेणियों को अध्ययन–मनन के ज़रिये अकादमिक जाँच की कसौटियों पर शायद ही कभी कसा जाता हो। इनका प्रभाव हमारे मानस को इस क़दर जकड़ लेता है कि हम इन श्रेणियों को प्रश्नांकित करने वाले विमर्श को पढ़ कर भी नहीं पढ़ते, और सामाजिक–राजनीतिक ज़मीन पर मिलने वाली हर नाकामी के बदले हम इन्हीं श्रेणियों पर ज़्यादा से ज़्यादा भरोसा करके हुए ज़िंदगी गुज़ार देते हैं। चूँकि समाज हमारी इच्छित परिवर्तनकारी संहिता के मुताबिक़ बदलने से इंकार कर देता है, इसलिए ऐसी बौद्धिकता दरअसल अपना समाहार समाज में ही ख़ामियाँ निकालने में करने लगती है। इस प्रकार की बौद्धिक दुर्गति से बचने के लिए यह विमर्श–नवीसी मेरे लिए आवश्यक थी।

विमर्शों के बीच किये गये इस संवाद के निष्कर्ष इस प्रकार हैं :

■ राष्ट्रीय स्वयंसेवक संघ द्वारा पिछले नौ दशक से चलाया जा रहा हिंदू-एकता का प्रोजेक्ट धर्मशास्त्रों और वर्णाश्रम से बँधे ब्राह्मणवाद की सीमाओं से निकल चुका है। उसकी मुख्य गतिविधियाँ आर्थिक-सामाजिक आधुनिकीकरण और संसदीय बहुसंख्यकवाद के दायरे में हो रही हैं। सत्तर के दशक से शुरू हुआ यह परिवर्तन केवल रणनीतिक या कार्यनीतिक नहीं है। यह मुख्य तौर से विचार-परिवर्तन है। इसकी आहटें हिंदू राष्ट्रवाद के शुरुआती चिंतकों (विवेकानंद, दयानंद, सावरकर, मुंजे, हेडगेवार और अधिकांशतः गोलवलकर) के ऊहापोह में सुनी जा सकती हैं और इसे संघ के विचार की मुख्य धार बनाने का श्रेय उसके तीसरे सरसंघचालक देवरस को जाता है। इस विचार-परिवर्तन के कारण संघ की क़तारों में कई अंतर्विरोध पैदा हुए, परस्पर जद्दोजहद हुई, अंतर्संघर्षों के कारण राजनीतिक पराजय भी हुई— लेकिन संघ के नेतृत्व ने किसी तरह का विभाजन नहीं होने दिया। नतीजा यह निकला कि आज का संघ कमज़ोर जातियों को यह संदेश दे रहा है कि वह बहुलतापरक हिंदू समाज पर किसी क़िस्म की ब्राह्मणवादी समरूपता थोपने में दिलचस्पी रखने के बजाय विभिन्न जातियों और समुदायों को राजनीति के मैदान में खेलने के लिए एक समतल जगह मुहैया कराना चाहता है। चूँकि भारत की राजनीतिक आधुनिकता समुदायों की ऊर्ध्वगामिता और सशक्तीकरण की वाहक है, इसलिए संघ के अहर्निश सांगठनिक प्रयासों के साथ-साथ बदलती और अनुकूल होती हुई परिस्थितियों के कारण हिंदू समाज के विभिन्न हिस्से यह संदेश अब सुनने लगे हैं।

■ संघ को परिस्थितिजन्य अनुकूलता दिलाने के पीछे कई कारणों की भूमिका है। इनमें सबसे अहम है ऐतिहासिक कारक जिसके तहत हिंदू आत्मछवि के निर्माण की हज़ारों साल से चल रही प्रक्रिया आती है। आठवीं सदी में सिंध के हिंदू राजा दाहर पर मुस्लिम आक्रमण के साथ प्रारम्भ हुई यह प्रक्रिया शनैः शनैः कई चरणों से गुज़री है। विभिन्न सम्प्रदायों, पूजा-पद्धतियों और जीवन-शैलियों में बँटे ग़ैर-मुसलमान विजितों को विजेता शासकों के विमर्शकारों ने इसलिए हिंदू बुलाना

शुरू किया ताकि उन्हें मुसलमानों से अलग चिह्नित किया जा सके। ग्यारहवीं सदी में भारतीय समाज का वृत्तांत लिखने वाले अल-बरूनी ने ग़ैर-मुसलमान विजितों को हिंदू क़रार देते हुए उन्हें अपना धार्मिक प्रतिरोधी भी कहा था। जिसे 'मुसलमान न होने के कारण' हिंदू कहा गया, उसने पंद्रहवीं सदी से धीरे-धीरे स्वयं को सकारात्मक रूप से हिंदू कहना और मानना शुरू किया।

इस हिंदू आत्मछवि के दो अंतर्निहित पहलुओं का उल्लेख आवश्यक है। पहली बात तो यह कि यह बनती हुई हिंदू आत्मछवि समाज की नैसर्गिक बहुलता का निषेध नहीं थी; और दूसरी बात यह है कि इस हिंदू आत्मछवि की संरचना में मुसलमान राजनीतिक पहचान के प्रति प्रतिकारमूलक प्रतिक्रिया भी शुरुआत से ही शामिल थी। कुल मिला कर पुराणिक उपादानों से संसाधित हो कर यह आत्मछवि भक्तिकाल से गुज़रती हुई जब उपनिवेशवादी दौर में पहुँची, तो प्राच्यवादियों ने इसका पुनराविष्कार 'भव्य हिंदू परम्परा' में किया। यह भव्य हिंदू परम्परा मुख्यतः सहिष्णु, उदार और ग्रहणशील मानी गयी। उपनिवेशवाद विरोधी आंदोलन के नेतृत्व ने इसका सकारात्मक इस्तेमाल कुछ इस शैली में किया कि आंदोलन पर काफ़ी-कुछ लगी हिंदू छाप के बावजूद आज़ादी की लड़ाई हिंदूवादी संघर्ष का रूप नहीं ले पायी। लोकतंत्र आम तौर पर बहुसंख्यकवादी आवेगों का शिकार होने के लिए अभिशप्त रहता है। यह उसके राजनीतिक नेतृत्व की ज़िम्मेदारी होती है कि वह उस बहुसंख्यकवादी आवेग को अल्पसंख्यक विरोधी दुष्टता में पतित होने से बचाते हुए उस पर सामाजिक-राजनीतिक उदारता का पानी चढ़ाता रहे। ऐसा लगता है कि सत्तर के दशक के अंत तक देश का उत्तर-औपनिवेशिक नेतृत्व विभिन्न युक्तियों का इस्तेमाल करके ऐसा करने में सफल रहा।

■ हिंदू छवि के विस्तार और सुदृढ़ीकरण में उन प्रकटतः आधुनिक और सेकुलर प्रक्रियाओं ने भी कभी ख़ामोशी के साथ और कभी विरोधाभासी रूप में अपना योगदान किया जो भारत को एक समेकित राष्ट्र बनाने के लिए चलाई गयी थीं। हिंदू विवाह क़ानून इसका एक

बड़ा उदाहरण है। इस क़ानून के तहत सभी ग़ैर-हिंदू (बौद्ध, जैन, सिख आदि) क़ानूनी रूप से हिंदू (लीगली हिंदू) के दायरे में आ गये। इस तरह उत्तर-औपनिवेशिक भारत में अनभिप्रेत ढंग से दो पाले बन गये। भारत में जन्मे धर्म और भारत के बाहर जन्मे इस्लाम और ईसाईयत जैसे धर्म क़ानूनन बँट गये। सावरकर को यह उम्मीद कभी नहीं रही होगी कि उनकी आलोचना करने वाले सेकुलर राष्ट्रवादी उनके द्वारा सूत्रीकृत पुण्यभूमि और जन्मभूमि के विभेदीकरण को इस प्रकार अनजाने में ही अपना लेंगे।

■ विमर्श के स्तर पर संघ परिवार में हुए विचार-परिवर्तन और बनती हुई हिंदू आत्मछवि की राजनीतिक-सामाजिक संरचनाओं को ग्रहण करने की ज़िम्मेदारी मध्यमार्गी विमर्श के वाहक उत्तर-औपनिवेशिक बुद्धिजीवियों के ऊपर थी। लेकिन, भारतीय उदारतावाद के मर्म की रचना करने वाला यह मध्यमार्गी विमर्श ज्ञान की एक दुर्भाग्यूपर्ण राजनीति के प्रभाव में दो हिस्सों में विभाजित हो गया। एक हिस्सा, जो मुखर है इस विमर्श की प्रधान धारा का प्रतिनिधित्व करता है। इस पक्ष ने हिंदू आत्मछवि की राजनीतिक प्रभावकारिता का सही आकलन नहीं किया। न ही उसने संघ परिवार में हुए परिवर्तनों को समझा। इसके पीछे दो कारण प्रतीत होते हैं। पहला, अधिकतर सेकुलर, उदार और वामपंथी (यहाँ तक कि दक्षिणपंथी-बाज़ारवादी भी) विमर्शकार पश्चिमी सामाजिक सैद्धांतिकी से निकले विमर्शों के अतिशय प्रभाव में मान बैठे हैं कि समाज-परिवर्तन की ऐसी संहिता विचार करने योग्य ही नहीं है जो मुख्य तौर से धर्म और उससे बनने वाली सांस्कृतिक सामग्री के दायरे की देन हो। इसी कारण से ये विमर्शकार दयानंद, विवेकानंद, सावरकर, मुंजे और गोलवलकर की धार्मिक-सांस्कृतिक कारीगरी को कभी गम्भीरता से नहीं ले सके। दूसरा, मध्यमार्गी विमर्श का मुखर हिस्सा हिंदुत्ववादी परियोजना का समाहार *मनुस्मृति*, वर्णाश्रम, फ़ासीवाद, ब्राह्मणवाद, सामासिक संस्कृति, नस्लवाद, दलित, सामाजिक न्याय, फुले-आम्बेडकर विचारधारा, सामाजिक क्रांति जैसी विमर्शी श्रेणियों के ज़रिये बनाई गयी 'पॉलिटिकल करेक्टनेस' के तहत करने में मगन है। सामाजिक और राजनीतिक विकास से कटी हुई ये श्रेणियाँ

पूरी तरह से मनमानी हैं। इनमें से ज़्यादातर को अकादमीय अनुसंधान और विश्लेषण के ज़रिये सही नहीं ठहराया जा सकता। थोड़ी-सी जाँच करने से ही इन श्रेणियों के अंतर्विरोध और विरोधाभास सामने आ जाते हैं। मध्यमार्गी विमर्श का दूसरा हिस्सा, जो मौन करके ठण्डे बस्ते में डाल दिया गया है, हिंदुत्ववादी परियोजना और भारतीय समाज में हो रही संरचनागत तब्दीलियों को अधिक गहन और परिष्कृत निगाह से देखता-समझता है।

■ विमर्श के भीतर के इस विभाजन की संरचना बेहद जटिल है। ऐसे विद्वान भी हैं जिन्होंने विमर्श के दोनों पक्षों की रचना में अपनी भूमिका निभाई है। विडम्बना यह है कि कभी तो वे ख़ुद अपनी ही बनाई गयी 'पॉलिटिकल करेक्टनेस' के दबाव में अपने ही सही अवलोकनों की उपेक्षा करते हुए त्रुटिपूर्ण चिंतन को उभारते दिखाई पड़ते हैं, और कभी उसी पॉलिटिकल करेक्टनेस के दबाव में उनका अधिक सारगर्भित और समाज से जुड़ा चिंतन पृष्ठभूमि में धकेल दिया जाता है। इसका एक उदाहरण रजनी कोठारी की रचनाओं में मिलता है। उनकी वे रचनाएँ तो उभारी जाती हैं जो कमज़ोर जातियों की राजनीतिक एकता को समाज के सेकुलरीकरण की सम्भावनाओं से भरपूर मानती हैं, लेकिन उस सूत्रीकरण को भुला दिया जाता है जिसमें वे जातियों के जोड़-तोड़ को एक ऐसे चुनावी गणनशास्त्र की तरह देखते हैं जो साम्प्रदायिक राजनीति को पुष्ट करता है, भले ही वह जोड़-तोड़ स्वयं को सेकुलर कही जाने वाली ताक़तों द्वारा ही क्यों न किया गया हो। मुझे यह कहने में कोई संकोच नहीं है कि कोठारी स्वयं भी राजनीतिक सहीपन के दबाव में नब्बे के दशक से पहले की इन कहीं बेहतर रचनाओं के प्रति उदासीन हो गये थे। इस जटिलता का दूसरा उदाहरण इम्तियाज़ अहमद की साठ और सत्तर के दशक में लिखी गयी सेकुलरवाद/साम्प्रदायिकता संबंधी रचनाएँ हैं जिन्हें अपनी यथार्थपरक सैद्धांतिक अंतर्दृष्टियों के बावजूद अस्सी के दशक में चले सेकुलरवाद संबंधी महाविवाद से बाहर रखा गया। हिंदू और मुसलमान अस्मिताओं की ऐतिहासिक निर्मिति के सटीक और विश्लेषणात्मक आख्यान रचने वाली कई रचनाएँ ज्ञान की इसी राजनीति का शिकार हुई हैं। उन्हें पढ़ते ही दिमाग़ में

सवाल उठता है कि सही जगह उँगली रखने वाले इस विमर्श पर आम तौर से चर्चा क्यों नहीं होती और वह हमारी रोज़मर्रा की राजनीतिक-सामाजिक समझ बनाने में योगदान क्यों नहीं करता?

■ मध्यमार्गी विमर्श के मुखर पक्ष ने भव्य हिंदू परम्परा के राजनीतिक प्रभाव को बहुत कम करके आँकने की ग़लती तो की ही है, साथ ही उसने जानते हुए भी मुसलमान समुदाय पर आरोपित समरूप राजनीतिक पहचान और राजनीति पर उसके असर को नज़रअंदाज़ किया है। मुखर पक्ष का इतिहास मुस्लिम साम्प्रदायिकता पर ज़ुबानी जमा-ख़र्च और हिंदू साम्प्रदायिकता से एक तरह के सुविधाजनक संघर्ष का है। वह मुसलमान समुदाय के सामाजिक यथार्थ को सामने लाने वाले अनुसंधानों को ठण्डे बस्ते में डालता चलता है, और मुसलमान समुदाय के अनुसूचित जातियों के साथ संबंधों की चर्चा करने से परहेज़ करता है। हिंदू साम्प्रदायिकता के साथ संघर्ष का जोश उसे तब आता है जब भाजपा की सरकार बनती है। कांग्रेस की सरकार बनने पर यह जोश कमोबेश ठण्डा हो जाता है, बस कुछ ख़ानापूरी करने वाली बातें कर दी जाती हैं; बावजूद इसके कि कांग्रेस की साम्प्रदायिक राजनीति का इतिहास भाजपा की साम्प्रदायिकता से कम छलपूर्ण और गर्हित नहीं है।

■ मध्यमार्गी विमर्श के प्रचलित रूप मुख्यतः अल्पसंख्यकवाद की समस्या से ग्रस्त हैं, और उनका यह अल्पसंख्यकवाद भी मुसलमानों तक (उनमें भी सुन्नियों तक) ही सीमित और शियाओं के भाजपाई रुझान के प्रति बेपरवाह है। अल्पसंख्यकवाद मध्यमार्गी विमर्श के मुखर पक्ष को मुस्लिम राजनीति को आलोचनात्मक दृष्टि से देखने से रोकता है। मसलन, अल्पसंख्यकवाद के प्रभाव में यह आसानी से दिखाई देने वाला सवाल तक नहीं पूछा जाता कि देश के सबसे बड़े और सर्वाधिक राजनीतीकृत अल्पसंख्यक समुदाय के राजनीतिक नुमाइंदे दूसरे अल्पसंख्यक समुदायों पर होने वाले ज़ुल्मो-सितम (जैसे सिखों का 1984 में हुआ नरसंहार) के समय ख़ामोश क्यों रहते हैं? इसी तरह इस समस्या पर भी कभी विचार नहीं किया जाता कि भारत में अल्पसंख्यक समुदायों के आपसी ताल्लुक़ात किस क़िस्म के हैं? क्या उनके बीच

किसी तरह के संबंध हैं भी या नहीं? क्या मुसलमानों, सिखों और अन्य अल्पसंख्यक समुदायों के बीच किसी तरह के सकारात्मक राजनीतिक-संस्थागत संबंधों की सम्भावनाएँ तलाशी जा सकती हैं?

■ सामासिक संस्कृति उन्नीसवीं सदी से ही धर्मों के बीच के संबंधों को विनियमित करने में असमर्थ है। दरअसल, सामासिक संस्कृति, बहुलतावाद, सामाजिक न्याय की राजनीति, और ब्राह्मणवाद के विरोध का मिला-जुला साम्प्रदायिकता विरोधी मॉडल समाज और राजनीति की ज़मीन पर शक्तिहीन हो चुका है। सेकुलरवाद ने अगर स्वयं को अपने इस पिटे हुए मॉडल से मुक्त नहीं किया, तो उसका कोई नामलेवा भी नहीं रह जाएगा। जिस तरह राजनीति की व्यावहारिक ज़मीन पर सेकुलरिज़म का कूट-अर्थ मुस्लिमिज़म (सुन्नीइज़म) हो गया है, उसी तरह सामाजिक न्याय का कूट-अर्थ यादविज़म और आम्बेडकरवाद का कूट-अर्थ जाटविज़म हो गया है। ओबीसी नेता दरअसल यादव या लोधी या कुर्मी या कुशवाहा नेता हैं। इसी तरह जिन्हें दलित नेता होने की प्रतिष्ठा दी जाती है, वे असल में जाटव या पासी नेता हैं। सामाजिक न्याय की राजनीति ने कमज़ोर जातियों की राजनीतिक एकता करने के बजाय उनके बीच प्रभुत्वशाली जातियाँ पैदा कर दी हैं जो संख्याबल में कमज़ोर, राजनीतिक नुमाइंदगी की दृष्टि से उपेक्षित, अत्यंत पिछड़ी और अवसरों से पूरी तरह से वंचित बिरादरियों की निगाह में शोषकों और अत्याचारियों की भूमिका में आती जा रही हैं।

■ अकादमीय जाँच करने पर ब्राह्मणवाद किसी भी तरह से एक सुसंगत धारणा के रूप में सामने नहीं आता। इस मसले पर सर्वाधिक विश्वसनीय विचार डॉ. आम्बेडकर के प्रतीत होते हैं, लेकिन उनमें और पेरियार या फुले के विचारों में कोई समानता नहीं है। आम्बेडकर तो इस प्रश्न पर पेरियार और फुले का तीखा खण्डन करते हैं। इस प्रकट मतभेद के बावजूद ब्राह्मणवाद विरोध हर पार्टी और समाज-विज्ञान के क्षेत्र में ज़्यादातर विद्वानों का प्रिय शगल है। ऐसा प्रतीत होता है कि भारतीय समाज की अत्यधिक जटिलताओं से परेशान हो कर उसकी समस्याओं का ठीकरा किसी एक जगह फोड़ने के लिए ब्राह्मणवाद जैसा काल्पनिक

खलनायक गढ़ लिया गया है। अगर ब्राह्मणवाद का मतलब आम्बेडकर के मुताबिक़ फ्रांसीसी क्रांति के मूल्यों (आज़ादी, बराबरी और भाईचारा) का निषेध है और यह समस्या हर संगठन और व्यक्ति में मौजूद है, तो फिर ब्राह्मणवाद के ख़िलाफ़ संघर्ष ख़ास तौर से हिंदुत्ववादी राजनीति का 'एंटीडोट' कैसे हो सकता है ?

■ हिंदुओं के सामाजिक बहुलतावाद की प्रकृति कुछ इस तरह की है कि वह विशाल राजनीतिक एकताओं का निषेध नहीं करता। इसीलिए सामाजिक-सांस्कृतिक बहुलता का बना रहना हिंदू-एकता के आड़े नहीं आता। हिंदुत्ववादी राजनीति बहिर्वेशन और अंतर्वेशन की चतुराईपूर्ण प्रक्रिया के ज़रिये एक-एक करके विभिन्न जातियों और समुदायों को अपने साथ जोड़ रही है। एकता को समरूपता का पर्याय मानना उचित नहीं है। संघ परिवार भी यह समझता है। इसीलिए राजनीति के मैदान में हिंदू दायरे में आने वाले सभी समुदायों को समान धरातल मुहैया कराने के वायदे से लैस संघ परिवार को उम्मीद है कि राजनीतिक धरातल पर बन रहा बहुसंख्यकवाद समाज की निचली सतहों तक रिस कर उसका बुनियादी रूपांतरण कर डालेगा। लेकिन, उसकी इस उम्मीद के संदर्भ अभी तक जो प्रमाण मिले हैं वे हिंदुओं में राजनीतिक एकता की भावना मज़बूत करने के हैं। निश्चित रूप से हिंदू समाज का ढाँचा बदल रहा है। सामाजिक-धार्मिक-सांस्कृतिक समरूपता भी कुछ संदर्भों में बढ़ती दिखाई देती है, लेकिन कुछ जगहों पर विविधता बढ़ने के प्रमाण मिले हैं।

■भारतीय समाज और राजनीति की संरचनागत स्थितियाँ हिंदू बहुसंख्यकवाद के लिए मुफ़ीद होती जा रही हैं। दीर्घकालीन बौद्धिक और राजनीतिक धाराओं ने एक समरूप हिंदू पहचान की राजनीतिक रचना की है जिसने धीरे-धीरे भारत के बहुसंख्यक समाज को अपने आगोश में ले लिया है। यह समरूप हिंदू पहचान हिंदुओं की आंतरिक बहुलता को ख़त्म नहीं करती, बल्कि एक ग्रिड की तरह उन पर आरोपित दिखती है। उदारतावादी लोकतंत्र और उसके संवैधानिक प्रावधानों ने भी समाज को बहुसंख्यकवाद की तरफ़ धकेला है। समाज की आम

समझ भी बहुसंख्यकवादी हो गयी है। दरअसल, हमारी लोकतांत्रिक राजनीति ही बहुसंख्यकवादों की प्रतियोगिता बन गयी है। हिंदुओं का बहुसंख्यकवाद है, बहुजनों का जाति-आधारित बहुसंख्यकवाद है, और पंजाब में सिखों का बहुसंख्यकवाद भी है। इन तीनों बहुसंख्यकवादों में से हिंदुत्ववादी क़िस्म ने जाति-आधारित क़िस्म को पराजित करके सिखों के बहुसंख्यकवाद के साथ गठजोड़ कर लिया है। इसी बहुसंख्यकवाद की राजनीतिक नुमाइंदगी करने के लिए अस्सी के दशक से कांग्रेस और भारतीय जनता पार्टी में प्रतियोगिता हो रही है। काफ़ी समय तक आगे-पीछे होने के बाद फ़िलहाल भाजपा इस होड़ में कांग्रेस और अन्य ग़ैर-भाजपा शक्तियों से काफ़ी आगे दिखाई दे रही है। ऐसा प्रतीत होता है कि नेहरूवादी राष्ट्रीय सहमति के अपदस्थ हो जाने के बाद अब संघ का नेतृत्व मोदी की अगुआई में एक राष्ट्रीय सहमति बनाने की तरफ़ जा रहा है। भारतीय अभिजन, कॉरपोरेट जगत और अंतर्राष्ट्रीय रहनुमाओं का रवैया इस विकास-क्रम के प्रति सकारात्मक है। इस राष्ट्रीय सहमति को 'नव-हिंदुत्ववादी वर्चस्व' का नाम दिया जा सकता है जिसके आधार पर एक 'नियो-हिंदू डेमॉक्रैसी' का दीर्घकालीन शीराज़ा खड़ा करने की कोशिश इस समय जारी है। संघ का अध्ययन करने वाले दो विद्वानों ने इसकी तुलना रजनी कोठारी द्वारा व्याख्यायित कांग्रेस के प्रभुत्वशाली और सहमतिमूलक मॉडल[11] तक से कर डाली है।

हिंदुत्ववादी शक्तियों द्वारा चलाया गया हिंदू-एकता का प्रोजेक्ट इस समय अपनी कामयाबी के चरम पर प्रतीत हो रहा है। यह मानने वालों की कमी नहीं है कि अभी यह परियोजना और प्रगति करेगी। इस अंदेशे के पीछे विपक्ष की कमज़ोरी की मुख्य भूमिका है जिसे लोग मोदी की राजनीति की सफलता द्वारा पैदा किये गये 'टीना' फ़ैक्टर यानी विकल्पहीनता की स्थिति के रूप में देख रहे हैं। इस माहौल का लाभ उठा कर हिंदुत्ववादी आक्रामकता नरेंद्र मोदी के पाँच साल के शासनकाल में अपने कर्कशतम स्वर में बोलती रही है। लेकिन इस

---

[11] इस तरह के वर्चस्व और लोकतंत्र की निर्मिति के प्रयासों के लिए देखें, सुहास पल्शीकर (2015), 'द मेकिंग ऑफ़ अ 'नियो-हिंदू' डेमॉक्रैसी', सेमिनार 665. हिंदू डेमॉक्रैसी को नियो कहने से लेखक का मुख्य तात्पर्य यह है भारतीय जनता पार्टी को अनुसूचित जातियों, जनजातियों और पिछड़े वर्गों के वोट अच्छी ख़ासी संख्या में मिले हैं और उसने एक स्तर तक हिंदू चुनावी एकता बना ली है.

आक्रामकता को हिंदू-एकता के पर्याय के तौर पर ग्रहण नहीं किया जाना चाहिए। अगर ऐसा किया गया तो नतीजे के तौर पर आगे कभी भाजपा द्वारा चुनाव हारने पर अपेक्षाकृत कम हुई आक्रामकता को सेकुलर विजय मान लिया जाएगा।

संघ परिवार की राजनीतिक प्रौद्योगिकी बार-बार सफल हो रही है। इसे पराजित करने के लिए ग़ैर-भाजपा शक्तियाँ प्रति-राजनीतिक प्रौद्योगिकी का सूत्रीकरण करने में असमर्थ हैं। मसलन, उत्तर प्रदेश में समाजवादी पार्टी, बहुजन समाज पार्टी और राष्ट्रीय लोकदल (सामाजिक लिहाज़ से इसे यादव, जाटव और जाट एकता) का चुनावी गठजोड़ भाजपा से ज़्यादा बड़ा वोटिंग आधार तैयार कर सकता था, पर समाज के अन्य हिस्सों की उपेक्षा के कारण नहीं कर पाया। इसी तरह कई प्रदेशों (जैसे, कर्नाटक, दिल्ली, महाराष्ट्र, झारखण्ड) में सुदृढ़ विपक्षी एकता के ज़रिये भाजपा की सत्ता पर जकड़ ढीली की जा सकती ती, पर विपक्षी एकता हो ही नहीं पाई। यहाँ प्रश्न यह है कि अगर विपक्षी हो भी जाती और भाजपा को चुनावी नुकसान भी हो जाता, तो क्या इसका मतलब समाज और राजनीति पर बहुसंख्यकवाद की जकड़ ढीली होने के रूप में लगाया जा सकता था?

जोड़-तोड़ करके भाजपा को हराना केवल एक अल्पकालीन लक्ष्य ही हो सकता है। पिछले पाँच साल में भाजपा की राजनीतिक हैसियत वैसी ही हो गयी है जैसी सत्तर के दशक में कांग्रेस की थी। उसने कांग्रेस को 'एक दल-महाप्रबल' की हैसियत से अपदस्थ करके उसकी जगह ले ली है। वह देश की सबसे ताक़तवर पार्टी बन चुकी है। उसकी छोटी-मोटी पराजय अगले चुनाव में अगले चुनाव में ज़्यादा बड़ी और अपेक्षाकृत टिकाऊ वापसी का कारण बन सकती है। भाजपा को स्थायी रूप से सत्ता से बाहर रखने के लिए जिस वैकल्पिक राजनीति का मीज़ान बनाना होगा, वह अभी तक मध्यमार्गी विमर्श के बौद्धिक एजेंडे पर है ही नहीं।

यह भूलना मध्यमार्गी विमर्श के लिए एक बार फिर घातक होगा कि 2004 से 2014 के बीच भाजपा की राजनीतिक पराजय के दौरान भी दस सालों में हिंदू-एकता की परियोजना कमज़ोर नहीं पड़ी। इस प्रोजेक्ट को उत्तरोत्तर नये साथी मिलते गये। यहाँ तक कि पराजय के उन्हीं क्षणों में बड़े भारतीय पूँजीपति वर्ग ने आज़ादी के बाद पहली बार हिंदुत्व से हाथ मिलाया। दरअसल, पिछले

तीस साल में भाजपा कुल मिला कर दस साल ही सत्ता में रही है। उसमें भी छह साल तक अटल बिहारी वाजपेयी के नेतृत्व में भाजपा-नीत सरकार राष्ट्रीय जनतांत्रिक गठजोड़ के ग़ैर-साम्प्रदायिक राजनीतिक सहयोगियों पर निर्भर थी। पूर्ण बहुमत की भाजपा सरकार तो केवल पाँच साल से ही सत्ता में है। यानी पिछले तीस साल में ज़्यादातर समय भाजपा सत्ता से बाहर रही, फिर भी राष्ट्रीय स्वयंसेवक संघ का धुआँधार रफ़्तार से प्रसार होता रहा। इसका अंदाज़ा इस बात से लगाया जा सकता है कि 1989 में संघ की कुल पाँच हज़ार सेवा परियोजनाएँ चल रही थीं जो 1998 तक बढ़ कर पचास हज़ार हो गयीं। 2012 में इनकी संख्या 1,40,000 तक पहुँच गयी। 2015 में यह संख्या 1,65,000 हो चुकी थी। संघ के वर्तमान सरसंघचालक मोहन भागवत ने 2009 में संगठन की बागडोर सँभाली थी। उस समय कांग्रेस का शासन था और भाजपा अपनी पराजय का शोक मना रही थी। भागवत के नेतृत्व में 2009 से 2014 तक संघ अपनी शाखाओं की संख्या चार हज़ार से ज़्यादा बढ़ाने में कामयाब रहा। दरअसल, इस समय राष्ट्रीय जीवन का ऐसा कोई क्षेत्र नहीं है जिसमें संघ परिवार के संगठन सक्रिय न हों। बात केवल सक्रियता की ही नहीं है। इन संगठनों ने अपने आकार और प्रभावकारिता में वामपंथी और उदारतावादी संगठनों को पीछे छोड़ दिया है। पहले स्थिति यह थी कि संघ केवल उत्तर, मध्य और पश्चिमी भारत का ही संगठन था, लेकिन अब उसका प्रचार-प्रसार दक्षिण और पूर्वी भारत में भी होता जा रहा है। संघ के इसी काम की वजह से भाजपा को इन क्षेत्रों में राजनीतिक सफलताएँ मिलनी शुरू हो गयी हैं।[12]

मैं कहना यह चाहता हूँ कि भविष्य में होने वाली भाजपा की चुनावी पराजय बहुसंख्यकवाद की पराजय नहीं होगी। हिंदुत्व की चुनावी पराजय तो भाजपाई राजनीति की नाकामियों, विरोधाभासों अंतर्विरोधों और आर्थिक मोर्चे पर मिलने वाली विफलताओं से देर-सबेर निकलेगी ही, लेकिन लोकतंत्र को बहुसंख्यकवादी आवेगों से बचाने के लिए विमर्श के स्तर पर जो दीर्घकालीन संघर्ष चलाया जाना चाहिए उसके लिए बौद्धिक लामबंदी करनी होगी। इसके

---

[12] देखें, प्रयाग अकबर (2018), 'द चेंजिंग फ़ेसेज़ ऑफ़ परिवार', मिंट, 1 सितम्बर, 2018. लेखक ने ये आँकड़े पेंगुइन-रेंडम हाउस द्वारा 2018 में प्रकाशित वाल्टर ऐंडरसन और श्रीधर दामले की नयी पुस्तक द *आरएसएस — अ व्यू टू द इनसाइड* से लिए हैं. संघ की शाखाओं के नेटवर्क में हुई बढ़ोतरी के आँकड़ों के लिए देखें, 'मोदी शासन के पहले साल 217% बढ़ी शाखाएँ', *दैनिक भास्कर,* 9 सितम्बर, 2018.

लिए सबसे पहले मध्यमार्गी विमर्श को अपने ही द्वारा किये गये उन अवलोकनों को प्रमुखता देनी होगी जो भारतीय समाज के बदलते हुए ढाँचागत यथार्थ को निर्ममता से सामने रखते हैं। भारतीय सेकुलरवाद को अपने अल्पसंख्यकवादी रवैये से उबरना होगा, अनुज्ञप्त साम्प्रदायिकता के प्रलोभन में फँसने से बचना होगा और इस मानीख़ेज़ चेतावनी को ध्यान में रखना होगा :

> सेकुलरवाद के पैरोकारों को अल्पसंख्यक अधिकारों का बचाव करते हुए अल्पसंख्यक अतिवाद और सभी तरह की साम्प्रदायिकताओं की प्रभावशाली आलोचना करनी होगी, और ये दोनों काम करते हुए उन्हें प्रत्येक धार्मिक परम्परा के श्रेष्ठ रूपों की गहरी समझ बनानी होगी और उनका बचाव करना होगा। अल्पसंख्यक अतिवाद और बहुसंख्यकवाद की सेकुलर आलोचना से साफ़ लगना चाहिए कि सेकुलर पैरोकार अल्पसंख्यक और बहुसंख्यक धार्मिक परम्पराओं को भीतर से जानते हैं।[13]

हमें यह भी सोचना होगा कि क्या हमें अपनी ज़िदों को छोड़ कर वे व्यावहारिक तरीक़े नहीं खोजने चाहिए जो सेकुलरवाद को 'हिंदू विरोधी छवि' से छुटकारा दिला सकें। ऐसा सेकुलरवाद हमारे किसी काम का नहीं हो सकता जो सिर्फ़ सेमिनार रूम में जीते और व्यावहारिक राजनीति में उसकी उपयोगिता केवल अल्पसंख्यक अधिकारों की रक्षा तक ही सीमित रह जाए। घटनाक्रम बताता है कि ऐसा सेकुलरवाद अंततः अल्पसंख्यक अधिकारों की रक्षा भी नहीं कर पाता।

साथ ही हमने विमर्श की जिन श्रेणियों को आस्था की वस्तु बना लिया है, उनकी पुनः जाँच करनी होगी। मसलन, हमें सोचना होगा कि 'दलित', 'दलित चेतना', 'ब्राह्मणवाद', 'आम्बेडकर-फुले-पेरियार विचारधारा', 'फ़ासीवाद', 'सामाजिक न्याय' और 'बहुजनवाद' जैसी श्रेणियों की हमारी लोकतांत्रिक राजनीति के लिए कोई उपयोगिता बची है? हमें दोबारा आकलन करना होगा कि क्या 'भव्य हिंदू परम्परा' का राजनीतिक प्रभाव आँकने में हमसे चूक हुई है? हमें सोचना होगा कि क्या मुस्लिम राष्ट्रवाद और समरूपीकृत मुस्लिम पहचान बनने की प्रक्रिया के फलितार्थों को हमने गम्भीरता से क्यों नहीं लिया? हमें इस प्रश्न पर भी विचार करना चाहिए कि सामाजिक न्याय की पटरी से उतर चुकी राजनीति को फिर से सामाजिक वैधता कैसे दिलाई जाए। यह रवैया अपनाने से

[13] देखें, राजीव भार्गव (2017), वही.

ही स्पष्ट हो सकेगा कि आख़िर वे कौन से ढाँचागत परिवर्तन हैं जिनके तहत काम करते हुए हिंदुत्ववादी बहुसंख्यकवाद एक 'सामान्य ज्ञान' की तरह भारतीय समाज के गले उतारा जा रहा है। सोचने-समझने की यह नयी प्रक्रिया ही हमें उस मुक़ाम तक ले जा सकेगी जहाँ हम लोकतंत्र के बहुसंख्यकवादी आवेगों की दुष्ट प्रकृति का शमन करके उसे अहानिकारक हाशिये पर धकेल सकेंगे।

संदर्भ

अचिन वनाइक (1994), 'सिचुएटिंग थ्रेट ऑफ़ हिंदू नैशनलिज़म : प्रॉब्लम्ज़ विद फ़ासिस्ट पैराडाइम', *इकॉनॉमिक ऐंड पॉलिटिकल वीकली,* खण्ड 29, अंक 28.

अनिल के. वर्मा (2007), 'बैकवर्ड क्लास पॉलिटिक्स इन उत्तर प्रदेश : एन एनालैसिस ऑफ़ द समाजवादी पार्टी', सुधा पै (सं.), *पॉलिटिकल प्रॉसेस इन उत्तर प्रदेश : आइडेंटिटी, इकॉनॉमिक रिफ़ॉर्म्स ऐंड गवर्नेंस,* पियर्सन लोंगमेन, नयी दिल्ली.

अभय कुमार दुबे (2002), 'बहुजन समाज पार्टी और 'गुरु किल्ली' : दलितों के हाथ में राजसत्ता', अभय कुमार दुबे (सं.), *आधुनिकता के आईने में दलित,* सीएसडीएस–वाणी प्रकाशन, नयी दिल्ली.

अभय कुमार दुबे (2005), *बीच बहस में सेकुलरवाद,* लोक–चिंतन ग्रंथमाला, वाणी–सीएसडीएस, नयी दिल्ली.

अभय कुमार दुबे (2007), 'अ केस ऑफ़ मैजोरिटेरियनिज़म अनपैक्ड : द ट्रायल्स ऐंड ट्रिब्युलेशन ऑफ़ भारतीय जनता पार्टी इन उत्तर प्रदेश', सुधा पै (सं.), *पॉलिटिकल प्रॉसेस इन उत्तर प्रदेश : आइडेंटिटी,* इकॉनॉमिक रिफ़ॉर्म्स ऐंड गवर्नेंस, पियर्सन लोंगमेन, नयी दिल्ली.

अभय कुमार दुबे (2016), 'सेकुलरवाद की अजीब दास्तान : एक विमर्श, एक महाविवाद', अभय कुमार दुबे, *सेकुलर/साम्प्रदायिक : एक भारतीय उलझन के कुछ आयाम,* वाणी–सीएसडीएस, सामयिक विमर्श शृंखला, नयी दिल्ली.

अभय कुमार दुबे (2016), 'क्षेत्रीय समर्थन से पनपी हिंदुत्ववादी राजनीति : केंद्रीकरण, क्षेत्रीयता और हिंदुत्व', *सेकुलर/साम्प्रदायिक : एक भारतीय उलझन के कुछ आयाम,* वाणी–सीएसडीएस, नयी दिल्ली.

अरविंद शर्मा (2002), 'ऑन हिंदू, हिंदुस्तान, हिंदुइज़्म ऐंड हिंदुत्व', *नुमेन,* खण्ड 49, अंक 1.

अरविंद शर्मा (2005), 'डॉ. आम्बेडकर ऑन आर्यन इनवेज़न ऐंड द इमरजेंस ऑफ़ द कास्ट सिस्टम इन इण्डिया', *जर्नल ऑफ़ द अमेरिकन एकेडमी ऑफ़ रिलीजन,* खण्ड 73, अंक 3.

अरविंदन नीलकंदन (2015), 'वेलकमिंग द संघ परिवार्स दलित एजेंडा', file:/// D:/ up%20elections/Welcoming%20The%20Sangh%20 Parivar's%20Dalit %20 Agenda.html पर उपलब्ध.

अरुण कुमार त्रिपाठी (1997), *कल्याण सिंह : एक राजनीतिक अध्ययन,* 'आज के नेता : राजनीति के नये उद्यमी' शृंखला (सं. अभय कुमार दुबे) , राजकमल प्रकाशन, नयी दिल्ली.

अली अनवर (2001), *मसावात की जंग : बिहार के पसमांदा मुसलमान,* वाणी प्रकाशन, नयी दिल्ली.

अशोक कुमार (1993), 'कट्टर हिंदूवाद से कांग्रेस के रिश्ते : संघ और शिवसेना का विकास में कांग्रेसी योगदान', अभय कुमार दुबे (सं.), *साम्प्रदायिकता के स्रोत, विनय प्रकाशन,* नयी दिल्ली.

आदित्य निगम (2002), 'ब्राह्मणवादी आधुनिकता की आलोचना', अभय कुमार दुबे (सं.), *आधुनिकता के आईने में दलित,* लोक-चिंतन ग्रंथमाला, सीएसडीएस-वाणी प्रकाशन, नयी दिल्ली.

आदित्य निगम (2017), 'द लेफ़्ट नॉन-डिबेट ऑन फ़ासिज़म ऑर हाउ नॉट टू फ़ाइट द हिंदू राइट', , https://kafila.online/2016/09/21/the-left-non-debate-on-fascism-or-how-not-to-fight-the-hindu-right/ पर उपलब्ध.

आनंद तेलतुम्बड़े (सं.), *हिंदुत्व ऐंड दलित्ज़ : पर्सपेक्टिव्ज़ .फ़ॉर अंडरस्टेंडिंग कम्युनल प्रैक्सिज़,* साम्य, कोलकाता.

आर. जगन्नाथन (2017), 'फ़ेंस दैट ईट्स द क्रॉप : गवर्नमेंट रनिंग हिंदू टेम्पिल्स इज अनदर एनॉमली इण्डियाज़ सिलेक्टिव सेकुलरिज़म फ़ोस्टर्स', *द टाइम्स ऑफ़ इण्डिया,* नयी दिल्ली, 29 अगस्त.

आर.बी. भगत (2001), 'सेंसस ऐंड द कंस्ट्रक्शन ऑफ़ कम्युनलिज़म इन इण्डिया', *इकॉनॉमिक ऐंड पॉलिटिकल वीकली,* खण्ड 36, अंक 46/47.

आर.बी. लालचंद (1938), 'सेल्फ़-एब्नेगेशन इन पॉलिटिक्स', राकेश सिन्हा (सं.) (2017), *इज़ हिंदू अ डाइंग रेस : अ सोशल ऐंड पॉलिटिकल पर्सपेक्टिव ऑफ़ हिंदू रिफ़ॉर्मर्स इन अर्ली ट्वेंटियथ सेंचुरी,* कौटिल्य प्रकाशन, नयी दिल्ली.

आशिस नंदी (2015), 'अतिरंजित हैं हिंदुत्व की दावेदारियाँ', *प्रतिमान समय समाज संस्कृति,* खण्ड 3, अंक 1 (जनवरी-जून, 2015).

आशुतोष कुमार (2014), 'डेराज़ एज़ साइट्स ऑफ़ इलेक्टोरल मोबिलाइज़ेशन इन इण्डियन पंजाब : एक्ज़ामिनिंग द रीज़ंस दैट पॉलिटिकल पार्टीज़ फ़्लॉक टू द डेराज़', *एशियन एथ्निसिटी,* खण्ड 15, अंक 3.

इम्तियाज़ अहमद (1969), 'सेकुलरिज़म ऐंड कम्युनलिज़म', *इकॉनॉमिक ऐंड पॉलिटिकल वीकली,* खण्ड 4, अंक 28/30.

इरफ़ान अहमद (2009), *इस्लामिज़म ऐंड डेमॉक्रैसी इन इण्डिया : द ट्रांसफ़र्मेशन ऑफ़ जमात-ए-इस्लामी,* प्रिंसटन युनिवर्सिटी प्रेस, प्रिंसटन, एन.जे.

इवान एम. ज्यूस (1976), 'द डिजेनरेशन पैराडाइम इन द वेस्टर्न स्टडी ऑफ़ वर्ल्ड रिलीजंस', *जर्नल ऑफ़ इक्यूमेनिकल स्टडीज़,* खण्ड 31, अंक 1.

उमर ख़ालिदी (1993), 'मुस्लिम इन इण्डियन पॉलिटिकल प्रॉसेस', *इकॉनॉमिक ऐंड पॉलिटिकल वीकली,* 2-9 जनवरी.

ए.एल. बाशम (1954), द *वंडर दैट वाज़ इण्डिया,* सिजविक ऐंड जेक्सन, लंदन.

ए.के. वर्मा (2016), 'थर्ड डेमॉक्रैटिक अपसर्ज इन उत्तर प्रदेश', *इकॉनॉमिक ऐंड पॉलिटिकल वीकली,* खण्ड 41, अंक 53.

ए. जेम्स ग्रेगर (2006), *द सर्च फॉर नियो-फ़ासिज़्म : द यूज़ ऐंड एब्यूज़ ऑफ़ सोशल साइंस,* केम्ब्रिज युनिवर्सिटी प्रेस, न्युयॉर्क (आठवाँ अध्याय 'हिंदुत्व : अ केस फ़ॉर सेफ़्रॅन फ़ासिज़्म').

एम.एन. श्रीनिवास (1987), *द डोमिनेंट कास्ट ऐंड अदर एसेज़,* ऑक्सफ़र्ड युनिवर्सिटी प्रेस, नयी दिल्ली.

एल.पी. विद्यार्थी और बी.एल. राय (1977), *द ट्रायबल कल्चर इन इण्डिया,* कंसेप्ट पब्लिशिंग कम्पनी, नयी दिल्ली; वेरियर एल्विन (1944), *द एबोरिजिनल्स,* ऑक्सफ़र्ड युनिवर्सिटी प्रेस, मुम्बई.

ऐजाज़ अहमद (2015), 'इण्डिया : लिबरल डेमॉक्रैसी ऐंड द एक्स्ट्रीम राइट', लियो पैनिट्श और ग्रेग ऐल्बो (सं.), *द पॉलिटिक्स ऑफ़ द राइट,* सोशलिस्ट रजिस्टर 2016.

ओ.पी. जायसवाल (2017), 'आ अब लौट चलें : मनु की ओर स्मृति की छाया में', *प्रगतिशील वसुधा,* मार्च.

ओलिवर मेंडलसन (1993), 'द ट्रांसफ़र्मेशन ऑफ़ एथॉरिटी इन रूरल इण्डिया', *मॉडर्न एशियन स्टडीज़,* खण्ड 27, अंक 4.

कर्नल उपेंद्र नाथ मुखर्जी (1912), 'अ डाइंग रेस', राकेश सिन्हा (सं.) (2017), *इज़ हिंदू अ डाइंग रेस : अ सोशल ऐंड पॉलिटिकल पर्सपेक्टिव ऑफ़ हिंदू रिफ़ॉर्मर्स इन अर्ली ट्वेंटियथ सेंचुरी,* कौटिल्य प्रकाशन, नयी दिल्ली.

कांचा ऐलय्या (2002), 'दलित, ओबीसी ऐंड मुस्लिम रिलेशंस', *द हिंदू,* ऑनलाइन एडिशन, 29 मई.

कांचा ऐलय्या (2009), *पोस्ट-हिंदू इण्डिया : अ डिस्कोर्स इन दलित-बहुजन, सोसियो-स्पिरिचुअल ऐंड साइंटिफ़िक रेवोल्यूशन,* सेज पब्लिकेशंस, नयी दिल्ली.

किशन पटनायक (1995), *भारत शूद्रों का होगा,* समता प्रकाशन, नयी दिल्ली.

कुमकुम संगारी (1999), 'विच डायवर्सिटी ?', http://cdn13.polosolo.net/HDFriday/Bollywood-Movies/720p/Kaala%202018%20Hindi%20DvDRip%20HDFriday.mp4 पर उपलब्ध. 23 अगस्त, 2017 को देखा गया.

कुमकुम संगारी (1999), *पॉलिटिक्स ऑफ़ द पॉसिबिल : एसेज़ ऑन जेण्डर हिस्ट्री,* नैरेटिव, कोलोनियल इंग्लिश, तूलिका, नयी दिल्ली.

कृष्ण मोहन श्रीमाली (2011), 'नॉलेज ट्रांसमिशन : प्रोसेसेज़, कंटेंट्स ऐंड एप्रेटस इन अर्ली इंडिया', *सोशल साइंटिस्ट,* खण्ड 39, अंक 5/6.

के.एस. चलम (2005), 'हिंदुत्व ऐंड दलित्ज़ इन आंध्र प्रदेश', आनंद तेलतुम्बड़े (सं.), *हिंदुत्व ऐंड दलित्ज़ : पर्सपेक्टिव्ज़ फ़ॉर अंडरस्टेंडिंग कम्युनल प्रैक्सिज़,* साम्य, कोलकाता.

के.के. गंगाधरन (1970), *सोसियोलॉजी ऑफ़ रिवाइवलिज़म : अ स्टडी ऑफ़ इण्डियनाइज़ेशन, संस्कृताइज़ेशन ऐंड गोलवलकरिज़म,* कलमकार प्रकाशन, नयी दिल्ली.

कैथरीन प्रायर (1993), 'मेकिंग हिस्ट्री : द स्टेट्स इंटरवेंशन इन अरबन रिलीजस डिस्प्यूट्स इन द नॉर्थ वेस्टर्न प्रॉविंसेज़ इन द अर्ली 19थ सेंचुरी', *मॉडर्न एशियन स्टडीज़,* खण्ड 27.

क्रिस्तॉफ़ जैफ्रेलो (1993), 'हिंदू नैशनलिज़म : स्ट्रैटेजिक सिंक्रेटिज़म इन आइडियोलॉजी बिल्डिंग', *इकॉनॉमिक ऐंड पॉलिटिकल वीकली,* खण्ड 28, अंक 12/13.

क्रिस्तॉफ़ जैफ्रेलो (1999), 'द आरएसएस : अ हिंदू नैशनलिस्ट सेक्ट', द *हिंदू नैशनलिस्ट मूवमेंट ऐंड इण्डियन पॉलिटिक्स,* पेंगुइन, नयी दिल्ली.

क्रिस्तॉफ़ जैफ्रेलो (2000), 'द राइज़ ऑफ़ द अदर बैकवर्ड क्लासेज़ इन हिंदी बेल्ट', द *जरनल ऑफ़ एशियन स्टडीज़,* अंक 59.

क्रिस्तॉफ़ जैफ्रेलो (2003), *इण्डियाज़ साइलेंट रेवोल्यूशन : द राइज़ ऑफ़ लोअर कास्ट्स इन नॉर्थ इण्डिया,* हस्ट्र ऐंड कम्पनी, लंदन.

क्रिस्तॉफ़ जैफ्रेलो (2005), द *संघ परिवार : अ रीडर,* ऑक्सफ़र्ड युनिवर्सिटी प्रेस, नयी दिल्ली.

क्रिस्तॉफ़ जैफ्रेलो (2005), 'द आरएसएस : अ हिंदू नैशनलिस्ट सेक्ट', क्रिस्तॉफ़ जैफ्रेलो (सं.), द *संघ परिवार : अ रीडर,* ऑक्सफ़र्ड युनिवर्सिटी प्रेस, नयी दिल्ली.

क्रिस्तॉफ़ जैफ्रेलो (2005),'हिंदू नैशनलिज़म ऐंड सोशल वेलफ़ेयर स्ट्रैट्जी : सेवा भारती एज़ एन एजुकेशन एजेंसी', क्रिस्तॉफ़ जैफ्रेलो (सं.), द *संघ परिवार : अ रीडर,* ऑक्सफ़र्ड युनिवर्सिटी प्रेस, नयी दिल्ली.

क्रिस्तॉफ़ जैफ्रेलो (2014), 'रिफ़ाइनिंग द 'मॉडरेशन थीसिस' रिगार्डिंग 'रैडिकल पार्टीज़' : द जनसंघ ऐंड द बीजेपी बिटवीन हिंदू नैशनलिज़म ऐंड कोअलिशन पॉलिटिक्स इन इण्डिया', https://hal-sciencespo.archives-ouvertes.fr/hal-01069458 पर उपलब्ध.

ख़ालिद अनीस अंसारी (2018), 'इट्स नॉट जस्ट रिलीजन, इट्स आलसो कास्ट', द *इण्डियन एक्सप्रेस,* 29 मार्च.

गेल ऑम्वेट (2005), 'मुस्लिम-दलित रिलेशंस', https://www.countercurrents.org/dalit-omvedt220505.htm पर उपलब्ध.

गोपाल गुरु (1991), 'हिंदुआइज़ेशन ऑफ़ आम्बेडकर इन महाराष्ट्र', *इकॉनॉमिक ऐंड पॉलिटिकल वीकली,* खण्ड 26, अंक 7.

चार्टर ऑफ़ डिमांड्स ऑफ़ आदि-हिंदू सभा, यूपी, 1928, *सेमिनार 558* से उद्धृत.

चारु गुप्ता (2004), 'सेंससेज़, कम्युनलिज़म, जेण्डर ऐंड आइडेंटिटी : अ हिस्टोरिकल पर्सपेक्टिव', *इकॉनॉमिक ऐंड पॉलिटिकल वीकली,* खण्ड 39, अंक 39.

चेतन भट्ट (2004), 'मैजोरिटी एथिक' क्लेम्स ऐंड एथॉरिटेरियन नैशनलिज़्म : द केस ऑफ़ हिंदुत्व', एरिक पी. कॉफ़मेन (सं.), *रिथिंकिंग एथ्निसिटी : मैजोरिटी ग्रुप्स ऐंड डोमिनेंट माइनॉरिटीज़*, रौटलेज, लंदन और न्युयॉर्क.

जगपाल सिंह (2011), 'कैन दलित आल्सो फॉर्म अ डोमिनेंट कास्ट?— चेंजिंग पैटर्न ऑफ़ पॉवर रिलेशंस इन रूरल उत्तर प्रदेश', आईआईएएस, येल युनिवर्सिटी और स्कूल ऑफ़ एडवांस स्टडी, युनिवर्सिटी ऑफ़ लंदन द्वारा आयोजित कांफ्रेस में प्रस्तुति.

जॉन एफ. रिचर्ड्स (1997), 'अर्ली मॉडर्न इण्डिया ऐंड वर्ल्ड हिस्ट्री', *जरनल ऑफ़ वर्ल्ड हिस्ट्री*, खण्ड 8, अंक 2, युनिवर्सिटी ऑफ़ हवाई प्रेस.

जॉन ज़ॉवोस (1999), 'द आर्य समाज ऐंड द एंटेसेडेंट्स ऑफ़ हिंदू नैशनलिज़्म', *इंटरनैशनल जरनल ऑफ़ हिंदू स्टडीज़*, खण्ड 3, अंक 1.

'जाति-भंजक निबंध', *सावरकर समग्र*, खण्ड 7, प्रभात प्रकाशन, नयी दिल्ली.

जिल्स वेर्नियर्स (2017), 'अपर हैंड फॉर अपर कास्ट्स इन हाउस', द *इण्डियन एक्सप्रेस*, 20 मार्च.

जी.पी.डी. (2006), 'एन अॅकेज़न फ़ॉर द आरएसएस', *इकॉनॉमिक ऐंड पॉलिटिकल वीकली*, खण्ड 41, अंक 12.

जे.जे. रॉय बर्मन (1996), 'हिंदू-मुस्लिम सिंक्रेटिज़्म इन इण्डिया', *इकॉनॉमिक ऐंड पॉलिटिकल वीकली*, खण्ड 31, अंक 20.

जे. डंकन एम. डेरेट (1968), *रिलीजन, लॉ ऐंड स्टेट इन इण्डिया*, द फ्री प्रेस, न्युयॉर्क.

ज़ोया हसन (1990), 'चेंजिंग ओरिएंटेशन ऑफ़ द स्टेट ऐंड द इमरजेंस ऑफ़ मैजोरिटेरियनिज़्म इन द 1980ज़', *सोशल साइंटिस्ट*, खण्ड 18, अंक 8/9.

टी.के. रामचंद्रन और पी.टी. जॉन (2005), 'द संघ परिवार्स इनीशिएटिव्ज़ इन द ट्राइबल बेल्ट ऑफ़ वायनाड इन केरला', आनंद तेलतुम्बड़े (सं.), *हिंदुत्व ऐंड दलित्ज़ : पर्सपेक्टिव्ज़ फ़ॉर अंडरस्टेंडिंग कम्युनल प्रैक्सिज़*, साम्य, कोलकाता.

डी.एल. शेठ (2009), 'पॉलिटिकल कम्युनलाइज़ेशन ऑफ़ रिलीजंस ऐंड द क्राइसिस ऑफ़ सेकुलरिज़्म', *इकॉनॉमिक ऐंड पॉलिटिकल वीकली*, खण्ड 44, अंक 39.

डी.डी. कोसम्बी (1957), 'द डिक्लाइन ऑफ़ बुद्धिज़्म इन इण्डिया', *एक्ज़ैज़परेटिंग एसेज़*, इण्डिया बुक एक्सचेंज, कलकत्ता.

डी. नॉफ़ (1980), 'हरमेन्युटिक्स वर्सेज़ हिस्ट्री', *जर्नल ऑफ़ एशियन हिस्ट्री*, खण्ड 39, अंक 3 : 495-505.

डेविड एन. लोरेंज़न (1999), 'हू इन्वेंटिड हिंदुइज़्म?', *कम्परेटिव स्टडीज़ इन सोसाइटी ऐंड हिस्ट्री*, खण्ड 41, अंक 4.

तपन रायचौधुरी 'स्वामी विवेकानंद्स कंस्ट्रक्शन ऑफ़ हिंदुइज़्म', विलियम रेडिस (सं.), *स्वामी विवेकानंद ऐंड द मॉडर्नाइज़ेशन ऑफ़ हिंदुत्व*, ऑक्सफ़र्ड युनिवर्सिटी प्रेस, नयी दिल्ली.

थॉमस ट्राउटमेन (1997), *आर्यंस ऐंड द ब्रिटिश इण्डिया,* युनिवर्सिटी ऑफ़ कैलिफ़ोर्निया प्रेस, कैलिफ़ोर्निया.

थियोडोर पी. राइट जूनियर (2004), 'द आइडेंटिटी ऐंड चेंजिंग स्टेट्स ऑफ़ फ़ारमर इलीट माइनॉरिटीज़ : द कंट्रास्टिंग केसेज़ ऑफ़ नॉर्थ इण्डियन मुस्लिम्ज़ ऐंड अमेरिकन वास्प्ज़', एरिक पी. कॉफ़मेन (सं.), *रिथिंकिंग एथ्निसिटी : मैजोरिटी ग्रुप्स ऐंड डोमिनेंट माइनॉरिटीज़,* रौटलेज, लंदन और न्युयॉर्क.

दानियाल कनवर्सी (2011), 'मैजोरिटेरियन डेमॉक्रैसी ऐंड ग्लोबलाइज़ेशन वर्सेस एथ्निक डाइवर्सिटी', *डेमॉक्रैटाइज़ेशन,* http://dx.doi.org/10.1080/13510347. 2011.626947.

दीनदयाल उपाध्याय (2001), *एकात्म मानववाद,* जागृति प्रकाशन, नोएडा.

दीपंकर गुप्ता (1995), 'सेकुलराइज़ेशन ऐंड माइनॉरिटाइज़ेशन : लिमिट्स ऑफ़ हीरोइक थॉट', *इकॉनॉमिक ऐंड पॉलिटिकल वीकली,* खण्ड 30, अंक 35.

दीपंकर गुप्ता (2017), 'डेमॉक्रैसी मेक्स मैजोरिटीज़ : हाउ इण्डियाज़ हिंदू 'मैजोरिटी' इज़ एन आउटकम ऑफ़ इंडिपेंडेंस ऐंड कांस्टीट्युशनल प्रोसेस', *द टाइम्स ऑफ़ इण्डिया,* 25 फ़रवरी.

धनंजय कीर (2003), डॉ. आम्बेडकर : लाइफ़ ऐंड मिशन, पॉपुलर प्रकाशन, मुम्बई.

धर्म कुमार (1994), 'लेफ़्ट सेकुलरिस्ट्स ऐंड कम्युनलिज़म', *इकॉनॉमिक ऐंड पॉलिटिकल वीकली,* खण्ड 29, अंक 28.

धीरूभाई शेठ (2015), 'सेकुलरवादी हिंदुत्व की निर्मिति और राजकीय राष्ट्रवाद के अंदेशे', *प्रतिमान समय समाज संस्कृति,* खण्ड 3, अंक 1 (जनवरी-जून, 2015).

निमाई साधन बोस (1999), 'स्वामी विवेकानंद ऐंड द चेलैंज टु फ़ंडामेंटलिज़म', विलियम रेडिस (सं.), *स्वामी विवेकानंद ऐंड द मॉडर्नाइज़ेशन ऑफ़ हिंदुत्व,* ऑक्सफ़र्ड युनिवर्सिटी प्रेस, नयी दिल्ली.

निर्मल कुमार बोस (1941), 'द हिंदू मैथड ऑफ़ ट्राइबल एब्ज़ोर्प्शन', *साइंस ऐंड कल्चर,* खण्ड सात, अंक 4.

नैशनल इलेक्शन सर्वे 1998 (एनईएस 1998), आँकड़ा एकांश, विकासशील समाज अध्ययन पीठ (सीएसडीएस), नयी दिल्ली.

पद्मनाभन समरेंद्र (2011), 'सेंसस इन कोलोनियल इण्डिया ऐंड द बर्थ ऑफ़ कास्ट', *इकॉनॉमिक ऐंड पॉलिटिकल वीकली,* खण्ड 46, अंक 33.

पापिया घोष (2006), 'राइटिंग गंगा-जमनी : इन द 1940ज़ ऐंड आफ़्टर', *सोशल साइंटिस्ट,* खण्ड 34, अंक 11/12.

पार्थ चटर्जी (2005), 'सेकुलरवाद और सहिष्णुता', अभय कुमार दुबे, *बीच बहस में सेकुलरवाद,* लोक-चिंतन ग्रंथमाला, वाणी-सीएसडीएस, नयी दिल्ली.

पी.के. शुक्ला (2001), 'प्रि-कोलोनियल कल्चरल लीगेसी ऐंड कोलोनियल इंटरवेंशन : एन हिस्टोरिकल अप्रेज़ल', *सोशल साइंटिस्ट,* खण्ड 29, अंक 3/4.

पीटर मैनुअल (1996), 'म्युज़िक, द मीडिया, ऐंड कम्युनल रिलेशंस इन नॉर्थ इण्डिया, पास्ट ऐंड प्रज़ेंट', डेविड लुड्डेन (सं.), *कंटेस्टिंग द नेशन : रिलीजन, कम्युनिटी, ऐंड द पॉलिटिक्स ऑफ़ डेमॉक्रैसी इन इण्डिया,* युनिवर्सिटी ऑफ़ पेंसिलवानिया प्रेस, फ़िलाडेल्फ़िया.

प्रदीप कुमार दत्त (1993), 'डाइंग हिंदूज़' : प्रोडक्शन ऑफ़ हिंदू कम्युनल कॉमन सेंस इन अर्ली ट्वेंटियथ सेंचुरी' *इकॉनॉमिक ऐंड पॉलिटिकल वीकली,* खण्ड 28, अंक 25.

प्रयाग अकबर (2018), 'द चेंजिंग फ़ेसेज़ ऑफ़ परिवार', मिंट, 1 सितम्बर, 2018.

प्रलय क़ानूनगो (2002), *आरएसएसज़ ट्रिस्ट विद पॉलिटिक्स : फ़्रॉम हेडगेवार टू सुदर्शन,* मनोहर, दिल्ली.

प्रलय क़ानूनगो (2006), 'मिथ ऑफ़ द मोनोलिथ : द आरएसएस रेसल्स टू डिसिप्लिन इट्स पॉलिटिकल प्रोजिनी', *सोशल साइंटिस्ट,* खण्ड 34, अंक 11/12.

प्रशांत के. त्रिवेदी, श्रीनिवास गोली, फ़हीमुद्दीन और सुरिंदर कुमार (2016), 'डज़ अनटचेबिलिटी एग्ज़िस्ट अमंग इण्डियन मुस्लिम्ज़ : एविडेंस फ़्रॉम उत्तर प्रदेश', *इकॉनॉमिक ऐंड पॉलिटिकल वीकली,* खण्ड 51, अंक 15.

प्रशांत झा और मनीष चंद्र पांडेय (2017), 'रिटर्न ऑफ़ अपर कास्ट्स इज़ अ चैलेंज फ़ॉर बीजेपी', *हिंदुस्तान टाइम्स,* 28 जून.

बद्री नारायण (2009), *फ़ेसिनेटिंग हिंदुत्व : सैफ़्रॅन पॉलिटिक्स ऐंड दलित मोबिलाइज़ेशन,* सेज पब्लिकेशंस, नयी दिल्ली.

बर्नार्ड एस. कॉन (1996), 'द कमांड ऑफ़ लेंग्वेज ऐंड द लेंग्वेज ऑफ़ कमांड', *कोलोनियलिज़म ऐंड इट्स फ़ॉर्म्स ऑफ़ नॉलेज : द ब्रिटिश इन इण्डिया,* प्रिंसटन युनिवर्सिटी प्रेस, प्रिंसटन.

बलराज मधोक (1969), *इण्डियनाइज़ेशन ? व्हाट, व्हाई ऐंड हाउ,* भारतीय साहित्य सदन, नयी दिल्ली.

बलराज पुरी (1993), 'इण्डियन मुस्लिम सिंस पार्टीशन', *इकॉनॉमिक ऐंड पॉलिटिकल वीकली,* खण्ड 28, अंक 40.

बी.आर. आम्बेडकर (1989–1990), *राइटिंग्ज़ ऐंड स्पीचेज़,* शिक्षा विभाग, महाराष्ट्र सरकार, खण्ड 7.

बी.के. रॉय-बर्मन (1983), 'ट्रांसफ़ॉर्मेशन ऑफ़ ट्रायब्ज़ ऐंड एनालोगस सोशल फ़ॉर्मेशन', *इकॉनॉमिक ऐंड पॉलिटिकल वीकली,* खण्ड 18, अंक 27.

भीखू पारेख (1991), 'नेहरू ऐंड द नैशनल फ़िलॉसफी ऑफ़ इण्डिया', *इकॉनामिक ऐंड पॉलिटिकल वीकली,* वॉल्यूम 26, इश्यू नं. 1–2, 5–12, जनवरी.

भीखू पारेख (1991), 'नेहरू ऐंड सेकुलरिज़म', *नेहरू रिविजिटेड,* 5–12, जनवरी.

भैरवी प्रसाद साहू (2001), 'ब्राह्मणीकल आइडियोलॅजी, रीजनल आइडेंटिटीज़ ऐंड द कंस्ट्रक्शन ऑफ़ अर्ली इण्डिया', *सोशल साइंटिस्ट,* खण्ड 29, अंक 7/8.

मंजू पारेख (1993), 'द डिबेकिल एट अयोध्या : व्हाई मिलिटेंट हिंदुइज़्म मेट विद अ वीक रेस्पांस', *एशियन सर्वे*, खण्ड 33, अंक 7.

मनीष कुमार झा और पुष्पेंद्र (2012), *गवर्निंग कास्ट ऐंड मैनेजिंग कांफ़्लिक्ट्स : बिहार, 1990–2011*, पॉलिसीज़ ऐंड प्रेक्टिसेज़ रिसर्च पेपर सीरीज़, महानिरहन कलकत्ता रिसर्च ग्रुप, कोलकाता.

महात्मा फुले समग्र वाङ्मय (1969), पहला संस्करण, वाई.डी. फड़के (सं.).

मुकुंद लाठ (सं.) (1981), *अर्धकथानक : हाफ़ अ टेल, अ स्टडी इन द रिलेशनशिप बिटवीन ऑटोबायोग्राफ़ी ऐंड हिस्ट्री*, राजस्थान प्राकृत भारती संस्थान, जयपुर.

मुशीरुल हसन (2004), *फ़्रॉम प्लूरलिज़्म टू सेपरेटिज़्म : .क़स्बा इन कोलोनियल अवध*, ऑक्सफ़र्ड युनिवर्सिटी प्रेस, नयी दिल्ली.

मैरिज़ा कैसोलरी (2000), 'हिंदुत्वाज़ फॉरेन टाइ–अप इन द नाइंटीन थर्टीज़ : आर्काइवल एविडेंस', *इकॉनॉमिक ऐंड पॉलिटिकल वीकली*, खण्ड 35, अंक 4.

मोहिंदर सिंह (2018), 'अ क्वेश्चन ऑफ़ लाइफ़ ऐंड डेथ' : कनवर्ज़न, सेल्फ, ऐंड आइडेंटिटी इन स्वामी श्रद्धानंद्ज़ ऑटोबायोग्राफ़ी', अप्रकाशित.

योगिंदर सिकंद (2000), 'इस्लाम ऐंड कास्ट इनईक्वलिटी अमंग इण्डियन मुस्लिम्ज़', https://www.countercurrents.org/dalit-sikand150204.ht पर उपलब्ध.

योगेंद्र यादव (1999), 'इलेक्टोरल पॉलिटिक्स इन द टाइम्स ऑफ़ चेंज : इण्डियाज़ थर्ड इलेक्टोरल सिस्टम', *इकॉनॉमिक ऐंड पॉलिटिकल वीकली*, खण्ड 34, अंक 34–35.

योगेंद्र यादव और सुहास पल्शीकर (2009), 'रिविज़िटिंग थर्ड इलेक्टोरल सिस्टम : मैपिंग इलेक्टोरल ट्रेंड्स इन इण्डिया–2004–9', संदीप शास्त्री, के.सी. सूरी और योगेंद्र यादव (सं.), *इलेक्टोरल पॉलिटिक्स इन इण्डियन स्टेट्स*, ऑक्सफ़र्ड युनिवर्सिटी प्रेस, नयी दिल्ली.

रजनी कोठारी (1992), 'प्लूरलिज़्म ऐंड सेकुलरिज़्म : लेसंस ऑफ़ अयोध्या', *इकॉनॉमिक ऐंड पॉलिटिकल वीकली*, खण्ड 27, अंक 51/52.

रजनी कोठारी (1993), 'चुनाव के खेल से निकली साम्प्रदायिकता : बहुसंख्यावाद की विकृति पर एक टिप्पणी', अनु. ध्रुव नारायण, अभय कुमार दुबे (सं.), *साम्प्रदायिकता के स्रोत*, विनय प्रकाशन, नयी दिल्ली.

रजनी कोठारी (1993), 'चुनाव के खेल से निकली साम्प्रदायिकता', अभय कुमार दुबे (सं.) (1993), *साम्प्रदायिकता के स्रोत*, विनय प्रकाशन, नयी दिल्ली.

रजनी कोठारी (2002), 'दलित उभार के मायने : जातियों के राजनीतीकरण का एक और पहलू', अभय कुमार दुबे (सं.), *आधुनिकता के आईने में दलित*, लोक–चिंतन ग्रंथमाला, वाणी–सीएसडीएस, नयी दिल्ली.

रजनी कोठारी (2005), 'जातियों का राजनीतीकरण', अभय कुमार दुबे (सं.) (2003), *राजनीति की किताब : रजनी कोठारी का कृतित्व*, लोक–चिंतक ग्रंथमाला, वाणी प्रकाशन, नयी दिल्ली.

रजनी कोठारी (2005), *भारत में राजनीति : कल और आज,* प्रस्तुति और सम्पादन–अभय कुमार दुबे, सीएसडीएस–वाणी, नयी दिल्ली.

रत्ना कपूर (2014), 'अ लीप ऑफ़ फ़ेद : द कंस्ट्रक्शन ऑफ़ हिंदू मैजोरिटेरियनिज़्म थ्रू सेकुलर लॉ', द *साउथ अटलांटिक क्वार्टरली,* खण्ड 113, अंक 1.

रत्ना कपूर (2014), 'द 'अयोध्या' केस : हिंदू मैजोरिटेरियनिज़्म ऐंड द राइट टू रिलीजस लिबर्टी', *मैरीलैण्ड जरनल ऑफ़ इंटरनैशनल लॉ,* खण्ड 29, अंक 1.

रॉबर्ट ई. फ्राइकेनबर्ग (1993), 'हिंदू फ़ंडामेंटलिज़्म ऐंड स्ट्रक्चरल स्टेबिलिटी ऑफ़ इण्डिया', मार्टिन ई. मार्ती और आर. स्कॉट एपिबाई (सं.), *फंडामेंटलिज़्म ऐंड द स्टेट : रिमेकिंग पॉलिटीज़,* इकॉनॉमीज़, ऐंड मिलिटेंस, युनिवर्सिटी ऑफ़ शिकागो प्रेस, शिकागो और लंदन.

रॉबर्ट बेयर्ड (सं.) (1993), *रिलीजन ऐंड लॉ इन इंडिपेंडेंट इण्डिया,* मनोहर, नयी दिल्ली.

रॉबर्ट एरिक फ्राइकेनबर्ग (1993), 'कंस्ट्रक्शन ऑफ़ हिंदुइज़्म एट द नेक्सस ऑफ़ हिस्ट्री ऐंड रिलीजन', द *जरनल ऑफ़ इंटरडिसिप्लिनरी हिस्ट्री,* खण्ड 23, अंक 3.

रॉबर्ट ई. फ्राइकेनबर्ग (2005), 'हिंदुत्व एज़ एन पॉलिटिकल रिलीजन : अ हिस्टोरिकल पर्सपेक्टिव', रोजन ग्रिफ़िन (सं.), *फ़ासिज़्म, टोटेलिटेरियनिज़्म ऐंड पॉलिटिकल रिलीजन,* रौटलेज, लंदन.

राकेश सिन्हा (2015), *बिल्डर्स ऑफ़ मॉडर्न इण्डिया : डॉ. केशवराव बलिराम हेडेगेवार,* पब्लिकेशन डिवीज़न, सूचना एवं प्रसारण मंत्रालय, भारत सरकार, नयी दिल्ली.

राकेश सिन्हा (सं.) (2015), *सामाजिक क्रांति का दर्शन,* भारत नीति प्रतिष्ठान, नयी दिल्ली.

राकेश सिन्हा (सं.) (2017), *इज़ हिंदू अ डाइंग रेस : अ सोशल ऐंड पॉलिटिकल पर्सपेक्टिव ऑफ़ हिंदू रिफ़ॉर्मर्स इन अर्ली ट्वेंटियथ सेंचुरी,* कौटिल्य प्रकाशन, नयी दिल्ली.

राजीव श्रीनिवासन (2002), 'इण्डियंस विल नो लौंगर बी इम्प्रेस्ड बाइ मार्क्सिस्ट हिस्ट्रियोनिक्स', पर उपलब्ध, 23 अगस्त, 2017 को देखा गया.

राजीव भार्गव (2003), 'लिबरल, सेकुलर डेमॉक्रैसी ऐंड एक्सप्लेनेशंस ऑफ़ हिंदू नैशनलिज़्म', एंड्रू व्यैट और जॉन ज़ावोस (सं.), *डिसेंट्रिंग द इण्डियन नेशन,* फ्रैंक कैस, लंदन.

राजीव भार्गव (2015), 'अपनी मनोवैज्ञानिक सीमाओं का अतिक्रमण कर चुका 'नया हिंदुत्व', *प्रतिमान समय समाज संस्कृति,* खण्ड 3, अंक 1 (जनवरी–जून, 2015).

राजीव भार्गव (2017), 'नेहरू अगेंस्ट नेहरूवियंस : ऑन रिलीजन ऐंड सेकुलरिज़्म', *इकॉनॉमिक ऐंड पॉलिटिकल वीकली,* खण्ड 42, अंक 8.

राजेंद्र वोरा (2004), 'डिक्लाइन ऑफ़ कास्ट मेजोरिटेरियनिज़्म इन इण्डियन पॉलिटिक्स', राजेंद्र वोरा और सुहास पल्शीकर (सं.), *इण्डियन डेमॉक्रैसी : मीनिंग्ज़ ऐंड प्रेक्टिसेज़,* सेज पब्लिकेशंस, नयी दिल्ली.

राम पुनियानी (2005), 'हिंदुत्वाज़ सोशल इंजीनियरिंग', आनंद तेलतुम्बड़े (सं.), *हिंदुत्व ऐंड दलित्ज़ : पर्सपेक्टिव्ज़ फ़ॉर अंडरस्टेंडिंग कम्युनल प्रैक्सिज़*, साम्य, कोलकाता.

राहुल वर्मा और प्रणव गुप्ता (2017), 'नीतीशिज़ नेकिड प्रैग्मैटिज़्म', द *हिंदू*, 3 अगस्त, नयी दिल्ली.

रोनकी राम (2007), 'सोशल एक्सक्ल्यूज़न, रज़िस्टेंस ऐंड डेराज़ : एक्सप्लोरिंग द मिथ ऑफ़ कास्टलेस सिख सोसाइटी इन पंजाब', *इकॉनॉमिक ऐंड पॉलिटिकल वीकली*, खण्ड 42, अंक 40.

रोमिला थापर (1989), 'इमेजिंड रिलीजस कम्युनिटीज़? एंशिएंट हिस्ट्री ऐंड द मॉडर्न सर्च फ़ॉर अ हिंदू आइडेंटिटी', *मॉडर्न एशियन स्टडीज़*, खण्ड 23, अंक 2.

लक्ष्मण कुमार महापात्र (2006), *अंडरस्टेंडिंग ट्राइबल ट्रांसफॉर्मेशन इन इण्डिया*, आईजीएनसी मेमॅरियल लेक्चर सीरीज़, नयी दिल्ली.

रैफ़ गेल्डर्स और विलेम डेर्डे (2003), 'मंत्राज़ ऑफ़ एंटी-ब्राह्मनिज़्म : कोलोनियल एक्सपीरिएंस ऑफ़ इंडियन इंटलेक्चुल्स', *इकॉनॉमिक ऐंड पॉलिटिकल वीकली*, खण्ड 38, अंक 43.

रैफ़ गैल्डर्स और एस.एन. बालगंगाधर (2011), 'रिथिंकिंग ओरिएंटलिज़्म : कोलोनियलिज़्म ऐंड द स्टडी ऑफ़ इंडियन ट्रेडिशंस', *हिस्ट्री ऑफ़ रिलीजंस*, खण्ड 51, अंक 2

लाजपत राय (1967/1992), *अ हिस्ट्री ऑफ़ द आर्य समाज*, ओरिएंट लोंगमेन, नयी दिल्ली.

लूसिया मेशुलिटी (2007), 'द वर्नाकुलराइज़ेशन ऑफ़ डेमॉक्रैसी : पॉलिटिकल पार्टिसिपेशन ऐंड पॉपुलर पार्टिसिपेशन इन नॉर्थ इण्डिया', द *जनरल ऑफ़ रॉयल एंथ्रोपोलिजिकल इंस्टीट्यूट*, खण्ड 13, अंक 3.

वर्जीनियस खाखा (1999), 'ट्रांसफॉर्मेशन ऑफ़ ट्रायब्ज़ इन इण्डिया', *इकॉनॉमिक ऐंड पॉलिटिकल वीकली*, खण्ड 34, अंक 24.

वाल्टर के. एंडरसन और श्रीधर डी. दामले (2005), 'आरएसएस : आडियोलॅजी, ऑर्गनाइज़ेशन, ऐंड ट्रेनिंग', क्रिस्तॉफ़ जैफ्रेलो (2005), *द संघ परिवार : अ रीडर*, ऑक्सफ़र्ड युनिवर्सिटी प्रेस, नयी दिल्ली.

वाल्टर के. एंडरसन और श्रीधर डी. दामले (2018), द *आरएसएस : अ व्यू टू द इनसाइड*, पेंगुइन-रेंडम हाउस, नयी दिल्ली.

विजय नाथ (2001), 'फ्रॉम 'ब्राह्मणिज़्म' टू 'हिंदुइज़्म' : निगोशियेटिंग द मिथ ऑफ़ द ग्रेट ट्रेडिशन', *सोशल साइंटिस्ट*, खण्ड 29,अंक 3/4.

विजय नाथ (2001), *पुराणाज़ ऐंड एकल्चरेशन : अ हिस्टोरिको-एंथ्रोपोलॅजीकल पर्सपेक्टिव*, मुंशीराम मनोहरलाल, दिल्ली.

विलियम रेडिस (सं.) (1999), *स्वामी विवेकानंद ऐंड द मॉडर्नाइज़ेशन ऑफ़ हिंदुत्व*, ऑक्सफ़र्ड युनिवर्सिटी प्रेस, नयी दिल्ली.

वीरभारत तलवार (1993), 'बजरंगबली, गौमांस और आदिवासी : झारखण्ड क्षेत्र में संघ के काम का तरीक़ा', अभय कुमार दुबे (सं.), *साम्प्रदायिकता के स्रोत,* विनय प्रकाशन, नयी दिल्ली.

वीरेंद्र प्रताप यादव का अनुसंधान 'इमरजेंस ऑफ़ ओबीसीज़ एज़ डोमिनेंट कास्ट्स इन इंडिपेंडेंट इण्डिया' http://www.serialsjournals.com/ serialjournal manager /pdf/1435296635.pdf पर उपलब्ध.

शम्सुल इस्लाम (2010), *आरएसएस प्राइमर : बेस्ड ऑन राष्ट्रीय स्वयंसेवक संघ डॉक्युमेंट्स,* फ़ैरस, मीडिया ऐंड पब्लिशिंग, नयी दिल्ली.

शरत चंद्र सरकार (1989), 'जिन्ना, मुस्लिम ऐंड पाकिस्तान', *फ्रंटियर,* जनवरी 28.

शीतला सिंह (2019), *अयोध्या/रामजन्मभूमि-बाबरी मस्जिद का सच,* कौशल पब्लिशिंग हाउस, इलाहाबाद.

शैड ए. बाउमॅन (2013), 'हिंदू-क्रिश्चियन कांफ़्लिक्ट इन इण्डिया : ग्लोबलाइज़ेशन, कनवर्ज़न, ऐंड कोटरमिनल कास्ट्स ऐंड ट्रायब्ज़', *द जरनल ऑफ़ एशियन स्टडीज़,* खण्ड 72, अंक 3.

संजय कुमार सिंह (2009), 'कंसेप्चुअलाइज़ेशन रिलीजस चेंजेज़ एमंग भील्ज़ ऑफ़ वेस्ट निमाड़', धर्मेंद्र कुमार और यमुना सनी (सं.), 'प्रोसेलिटाइज़ेशन इन इण्डिया : द प्रोसेज़ ऑफ़ हिंदुआइज़ेशन इन ट्राइबल सोसाइटी', आकार, नयी दिल्ली.

संजय रूपारेलिया (2004), 'रिथिंकिंग इंस्टीट्यूशनल थियरीज़ पॉलिटिकल मॉडरेशन : दे केस ऑफ़ हिंदू नैशनलिज़म इन इण्डिया, 1996-2004', *कम्परेटिव पॉलिटिक्स,* खण्ड 38, अंक 3.

संजीव केलकर (2011), *लॉस्ट इयर्स ऑफ़ आरएसएस,* सेज पब्लिकेशंस, नयी दिल्ली.

सदानंद धूमे (2017), 'स्कॅरैज ऑफ़ सिलेक्टिव सेकुलरिज़म : नाइदर बीजेपी नॉर कांग्रेस इज़ कैपेबिल ऑफ़ अ सिम्पल टास्क— बैटलिंग इस्लामिस्ट्स व्हाइल एम्ब्रेसिंग मुस्लिम्ज़', *द टाइम्स ऑफ़ इण्डिया,* नयी दिल्ली, 26 अगस्त.

सतीश सबरवाल (2005), 'इंटीग्रेशन और सेपरेशन ऑफ़ ट्रेडिशंस : मुस्लिम्ज़ ऐंड हिंदुज़ इन कोलोनियल इण्डिया', सतीश सबरवाल और सुप्रिया वर्मा (सं.), *ट्रेडिशंस इन मोशन : रिलीजन ऐंड सोसाइटी इन हिस्ट्री,* ऑक्सफ़र्ड युनिवर्सिटी प्रेस, नयी दिल्ली.

सतीश सबरवाल (2006), 'ऑन द मेकिंग ऑफ़ मुस्लिम इन इण्डिया हिस्टोरिकली', *सोसियोलॅजीकल बुलेटिन,* खण्ड 55, अंक 2.

सतीश सबरवाल (2008), *स्पाइरल्स ऑफ़ कंटेशन : व्हाई इण्डिया वाज़ पार्टीशंड इन 1947,* रौटलेज.

संदीप पेंडसे (2005) की रचना 'द दलित्ज़ एंड हिंदुत्व : गेनर्स ऐंड लूज़र्स', आनंद तेलतुम्बड़े (सं.), आनंद तेलतुम्बड़े (सं.), *हिंदुत्व ऐंड दलित्ज़ : पर्सपेक्टिव्ज़ फ़ॉर अंडरस्टेंडिंग कम्युनल प्रैक्सिज़,* साम्य, कोलकाता.

सावरकर समग्र (2000), '*मनुस्मृति* में महिलाएँ', खण्ड 4, प्रभात प्रकाशन, दिल्ली.

सौम्या (2008), 'कम्युनलिज़म : नैरेटिव्ज़ इन छत्तीसगढ़', *इकॉनॉमिक ऐंड पॉलिटिकल वीकली*, खण्ड 43, अंक 2.

सुदीप्त कविराज (1995) 'रिलीजन, पॉलिटिक्स ऐंड मॉडर्निटी', उपेंद्र बख्शी और भीखू पारेख (1994), *क्राइसिस ऐंड चेंज इन कंटेम्परेरी इण्डिया*, सेज दिल्ली.

सुनीति कुमार घोष (1989), *इण्डिया ऐंड द राज : 1919–1947*, *प्राची*, कलकत्ता.

सुमित सरकार (1973), *स्वदेशी मूवमेंट इन बंगाल 1903–198*, पीपुल्स पब्लिशिंग हाउस, नयी दिल्ली : 409 से लिया है.

सुमित सरकार (1993), 'संघ परिवार का फ़ासीवाद : युरोपीय फ़ासीवाद से समानताओं और विभिन्नताओं की एक चर्चा', अनु. मनोहर नायक, अभय कुमार दुबे (सं.), *साम्प्रदायिकता के स्रोत*, विनय प्रकाशन, नयी दिल्ली.

सुभाष गाताडे (2004), 'सावरकर ऐंड संघ : अ मडल्ड इक्वेशन', द *हिंदू*, 21 सितम्बर.

सुहास पल्शीकर (2004), 'मैजोरिटेरियन मिडिल ग्राउंड?', *इकॉनॉमिक ऐंड पॉलिटिकल वीकली*, खण्ड 39, अंक 51.

सुहास पल्शीकर (2005), 'महाराष्ट्र : दलित पॉलिटिक्स इन हिंदुत्व ट्रैप', आनंद तेलतुम्बड़े (सं.), *हिंदुत्व ऐंड दलित्ज़ : पर्सपेक्टिव्ज़ फ़ॉर अंडरस्टेंडिंग कम्युनल प्रैक्सिज़*, साम्य, कोलकाता.

सुहास पल्शीकर (2015), 'द मेकिंग ऑफ़ अ 'नियो-हिंदू' डेमॉक्रैसी', *सेमिनार* 665.

श्री गुरुजी समग्र, सुरुचि प्रकाशन, नयी दिल्ली, खण्ड 9.

स्कॉट डब्ल्यू. हिब्बार्ड (2010), *रिलीजन, पॉलिटिक्स ऐंड सेकुलर स्टेट्स : इजिप्ट, इण्डिया ऐंड यूनाइटेड स्टेट्स*, जॉन होपकिंस युनिवर्सिटी प्रेस, बाल्टीमोर.

स्टीव विल्किंसन (2007), 'अ कमेंट ऑन द एनालैसिस इन सच्चर रिपोर्ट', *इकॉनॉमिक ऐंड पॉलिटिकल वीकली*, खण्ड 42, अंक 10.

स्वामी दयानंद (1875/2005), अथ *सत्यार्थ प्रकाश*, वैदिक पुस्तकालय, अजमेर.

स्वामी श्रद्धानंद (1926), 'हिंदू संगठन : सेवियर ऑफ़ द डाइंग रेस', राकेश सिन्हा (सं.) (2017), *इज़ हिंदू अ डाइंग रेस : अ सोशल ऐंड पॉलिटिकल पर्सपेक्टिव ऑफ़ हिंदू रिफ़ॉर्मर्स इन अर्ली ट्वेंटियथ सेंचुरी*, कौटिल्य प्रकाशन, नयी दिल्ली.

स्वामी गम्भीरानंद (1994), *युगनायक विवेकानंद*, पहले खण्ड के अनु. केदारनाथ लाभ और दूसरे खण्ड के अनु. स्वामी विदेहात्मानंद, रामकृष्ण मठ, नागपुर.

स्टीफ़न मैकेडो (2010), 'अगेंस्ट मैजोरिटेरियनिज़म : डेमॉक्रैटिक वेल्यूज़ ऐंड इंस्टीट्यूशनल डिज़ाइन', *बोस्टन युनिवर्सिटी लॉ रिव्यू*, खण्ड 90.

'हिंदुत्व', *सावरकर समग्र*, खण्ड 9, प्रभात प्रकाशन, नयी दिल्ली.

हिलाल अहमद (2017), 'सैयद शहाबुद्दीन : एक मुस्लिम भारतीय की वैचारिक कल्पनाशीलता', *प्रतिमान समय समाज संस्कृति*, वर्ष 5, अंक 9.

ज्ञानेंद्र पाण्डेय (1993), 'हममें से हिंदू कौन है ? उग्र हिंदूवाद की संरचना का एक अध्ययन', अभय कुमार दुबे (सं.), *साम्प्रदायिकता के स्रोत, विनय प्रकाशन,* नयी दिल्ली.

अनुक्रमणिका

अ

आ

इ

ई

उ

ऋ

ए

ऐ

ओ

औ

क

ख

ग

घ

च

छ

ज

झ

ट

ठ

ड

त

थ

द

ध

न

भ

म

य

र

श

स

ह

अभय कुमार दुबे

कृतियाँ :

हिंदी में हम : आधुनिकता के कारख़ाने में भाषा और विचार
सेकुलर / साम्प्रदायिक : एक भारतीय उलझन के कुछ आयाम
फ़ुटपाथ पर कामसूत्र : भारतीय नारीवाद और सेक्शुअलिटी की कुछ निर्मितियाँ
साहित्य में अनामंत्रित
क्रांति का आत्म-संघर्ष : नक्सलवादी आंदोलन के बदलते चेहरे का अध्ययन,
कांशी राम : एक राजनीतिक अध्ययन,
बाल ठाकरे : एक राजनीतिक अध्ययन,
मुलायम सिंह यादव : एक राजनीतिक अध्ययन

सम्पादित कृतियाँ :

समाज-विज्ञान विश्वकोश (छह खण्ड), हिंदी की आधुनिकता : एक पुनर्विचार (तीन खण्ड), साम्प्रदायिकता के स्रोत, आधुनिकता के आईने में दलित, लोकतंत्र के सात अध्याय, बीच बहस में सेकुलरवाद, भारत का भूमण्डलीकरण, राजनीति की किताब : रजनी कोठारी का कृतित्व, सत्ता और समाज : धीरूभाई शेठ का कृतित्व

अनूदित कृतियाँ :

सर्वहारा रातें : उन्नीसवीं सदी के फ्रांस में मज़दूर-स्वप्न (द नाइट्स ऑफ़ प्रोलेतेरियत / ज़ाक रांसिएर), जिगरी दुश्मन : उपनिवेशवाद के साये में आत्म-क्षय और आत्मोद्धार (द इंटीमेट एनिमी / आशिस नंदी), राष्ट्रवाद का अयोध्या कांड : रामजन्मभूमि आंदोलन और आत्म-भय की राजनीति (द रामजन्मभूमि आंदोलन ऐंड द फ़ियर ऑफ़ सेल्फ़ / आशिस नंदी), देशभक्ति बनाम राष्ट्रवाद : रवींद्रनाथ ठाकुर और इयत्ता की राजनीति (रवींद्रनाथ टैगोर ऐंड पॉलिटिक्स ऑफ़ सेल्फ़ / आशिस नंदी), अंतरंगता का स्वप्न : भारतीय समाज में प्रेम और सेक्स (द इंटीमेट रिलेशंस / सुधीर कक्कड़), कामसूत्र से 'कामसूत्र' तक : आधुनिक भारत में सेक्शुअलिटी के सरोकार (अ क्वेश्चन ऑफ़ साइलेंस ? / मैरी जॉन और जानकी नायर), भारतनामा (द आइडिया ऑफ़ इण्डिया / सुनील खिलनानी), जिन्ना : मुहम्मद अली से क़ायद-ए-आज़म तक (मुहम्मद अली जिन्ना / स्टीफ़न वोलपर्ट), भारत के मध्यवर्ग की अजीब दास्तान (द ग्रेट इण्डियन मिडिल क्लास / पवन वर्मा)